BIM 应用系列教材

道路与桥梁
信息建模（BIM）技术

Daolu yu Qiaoliang Xinxi Jianmo (BIM) Jishu

第 2 版

汪谷香▲主　编
李　锐　吴佳东▲副主编
刘孟良▲主　审

人民交通出版社股份有限公司
北　京

内 容 提 要

本书是以梅子溪中桥为主线，以识图与建模相结合的任务驱动式为内容组织形式的教材。全书共分六个模块：模块一为认知 Revit 项目环境；模块二为识读与创建道桥构件——族与体量；模块三为布置桥梁钢筋；模块四为桥梁建模流程；模块五为桥梁施工进度模拟；模块六为实训（拓展模块）。

本书不仅可以作为高等院校、高等职业院校路桥相关专业 BIM 基础建模教材，也可作为“1 + X”BIM 职业技能等级证书考试辅导教材。

图书在版编目（CIP）数据

道路与桥梁信息建模（BIM）技术 / 汪谷香主编. — 2 版. — 北京 : 人民交通出版社股份有限公司, 2021.11（2025.7 重印）

ISBN 978-7-114-17481-0

Ⅰ. ①道… Ⅱ. ①汪… Ⅲ. ①道路工程—计算机辅助设计—应用软件②桥梁设计—计算机辅助设计—应用软件 Ⅳ. ①U412.6②U442.5-39

中国版本图书馆 CIP 数据核字（2021）第 255536 号

BIM 应用系列教材

书　　名：道路与桥梁信息建模（BIM）技术（第 2 版）
著 作 者：汪谷香
责任编辑：卢俊丽
责任校对：刘　芹
责任印制：张　凯
出版发行：人民交通出版社股份有限公司
地　　址：（100011）北京市朝阳区安定门外外馆斜街 3 号
网　　址：http://www.ccpcl.com.cn
销售电话：（010）85285911
总 经 销：人民交通出版社股份有限公司发行部
经　　销：各地新华书店
印　　刷：北京市密东印刷有限公司
开　　本：787 × 1092　1/16
印　　张：22.25
插　　页：1
字　　数：530 千
版　　次：2018 年 9 月　第 1 版
　　　　　2021 年 11 月　第 2 版
印　　次：2025 年 7 月　第 2 版　第 5 次印刷　总第 9 次印刷
书　　号：ISBN 978-7-114-17481-0
定　　价：59.00 元

第2版前言

FOREWORD

本教材于2018年9月出版第1版，名为“桥涵信息建模(BIM)Revit操作教程”，第2版更名为“道路与桥梁信息建模(BIM)技术”。

2019年，教育部会同国家发展和改革委员会、财政部、市场监管总局制定了《关于在院校实施“学历证书+若干职业技能等级证书”制度试点方案》，在全国范围内推行“1+X”证书制度试点工作。首批启动了6个职业技能等级证书试点工作，其中包含建筑信息模型(BIM)职业技能等级证书。为了适应将学历证书与BIM职业技能等级证书有机结合的需要，编者在第1版的基础上对教材做了以下改进：增加了布置桥梁钢筋模块、桥梁施工进度模拟模块及包含初级BIM建模考核真实考题演练和实际桥梁项目创建的实训拓展模块，适用面更广。

本教材详细介绍了Revit强大的道路与桥梁建模与基础应用技术。采用模块化方式组织教学内容，以任务驱动贯穿教材全过程。全书内容包括绪论、模块一认知Revit项目环境、模块二识读与创建道桥构件——族与体量、模块三布置桥梁钢筋、模块四桥梁建模流程、模块五桥梁施工进度模拟、模块六实训(拓展模块)。

一、本教材的主要内容

模块一认知Revit项目环境，主要介绍Revit Architecture 2019中文版软件操作界面、基本操作、视图显示控制及创建桥涵模型构件的基本绘制和编辑方法。此外，还简要介绍了创建参照平面和标注临时尺寸的方法。

模块二识读与创建道桥构件——族与体量，主要介绍了应用族与体量命令创建道桥各组成构件的方法。以工程实际案例梅子溪中桥的各组成工程构件为载体，主要介绍创建族的有关命令，并系统阐述了可载入族和内建族的创建方法，族参数、共享参数的含义及族样板的使用；以异形桥墩、带有扭曲翼墙拱涵工程案例为载体，详细介绍体量建模的方式，案例丰富，讲解详细。

模块三布置桥梁钢筋，根据梅子溪桥桩基钢筋图纸，完成桩基、盖梁钢筋的建模，提取钢筋数量明细表。

模块四桥梁建模流程，以梅子溪中桥真实案例为依托，介绍了标高与轴网创建，桥梁模型组建与整合，桥梁工程量统计，图纸的创建方法以及各种导出与打印方式，为绘制各类施工图纸奠定坚实的基础。

模块五桥梁施工进度模拟,介绍了 Navisworks 软件工作界面,场景文件,Navisworks 功能模块,图元选择,选择集设置,搜索集管理;介绍了逐一添加施工任务,自动添加施工任务,利用数据源添加施工任务,图元与施工任务关联方法,施工动画制作方法以及施工进度模拟。

模块六实训(拓展模块),以“1+X”BIM 初级建模考核真实案例及高架桥、景观桥真实案例为载体,将理论用于实践,完成工程项目的建模,逐步具备通过相应等级考试、获得 BIM 职业技能等级证书的能力。

二、本教材主要特色

1. 以够用、实用为原则取舍教材的内容,同时注重知识的系统性与拓展性

在制定本教材的知识框架时,将重心放在体现内容的实用性上。本教材以梅子溪中桥工程构件的建模为主线,从工程构件的建模介绍族命令、族参数、共享参数定义;从单个工程构件的建模到道桥工程项目的建模,将理论用于实践,案例详细,图文并茂,能较好地帮助读者提高识读工程结构图的能力以及快速掌握道桥基础建模方法。全书内容的安排,体现了知识结构循序渐进的过程,环环相扣,紧密相连。

为了拓展读者的道桥专业知识,本教材在介绍每个建模工具时都与实际的道桥构件绘制紧密联系,并增加了类似构件的建模以及识图等相关知识。

2. 模块化、项目化的编写理念

本教材采用模块化设计,以“任务”为驱动,强化“理实一体”的教学理念。全书分六个模块、六个项目、二十三个学习任务,兼顾知识系统性和操作实用性,突出知识点和技能点的关系。读者可通过完成任务总结知识,循序渐进,实现必要知识的积累和动手能力的提高。

3. 校企合作的“双元开发”理念

近年来本教材编写团队通过进企业调研,与长沙雅博工程技术发展有限公司就 BIM 技术应用与推广进行了紧密合作,长沙雅博公司对本教材的大纲提出了宝贵的建设性意见,并提供了实际的工程案例。本教材所选模型案例与实际工程项目相符,有助于理论联系实际。

4. 纸数融合新形态教材

本教材配有数字化平台(https://mooc1.chaoxing.com/course/218497194.html,也可扫描下方二维码进入),提供配套的数字化资源,包括课件、视频、模型文件等。操作视频对每个案例的建模过程进行说明,有助于学生理解知识点;部分学习任务配有实例、知识点链接、知识拓展,对任务所包含的知识点进行延伸,体现本教材是一种“学习资料”,而不是一种学科式的教材。作者会定期更新、丰富平台内的数字化资源,保证资源常用常新。

5. 与时俱进的理念、课证融通

本教材的模块六为实训(拓展模块),通过真实案例对初级 BIM 建模专业技能进行实训,让读者认识初级 BIM 等级考证的难易以及考核方式，进一步巩固对 BIM 建模软件及建模环境的了解，掌握 BIM 建模方法、BIM 属性定义与编辑等，逐步具备通过相应等级考试、获得 BIM 技能等级证书的能力。

本教材是真正面向实际应用的 BIM 基础建模图书，紧扣工程专业知识，不仅能带领读者熟悉该软件，而且可以帮助读者很好地识读工程图。本教材不仅可以作为高等院校、高等职业院校路桥专业 BIM 基础建模教材，也可作为“1 + X”BIM 职业技能等级证书考试辅导教材。

本教材由湖南交通职业技术学院汪谷香担任主编，湖南交通职业技术学院李锐、长沙雅博工程技术发展有限公司吴佳东担任副主编，湖南交通职业技术学院刘孟良担任主审。具体编写分工如下：模块一、模块二、模块三、模块四、模块五由汪谷香编写，模块六、数字化资源制作由李锐完成，吴佳东为本教材提供了工程 BIM 模型实例参考资料，并对内容提出了宝贵的建设性意见。全教材由汪谷香统稿。

感谢湖南交通职业技术学院李振对本教材编写内容的技术指导。

由于编者水平有限，教材中难免存在各种疏漏或错误，欢迎读者通过邮箱（980183956@qq.com）与我们联系，帮助我们改正提高。

编　者

2021 年 3 月

《道路与桥梁信息建模（BIM）技术（第2版）》总体目标

知识目标

1. 熟悉BIM有关建模标准
2. 熟悉Revit族命令
3. 熟悉Revit定义族参数流程
4. 熟悉Revit建模操作流程及统计工程量方法
5. 熟悉创建钢筋及使用明细表提取钢筋数量方法
6. 熟悉施工进度模拟流程

能力目标

1. 能够根据BIM建模标准正确命名钢筋
2. 能够创建桥涵构件并定义族参数
3. 能够创建桥梁并统计桥梁工程量
4. 能够创建桥梁钢筋并统计钢筋数量
5. 能够进行桥梁施工进度模拟

素质目标

1. 拥有按照建模标准规范建模的意识
2. 拥有持之以恒、严谨求实的职业素养
3. 拥有团队协作、精益求精、爱岗敬业、服务社会的大国工匠精神
4. 能够积极拥抱新技术，拥有与时俱进、开拓创新的理念

《道路与桥梁信息建模(BIM)技术(第2版)》
思维导图

- 模块一 认知Revit项目环境
  - 学习任务一 认识Revit软件
  - 学习任务二 掌握图元基本操作、模型控制方法
- 模块二 识读与创建道桥构件——族与体量
  - 项目一 创建族
    - 学习任务一 创建桥梁下部结构——扩大基础桥墩
    - 学习任务二 创建桥梁下部结构——带托盘桥墩(族命令)
    - 学习任务三 创建桥梁下部结构——桩柱式桥墩(族参数关联)
    - 学习任务四 创建桥梁上部结构——T梁
    - 学习任务五 创建桥梁上部结构——箱梁(现浇)
    - 学习任务六 创建桥梁上部结构——箱梁族(竖曲线箱梁)
    - 学习任务七 创建路基
  - 项目二 创建体量
    - 学习任务一 识读与创建异形桥墩
    - 学习任务二 识读与创建拱涵(扭曲洞口)
- 模块三 布置桥梁钢筋
  - 学习任务一 布置桩基钢筋
  - 学习任务二 布置盖梁钢筋
  - 学习任务三 提取钢筋数量明细表
- 模块四 桥梁建模流程
  - 项目一 创建梅子溪中桥模型
    - 学习任务一 创建梅子溪中桥的定位基准——标高与轴网
    - 学习任务二 拼装梅子溪中桥下部结构与上部结构
  - 项目二 工程量统计
    - 学习任务 统计桥梁工程量
- 模块五 桥梁施工进度模拟
  - 学习任务一 认识Navisworks软件
  - 学习任务二 使用Navisworks完成桥梁施工进度模拟
- 模块六 实训(拓展模块)
  - 项目一 演练“1+X”证书真实考题
    - 学习任务一 创建U形墩柱、斜拉桥
    - 学习任务二 创建桥梁并统计工程量
  - 项目二 真实桥梁建模
    - 学习任务一 创建高架桥
    - 学习任务二 创建景观桥

目·录

Contents

绪　论

BIM 是建筑信息模型(Building Information Modeling)或者建筑信息管理(Building Information Management)的简称,是以建筑工程项目的各项相关信息数据作为基础,建立起三维建筑模型,通过数字信息仿真模拟建筑物所具有的真实信息。

一、BIM 的基本概念

BIM 主要源于制造行业集 CAD、CAM 于一体的计算机集成制造系统(Computer Integrated Manufacturing System, CIMS) 理念和基于产品数据管理与标准的产品信息模型。1975 年,"BIM 之父" Eastman 教授在其研究的课题 "Building Description System" 中提出 "a computer-based description of a building",以便实现建筑工程的可视化和量化分析,提高工程建设效率。2002 年,由 Autodesk 公司正式发布《BIM 白皮书》后,BIM 教父 Jerry Laiserin 对 BIM 的内涵和外延进行界定,并把 BIM 一词推广流传。随后,我国也开始了 BIM 研究,但结合 BIM 技术进行项目管理的研究才刚刚起步,而结合 BIM 技术进行项目运营管理的研究就更为稀少。

当前社会发展正朝着集约型经济型转变,精益求精的建造时代已经来临。当前,BIM 已成为工程建设行业的一个热点,在政府部门相关政策指引和行业的大力推广下将迅速普及。

BIM 集成了项目从设计、施工到后期运营维护的所有相关信息。BIM 是数字技术在建筑工程中的直接应用,能使设计人员和工程技术人员对各种建筑信息做出正确的应对,并为协同工作提供坚实的基础;同时能够有效提高效率并大量减少成本与风险。

BIM 在建筑全生命周期内(图 0-0-1),通过参数化建模来进行建筑模型的数字化和信息化管理,从而实现各个专业在设计、施工、运营维护阶段的协同工作。

国际智慧建造组织(building SMART International,bSI)对 BIM 的定义如下。

(1)第一层次是"Building Information Model",中文为"建筑信息模型",bSI 这一层次的解释为:建筑信息模型是一个工程项目物理特征和功能特性的数字化表达,可以作为该项目相关信息的共享知识资源,为项目全生命周期内的所有决策提供可靠的信息支持。

(2)第二层次是"Building Information Modcling",中文为"建筑信息模型应用",bSI 对这一层次的解释为:建筑信息模型应用是创建和利用项目数据在其全生命周期内进行设计、施工和运营的业务过程,允许所有项目相关方通过不同技术平台实现数据互用并且在同一时间利用相同的信息。

(3)第三层次是“Building Information Management”,中文为“建筑信息管理”,bSI对这一层次的解释为:建筑信息管理是指通过使用建筑信息模型内的信息支持项目全生命周期信息共享的业务流程组织和控制过程,建筑信息管理的效益包括集中和可视化沟通、更早进行多方案比较、可持续分析、高效设计、多专业集成、施工现场控制、竣工资料记录等。

由上面可知,三个层次的含义是相互递进的。也就是说,首先要有建筑信息模型,然后才能把模型应用到工程项目建设和运营维护过程中去,有了前面的模型和模型应用,建筑信息管理才会成为有源之水。

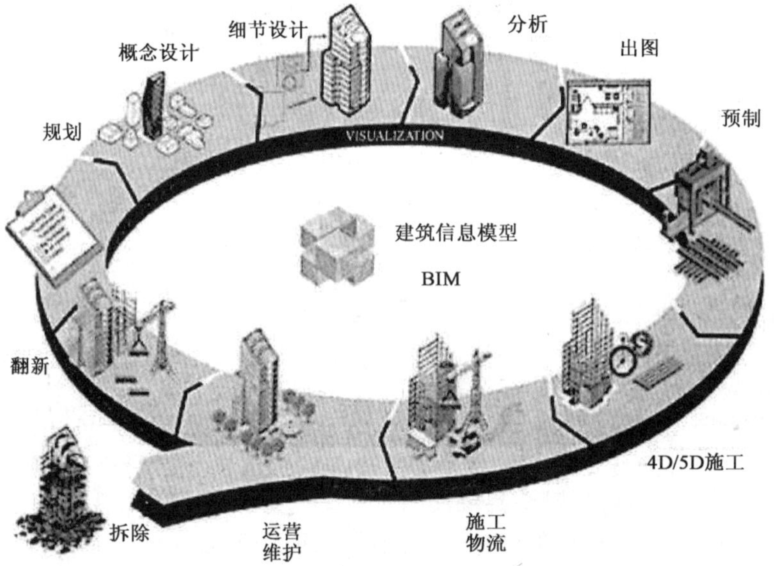

图0-0-1 全生命周期内的建筑信息模型

二、BIM的特点

目前,BIM技术已得到许多建设单位、设计单位、施工单位的青睐,国家也发布了许多关于推动BIM技术应用的政策。建设单位、设计单位、施工单位、监理单位等项目参与方,在同一平台上共享同一建筑信息模型,利于项目可视化、精细化建造。毫无疑问,BIM技术的应用是建筑行业发展的必然趋势,而作为BIM技术应用的基础——BIM信息模型的质量,直接影响BIM在应用过程中的价值。它具有可视化、协调性、模拟性、优化性、可出图、一体化、参数化和信息完备八大特点,如图0-0-2所示。

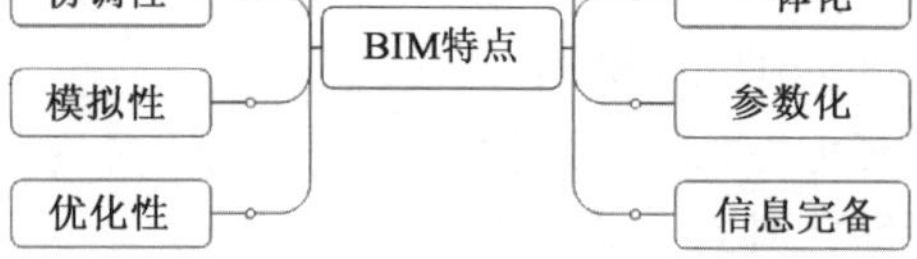

图0-0-2 BIM的特点

1. 可视化

可视化即“所见即所得”的形式。对于建筑行业来说,可视化在建筑业具有非常大的作用,例如拿到的施工图纸,只是各个构件的信息在图纸上采用线条绘制的表达,但是其真正的构造形式就需要建筑业参与人员根据图纸去自行想象。现在建筑业的建筑形式各异,复杂造型层出不穷,仅凭人脑想象未免有点不太现实。而 BIM 提供了可视化的方法,将以往线条式的构件以一种三维立体实物展示在人们的面前。虽然建筑业也有设计方出效果图的情况,但是这种效果图是分包给专业的效果图制作团队进行识读设计并制作出来的,并不是通过构件的信息自动生成的,缺少同构件之间的互动性和反馈性。而 BIM 的可视化是一种能够在同构件之间形成互动性和反馈性的可视化。在 BIM 中,由于整个过程都是可视化的,因此可视化不仅可以用于效果图的展示及报表的生成,更重要的是,可以用于项目设计、施工、运营过程中的沟通、讨论、决策等。

2. 协调性

协调性对于建筑业来说是重点中的重点。无论是设计还是施工,甚至是运营维护,协调都备受关注。传统的做法是让各专业及各环节“各自为政”,协调是可有可无的,只有发现问题了,才会在一起商讨对策。随着 BIM 概念的提出,可以基于 BIM 的协调性,做到事前预测可能出现的问题,从而大大提高工作效率,改善项目品质。

在设计阶段,设计师们往往都是各干各的,导致各个专业间错、漏、碰、缺问题严重,需要变更设计,有时还会影响设计周期,甚至耽误整体项目工期。基于 BIM 的协调性,运用相关的 BIM 软件建立数据信息模型,可以将本专业的设计结果及理念展现在模型之上,供其他专业的设计师参考。同时, BIM 模型中包含了各个专业的数据,实现了数据共享,让设计中所有专业的设计师能够在同一个数据环境下作业,BIM 模型可在建筑物建造前期对各专业的“碰撞问题”进行协调,生成协调数据以共享,这样保持了模型的统一性,大大提高了工作效率。

在施工阶段,施工人员可以通过 BIM 的协调性清楚地了解本专业的施工重点以及与相关专业交叉时的施工注意事项。统一的 BIM 模型可以让施工人员了解自身在施工中对于其他专业是否会造成影响,从而提高施工质量。另外,通过协同平台进行的施工模拟及演示,可以将施工人员统一协调起来,对项目中施工作业的工序、工法等做出统一安排,制定流水线式的工作方法,提高施工质量,缩短施工工期。

总而言之,基于 BIM 的协调性还可以解决如下问题:电梯井布置与其他设计布置及净空要求的协调、防火分区与其他设计布置的协调、地下排水布置与其他设计布置的协调等。

3. 模拟性

模拟性不仅指 BIM 能模拟设计出的建筑物模型,还指 BIM 可以模拟设计出不能够、不方便在真实世界中实现的事物。在设计阶段,BIM 可以对设计上需要进行模拟的内容进行模拟,例如节能模拟、紧急疏散模拟、日照模拟、热能传导模拟等;在招投标和施工阶段可以进行 4D 模拟,也就是根据施工的组织设计模拟实际施工,从而确定合理的施工方案用来指导施工;同时还可以进行 5D 模拟(基于 4D 模型的造价控制),从而实现成本控制;后期运营阶段可以模拟日常紧急情况的处理方式,例如地震人员逃生模拟及火灾人员疏散模拟等。

湖南交通职业技术学院建筑工程学院刘孟良教授组建团队参与武汉火神山医院病房的土建及水电建模,运用 BIM 模型以及建筑物数字模型里面的信息,在设计、施工、运维等各个阶段对建筑物进行模拟化、可视化,减少建筑设计的错漏碰缺,提高精准度,确保了武汉火神山医院建设如期完工。

4.优化性

整个设计、施工、运营的过程就是一个不断优化的过程,在BIM的基础上可以做更好的优化、更好地做优化。BIM模型提供了建筑物实际存在的信息,包括几何信息、物理信息、规则信息,还提供了建筑物变化以后的实际信息。现代建筑物的复杂程度大多超出了参与人员本身的能力极限,BIM及与其配套的各种优化工具提供了对复杂项目进行优化的可能。基于BIM的优化可以完成以下工作。

(1)项目方案优化:把项目设计和投资回报分析结合起来,设计变化对投资回报的影响可以实时计算出来,这样业主对设计方案的选择不再停留在对形状的评价上,而是可以知道哪种项目设计方案更有可能满足自身的需求。

(2)特殊项目的设计优化:异形设计投资和工作量的占比很大,而且通常也是施工难度比较大和施工问题比较多的地方,对这些内容的设计、施工方案进行优化,可以带来显著的工期和造价方面的改进。

5.可出图

BIM可以通过对建筑物进行可视化展示、协调、模拟、优化,帮助业主形成如下资料:

(1)综合管线图(经过碰撞检查和设计修改,消除了相应错误以后)。

(2)综合结构留洞图(预埋套管图)。

(3)碰撞检查侦错报告和建议改进方案。

6.一体化

基于BIM技术可进行设计、施工、运维等贯穿工程项目全生命周期的一体化管理。BIM的技术核心是一个由计算机三维模型形成的数据库,它不仅包含建筑的设计信息,还可以容纳从设计到建成使用,甚至是使用周期终结的全过程信息。

7.参数化

参数化建模是指通过参数建立和模型分析,简单改变模型中的参数值就能建立和分析新的模型;BIM中图元以构件的形式出现,这些构件之间的不同,是通过参数的调整反映出来的,参数保存了图元作为数字化建筑构件的所有信息。

8.信息完备

BIM技术可对工程对象进行3D几何信息和拓扑关系的描述以及完整的工程信息描述。

模块一

认知Revit项目环境

认知Revit项目环境

学习任务一 认识Revit软件

- 1.介绍Revit软件的界面、功能
- 2.Revit 2019基本术语

学习任务二 掌握图元基本操作、模型控制方法

- 1.选择图元的方法
- 2.图元的基本操作
- 3.基准图元定位操作
- 4.模型控制方法

学习任务一 认识 Revit 软件

在 Revit 中,所有模型信息都储存在同一模型中,修改或变更任一构件,3D 模型、2D 图纸、明细表、剖面和平面视图等都会快速地自动更新。Revit 参数化协调的优势表现为可以自动管理所有的图面变更及参照、在所有数据上同步实时完成项目中的变更、减少人为错误及缩减施工图绘制、文件管理的时间等。其作用体现在以下几个方面。

1. 协同设计

Revit 能创建建筑、机电、结构专业的模型,软件的参数化族与概念体量能为一些复杂的设计提供解决方案;同时不同专业的工程师可通过链接或工作集的方式,协同完成项目的设计工作。

2. 出图及构件提取

基于 Revit 模型通过图纸格式的设置来生成平、立、剖面图及详图,在很大程度上满足国家标准制图规范的需要,可以直接用于工程项目的施工和图纸的交付使用;三维模型和二维图纸自动关联,实现图纸和模型的"一改全改",一处修改处处更新,减少图纸的错漏问题;同时软件提供了明细表统计功能,可以快速统计构件和形成明细表,可以统计包括面积、体积、数量以及其他构件相关的参数。

3. 可视化展示

Revit 软件不仅能导出二维的图纸,还可以创建渲染的效果图、轴测图、分析图等,对于复杂节点还可创建三维的节点详图,并能以静态视图或动态漫游的形式准确展示设计效果。

4. 碰撞检查

将利用 Revit 建立的模型导入 Navisworks 软件中可发现设计过程中不同专业的错、漏、碰、缺等缺陷,为深化设计提供参考依据,从而提高设计质量,减少施工现场的变更,降低项目成本。

将利用 Revit 建立的模型导入 3ds Max 或 Lumion 等软件中进行更为细致和精美的材质添加和渲染处理,可以轻松达到照片级精度,用于成果的展示、宣传和汇报等。

将利用 Revit 建立的模型导入 BIM 5D 软件中,可以直接进行施工进度计划信息和预算信息的关联,生成 BIM 5D 模型,用于施工过程中施工进度和资金的指导和管理,让施工过程管理更加直观。

学习任务描述

在学习 Revit 软件之前,首先要了解 2019 版 Revit 的操作界面。

Revit 2019 采用 Ribbon 界面,即功能区界面,是一个收藏了命令按钮和图示的面板。功能区把命令组织成多组“标签”,每一组标签包括相关命令,不同的标签组展示了程序所提供的不同功能。用户可以针对操作需要,快速找到相应的功能。

用鼠标左键双击桌面的“Revit 2019”软件快捷启动图标,系统将打开图 1-0-1 所示的 Revit 2019 开始界面。

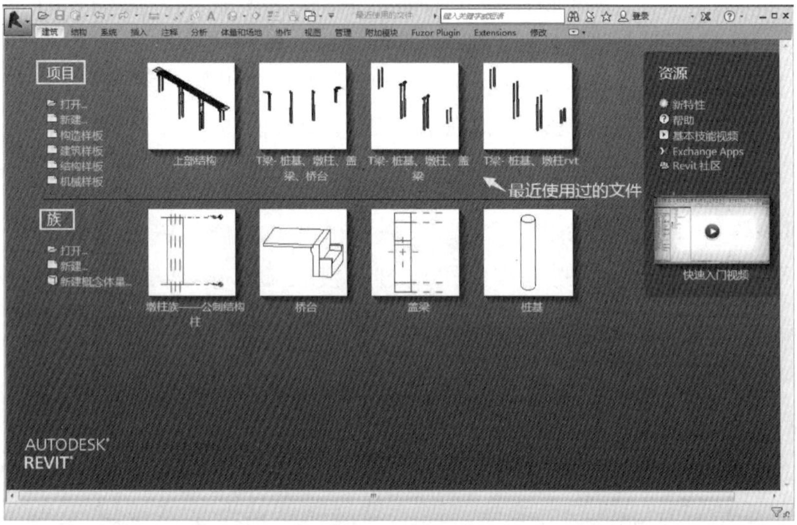

图 1-0-1 Revit 2019 开始界面

单击界面中最近使用过的项目文件,或者单击“文件”菜单→“新建”,选择一个样板文件,并单击“确定”按钮,即可进入 Revit 2019 工作界面,如图 1-0-2 所示。了解“文件”菜单的功能,快速访问工具栏的设置,功能区的作用,项目浏览器以及“属性”面板选项的作用,状态栏与视图控制栏的作用。

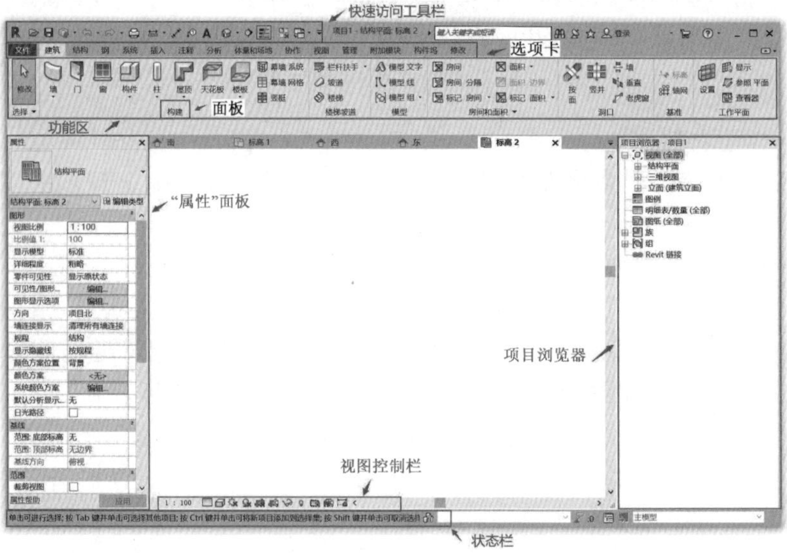

图 1-0-2 Revit 2019 工作界面

知识目标与能力目标

学习 Revit 软件的“文件”菜单、快速访问工具栏、功能区、选项卡、状态栏、视图控制栏、“属性”面板及项目浏览器的作用，平、立、三维视图的转换，输出图纸及查找族的位置。通过学习，应该达到以下目标：

1. 熟悉 Revit 工作界面以及有关个性化工作界面的设置，快速访问工具栏及功能区、选项卡的使用。

2. 熟悉项目浏览器以及“属性”面板的作用。

学习任务实施

明确任务：熟悉 Revit 工作界面，了解 Revit 的功能，为使用 Revit 软件建模打下基础。

Revit 操作界面主要包括快速访问工具栏、功能区、选项卡、状态栏、建模区域、项目浏览器及视图控制栏等部分。

任务实施 1　了解“文件”菜单的功能

单击 Revit 主界面左上侧的“文件”菜单，即可打开“文件”菜单。“文件”菜单主要用于对常用 Revit 工程文件的操作访问，包含“新建”“打开”“保存”“另存为”“导出”等常用文件操作命令。其中，“新建”“打开”“保存”及“另存为”命令与 AutoCAD 类似；而“导出”命令提供了 Revit 支持的数据格式，其目的是与其他软件如 Autodesk 3ds Max、AutoCAD 等进行数据文件交换，给使用者提供更多方便。在该菜单的右侧，系统还列出了最近使用的文档名称，用户可以快速打开近期使用的文件，提高设计效率。

此外，单击“文件”菜单的“选项”按钮，系统将打开“选项”对话框，用户可以进行相应的参数设置，如图 1-0-3 所示。“选项”对话框中显示“常规”“用户界面”“图形”“硬件”“文件位置”等一系列选项卡。其中，“常规”选项卡中可以设置“保存提醒间隔”“用户名”等；“用户界面”选项卡中可以设置使用“快捷键”及鼠标“双击选项”等系统参数值；在“图形”选项卡下可以调节“背景”“颜色”“选择项”等与色彩有关的设置。Revit 2019 可以将背景设置为任意颜色。

任务实施 2　设置快速访问工具栏，了解功能区、选项卡的作用

1. 快速访问工具栏与信息中心

在 Revit 操作界面左上角，系统列出了一排工具图标，即快速访问工具栏，主要为常用命令和按钮的集合。用户可以利用这些命令按钮进行快捷操作，提高使用效率。快速访问工具栏的内容是可以定制的。

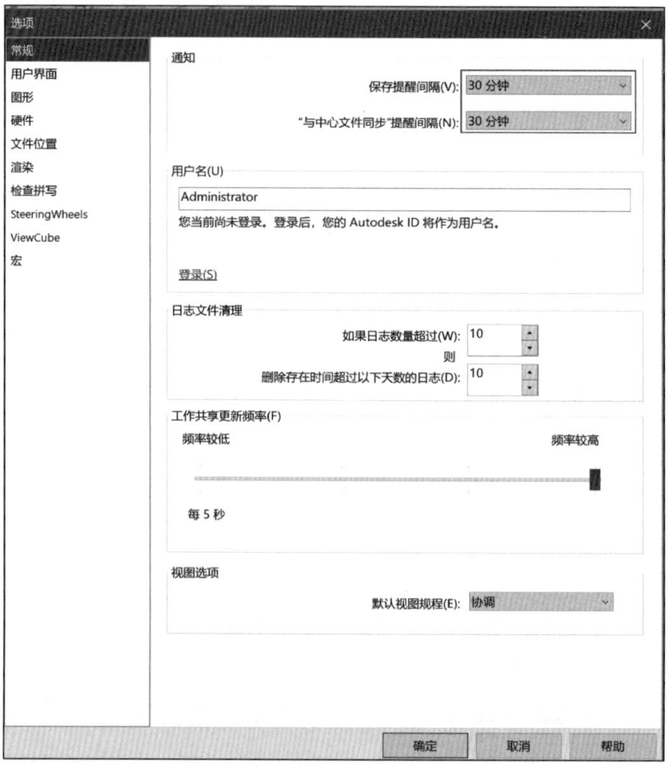
选项
常规
用户界面
图形
硬件
文件位置
渲染
检查拼写
SteeringWheels
ViewCube
宏
通知
保存提醒间隔(V): 30 分钟
"与中心文件同步"提醒间隔(N): 30 分钟
用户名(U)
Administrator
您当前尚未登录。登录后，您的 Autodesk ID 将作为用户名。
登录(S)
日志文件清理
如果日志数量超过(W): 10
则
删除存在时间超过以下天数的日志(D): 10
工作共享更新频率(F)
频率较低
频率较高
每 5 秒
视图选项
默认视图规程(E): 协调
确定
取消
帮助

a)

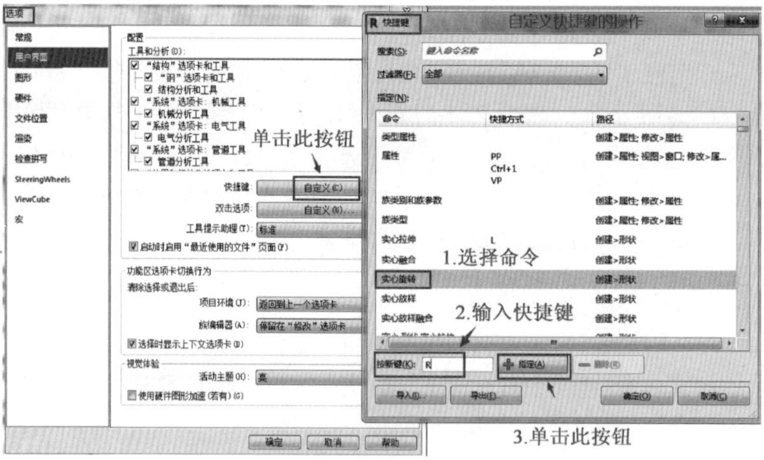
单击此按钮
自定义快捷键的操作
1.选择命令
2.输入快捷键
3.单击此按钮

b)

图 1-0-3

c)

图 1-0-3 “选项”对话框

单击快速访问工具栏最右端的下拉三角箭头，系统将展开工具列表，用户从下拉列表中勾选或取消命令即可显示或隐藏该命令。

若选择“在功能区下方显示快速访问工具栏”选项，则该工具栏的位置将移动到功能区下方显示，且该选项命令将同时变为“在功能区上方显示快速访问工具栏”。

若要在快速访问工具栏中添加功能区的工具按钮，在弹出的快捷菜单中选择“添加到快速访问工具栏”选项，该工具按钮即可添加到快速访问工具栏中默认命令的右侧，如图 1-0-4 所示。

图 1-0-4 添加到快速访问工具栏

信息中心是 Revit 软件为用户提供的在线交流媒介，用户可以通过信息中心快速进入 Revit帮助中心以及登录 Autodesk A360，获取 Autodesk 公司的相关服务。

2. 功能区、选项卡

功能区位于快速访问工具栏的下方，是创建建筑设计项目所有工具的集合。Revit 将这些命令工具按类别放在不同的选项卡面板中,如图 1-0-5 所示。

图 1-0-5　功能区、选项卡

每个选项卡都将其命令工具细分为几个面板进行集中管理。

3. 上下文选项卡

当激活某些工具或者选择图元时,系统会自动增加与该命令相关的上下文选项卡,其中包含一组只与该工具或图元的上下文相关的工具。

同时在功能区下方出现选项栏,选项栏将显示与该命令或图元相关的选项,可以进行相应参数的设置和编辑。

例如,单击“结构”选项卡→“结构”面板→“柱”工具,将显示“修改|放置结构柱”上下文选项卡,如图 1-0-6 所示。在功能区下方的选项栏中将显示与该命令相关的选项,比如“放置后旋转”,勾选则表示旋转所放置的柱。

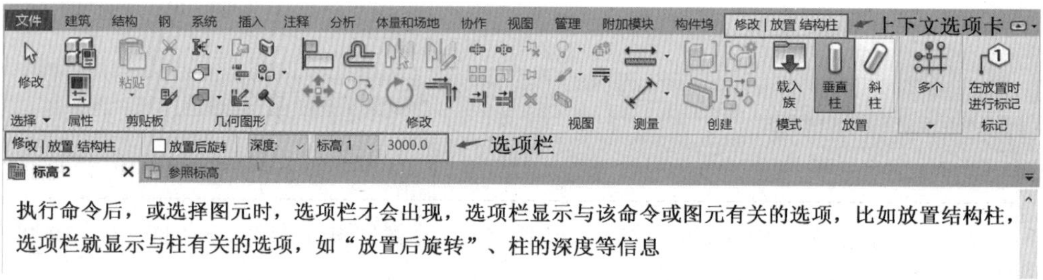

图 1-0-6　“修改|放置结构柱”上下文选项卡

任务实施 3　了解项目浏览器以及“属性”面板的作用

1. 项目浏览器

Revit 中项目浏览器用于显示当前项目中所有视图、明细表、图纸、族、组、链接的模型和其他部分的逻辑层次。单击这些层次前的“+”可以展开分支,单击“-”可以折叠各分支。

在项目浏览器中,用户可以查找选项中的所有族文件,查看所有的平面视图、图纸,选择图元后单击鼠标右键后可进行相应的“复制”“删除”等操作。使用项目浏览器的熟练程度会影响模型的建立速度。

2. “属性”面板

“属性”面板是用来查看和修改图元参数值的主要渠道,是建筑信息的主要来源,也是模型修改的主要工具之一。当选择某图元时,“属性”面板会显示该图元的类型和属性参数。比如用拉伸命令创建的图元,单击该图元对象,在“属性”面板中将出现与图元有关的属性参数,比如“约束”中的“拉伸起点”和“拉伸终点”决定了图元的长度,“标识数据”中的“空心/实心”决定了该图元是实心还是空心属性,如图 1-0-7a)所示。

“属性”面板主要由类型选择器、类型过滤器和属性参数三部分组成,如图 1-0-7b)所示。

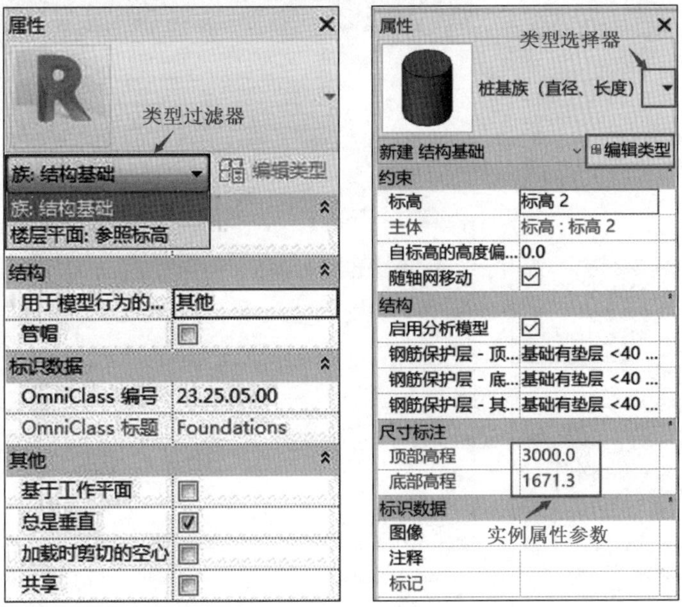

a) b)

图 1-0-7 “属性”面板

(1)类型选择器。“属性”面板上面一行的预览框和类型名称即为类型选择器。用户可以单击右侧的下拉箭头,从列表中选择已有的合适的构件类型(比如结构基础类型)来直接替换现有类型,而不需要反复修改图元参数。

(2)类型过滤器。类型过滤器显示曾经选择的图元类型,比如“族:结构基础”“楼层平面:参照标高”,选择需要显示的图元类型。

(3)属性参数。属性参数包含实例属性参数与类型属性参数。“属性”面板下面的各种参数列表框显示了当前所选图元的各种限制条件,比如桩基的约束条件:所在的标高位置、自标高偏移值等实例属性参数。

单击“编辑类型”按钮,系统将打开“类型属性”对话栏,也可以单击“项目浏览器面板”中“族”选项,用鼠标右键单击相应的族,在快捷菜单中单击“类型属性”对话框,如图 1-0-8 所示。用户可以复制、重命名对象类型,并可以通过编辑其中的类型属性参数来改变与当前所选图元有关的参数等。

“属性”面板默认在 Revit 界面的右侧,用户也可以自行设置放置位置,即按住鼠标左键不放拖动“属性”面板至所需位置。

任务实施 4 了解状态栏与视图控制栏的作用

状态栏是对用户使用的命令或操作的状态提示,也是使用该命令时的相关技巧提示。例如,启动“参照平面”命令,状态栏会显示与当前命令有关的后续操作提示:单击可输入参照平面的起点。用户在使用命令时多加关注状态栏中的提示会使建模事半功倍。

图 1-0-8 “类型属性”对话框

建模区域的左下角即为视图控制栏,如图 1-0-9 所示。在视图控制栏,用户可以快速设置当前视图的比例、详细程度、视觉样式、打开/关闭日光路径、打开/关闭阴影、打开/关闭裁剪区域、显示/隐藏裁剪区域、临时隐藏/隔离以及显示隐藏的图元等。通过单击相应的按钮,可以快速对影响建模区域功能的选项进行视图控制。

图 1-0-9 视图控制栏

成果展示与评价

以小组为单位提交学习总结报告,加深对所学知识的掌握。

工作任务评价与分析			
评价项目	评价标准	参考分值(分)	得分(分)
认识 Revit 2019 界面	识读的准确性	30	
了解 Revit 功能	准确程度	50	
熟悉状态栏各个按钮的作用	准确程度	20	
总评			

《知识拓展》

Revit基本术语

知识点1 项目与项目样板

Autodesk 公司的 Revit 是一款三维参数化建筑设计软件，是有效创建建筑信息模型的设计工具。在 Revit 中新建一个文件是指新建一个“项目”文件，项目就是我们实际的建模项目，文件格式为“.rvt”，界面如图 1-0-10 所示。它有别于在 AutoCAD 中新建一个平面视图或立面视图等文件的概念。

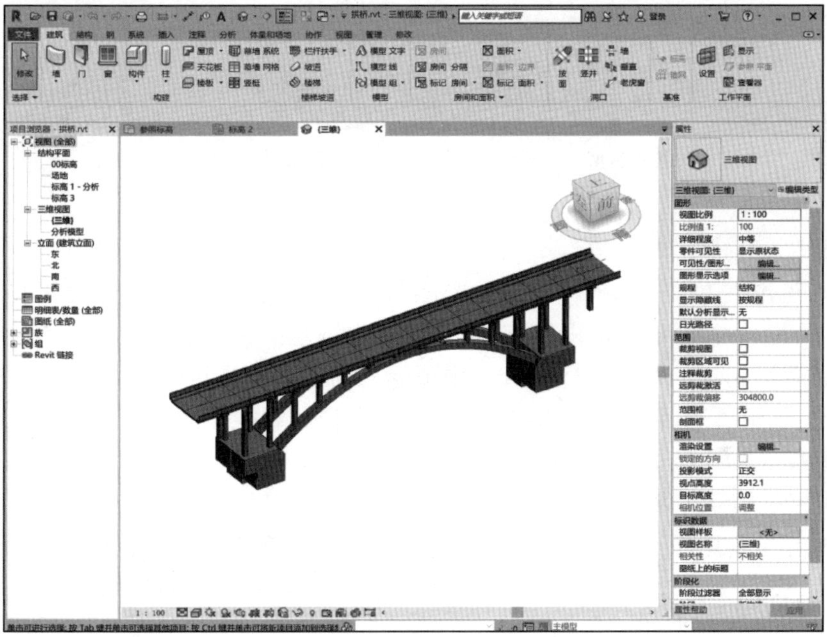

图 1-0-10　项目文件

Revit 中因以包含各类数据信息的建筑物模型为基础才有“建筑信息模型”这个名称。“项目”是指构建此建筑物的若干数量的建筑构件（如桥梁下部结构的桥墩、桥台以及上部结构的桥面板，涵洞的洞口构造物、洞身结构物等）的集合体，是该建筑模型的信息载体和数据库，包含了某个建筑物的所有设计信息。项目包含了完整的三维建筑模型、所有设计视图（平面、立面、剖面、三维等视图等）的设计图纸、构件明细表以及渲染图等建筑设计的最终输出产物；也包括构件的总表面积、总体积、阶段化参数等信息，所有这些信息之间都保持着关联，当在某个视图中修改设计时，Revit 会在整个项目中同步这些修改，实现“一处修改，处处更新”。

新建项目，先选择一个项目样板，项目样板提供项目的初始状态，后缀名为“.rte”，道桥的项目样板一般是“结构样板”。

项目需基于项目样板进行创建，项目样板是一个模板，模板里已设置了一些参数，比如载入了一些符号线、标注符号等族;保存设置好的项目样板可在日后的项目上应用,无须重复设置参数,文件格式为“. rft”。

知识点2 图元与族、族样板

1. 图元

在创建项目时,用户可以通过在设计中添加参数化建筑图元来创建建筑。在 Revit 中,图元主要分为 3 种:模型图元、基准面图元和视图专用图元。

各图元类型如图 1-0-11 所示。

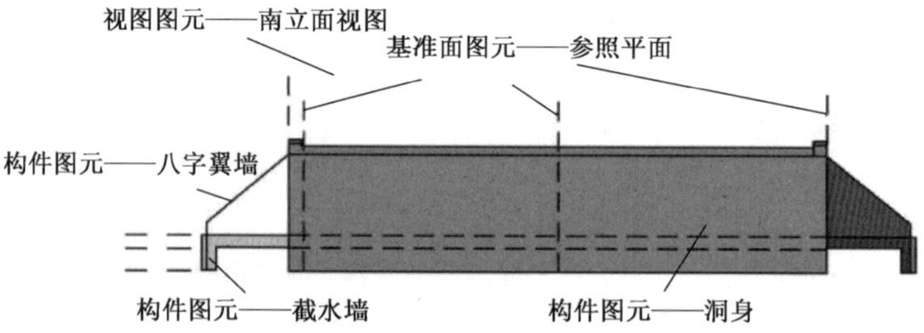

图 1-0-11 图元类型

(1)模型图元。

模型图元包含主体图元和构件图元。主体图元的参数是由系统预先设置的,用户不能随意添加参数,只能通过复制主体图元类型后修改预先设置的参数来实现创建新的主体图元,通常是指在项目现场构建的建筑主体,如墙、屋顶等。构件图元是指建筑主体模型之外的其他所有类型的图元,如窗、门和橱柜等。用户可以自行设计构件图元的形式,道桥专业的图元基本上都是由构件图元构成的,如常规模型等。

(2)基准面图元——参照平面。

基准面图元主要用于定位,建筑的定位信息是模型准确性的基础。参照平面是精确定位、绘制轮廓形状、设置辅助线等的重要辅助工具。在 Revit 项目中,参照平面可以在各标高对应的平面中显示,但其在三维视图中不显示。另外,参照平面在创建族文件时非常重要,绝大多数模型形状的参数驱动是通过控制参照平面间的距离来实现的。

(3)视图专用图元。

视图专用图元包括注释图元和视图图元两大类。

①注释图元。

常用的注释图元包括尺寸标注、详图、文字注释、标记、符号等。

用户可以根据设计应用的需要,自行设计相应的注释图元样式。另外,Revit 中的注释图元与其标注、标记的对象之间具有特定的关联,当被标注、标记对象的参数(如长度、名称)发生变化时,其注释图元也会自动修改。这体现了 Revit“一处修改,处处更新”的特点。

②视图图元。

常用的视图图元包括楼层平面、天花板平面、三维视图、立面、剖面、明细表及图纸等。

楼层平面(平面视图)、天花板平面(平面视图)、三维视图、立面(立面视图以及侧面视图)、剖面,这些视图都是建筑三维模型相应空间位置的全方位表达。这些视图既独立又关联。每个视图都可以对其范围内的建筑模型图元进行可见性、详细程度及视图范围等设置。只有对项目中相应的视图图元(即楼层平面、三维视图等)平面进行设置并添加相应的标注及注释之后才能形成相应的图纸,完成设计方案平面的表达。

2. 族

Revit 作为一款参数化设计软件广受欢迎,主要得益于 Revit 中的参数化构件——"族"(family)。在 Revit 项目文件中除参照平面、详图线、模型线等用于辅助、定位的图元外,基本上其他的图元都是族。Revit 族是一个包含通用属性(称作参数)集和相关图形表示的图元组。族在 Revit 中是建筑设计的基础或代码,只需要对模型形体或者参数(如尺寸、材质、可见性等)进行约束及定义,便能够创建相应的参数化构件。在道桥专业中主要是通过族来创建各工程结构物的模型。

每个族图元能够在其内定义多种类型,每种类型可以具有不同的尺寸、形状、材质或其他参数变量。属于一个族的不同图元的部分或全部参数可能有不同的值,但是参数(其名称与含义)的集合是相同的。这些含有构件信息参数的数据图元,不仅对于整个建筑物的信息采集非常必要,而且有助于用户对独立的建筑构件(族)本身及项目进行修改。

Revit 族分为以下三种:系统族、内建族、可载入族。内建族在道桥专业中应用比较广。

(1)系统族。

系统族是在 Revit 中预定义且保存在样板和项目中的族,不能作为单个文件载入或创建,不能创建、复制、修改或删除系统族,但用户可以复制和修改系统族中的类型。系统族可以分为如下两类:一类是项目中有实体的建筑构件,即模型图元中的主体图元,例如建筑专业中的墙、楼板、天花板、屋顶等;另一类是项目中没有实体的 Revit 预定义的图元,在建筑专业中,包含基准面图元中的标高、轴网以及视图专用图元中的标注、注释、视口、明细表等。

(2)内建族。

内建族是当前项目中创建的自定义图元或者注释图元。内建族只能在当前项目中创建,且只能用于该项目的特定对象。内建族是道桥专业建模主要的族类型。

(3)可载入族。

可载入族又称标准构件族,在外部 Revit 族样板创建,可以导入项目中。在族编辑器中,通过对族文件中创建的模型形体进行约束以及对所需参数(如尺寸、材质、可见性)进行定义,便能够创建功能强大的参数化构件。

标准构件族不仅可以添加或修改参数,还可以根据该构件在项目中的使用场景选择多样的族样板来满足使用需求,例如"公制结构柱"中创建的桥墩,通过设置顶部与底部的约束来满足桥墩的实际尺寸要求。标准构件族可以在项目外单独存储,并可将其载入任意项目中,这种复用性也极大地提高了设计效率。

3. 族样板

族样板为创建族的初始文件。当需要族时可找到对应的族样板,里面已设置好对应的参数。族样板一般在安装软件时自动下载到安装目录下,其格式为". rft"。

知识点3 类别、类型与实例

1. 类别

Revit 中的“类别”是指 Revit 中的图元的类别。分类的目的是在项目中对图元进行归档与整理,以便于图元在设计时的检索与使用。它可以理解为族的类别,项目中族文件可以在项目浏览器中的“族”分支下查看,不同的族文件通过类别进行分类。对于通过族样板创建的标准构件族文件,在其创建时首先就是选择不同的族样板,如图 1-0-12 所示。不同的族样板多数对应不同的族类别,因此不同的族样板创建出的族类别是不同的。

图 1-0-12 选择族样板

2. 类型

族的定义类似于几何图形的编组,换句话说,族中成员的几何图形相似而尺寸有可能不同。例如,一系列相似的单开门因其宽度不同可以把它们分为不同的类型,多种不同尺寸的门都可以包含在一个族内。不同的族的分类,称为“类别”;而同一个族中图元根据不同参数的分类,则称为“类型”。

“类型”可以认为是 Revit 参数化设计的另一个优势,对于同一建筑图元的不同型号规格的模型,不需要分别对不同型号规格的图元进行多次建模。同一族文件的不同族类型在创建时,只需要更改特定参数即可,减少了同一系列模型反复建模的工作量。另外,模型引用可以通过加载一个族文件实现,有效地提高了设计效率。

类型参数是调整这一类构件的参数。例如,单击“编辑类型”可修改类型参数,如修改立柱截面参数 b、h,立柱的两个实例即两根柱子都跟着调整。

3. 实例

在 Revit 软件中,“实例”是放置于当前项目中的实际图元,每一个实例都属于一个族,且在该族中属于特定类型。实例属性参数是每个放置在项目中的实际图元的属性参数。例如,在项目中的轴网交点位置放置了 10 根 600mm × 750mm 的矩形柱,那么每一根柱子都是“矩形柱”族中“600mm×750mm”类型的一个实例。选中一个柱子，其“属性”面板中显示的都是这个柱子的实例属性参数，如果更改其中的属性参数，只有这个柱子会发生变化，而其他的柱子不会变化。

“实例”与“类型”是两个不同的概念，需要用户在项目中不断加深理解。

学习任务二 掌握图元基本操作、模型控制方法

学习任务描述

选择图元是 Revit 编辑和修改操作的基础，也是使用 Revit 进行设计时最常用的操作。事实上，在 Revit 中，除了在图元上直接单击鼠标左键来选择图元这种最常用的图元选择方法外，配合键盘功能键，可以灵活地构建图元选择集，实现图元选择。Revit 将在所有视图中高亮显示选择集中的图元，以区别未选择的图元，如图 1-0-13 所示。那么如何快速进行图元的选择呢？

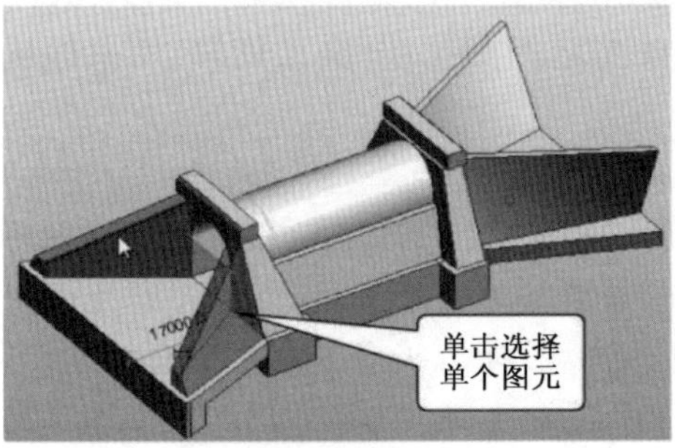

a)

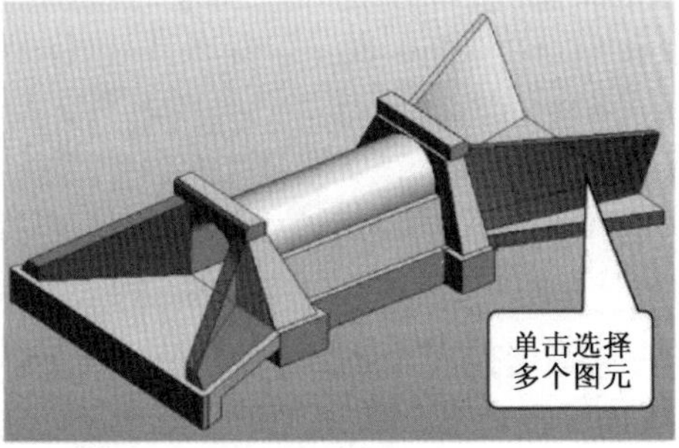

b)

图 1-0-13 图元选择

在利用 Revit 软件进行建模设计时，经常用到参照平面辅助建模。在绘制相应的图元时，临时尺寸标注也能起到重要的定位参考作用。

在 Revit 中绘制图元的轮廓草图来创建内建模型、进行体量建模、创建族文件或者绘制模型线和详图线时，都会用到基本的绘制工具来完成相应的操作。Revit 绘制工具的操作方法和 AutoCAD 软件中的大致相同。那么如何进行图元的基本操作呢？

在绘制构件的过程中经常出现一个情况——当前构件不可见，这就是所谓的模型控制方法。模型的控制方法主要包括：图形可见性设置的控制、视图范围控制、模型的详细程度设置、临时隐藏与永久隐藏的设置、过滤器的设置、视图规程及视图裁剪区域有关的设置。

知识目标与能力目标

学习 Revit 图元的基本操作、参照平面及临时尺寸的定位操作、模型的控制方法。通过学习，应该达到以下目标：

1. 能快速选择图元，绘制与修改图元的轮廓草图。
2. 能快速定位基准图元。
3. 能自行定义注释图元样式，以满足各种本地化设计应用的需要。
4. 能运用 Revit 模型隐藏/隔离操作、图形可见性设置、视图范围设置来控制模型的显示。

学习任务实施

明确任务：熟悉 Revit 选择图元的方法，熟悉图元的基本修改命令，为 BIM 软件的建模打下基础；熟悉 Revit 基准图元的定位操作以及绘制图元的基本命令。

任务实施1 选择图元的方式

选择图元是 Revit 编辑和修改操作的基础,也是在 Revit 中进行设计时最常用的操作。

1. 选择图元

快速批量选择所需图元的方法:①点选,在图元上直接单击鼠标左键选择图元,配合使用键盘功能键“Ctrl”“Shift”键;②窗选,用鼠标从左往右选择图元;③交叉窗选,用鼠标从右往左选择图元;④Tab 键选择;等等。

(1)点选。

在图元上直接单击鼠标左键进行选择是最常用的图元选择方式。在视图中移动鼠标到需选择的图元上,当图元高亮显示时,表示该图元处于选择状态,单击鼠标左键,即可选择该图元。

此外,若要选择多个图元,可以按住“Ctrl”键不放,鼠标箭头会变成右上角带有“+”号的形状“”,连续单击选择其他图元,即可在选择集中添加图元,选择完对象后,可以按键盘的“Esc”键,或者单击空白处取消选择集。选择后,可以按住“Shift”键,鼠标会变成带有“-”号的形状“”,单击已选择的图元,即可将该图元从选择集中取消选择。使用点选方式选择图元如图 1-0-14 所示。

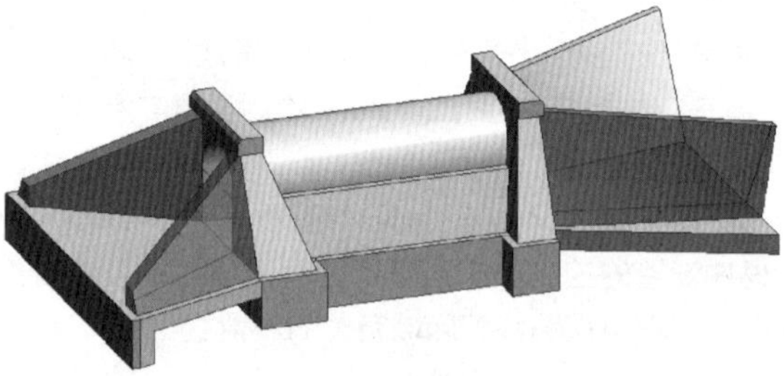

图 1-0-14 使用点选方式选择图元

(2)窗选。

Revit 还支持窗选。窗选是以指定对角点的方式,定义矩形选取范围的一种选取方式。在需要选择的图元左上方按住鼠标左键不放确定第一个对角点,此时选取区域将以实线矩形的形式显示，拖动鼠标到图元的右下方，单击确定第二个对角点后，即完成窗选。注意，被实线框完全包围的图元才能被选择，只有一部分进入矩形框中的图元不会被选择。比如，在涵洞的左侧矩形实线选择框中，缘石被全部包含在矩形选择框中，则缘石被选中，如图 1-0-15a）所示。同时在右下角会出现一个过滤器，并且提示一共有 1 个图元被选择，在空白处单击鼠标左键，可以取消选择集。

(3)交叉窗选。

交叉窗选模式下，用户无须将欲选择图元全部包含在矩形框中，即可选择该图元。交叉窗选方式和窗选方式类似。

交叉窗选是确定第一个对角点后，按住鼠标左键，向左侧移动鼠标，选取区域将显示一个虚线矩形框，此时单击鼠标左键确定第二个对角点，包含在框内的对象以及与虚线相交的对象都将被选择。在涵洞右侧洞口从右往左拉出一个虚线选择框，与虚线选择框相交的扭曲翼墙、截水墙就被选中了，如图 1-0-15b）所示。

提示：选择图元后，在视图空白处单击鼠标左键或者按“Esc”键即可取消选择。

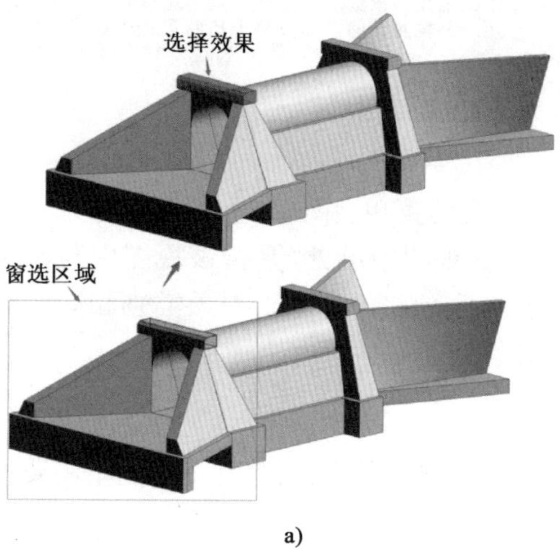

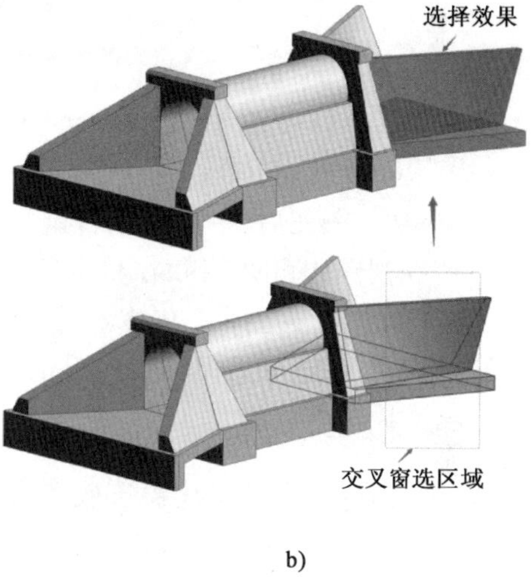

图 1-0-15　窗选与交叉窗选图元

(4)Tab 键选择。

打开扭曲翼墙拱涵族文件，移动鼠标到涵洞口的扭曲翼墙位置，高亮显示该翼墙表面的边缘，按键盘的“Tab”键，可切换显示鼠标位置处翼墙的边缘、表面以及翼墙图元，如图 1-0-16所示。如果再按“Tab”键，高亮显示的对象可能是翼墙的形状图元，并在提示栏中显示高亮显示的图元的名称——“形式：形状图元”，单击鼠标左键，即可选择该翼墙图元。

再按“Tab”键，高亮显示的对象可能是翼墙的上表面图元，并在提示栏中显示高亮显示的图元的名称——“形式：形状图元：表面”，单击鼠标左键，即可选择该翼墙表面图元。也就是说，在选择时，Revit 有两个操作：第一个是将鼠标放在对象上时，该对象会高亮显示其选择预览，单击鼠标左键，即可做最终的选择；第二个是有多个对象重叠在一起时，可以通过“Tab”键，切换不同的选择对象，并且“Tab”键切换不同选择对象是循环的。可以多次按“Tab”键，改变选择预览，但必须单击鼠标左键后，才能最终做出选择。

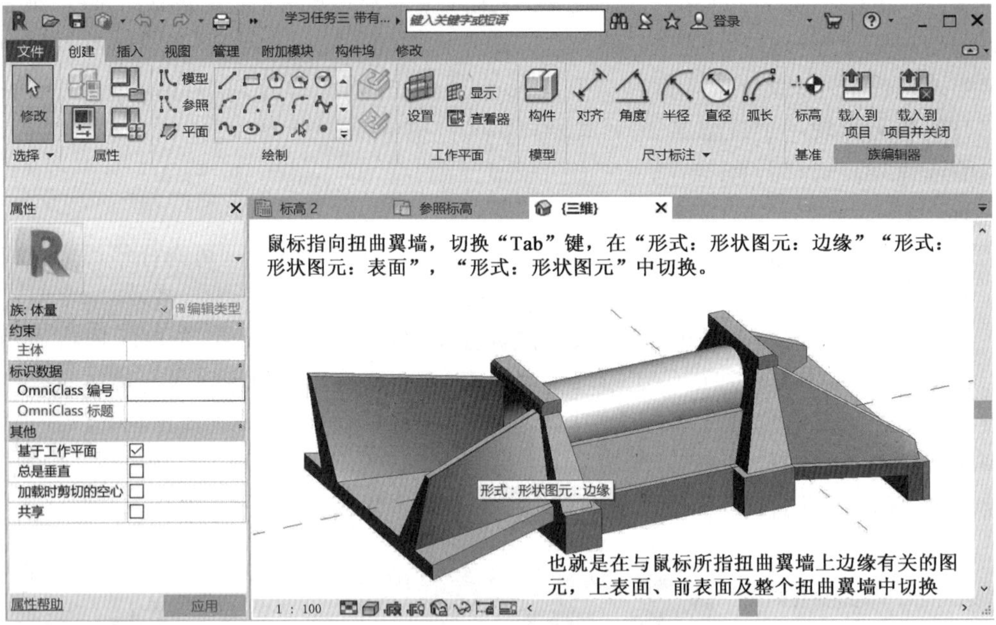

图 1-0-16　Tab 键选择图元

(5)选择相同类型的图元。

单击选择某一图元后,单击鼠标右键,可以弹出快捷菜单,单击“选择全部实例”,出现两个选项——“在视图中可见”和“在整个项目中”。“在视图中可见”是指该视图中与所选对象类别相同的对象全部被选择,“在整个项目中”是指整个项目中与所选对象类别相同的对象全部被选择。选择某一选项,即可选择相同类型的对象。

2. 过滤图元

选择多个图元后,尤其是用窗选或者交叉窗选方式选择图元时,容易将一些不需要的图元选中,此时,用户可以利用以下方式从选择集中过滤不需要的图元。

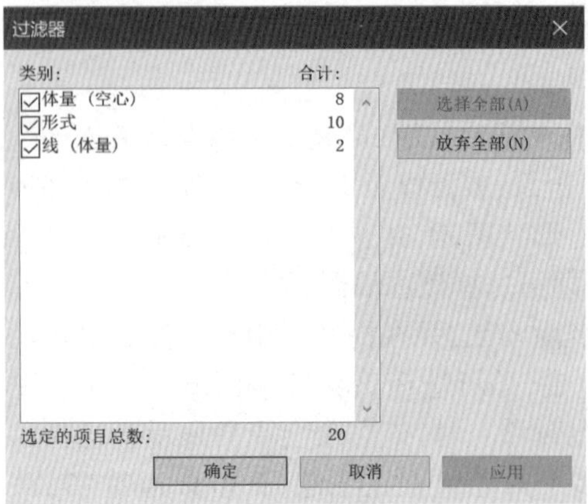

图 1-0-17　“过滤器”对话框

选择多个图元后,按住“Shift”键,鼠标箭头会变成带有“ - ”号的形状“↖”,连续单击选取需要过滤的图元,即可将该图元从选择集中过滤掉。

当选择集中包含不同类别的图元时,可以使用过滤器从选择集中删除不需要的类别。全部选择所有的图元,单击“过滤器”,弹出“过滤器”对话框,如图 1-0-17 所示。“过滤器”对话框显示全部已选择的对象的类别和数目,单击“放弃全部”按钮,可以去除所有类别的勾选,再勾选“形式”类别,并有一个计数统计,显示该选择集中包含选择体量形式中所创建的对象的数目,单击“确定”。按“Esc”键可以取消当前的选择集。

任务实施2 图元的基本操作

选择图元后,可以对图元进行修改和编辑。

Revit 可以对选择的图元进行移动、复制、镜像等编辑操作。基本修改命令见表 1-0-1,通过"修改"面板或上下文选项卡可以访问这些修改和编辑工具。通过下面的实例,可以掌握修改和编辑图元的操作。

基本修改命令汇总　　表 1-0-1

命令	图　标	说　明
删除		选择要删除的图元,再单击键盘"Delete"键或单击"修改"面板中的删除工具"",删除所选择的图元
移动		先选择需要移动的对象,再单击"移动"命令,然后选择要移动的起点,再选择移动后的新的位置点或者输入移动距离的数值,完成移动
对齐		使用"对齐"命令,先选择需要对齐的参照线,再选择需要对齐的实体,则选择的实体就会移动到先选择的线上,完成对齐
复制		单击需要复制的对象,点击"复制"命令,先选择要复制移动的基点,再选择复制到新的位置点,也可以输入移动的距离,完成复制。勾选"多个"可以多次连续复制
偏移		点击"偏移"命令,在选项栏中输入偏移的距离,勾选"复制保留原构件",在原构件附近移动鼠标以确认偏移的方位,再次点击即可完成偏移
镜像		"镜像"命令有两个图标,左侧图标用于有已知镜像轴的情况下,使用右侧图标需要绘制镜像轴。先选择需要镜像的构件,再点击"镜像"命令,选择镜像轴线可复制出对称镜像。如果把选项栏中"复制"默认选项的勾选取消,原构件就不会保留
阵列		选择构件,点击"阵列"命令,在选项栏中输入指定的数值和选择阵列方式,"第二个"表示每个构件的间距是相等的,"最后一个"是指在第一个和最后一个构件之间均匀等距排列阵列个数
修剪/延伸	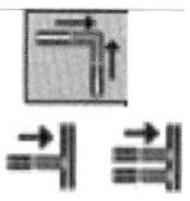	上方图标功能是修剪/延伸为角,下方图标功能为沿一图元定义的边界修剪/延伸另一个图元
拆分	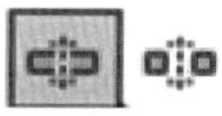	点击"拆分"命令,选择要拆分的对象,将图元分割为两个单独的部分。使用"间隙拆分"命令,可以设置间隙距离,创建一个缺口
缩放		选择构件,点击"缩放"命令,在选项栏中设置相应的比例或者单击图形拖动选择需要缩放的比例即可完成缩放

实例一 绘制桥墩托盘的上下底半圆轮廓。

(1)进入编辑轮廓状态,单击"绘制"面板→"圆"命令以及"直线"命令,绘制直径为

1900mm 的圆和其竖向直径,如图 1-0-18 所示。

(2)单击“修改”面板→“拆分”命令,拆分左侧圆周,如图 1-0-19 所示。

(3)单击“修改”面板→“修剪/延伸为角”命令,依次单击右侧圆周以及直径,修剪圆周,并删除多余部分,效果如图 1-0-20 所示。

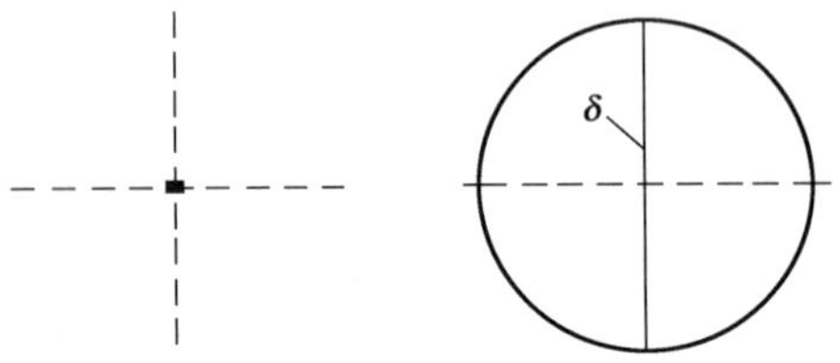

图 1-0-18 绘制圆与直径

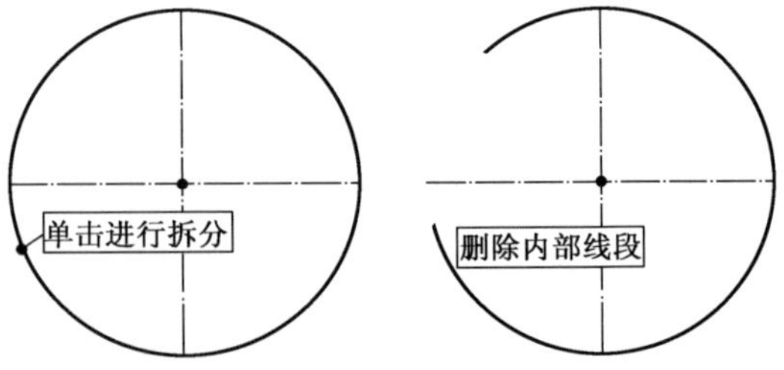

图 1-0-19 拆分圆周

(4)选择右侧圆周以及直径,单击“修改”面板→“移动”命令,键盘输入 750(mm),如图 1-0-21所示。

图 1-0-20 “修剪/延伸为角”命令效果图

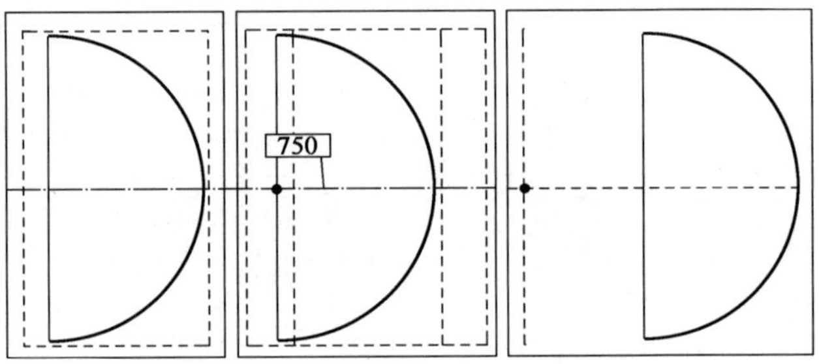

图 1-0-21 移动操作

实例二 完成图 1-0-22 所示桥墩桩基以及承台的绘制,熟悉各修改命令的使用。

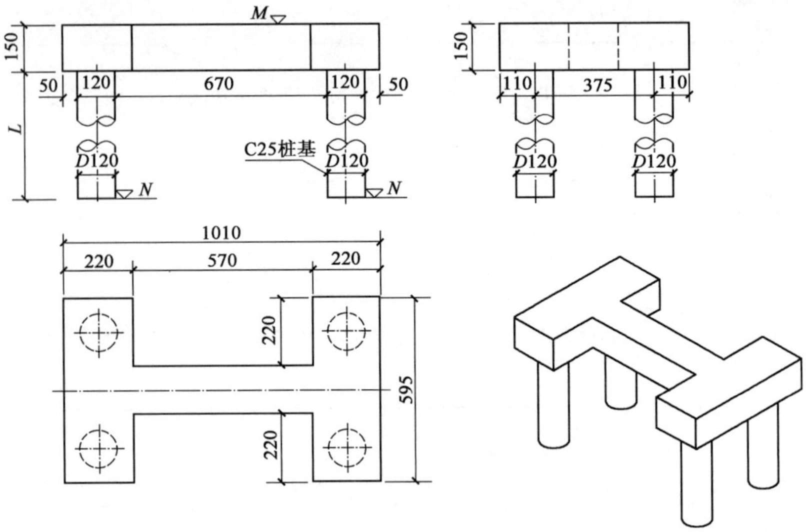

图 1-0-22 桥墩桩基以及承台(尺寸单位:cm)

(1)新建“公制结构柱”族样板文件。在“楼层平面:低于参照平面”视图中,单击“创建”选项卡→“形状”面板→“拉伸”命令,绘制承台工字形轮廓,拉伸1500mm完成承台的绘制,拉伸效果如图1-0-23所示。

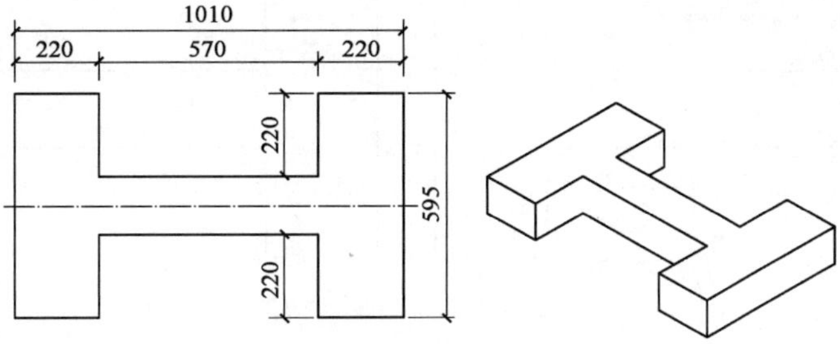

图1-0-23 拉伸操作(尺寸单位:cm)

(2)定位桩基的位置,如图1-0-24所示。

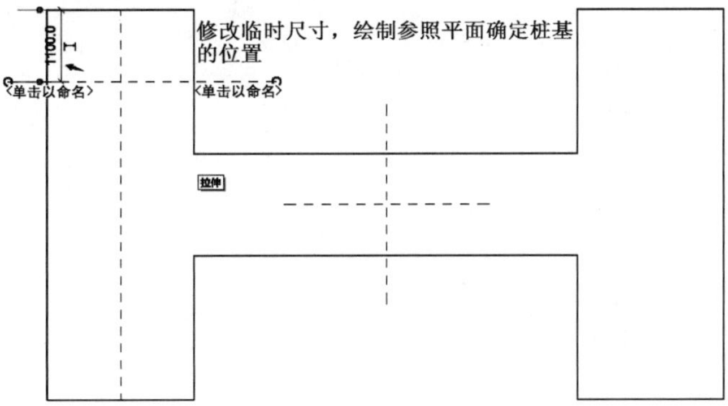

图1-0-24 桩基定位操作

(3)单击“创建”选项卡→“形状”面板→“拉伸”命令,在“绘制”面板中确认绘制模式为圆,绘制半径为600mm的桩基轮廓,拉伸一定的长度即完成左后侧桩基的绘制。

(4)选择左后侧的桩基,单击“修改”面板→“复制”命令,向右移动鼠标,键盘输入7900(mm),复制生成右后侧桩基,效果如图1-0-25所示。

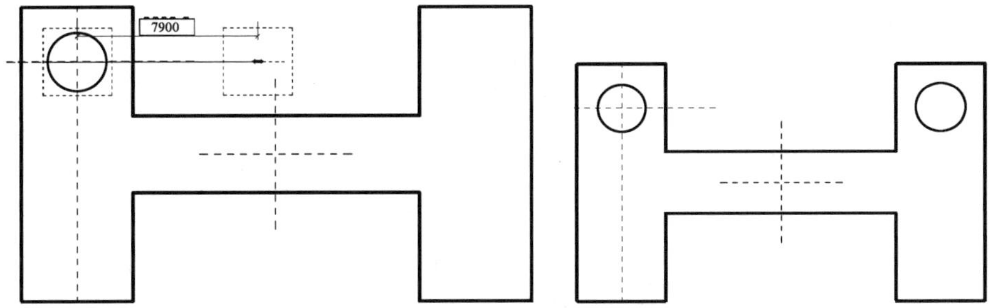

图1-0-25 桩基复制效果

(5)选择后排的两个桩基,单击“修改”面板→“阵列”命令,在选项栏中确认项目数为

2,确认“移动到”复选框为“第二个”模式,向下移动鼠标,键盘输入3750mm,阵列生成前排的两个桩基。阵列效果如图1-0-26所示。

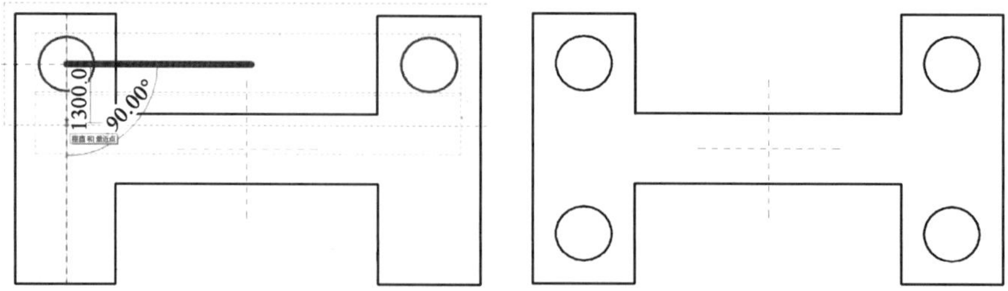

图1-0-26　桩基的阵列效果

任务实施3　定位参照平面、设置工作平面

实例三 完成图1-0-27所示板桥各结构物的定位操作。

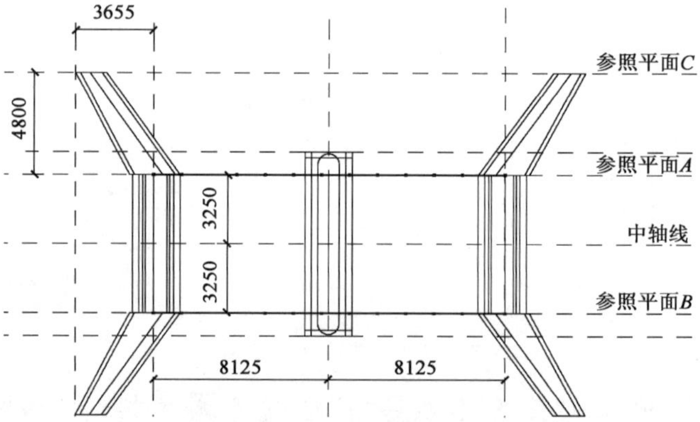

图1-0-27　板桥各结构物的定位

(1)单击“文件”菜单→“新建”→“概念体量”,打开“新概念体量-选择样板文件”对话框,单击“公制体量”族样板类型,单击“确定”按钮,进入体量建模界面。

(2)在“楼层平面:标高1”视图中,单击“创建”选项卡→“绘制”面板→“参照平面”命令,在“参照平面:中心(左/右)”左侧绘制参照平面,修改临时尺寸为8125mm。选择参照平面,单击“修改”选项卡→“修改”面板→“复制”命令复制参照平面,距离左侧3655mm,选择参照平面,镜像生成另一侧的参照平面。用同样的方法绘制水平方向的参照平面,在中轴线上方绘制参照平面A,参照平面A距离中轴线3250mm,再绘制距离参照平面A 4800mm的参照平面C。

实例四 完成板桥桥台处八字翼墙基础轮廓及前后表面截面轮廓的绘制,如图1-0-28所示,熟悉平面以及模型线等的基本绘制。

(1)新建体量。

单击“文件”菜单→“新建”→“概念体量”,打开“新概念体量-选择样板文件”对话框,单击“公制体量”族样板类型，单击“确定”按钮，进入体量建模界面。

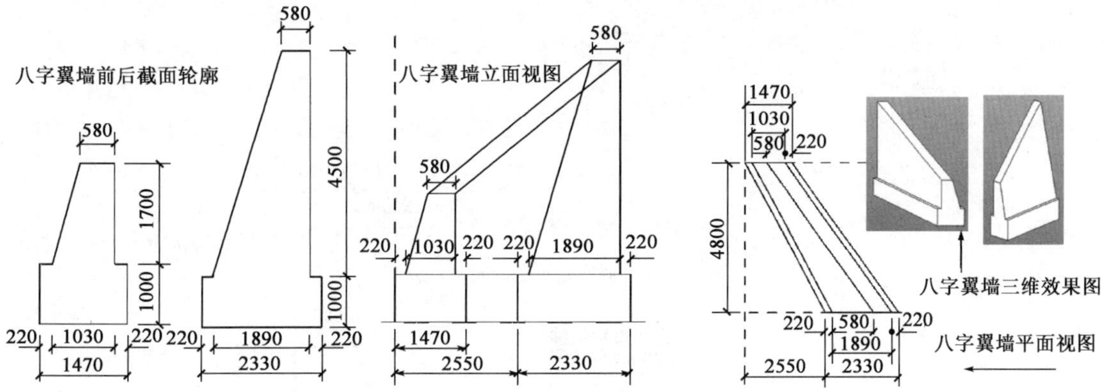

图 1-0-28 八字翼墙的创建

(2)设置八字翼墙的工作平面。

在“楼层平面:标高 1”视图中，单击“修改”选项卡→“工作平面”面板→“设置”命令，打开“工作平面”对话框，确定“指定新的工作平面”的方式为“拾取一个平面”，拾取参照平面 *C* 为工作平面，打开“转到视图”对话框，选择“立面:南”选项，单击“打开视图”按钮，系统自动切换到南立面视图，完成八字翼墙工作平面的设置，操作如图 1-0-29 所示。

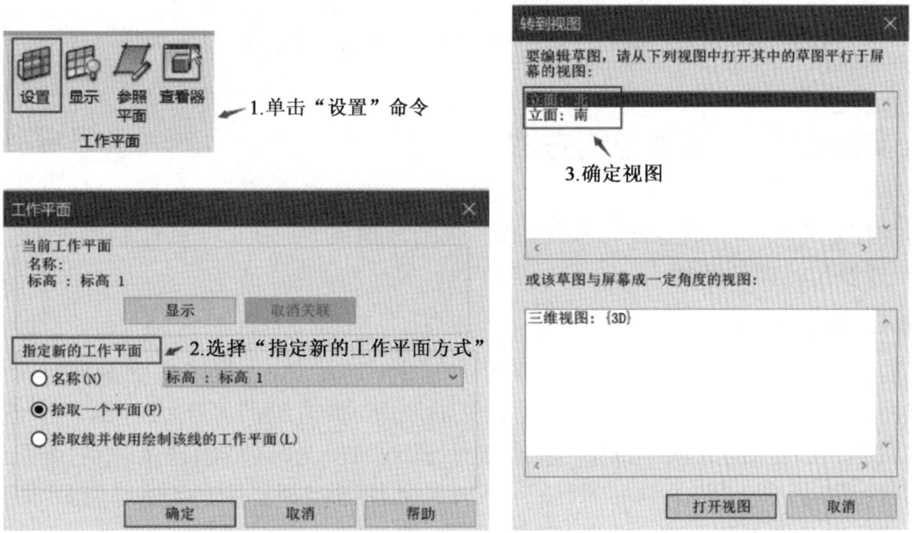

图 1-0-29 工作平面的设置

(3)绘制八字翼墙的前后基础表面与八字翼墙截面轮廓。

单击“修改”选项卡→“绘制”面板→“矩形”命令，在南立面视图中单击鼠标左键捕捉矩形第一个角点，拖动鼠标至相应位置再次单击鼠标左键捕捉矩形的第二个角点，即可绘制矩形。按“Esc”键两次结束矩形命令绘制。利用“Tab”键依次选择矩形的边，修改矩形尺寸。单击“修改”选项卡→“绘制”面板→“直线”命令绘制八字翼墙截面轮廓。同样的操作，设置参照平面 *A* 为工作平面，绘制八字翼墙的后表面截面轮廓。操作如图 1-0-30、图 1-0-31 所示。

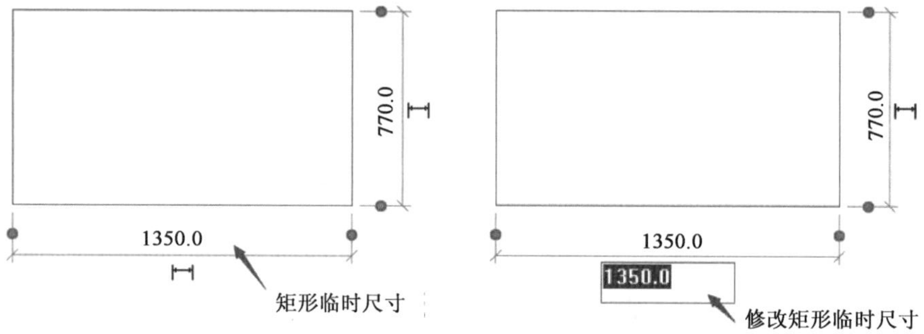

图 1-0-30　修改矩形临时尺寸的操作

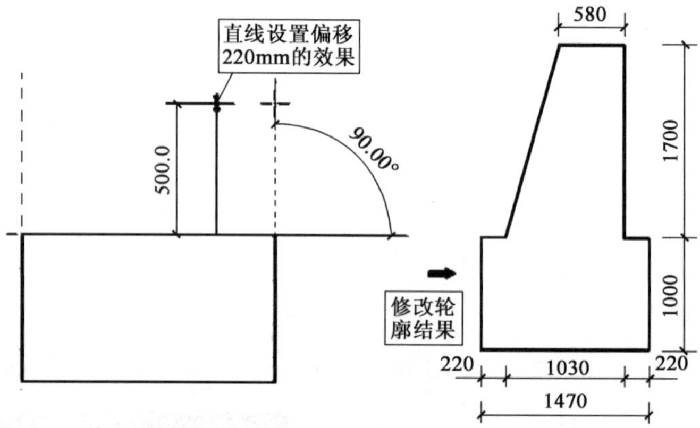

图 1-0-31　直线和矩形命令绘制八字翼墙轮廓

任务实施 4　模型控制方法

模型的控制方法有临时隐藏与永久隐藏，视图范围设置，图元可见性控制，图元的详细程度、规程设置及过滤器的使用。

1. Revit 图元临时隐藏与永久隐藏

为了简化建模过程，有时需要临时隐藏一些图元。在 Revit 视图中隐藏对象分为两种情况，即临时隐藏与永久隐藏。选择要临时隐藏的图元，单击绘图区下方控制栏中的“临时隐藏/隔离”按钮，在弹出的选项中选中“隐藏图元”选项，在工作区域出现蓝色的边框，表示系统进入“临时隐藏”状态，如图 1-0-32 所示。再次单击视图控制栏中的“临时隐藏/隔离”按钮，在弹出的选项中选中“重设临时隐藏/隔离”选项，临时隐藏图元再次显示。

若要查看哪些对象被临时隐藏，单击“显示隐藏的图元”按钮，工作区域边界的蓝色边框变成了红色边框，临时隐藏对象以蓝色线框显示，表示处于临时隐藏状态，如图 1-0-33 所示。

在临时隐藏状态下，单击视图控制栏中 “将隐藏/隔离应用到视图中”这一选项，则在工作区域出现红色的线框，隐藏的对象以红色高亮显示，图元变成永久隐藏，如图 1-0-34 所示。关闭“显示隐藏的图元”，永久隐藏图元不会在工作区域显现。保存项目后，再次打开项目，永久隐藏对象不会显示。而对于临时隐藏图元，保存项目，再次打开项目时临时隐藏对象将会显示。

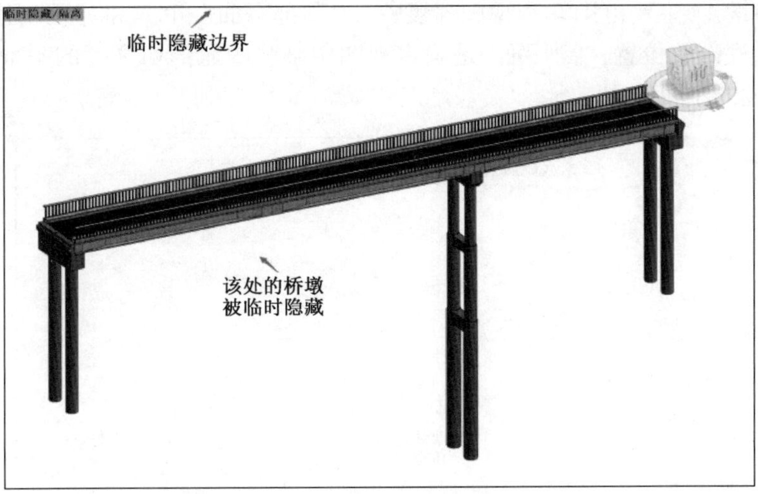

图 1-0-32　临时隐藏

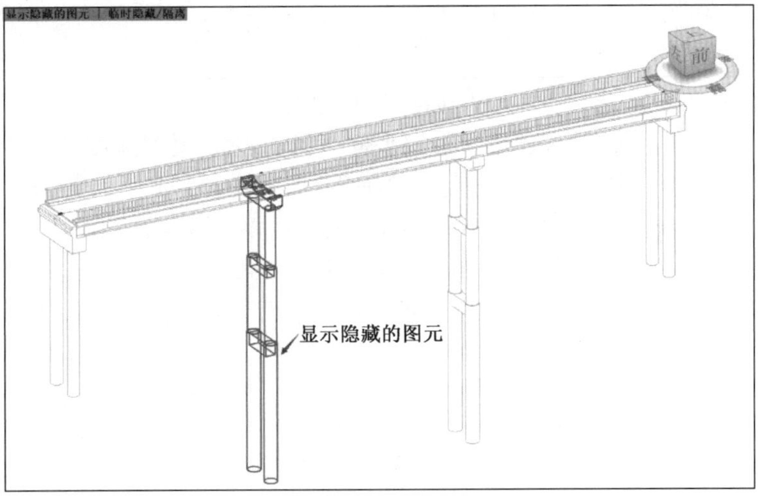

图 1-0-33　显示临时隐藏对象

取消永久隐藏有两种方法：

第一种，在显示隐藏模式下，选中隐藏对象，在“显示隐藏图元”面板中，单击“取消隐藏图元”按钮，则恢复对象的显示。

第二种，在隐藏对象上单击鼠标右键，在弹出的菜单中选择“取消在视图中的隐藏”。

在“显示隐藏图元”面板中单击“切换显示隐藏图元模式”，则恢复正常的图元显示模式。

2. 视图范围设置

在创建某些构件时会弹出警示窗，提示绘制的模型不在视图范围之内。在平面视图中，单击“属性”面板视图范围“编辑”按钮，可以用来设置视图范围。视图范围包含“主要范围”和“视图深度”两个区域，主要范围中“顶部平面”为上边界的标高，高于上边界标高的图元构件不显示；“剖切面”为图元的剖切高度，与剖切面相交的构件显示为截面，高于剖切面的构件不显示，低于剖切面的构件显示投影；“底部平面”为下边界的标高。视图深度不能高于底部标高。

如图 1-0-35a）所示，从立面视图角度显示平面视图的视图范围：顶部平面①、剖切面②、底部平面③、偏移量④、主要范围⑤和视图深度⑥。“顶部平面”和“底部平面”用于指定“主要范围”最顶部和最底部的位置,“剖切面”是确定视图中某些图元剖切高度的平面,这3个平面用于定义视图范围的主要范围。

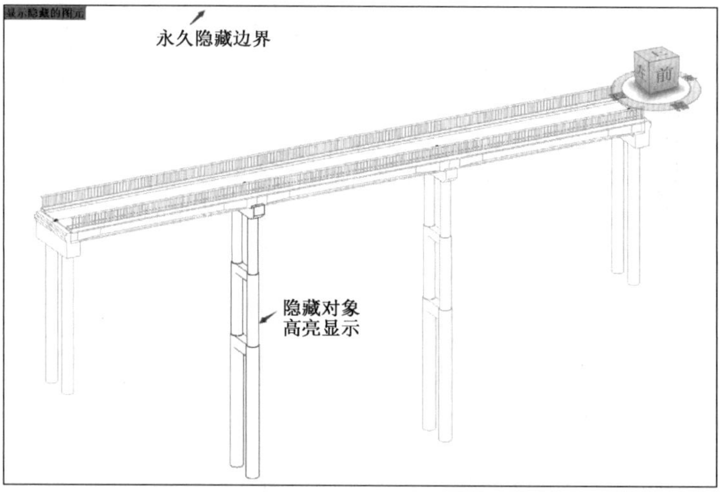

图1-0-34　永久隐藏

“视图深度”是视图主要范围之外的附加平面,可以设置“视图深度”的“标高”,以显示位于底部平面之下的图元,默认情况下该标高与底部平面重合,如图1-0-35b)所示。“主要范围”的“底部平面”不能超过“视图深度”设置的范围。主要范围和视图深度范围外的图元不会显示在平面视图中,除非设置视图实例属性中的“基线”参数。

调整视图深度,观察平面视图图元的显示,理解视图深度的设置,如图1-0-35c)所示。

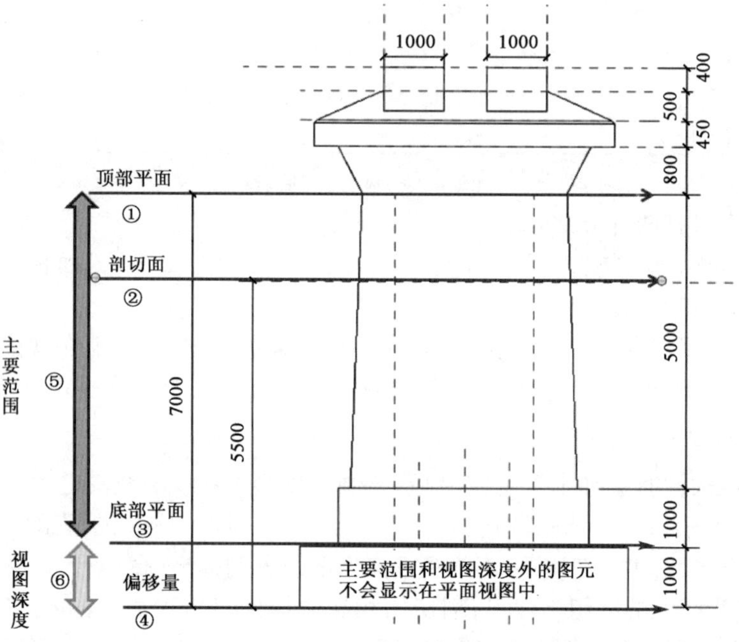

a)

图　1-0-35

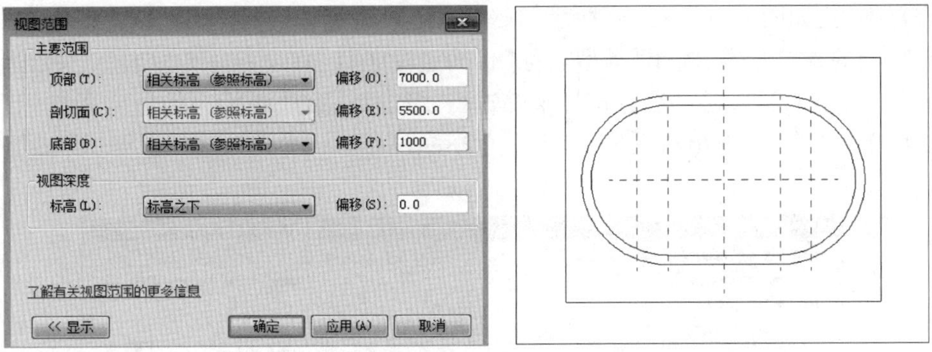

b)

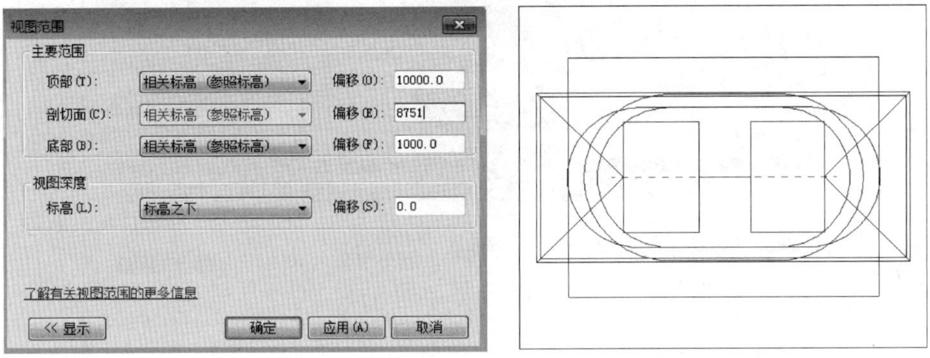

c)

图 1-0-35 “视图范围”对话框

3. 图元可见性控制

在绘制模型的过程中，需要对不同对象的可见性进行更改，从而更加方便区分和绘制模型，可以通过“可见性/图形替换”功能来实现。

单击“视图”选项卡→“图形”面板→“可见性图形”工具命令（建议使用快捷键“VV”或“VG”），打开“可见性/图形替换”对话框，如图 1-0-36 所示，可以看到各种构件类型，在可见性下勾选或取消勾选对应类型来显示或隐藏模型，也可以更改对应的“线”“填充图案”“透明度”等来改变模型在视图中的显示方式。“模型类别”选项卡下通过对族类别及对象样式的修改来调整模型类别的可见性。如勾选“场地”选项中的“测量点”以及“项目基点”，则在项目中显示项目基点。

4. 图元的详细程度、规程设置

图元详细程度与规程设置如图 1-0-37 所示。

规程以某种专业特征来控制视图显示，规程就是视图专业属性，同一视图在不同的专业规程下的显示是不同的，协调是所有专业都能显示。

5. 过滤器的使用

模型制作中，构件多种多样，使用过滤器可以改变图形的外观以及可见性。选择需要过滤的构件,单击“视图”选项卡→“图形”面板→“过滤器”工具命令,新建或选择一个已经存在的过滤器进行编辑,如图 1-0-38a)、b)所示,新建“N1”过滤器,选择一个或多个类别,在过滤器规则中选择特定的条件参数,选择“类型名称”作为过滤条件,在下拉菜单选择过滤器运算符,如“包含、不等于、小于”等,通过运算符号来筛选特定构件,添加好所有的过滤条件以及过滤器运算符之后单击“确定”退出对话框,如图 1-0-38c)所示。

图 1-0-36 “可见性/图形替换”对话框

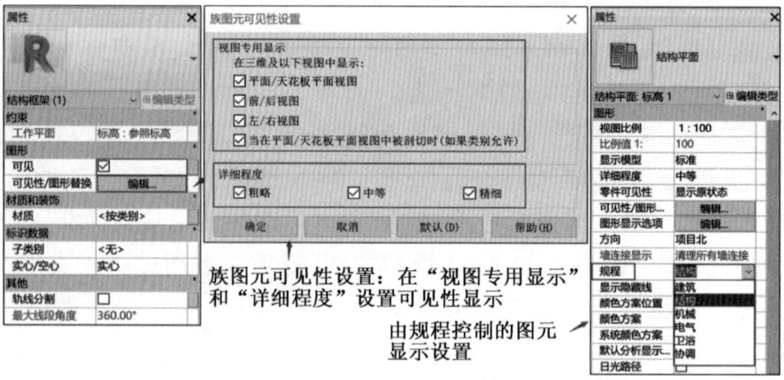

图 1-0-37 图元详细程度与规程设置

过滤器的设置操作:单击“视图”选项卡→“图形”面板→“可见性图形”工具命令,打开“可见性/图形替换”对话框,选择“过滤器”选项卡,单击“添加”,选择创建好的“N1”过滤器,如图 1-0-38d)所示。这样就可以通过对可见性以及投影表面截面的设置更改选定构件的显示方式。灵活运用过滤器可以更有效地对模型进行创建和修改。

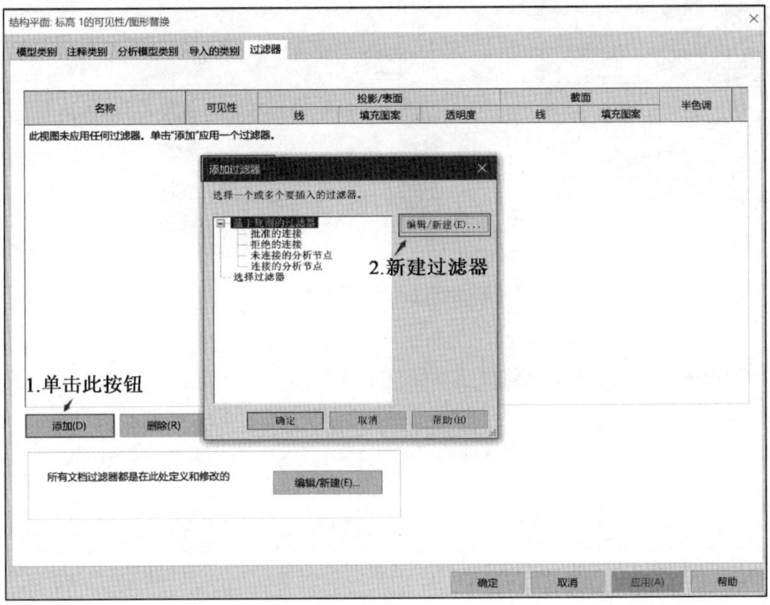

结构平面: 标高 1的可见性/图形替换
模型类别
注释类别
分析模型类别
导入的类别
过滤器
名称
可见性
投影/表面
线
填充图案
透明度
截面
线
填充图案
半色调
此视图未应用任何过滤器。单击"添加"应用一个过滤器。
添加过滤器
选择一个或多个要插入的过滤器。
基于规则的过滤器
批准的连接
拒绝的连接
未连接的分析节点
连接的分析节点
选择过滤器
编辑/新建(E)...
2.新建过滤器
1.单击此按钮
添加(D)
删除(R)
确定
取消
帮助(H)
所有文档过滤器都是在此处定义和修改的
编辑/新建(E)...
确定
取消
应用(A)
帮助

a)

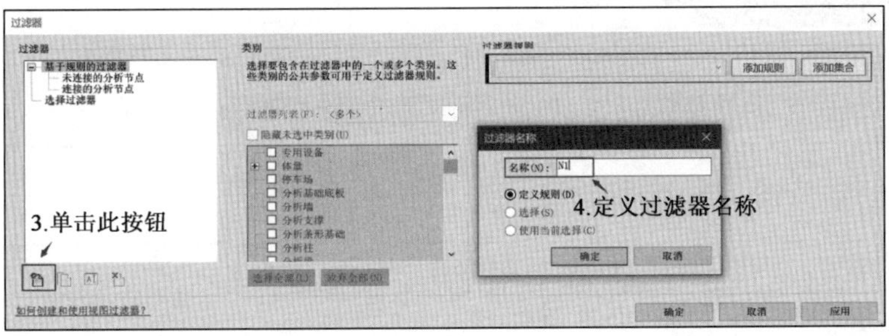

过滤器
过滤器
基于规则的过滤器
未连接的分析节点
连接的分析节点
选择过滤器
类别
选择要包含在过滤器中的一个或多个类别。这些类别的公共参数可用于定义过滤器规则。
过滤器规则
添加规则
添加集合
过滤器名称
名称(N):
4.定义过滤器名称
定义规则(D)
选择(S)
使用当前选择(C)
确定
取消
3.单击此按钮
如何创建和使用视图过滤器?
确定
取消
应用

b)

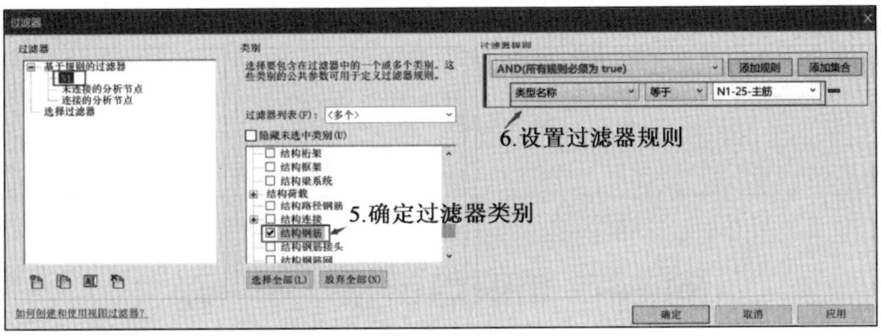

过滤器
过滤器
基于规则的过滤器
N1
未连接的分析节点
连接的分析节点
选择过滤器
类别
选择要包含在过滤器中的一个或多个类别。这些类别的公共参数可用于定义过滤器规则。
过滤器列表(F): <多个>
隐藏未选中类别(U)
结构桁架
结构框架
结构梁系统
结构荷载
结构路径钢筋
结构连接
结构钢筋
结构钢筋接头
5.确定过滤器类别
选择全部(L)
放弃全部(N)
过滤器规则
AND(所有规则必须为 true)
添加规则
添加集合
类型名称
等于
N1-25-主筋
6.设置过滤器规则
如何创建和使用视图过滤器?
确定
取消
应用

c)

图 1-0-38

d)

图 1-0-38 过滤器的设置

成果展示与评价

以小组为单位提交学习总结报告,加深对所学知识的掌握。

工作任务评价与分析			
评价项目	评价标准	参考分值(分)	得分(分)
熟悉图元选择	灵活运用图元的选择方法选择图元	20	
绘制托盘的上下轮廓半圆	准确程度	10	
桥墩桩基以及承台的绘制	准确程度	20	
定位板桥各组成部分的位置	准确性	20	
八字翼墙基础轮廓及前后表面截面轮廓的绘制	准确程度	20	
模型隐藏、隔离的操作	准确程度	10	
总评			

知识点链接

1. 图元基本操作命令

(1)拆分命令。

在 Revit 中,利用拆分工具可以将图元分割为两个单独的部分,可以删除两个点之间的线段，还可以设置间隙距离创建一个缺口。

单击"修改"面板→"拆分"命令，在功能区选项卡下方的选项栏中，取消勾选"删除内部线段"复选框，在平面视图相应图元上单击鼠标左键，即可将该图元拆分为两部分。

如果勾选"删除内部线段"复选框，在平面视图中要拆分开的位置依次单击选择两点，即删除两点之间的图元。

(2)修剪/延伸命令。

在完成图元对象的基本绘制后，往往需要对相关对象进行编辑修改，使其满足要求。用户可以通过修剪、延伸等操作来完成图元对象的编辑工作。

修剪/延伸工具的共同点是以视图中现有的图元对象为参照，以两图元对象间的交点为切割点或者延伸终点，对与其相交或呈一定角度的对象进行修剪或者延伸操作。

①修剪/延伸为角。

单击"修改"面板→"修剪/延伸为角"命令，在平面视图中依次单击选择要修剪或延伸的图元即可。

注意：在利用该命令修剪图元时，要注意单击图元的顺序。

②修剪/延伸单个图元。

该命令可以通过选择相应的边界修剪或延伸单个图元，即修剪或者延伸一个图元到其他图元定义的边界。先选择用作边界的参照线，然后选择要修剪或延伸的图元，操作如图 1-0-39 所示。

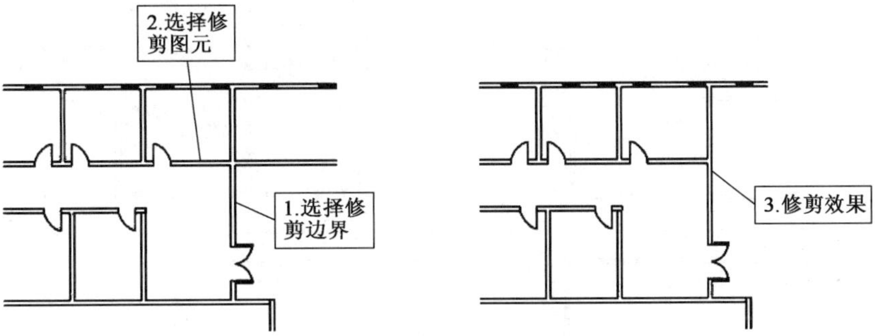

图 1-0-39 修剪/延伸单个图元

③修剪/延伸多个图元。

该命令可以通过选择相应的边界修剪或延伸多个图元。如图 1-0-40 所示，单击"修改"面板→"修剪/延伸多个图元"命令，在平面视图中选择相应的边界图元，并依次单击要修剪和延伸的图元即可。

(3)移动命令。

移动是图元的重定位操作，是对图元对象的位置进行调整而大小不变。该命令是图元编辑命令中使用最多的操作。可以通过两种方式对图元对象进行相应的移动操作。

①移动工具。

移动操作如图 1-0-41 所示，选择某图元后，单击"修改"面板→"移动"命令，在平面视图中选择一点作为移动起点，再选择移动后新的位置点或者输入移动距离的数值，即可完成该图元的移动操作。

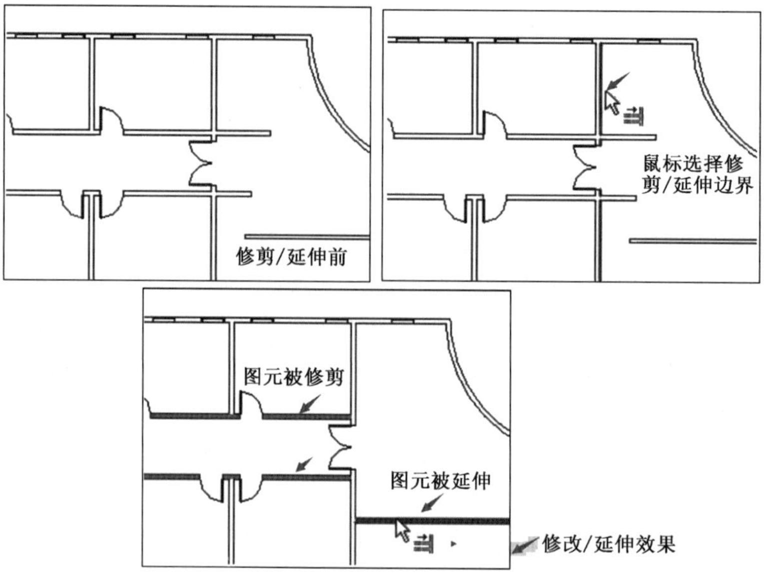

图 1-0-40　修剪/延伸多个图元

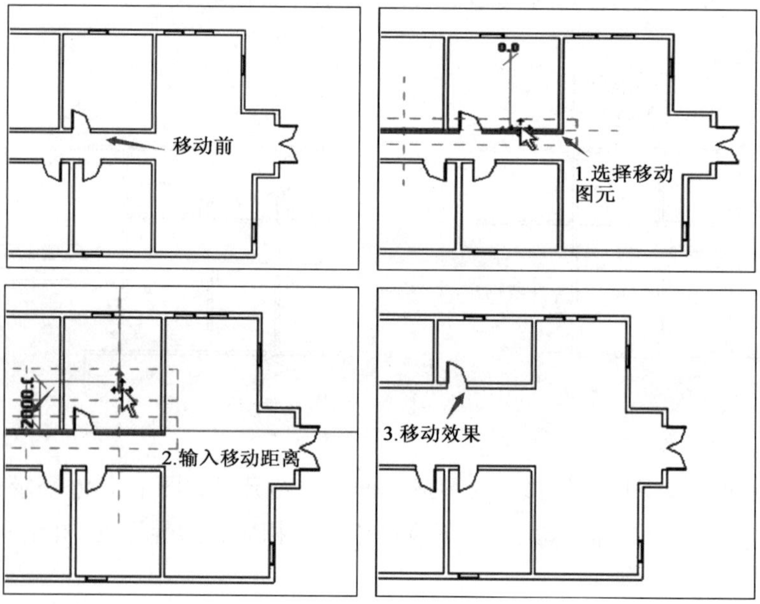

图 1-0-41　移动操作

选择"移动"工具后,在功能区选项卡下方的选项栏中,如果勾选"约束"复选框,则只能在水平或者垂直方向上移动。

②单击拖曳。

启用状态栏中的"选择时拖曳图元"功能,然后在平面视图上单击选择相应的图元,并按住鼠标左键不放,拖动鼠标即可移动该图元,如图 1-0-42 所示。

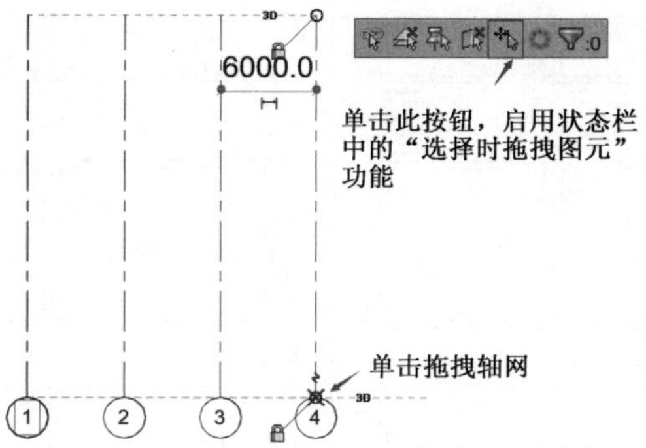

图 1-0-42　单击拖曳移动操作

(4)镜像命令。

镜像命令常用于绘制具有对称特点的图元。绘制这类对称图元时,只需要绘制图元的一半或者几分之一,然后将图元对象的其他部分对称复制即可。在 Revit 中,用户可以通过两种方式镜像操作相应的图元对象。

①拾取镜像轴操作如图 1-0-43 所示。

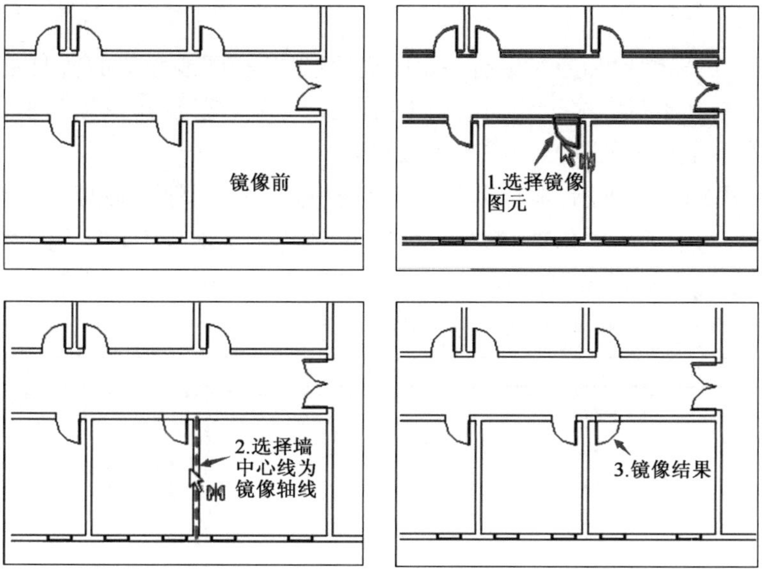

图 1-0-43　拾取镜像轴操作

选择要镜像的某图元后,单击“修改”面板→“镜像”命令,在平面视图中拾取相应的轴线作为镜像轴即可。

②绘制轴镜像轴操作如图 1-0-44 所示。

选择要镜像的某图元后,单击“修改”面板→“镜像”命令,在平面视图中相应位置,依次单击捕捉两点绘制一条轴线作为镜像轴即可。如果把选项栏中“复制”默认选项的勾选取消,原构件就不会保留。

创建涵洞时,如果涵洞的八字翼墙是对称结构,创建完一侧八字翼墙后,可以采用镜像操作得到另一侧八字翼墙。

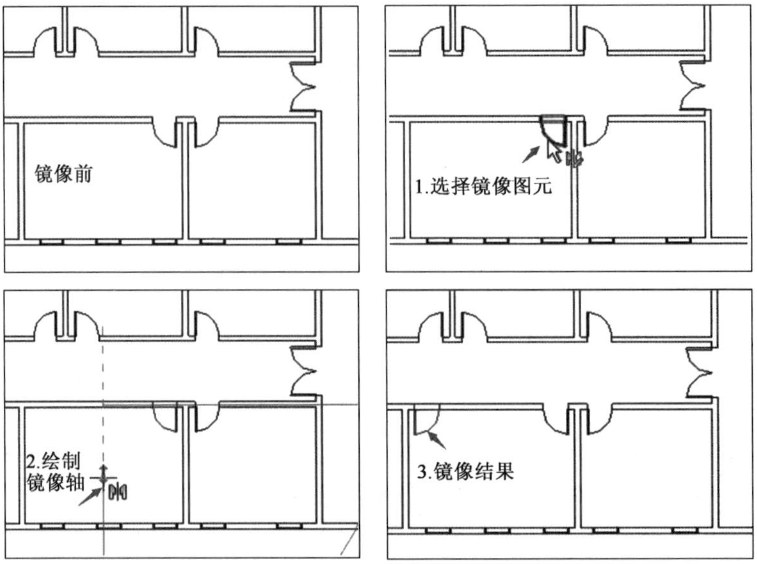

图 1-0-44　绘制镜像轴操作

(5)偏移命令。

利用偏移命令可以创建和原对象有一定距离,且形状相同或相似的新图元对象,对于直线来说,可以绘制出与其平行的多个相同的副本对象,对于圆、椭圆、矩形以及多段线围成的图元来说,可以绘制有一定距离的同心圆或者相似图形。

偏移操作如图 1-0-45 所示,选择需要偏移的图元,单击“修改”面板→“偏移”命令,在功能区选项卡下方的选项栏中勾选“数值方式”,在“偏移”文本框中输入偏移的距离,勾选“复制”复选框,移动鼠标光标到要偏移图元对象的两侧,系统将在要偏移的方向上预显一条偏移的虚线,确认相应的方向单击,即可完成偏移操作。

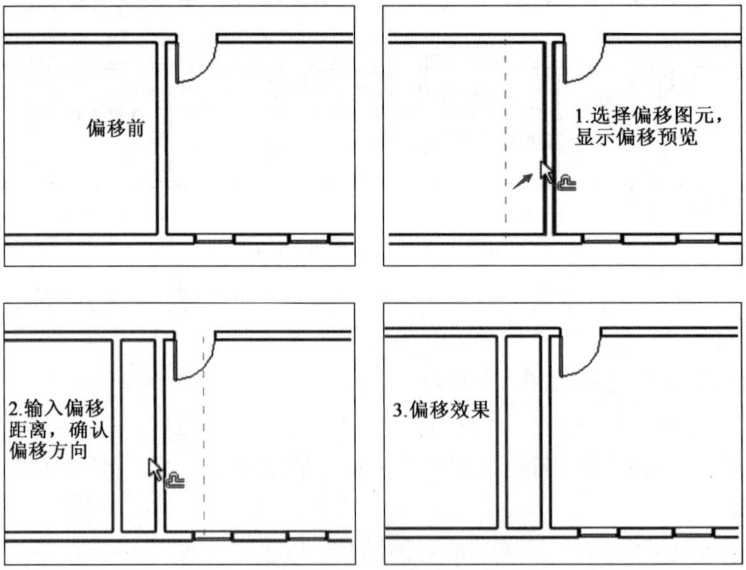

图 1-0-45　偏移操作

(6)复制命令。

复制命令是 Revit 绘图中的常用命令,主要用于绘制两个或者两个以上的重复性图元,且各图元的相对位置不存在一定的规律性。复制命令可以省去重复绘制相同图元的步骤,大大提高绘图效率。

复制操作如图 1-0-46 所示,单击需要复制的图元,单击“修改”面板→“复制”命令,在平面视图中单击鼠标左键捕捉一点作为参考点,并移动鼠标光标至目标点,或者输入指定的距离参数,即可完成该图元的复制操作。

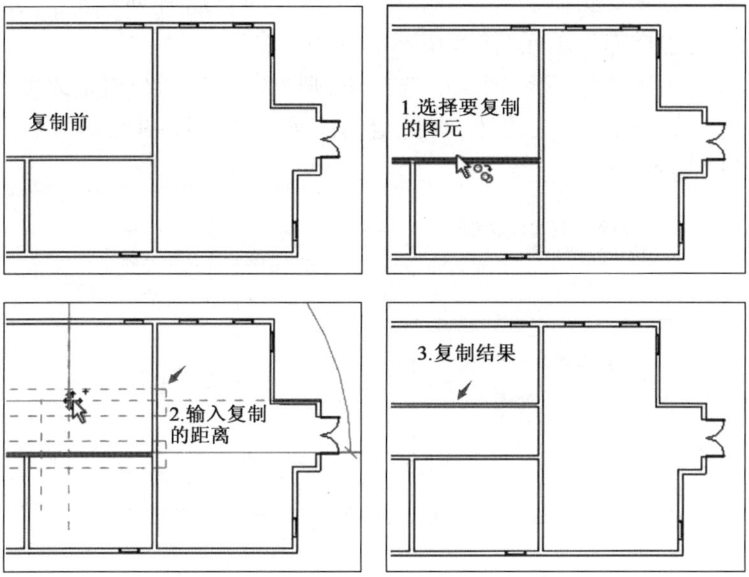

图 1-0-46　复制操作

使用复制命令时,在功能区选项卡下方的选项栏中,如果勾选“约束”复选框,则只能在水平或者垂直方向上复制。如果勾选“多个”复选框,则可以连续复制多个副本。

在定位桥梁的桥墩操作过程中,用复制、偏移命令完成多个桥墩位置的定位操作比较方便。

(7)阵列、对齐、旋转命令。

①阵列命令。

利用该命令可以按照线性或径向方式,以定义的距离或者角度复制原对象的多个对象副本。在 Revit 中,利用该命令可以大量减少重复性图元的绘制步骤,提高绘图效率和准确性。

创建桥梁桩基础的过程中,运用阵列命令能快速完成桩基的绘制。

选择要阵列的图元,单击“修改”面板→“阵列”命令,在“阵列”选项栏中确认阵列方式以及相关参数进行相应的阵列操作,如图 1-0-47 所示。

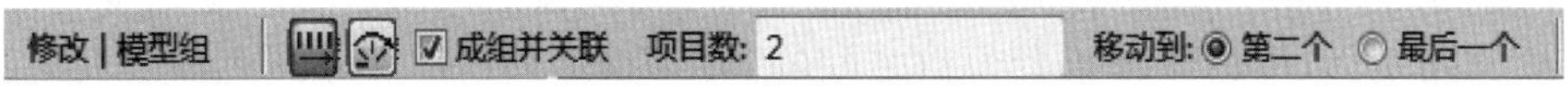

图 1-0-47　“阵列”选项栏

a. 线性阵列。

线性阵列以控制项目数和项目图元之间的距离或者倾斜角度的方式,使所选的阵列对象呈线性方式进行阵列复制,从而创建出原对象的多个副本对象。

在“阵列”选项栏中,单击“线性”按钮,并勾选“成组并关联”和“约束”复选框。设置项目数,并在“移动到”选项组中选择“第二个”单选按钮,此时,在平面视图中依次单击鼠标左键确认阵列的起点和终点,即可完成线性阵列操作,如图1-0-48a)所示。

其中,勾选“成组并关联”复选框,即在完成线性阵列操作后,选择任一阵列图元,系统将在图元外围显示相应的虚线框和项目参数,用户可以实时更新阵列数量。如果取消勾选“成组并关联”复选框,则选择阵列图元后,系统不显示项目参数。

在“移动到”选项组中选择“第二个”单选按钮,则指定的阵列距离是原图元到第二个图元之间的距离;选择“最后一个”单选按钮,则指定的阵列距离是原图元到最后一个图元之间的距离,如图1-0-48b)所示。

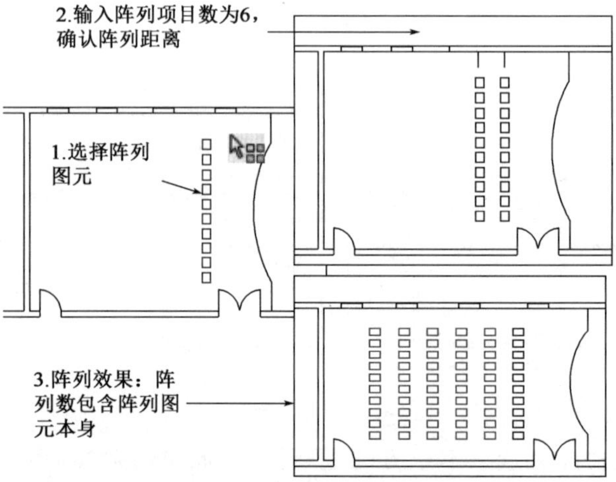

a)

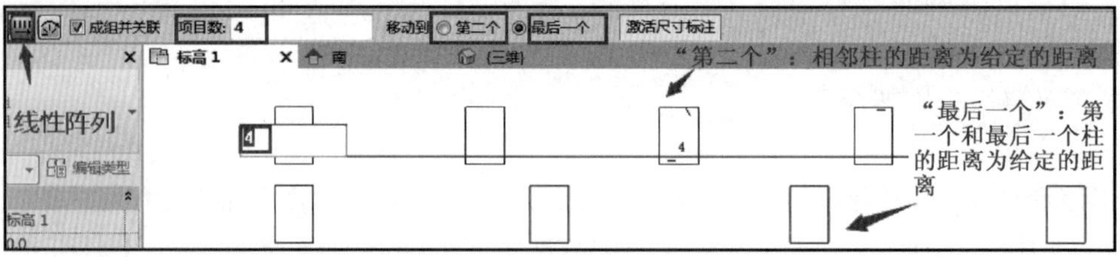

b)

图1-0-48 线性阵列操作

b. 径向阵列。

径向阵列能够以任一点为阵列中心点,将阵列原对象按照圆周或者一定角度的方向,以指定的项目填充角度,以项目数量或者项目之间的夹角为阵列值,进行原图元的阵列复制。该阵列方式主要用于绘制具有圆周均布特征的图元,比如桥墩以圆周形式分布的桩基础。

在“阵列”选项栏中,单击“径向”按钮,勾选“成组并关联”复选框,在平面视图中拖动旋转中心符号到指定位置以确定阵列中心，设置阵列项目数，在“移动到”选项组中选择“最后一个”单选按钮，并设置阵列角度，按“Enter”键，即可完成阵列图元的径向阵列操作。

②对齐命令。

单击选择要对齐的图元后，单击“修改”面板→“对齐”按钮，激活“对齐”命令，在视图中选择相应的目标位置，并选择要对齐的图元，可将该图元移动到指定的位置，如图1-0-49所示。

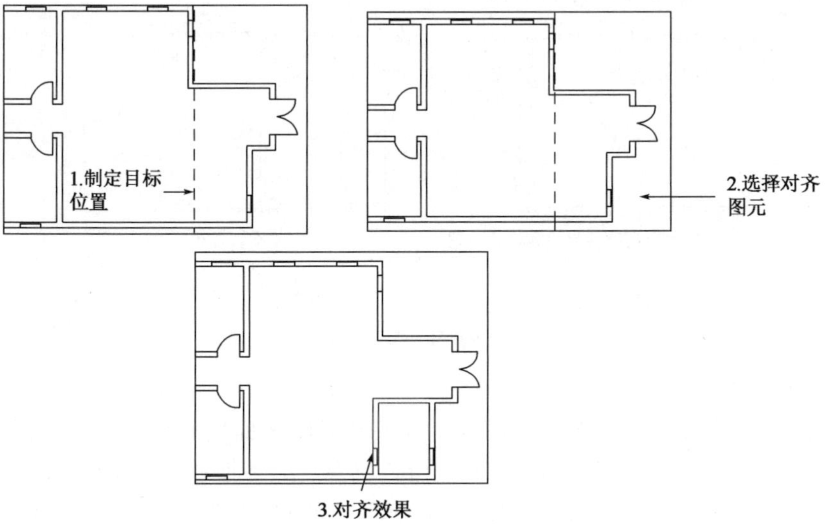

图1-0-49 对齐操作

③旋转命令。

旋转也是重要的定位操作，是对图元对象的方向进行调整，而位置和大小不变。该命令可以将对象绕指定点旋转任意角度。

在视图中，选择要旋转的图元，单击“修改”面板→“旋转”按钮，激活“旋转”命令，此时在所选图元外围将出现一个虚线矩形框，且中心位置显示一个旋转中心符号，用户可以通过移动光标依次指定旋转的起始位置和终止位置来旋转该图元，如图1-0-50所示。

也可以在选项栏中设置角度参考值来实现旋转，输入的角度参考值为正时，图元逆时针旋转；为负时，图元顺时针旋转。

(8)剪切与连接命令。

“剪切”命令可以使实体构件减去空心构件，也可以在“几何图形”面板的“剪切”命令的下拉菜单中单击“取消剪切几何图形”恢复完整状态。

“连接”命令可以把任意多个实体构件连接成一个实体构件，也可以在“几何图形”面板的“连接”命令的下拉菜单中单击“取消连接几何图形”恢复至未连接的状态。

2.基准图元定位操作

(1)参照平面。

参照平面是一个平面，在某些方向的视图中显示为线。在Revit建筑建模过程中，参照平面除了可以作为定位线外，还可以作为工作平面，用户可在其上绘制模型线等图元。

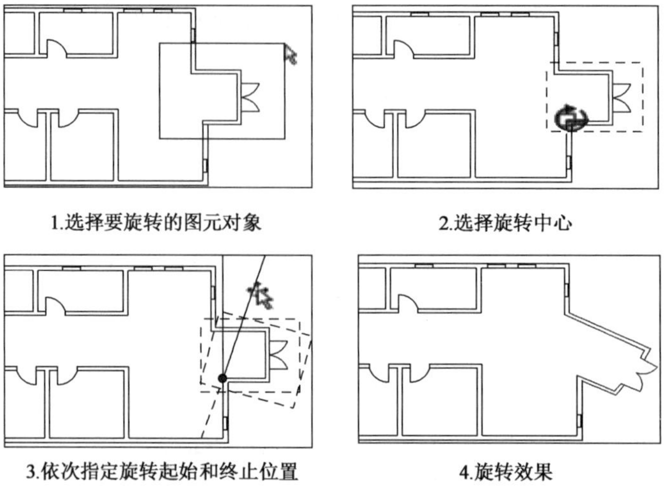

图 1-0-50　旋转操作

①创建参照平面。

在新建项目体系模式下,单击“建筑”选项卡→“工作平面”面板→“参照平面”命令,在体量建模体系模式下,单击“创建”选项卡→“绘制”面板→“参照平面”命令,Revit 自动切换到“修改|放置 参照平面”上下文关联选项卡,用户可以通过绘制线和拾取线两种方式创建相应的参照平面。

a. 绘制线。

单击“绘制”面板→“直线”命令,在平面视图相应位置依次单击捕捉两点,即可完成参照平面的创建。

b. 拾取线。

单击“绘制”面板→“拾取线”命令,在平面视图中单击选择已有的线或者模型图元的边缘,即可完成参照平面的创建。

注意:在选项栏的“偏移量”文本框中输入一定距离,在采用绘制线或拾取线方式绘制参照平面时,最终确定的参照平面会偏移文本框中输入的距离。

②命名参照平面。

在建模过程中,如果参照平面较多,对于一些重要的参照平面,用户可以进行相应的命名,以便通过名称方便地选择该平面作为设计的工作平面。

在平面视图中单击选择创建的参照平面,在“属性”面板的“名称”文本框中输入参照平面名称即可。

(2)工作平面。

工作平面是一个虚拟的二维表面。每个视图都与工作平面相关联,平面视图与标高相关联,立面视图与垂直工作平面相关联。执行绘制操作时,必须先设定工作平面。

以下为绘制一根竖直放置的圆形柱子的实例。

圆形柱子采用拉伸方法创建,柱子拉伸截面是横向剖切的,工作平面必须是水平的。绘制前先确定柱子截面的工作平面。

单击“文件”→“新建”→“族”，打开“新族-选择样板文件”对话框，单击“公制常规模型”族样板类型，单击“确定”按钮，打开“公制常规模型”族样板，该族样板包含三个工作平面：“标高：参照标高”“参照平面：中心(左/右)”“参照平面：中心(前/后)”。参照标高平面相当于水平面，其余两个平面为竖向面。前视图默认的工作平面是“参照平面：中心(前/后)”。这三个参照平面用于确定原点，当前默认的视图是“标高：参照标高”，如图 1-0-51a)所示。

选择默认的参照标高平面作为创建该柱子的工作平面。单击“绘制”面板→“圆”命令，绘制柱子的截面，单击“创建”选项卡→“形状”面板→“拉伸”命令，单击“模式”面板中“完成编辑模式”按钮✔，完成柱子的拉伸。

如果柱子的工作平面不是参照标高，而是某一具体高度，那么，先绘制一个参照平面作为基准工作平面，然后改变工作平面，操作如图 1-0-51b)所示。

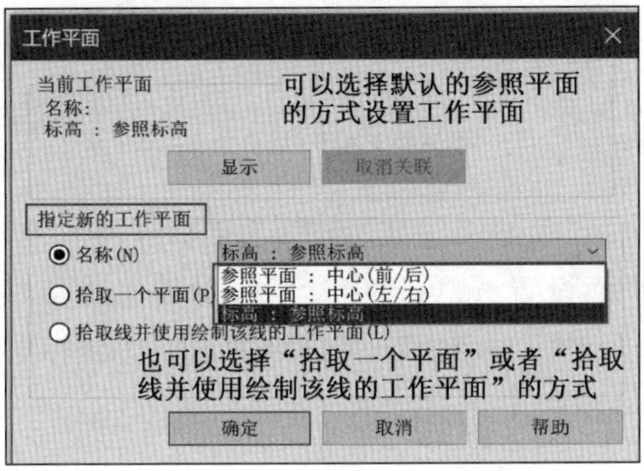

a)

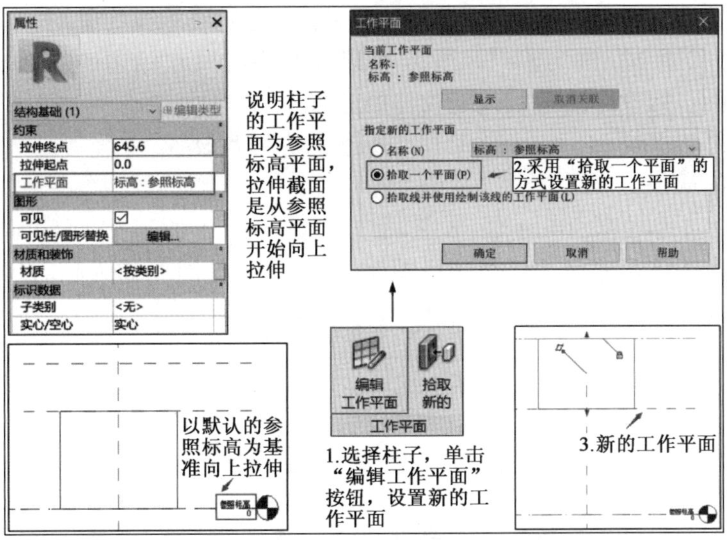

b)

图 1-0-51 工作平面的操作

工作平面一般是竖向与水平的,也可以是斜向的。斜工作平面上创建实体的过程如图1-0-52所示。

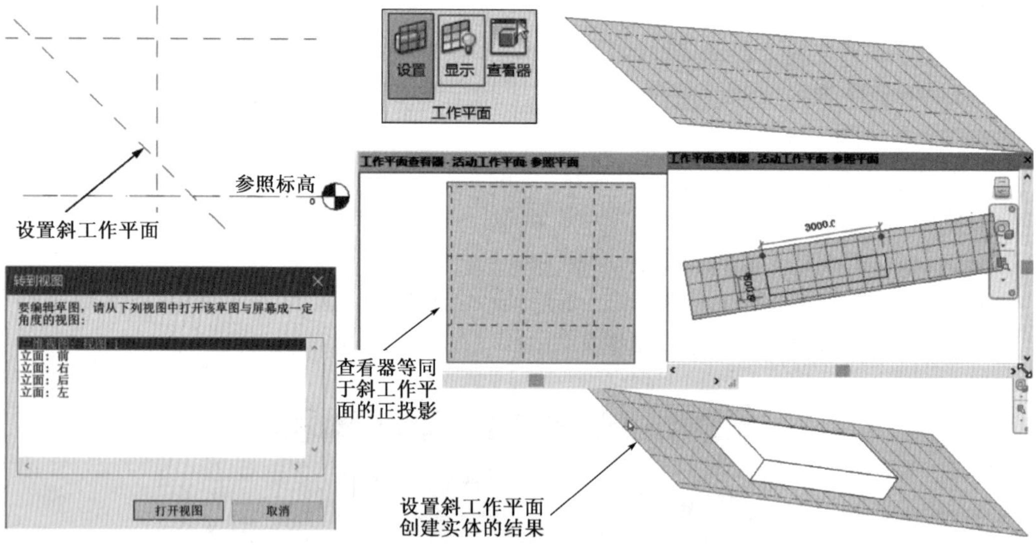

图1-0-52 斜工作平面上创建实体的操作

工作平面可以由参照平面设置,也可以由参照线设置。由参照线设置工作平面时,参照线可以设置两个通过这条线相互垂直的平面,以及两个过端点并且垂直于这条线的工作平面,即一条参照线可以设置四个工作平面。

(3)临时尺寸标注。

在Revit中任意选择一个图元的时候,Revit会自动捕捉该图元周围的参照图元,如参照平面、轴线、图元的轮廓等,出现蓝色高亮显示的尺寸线,这个尺寸线为临时尺寸线,以指示所选图元与参照图元间的距离(称为临时尺寸),可以修改临时尺寸标注的默认捕捉位置,以更好地对图元进行定位。修改标注值就改变物体的位置。

通过下面的练习,学习Revit中临时尺寸标注的应用及设置。

①临时尺寸的认识。

选择编号为C2-1的窗,Revit将在窗洞口两侧与最近的墙表面间显示尺寸标注,如图1-0-53所示。由于该尺寸标注仅在选择图元时才会出现,因此称为临时尺寸标注。每个临时尺寸两侧都有拖曳夹点,可以拖曳改变临时尺寸线的测量位置。

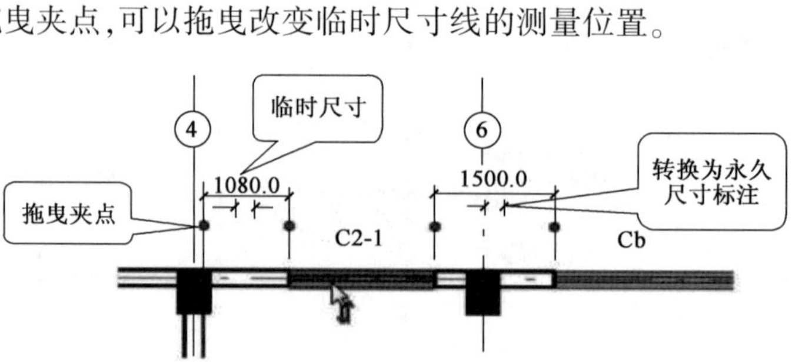

图1-0-53 用临时尺寸标注窗户

②修改临时尺寸数值,定位物体的位置操作。

当放置另一个构件时,前一个构件的临时尺寸标注将不再显示。临时尺寸标注如图 1-0-54所示。

要查看某个构件的临时尺寸标注,选择该构件即可。其中,临时尺寸标注只是最近一个构件的尺寸标注。比如查看矩形的临时尺寸标注以及矩形相对于轴线的位置,如图 1-0-55 所示。

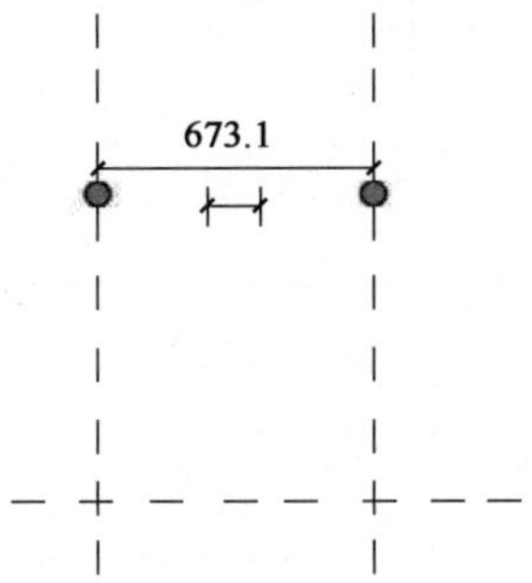

图 1-0-54 临时尺寸标注

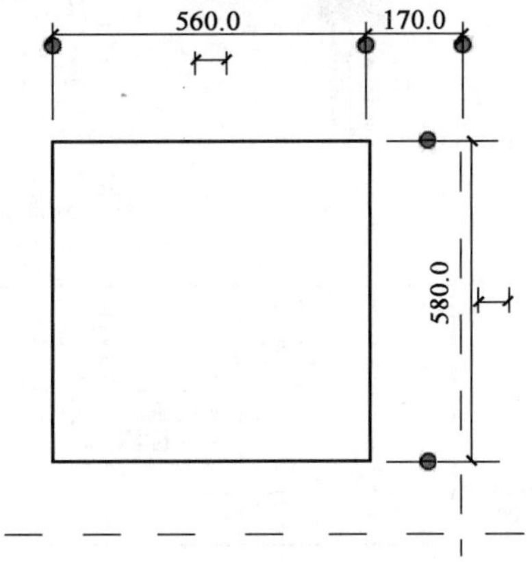

图 1-0-55 查看临时尺寸标注

当选择某个构件,显示临时尺寸标注后,还可以更改该临时尺寸标注的值,方法是单击并拖动临时尺寸标注一端的尺寸界线至另外一个构件处释放,如图 1-0-56 所示。

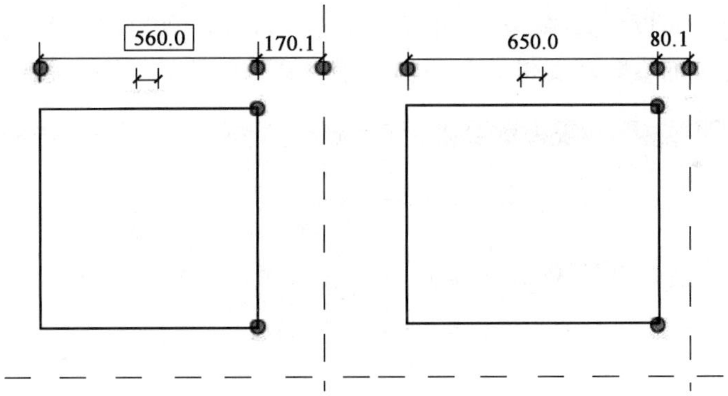

图 1-0-56 修改临时尺寸标注

注意:同时选择多个图元,不会显示临时尺寸标注,这时只要在选项栏中单击“激活尺寸标注”按钮即可再次显示。

③公式计算修改临时尺寸标注,改变物体的位置。

在修改临时尺寸标注时,除直接输入距离值之外,还可以通过输入“ = ”后再输入公式,由 Revit 自动计算结果。例如,输入“ = 300 * 2 + 400”, Revit 将自动计算出结果为“1000”,如图 1-0-57所示,并以该结果修改所选图元与参照图元间的距离。

④临时尺寸标注转换为永久尺寸标注。

单击临时尺寸线下方的“转换为永久尺寸标注”符号,如图 1-0-58 所示,Revit 在临时尺寸标注显示的位置将临时尺寸标注转换为永久尺寸标注,按“Esc”键取消选择集,尺寸标注将继续存在。

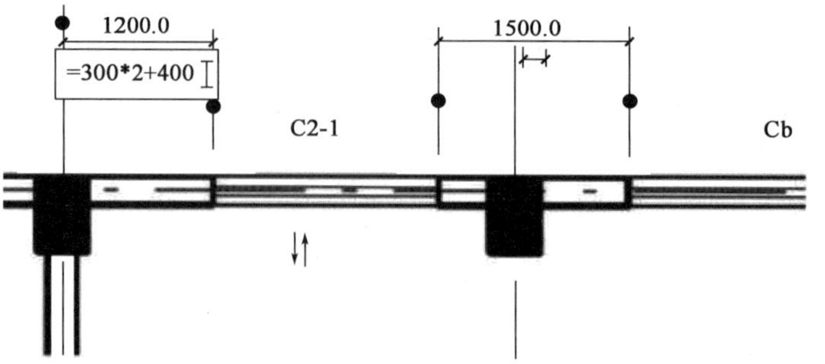

图 1-0-57 公式计算修改临时尺寸标注,改变物体的位置

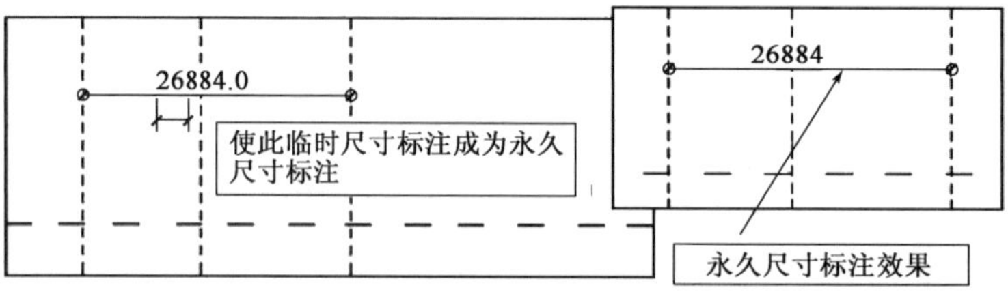

图 1-0-58 临时尺寸标注转换成永久尺寸标注

⑤等分约束。

单击“设置和解除受彼此约束等分限制条件约束的所有尺寸标注线段”的 EQ 标记符号,等分尺寸标注,在“属性”面板中选择“等分公式”,单击“编辑类型”打开“类型属性”对话框,单击“总长度”按钮,进行添加参数和编辑等分公式操作。等分尺寸标注操作如图 1-0-59 所示。

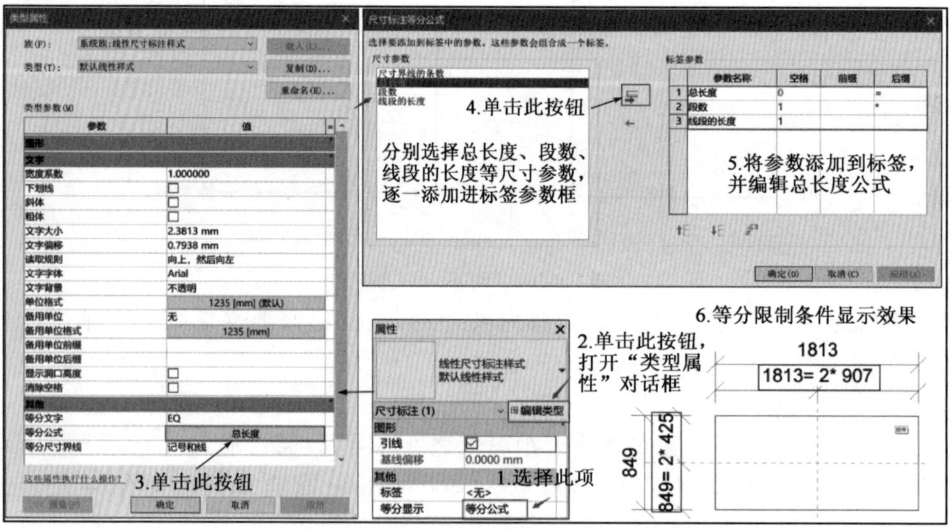

图 1-0-59 等分尺寸标注操作

⑥其他操作。

在视图空白处单击鼠标左键,取消选择集,临时尺寸标注将消失。再次选择该参照平面,参照平面的临时尺寸标注再次出现,按键盘“Esc”键,取消选择集,临时尺寸标注再次消失。

在设计时,Revit 的临时尺寸标注对于快速定位、修改构件图元的位置非常有用。在 Revit 中进行设计时,绝大多数情况下都将使用修改临时尺寸标注值的方式精确定位图元,所以掌握临时尺寸标注的应用及设置至关重要。

使用高分辨率显示器时,如果感觉 Revit 显示的临时尺寸标注文字较小,可以设置临时尺寸文字字体的大小,以方便阅读。打开"选项"对话框,切换至"图形"选项卡,在"临时尺寸标注文字外观"栏中,可以设置临时尺寸标注的字体尺寸及文字背景是否透明,如图 1-0-60 所示。

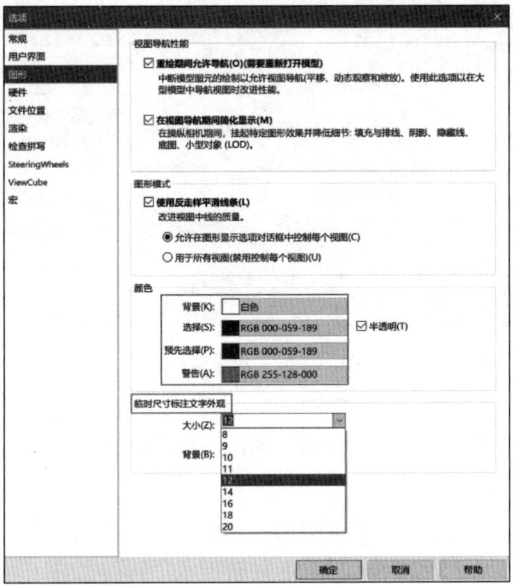

图 1-0-60　改变临时尺寸标注外观

(4)项目单位设置。

单击"文件"菜单→"新建"→"项目",单击"管理"选项卡→"设置"面板→"项目单位"命令,打开"项目单位"对话框,如图 1-0-61 所示,进行项目单位设置。

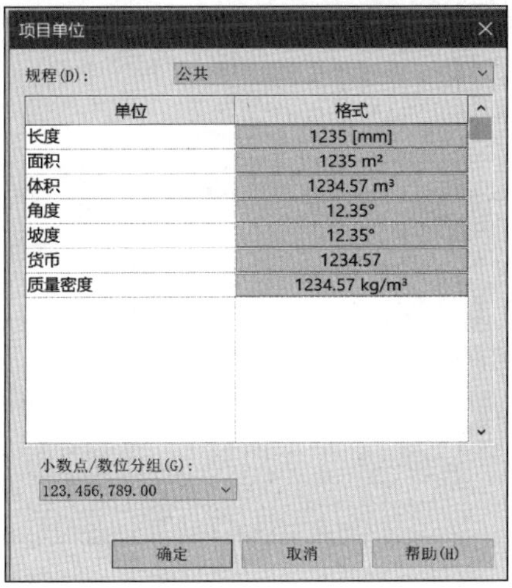

图 1-0-61　"项目单位"对话框

道路工程规范规定,除标高外,一般情况下长度以 cm 为单位。单击单位参数右侧的“格式”按钮,即可打开“格式”对话框进行相应的单位设置,如图 1-0-62所示。

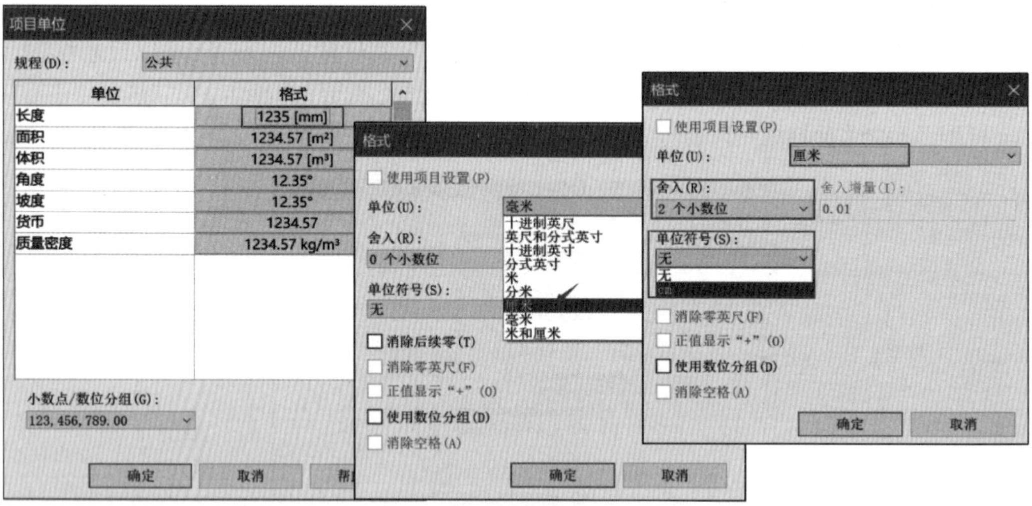

图 1-0-62 单位的设置

(5)捕捉设置。

为便于精确捕捉定位,用户可以在项目开始前或者根据个人的操作习惯设置对象的捕捉功能。

单击“管理”选项卡→“设置”面板→“捕捉”命令,系统将打开“捕捉”对话框,用户可以设置长度和角度的捕捉增量以及勾选相应的对象捕捉类型等,如图 1-0-63 所示。

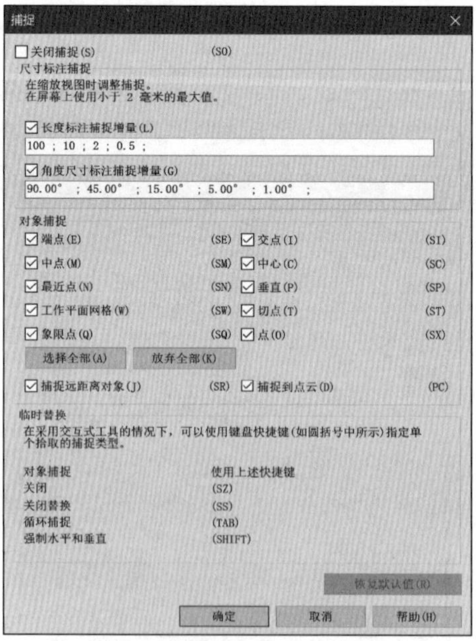

图 1-0-63 捕捉设置

（6）绘制工作平面。

在 Revit 中绘制图元的轮廓草图来进行体量建模、创建族文件，或者绘制模型线和详图线时，首先需要指定相应的工作平面作为绘制工作平面。一般情况下，系统默认的工作平面是楼层平面。在实际建模过程中，用户如果需要在三维视图或者立面视图中绘制模型线，则需要在绘制开始时进行工作平面设置。

单击“工作平面”面板→“设置”命令，在“工作平面”对话框中，用户可以通过三种方式设置新的工作平面。

①名称。

选择“名称”单选按钮，可以在右侧的文本框中选择可用的工作平面，其中包含标高名称、轴网和已命名的参照平面，选择相应的工作平面后，单击“确定”按钮，即可切换到该标高、轴网、参照平面所在的楼层平面、立面视图、三维视图。

②拾取一个平面。

选择“拾取一个平面”单选按钮后，回到视图平面中可选取各种模型构件表面、标高、轴网或者参照平面作为工作平面。同时，系统将打开“转到视图”对话框，此时指定相应的视图作为工作平面即可。如图 1-0-64 所示，在板桥建模中，绘制桥台位置的八字翼墙时，采用“拾取一个平面”方式设置工作平面，在打开的“转到视图”对话框中选择“立面：南”，在南立面视图中绘制八字翼墙的前表面轮廓。

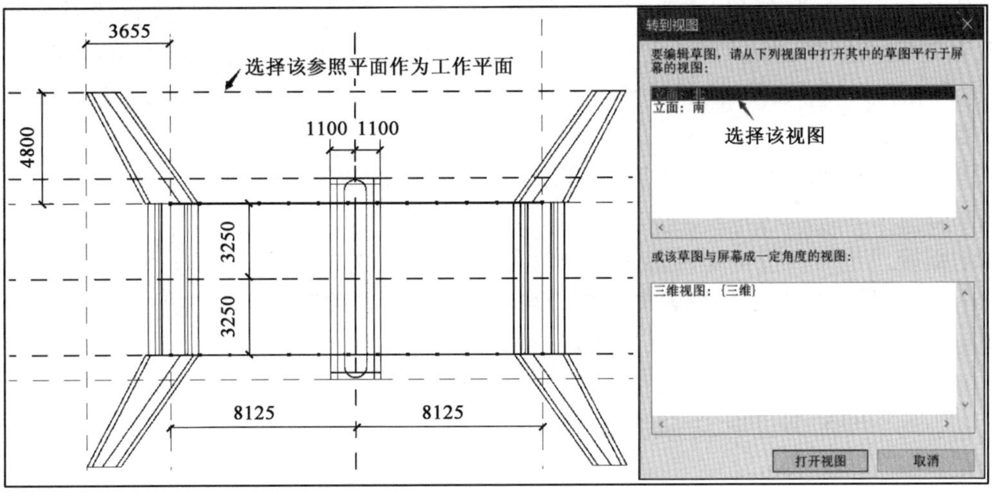

图 1-0-64 工作平面创建操作

③拾取线并使用绘制该线的工作平面。

选择“拾取线并使用绘制该线的工作平面”单选按钮后，在平面视图中手动选择已有的线，即可将创建该线的工作平面设置为新的工作平面。

（7）绘制模型线。

在 Revit 中，线分为模型线和详图线两种，其中，模型线是基于工作平面的图元，存在于三维空间中且在所有视图中都可见；详图线是专门用于绘制二维详图的，只能在当前视图中显示。这两种线的绘制和编辑方法完全一样。

在“线样式”下拉列表框中选择所需要的线样式，单击“绘制”面板选择相应的绘制工具，即可在视图中绘制模型线,完成图元的绘制后,按“Esc”键两次即可退出绘制状态。各绘制工具的使用简单介绍如下。

①直线。

“直线”工具是系统默认的绘制工具。单击“绘制”面板→“直线”命令,系统自动切换到“修改|放置线”上下文选项卡,如图1-0-65所示。并在功能区下方打开相应的选项栏,体量建模体系下“直线”选项栏如图1-0-66所示。

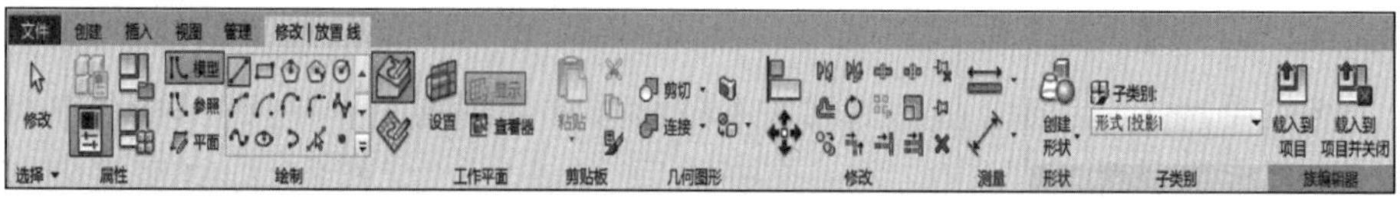

图1-0-65 “修改|放置线”选项卡

图1-0-66 “直线”选项栏

如果不勾选“链”复选框,在平面视图中单击捕捉两点,即可绘制一单段线;若勾选“链”复选框,在平面视图中依次单击相应的点,即可绘制一连续线。

此外,在选项栏的“偏移”文本框中输入相应的参数,则实际绘制的直线将相对捕捉点的连线偏移指定的距离,该功能在绘制平行线时非常有用。若勾选选项栏中的“半径”复选框,并输入相应的参数,则在绘制连续直线时,系统可将转角修改为指定尺寸的圆角。

②矩形。

单击“绘制”面板→“矩形”命令,系统自动切换到“修改|放置线”上下文选项卡,并在功能区下方打开相应的选项栏。

在平面视图中单击捕捉矩形的第一个角点,拖动鼠标光标至相应位置再次单击捕捉矩形的第二个角点,即可绘制出矩形轮廓。用户可以使用“Tab”键选中矩形的边,或者双击矩形框旁边蓝色显示的临时尺寸标注框来修改矩形的尺寸。

此外,在选项栏的“偏移”文本框中输入相应的参数,则可以绘制相应的同心矩形。若勾选选项栏中的“半径”复选框,并设置相应的参数,则可以绘制自动添加圆角特征的矩形。

③圆。

单击“绘制”面板→“圆”命令,系统自动切换到“修改|放置线”上下文选项卡,并在功能区下方打开相应的选项栏。在平面视图中单击捕捉一点作为圆心,移动光标拉出一个半径值不断变化的圆,然后直接输入相应的半径参考值,即可完成圆轮廓的绘制。若勾选选项栏中的“半径”复选框,并设置相应的参数,则可以绘制固定半径的圆轮廓。在选项栏的“偏移”文本框中输入相应的参数,还可以快速绘制同心圆。

④圆弧。

在Revit中绘制模型线时,用户可以通过多种方式绘制相应的圆弧。

a. 圆心-端点弧。

单击“绘制”面板→“圆心-端点弧”命令,通过指定弧的中心点、起点和端点,可以绘制一条曲线,如图 1-0-67 所示。此外,还可以通过拾取起点来定义半径,如果移动光标使弧超过 180°,则弧会翻转到另一侧。

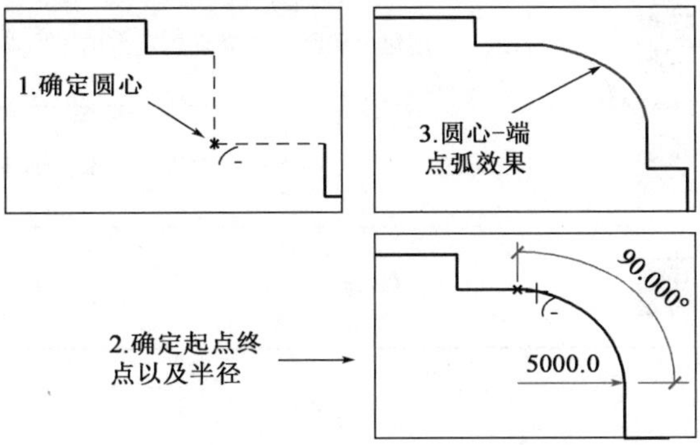

图 1-0-67 “圆心-端点弧”命令操作

b. 圆角弧:使由两条相交直线形成的角成为圆角。

单击“绘制”面板→“圆角弧”命令,选择要形成圆弧的两直线,然后移动光标并单击以定义圆弧的半径,两直线将自动修剪为圆角,如图 1-0-68 所示。

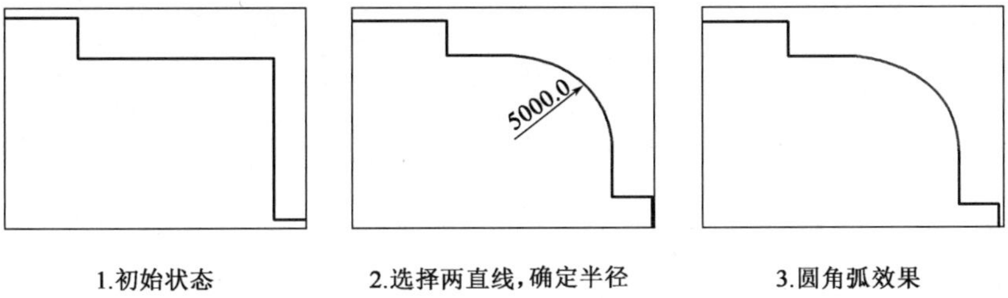

图 1-0-68 “圆角弧”命令操作

其他绘制模型线命令见表 1-0-2。

其他绘制模型线命令 表 1-0-2

命　令	图　标	说　明
内接多边形		可以绘制一个多边形,其顶点与中心之间相距指定的距离
外切多边形		可以绘制一个多边形,其各边与中心之间相距指定的距离
起点-终点-半径弧		通过指定起点、终点和弧半径创建一条曲线
相切-端点弧		可以创建连接至现有线一端的曲线,弧的起点捕捉到现有线的一端,单击以便在捕捉点开始绘制弧,再次单击指明其端点,弧的半径将自动调整

续上表

命令	图标	说明
样条曲线		可以创建一条经过或靠近指定点的平滑曲线
椭圆		通过在两个方向上指定中心点和半径创建椭圆
拾取线		拾取已有直线

模块二

识读与创建道桥构件

——族与体量

模块二

识读与创建道桥构件
——族与体量基础

- **项目一 创建族基础**
  - **学习任务一** 创建桥梁下部结构 **——扩大基础桥墩**
  - **学习任务二** 创建桥梁下部结构 **——带托盘桥墩(族命令)**
  - **学习任务三** 创建桥梁下部结构 **——桩柱式桥墩(族参数关联)**
  - **学习任务四** 创建桥梁上部结构 **——T梁**
  - **学习任务五** 创建桥梁上部结构 **——箱梁(现浇)**
  - **学习任务六** 创建桥梁上部结构 **——箱梁族(竖曲线箱梁)**
  - **学习任务七** 创建路基
- 项目二 创建体量
  - **学习任务一** 识读与创建异形桥墩
  - **学习任务二** 识读与创建拱涵(扭曲洞口)

族是 Revit 中一个非常重要的构成要素,其开放性和灵活性在设计时能实现 Revit 软件参数化的建模设计。用户可以通过使用相关的族工具将一些标准图元和自定义图元添加到模型中,还能对图元进行相应的控制,以便轻松地修改设计和更高效地管理项目。

族是一个包含通用属性(也称参数)集和相关图形表示的图元组。属于一个族的不同图元的部分或全部参数可能有不同的值,但是参数(名称与含义)的集合是相同的。族中的每一个类型都具有相关的图形表示和一组相同的参数,称为族类型参数。比如定义桩柱式桥墩族,可以给桩的长度赋予一个长度参数,对于相同类型的桥墩,用户可以轻松地修改设计,更高效地管理项目。

1. 族编辑器

无论是可载入族还是内建族,族的创建和编辑都是在族编辑器中创建几何图形,然后设置族参数和族类型。族编辑器是 Revit 中的一种图形编辑模式,它使用户能够创建并修改可载入族。族编辑器与项目环境有相同的外观,但选项卡和面板因所要编辑的族类型而异。用户可以使用族编辑器来创建和编辑可载入族以及内建图元,且打开族编辑器的方法取决于要执行的操作。

(1)通过项目编辑族。

打开一个项目文件,并在绘图区域中选择一个族实例,然后在已激活的“修改”选项卡中单击“编辑族”按钮,即可进入族编辑模式。

注意:用户也可以通过双击相应的族图元进入族编辑模式。

(2)使用样板文件创建可载入族。

单击软件“文件”菜单,在展开的下拉列表中选择“新建/族”选项,系统将打开“新族-选择样板文件”对话框,如图 2-0-1 所示。此时,找到包含所要编辑的可载入族文件,然后单击“打开”按钮,即可进入编辑族模式。

编辑族模式的界面如图 2-0-2 所示。

(3)内建族的创建。

单击“建筑”选项卡→“构建”面板→“构件”的下拉菜单,选择“内建模型”命令(此处的“内建模型”和“内建族”是同一个概念),系统将打开“族类别和族参数”对话框,在该对话框中选择合适的族类别,选择“常规模型”,常规模型的约束条件最少,单击“确定”按钮。在“名称”对话框中输入内建图元的名称,单击“确定”按钮,如图 2-0-3 所示,即可进入创建内建图元的模式。

图 2-0-1 “新族-选择样板文件”对话框

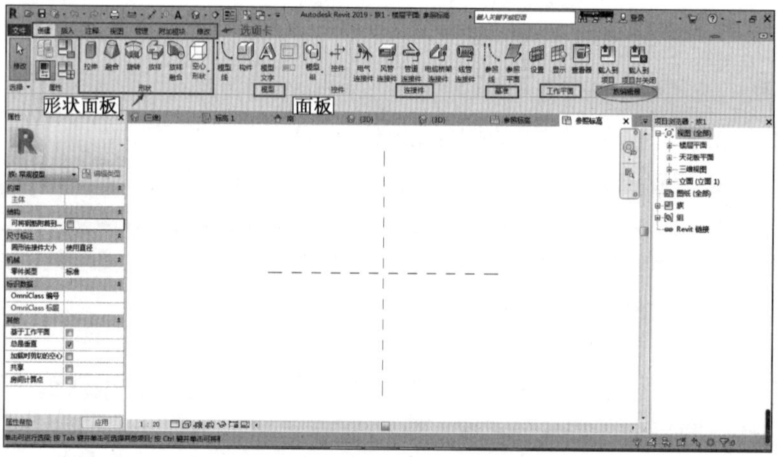

图 2-0-2 编辑族模式的界面

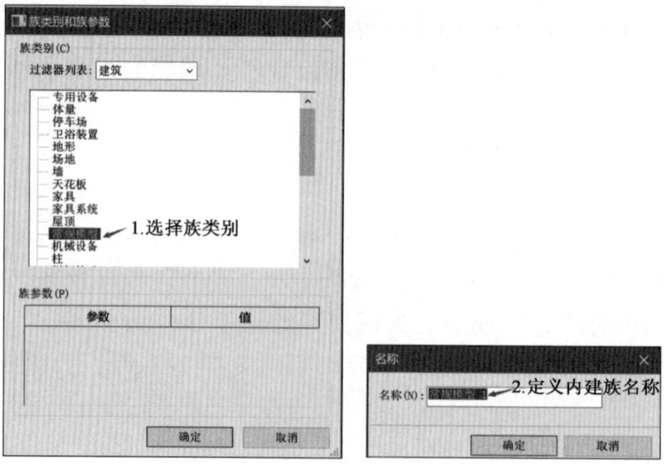

图 2-0-3 创建内建图元

实例一 通过内建族创建图2-0-4所示的桥面板。

①单击“建筑”选项卡→“构建”面板→“构件”的下拉菜单，选择“内建模型”命令，弹出“族类别和族参数”对话框，选择“常规模型”，单击“确定”按钮。设置内建模型的名称，在“名称”对话框中输入“桥面板”，单击“确定”按钮，进入创建族模式。

②单击“建筑”选项卡→“形状”面板→“放样”命令，系统自动切换到“修改 | 放样”上下文选项卡，单击“放样”面板→“绘制路径”选项，绘制桥面板的路径，路径绘制完成后，单击“模式”面板→“完成编辑模式”按钮✔。单击“编辑轮廓”选项，转到西立面视图，绘制桥面板的轮廓，轮廓绘制完成后，单击“模式”面板→“完成编辑模式”按钮✔，完成桥面板轮廓的编辑。再次单击“模式”面板→“完成编辑模式”按钮✔，完成桥面板常规模型的放样操作，单击“在位编辑器”面板→“完成模型”按钮✔，完成内建模型创建模式。操作如图2-0-5所示。

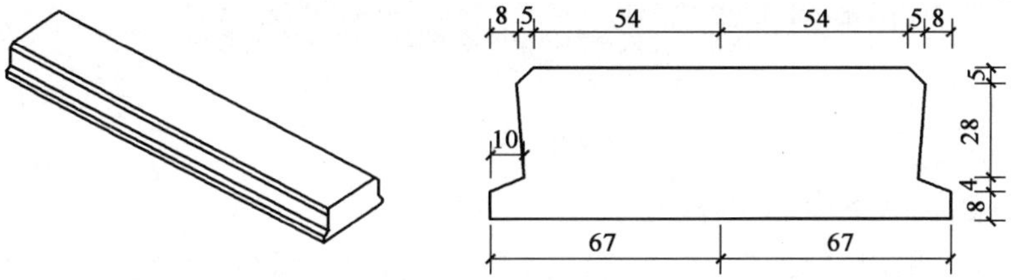

图2-0-4 桥面板(尺寸单位:cm)

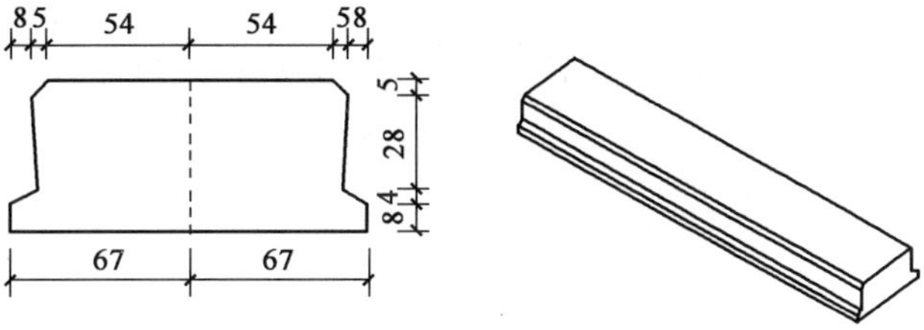

图2-0-5 桥面板的放样操作

③为几何图形指定材质，设置其可见性/图形替换。在模型编辑状态下，单击选择桥面板，在“属性”面板上更改其“材质和装饰”的材质，可以设置其材质及可见性。

(4)编辑内建图元。

在项目中选择桥面板，系统自动切换到“修改 | 常规模型”上下文选项卡，单击“模型”面板→“在位编辑”按钮，选择模型，系统自动切换到“修改 | 放样”上下文选项卡，单击“模式”面板→“编辑放样”命令，选择路径，单击“绘制路径”选项，切换到路径所在的视图中对路径进行修改，单击“模式”面板“完成编辑模式”按钮✔，完成路径的修改；单击“放样”面板→“编辑轮廓”选项，切换到轮廓所在的视图中对轮廓进行修改，单击“模式”面板→“完成编辑模式”按钮

,完成轮廓的修改;连续单击两次“模式”面板→“完成编辑模式”按钮,完成桥面常规模型的放样操作修改和创建修改。操作如图 2-0-6 所示。

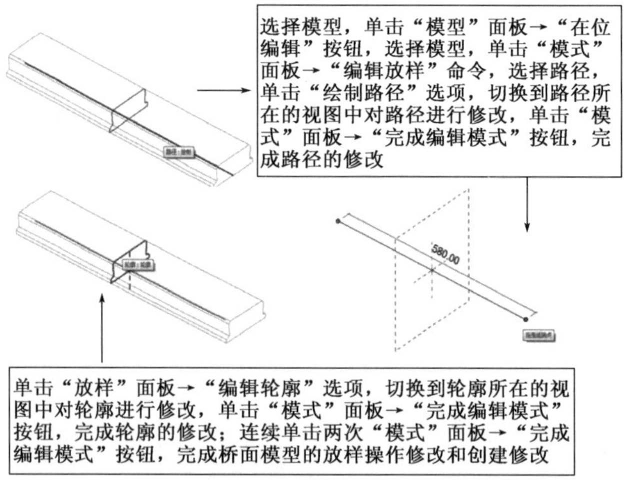

图 2-0-6 编辑内建图元

编辑内建族还包括下面的操作:

①复制内建族:单击“修改”上下文选项卡→“剪贴板”面板→“复制/粘贴”按钮,单击视图放置内建族图元。

②删除内建族:在项目浏览器中展开“族”和族类别,选择内建族的族类型(也可以在项目中选择内建族图元),然后单击鼠标右键,在弹出的快捷菜单中选择“删除”命令。

③查看项目中的内建族:可以使用项目浏览器查看项目中使用的所有内建族。展开项目浏览器的“族”,将显示项目中所有族类别的列表。该列表中包含项目中可能包含的所有内建族、标准构建族和系统族。

2. 构建族在项目中的使用

(1)载入族。

在创建桥涵项目时,先创建桥涵构件族,单击“插入”选项卡→“从库中载入”面板→“载入族”按钮,载入族到项目中。

在族编辑器中创建或修改族后,用户还可以单击“族编辑器”面板→“载入到项目中”按钮,将该族载入一个或多个打开的项目中。

此时如果当前只有一个项目处于打开状态,则系统会将族自动载入该项目中;如果有多个项目处于打开状态,则系统将打开“载入到项目中”对话框,用户可以选择打开的项目以接收该族。

(2)放置与修改构件族参数。

方法一:单击“放置构件”命令,拖曳项目浏览器→“族”→“族类别”→“类型构件族”到绘图区域,放置构件,或者用鼠标右键单击“类型构件族”,选择“创建实例”,放置构件。

方法二：载入族，单击“构件”或者“结构”→“梁”或“柱”及“基础”命令，在“属性”面板“类型过滤器”中找到对应的族类型，放置构件。单击“编辑类型”进行族参数的修改。鼠标右键单击项目浏览器→“族”→“族类别”→“类型构件族”，在打开的快捷菜单中选择“类型属性”选项，进行族参数修改。

项目一

创 建 族

学习任务一 创建桥梁下部结构

——扩大基础桥墩

学习任务描述

桥梁下部结构是指支承桥跨结构并将其荷载传递至地基的构造物,是桥梁墩台和桥梁基础的总称,由支座、桥墩或桥台和基础等组成。 如图 2-1-1 所示,该桥墩由扩大基础、圆柱形墩柱、盖梁三部分自下而上叠加构成。 该扩大基础下部结构为长方体,尺寸为 380cm ×380cm ×80cm;上部结构为四棱台,上底尺寸为 220cm ×220cm,高度为 80cm。 圆形立柱直径为 140cm,盖梁长度为 1100cm,宽度为 150cm,高度为 140cm。 请创建扩大基础桥墩模型。

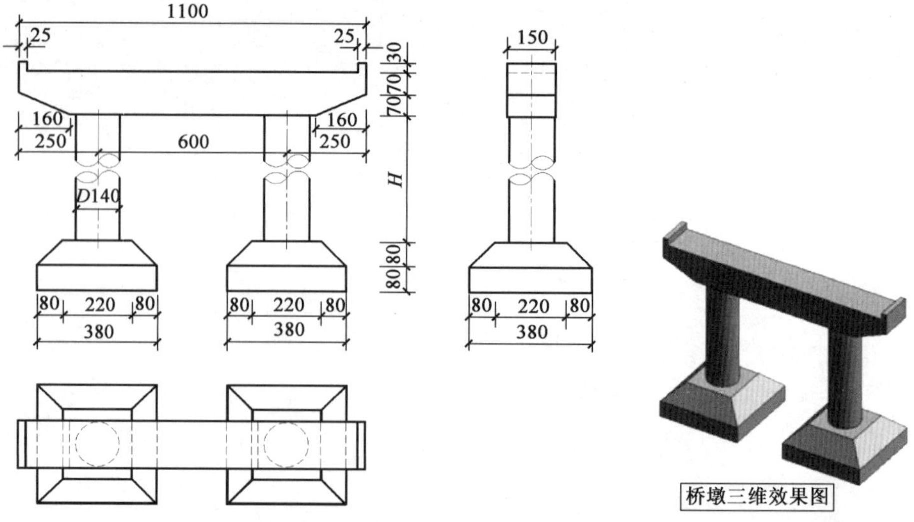

图 2-1-1 扩大基础桥墩三视图(尺寸单位:cm)

知识目标与能力目标

学习扩大基础桥墩各组成部分尺寸及相对位置的识读和在 Revit 中构件创建族命令。通过学习，应该达到以下目标：

1. 能正确识读扩大基础桥墩各组成部分的形状以及尺寸。
2. 能创建扩大基础桥墩的基础、墩柱、盖梁的模型。

学习任务实施

明确任务：根据扩大基础桥墩的三视图以及轴测视图，分析创建每一个构件的建模方法，完成桥墩的基础、墩柱与盖梁的建模。

任务实施 1　创建扩大基础

(1)单击 Revit“文件”菜单→“新建”→“族”→“选择族样板文件”→“公制结构基础”，进入族编辑模式。

(2)创建底部基础。

在“楼层平面:参照标高”视图中，单击“创建”选项卡→“形状”面板→“拉伸”命令，选择绘制方式为“矩形”，绘制矩形，修改矩形临时尺寸为 3800mm×3800mm，鼠标光标移至矩形边，结合“Tab”键选中矩形轮廓，使用“修改”面板中“移动”命令使矩形的中心与系统默认的参照平面中心保持一致，在“属性”面板中修改拉伸终点为 -800mm，拉伸起点为 -1600mm，单击“模式”面板中的“完成编辑模式”按钮，完成基础底部的创建。

(3)创建基础顶部的四棱台。

在“楼层平面:参照标高”视图中，单击“创建”选项卡→“形状”面板→“融合”命令，系统自动切换到“修改|创建融合底部边界”上下文选项卡，选择绘制方式为“矩形”，绘制矩形，尺寸为 3800mm×3800mm。

单击“模式”面板→“编辑顶部”按钮，绘制扩大基础上部结构的顶部边界，矩形尺寸为 2200mm×2200mm，在“属性”面板中修改拉伸终点为 0，拉伸起点为 -800mm，单击“模式”面板中的“完成编辑模式”按钮，完成基础顶部的创建。扩大基础平面、立面及三维视图如图 2-1-2所示。

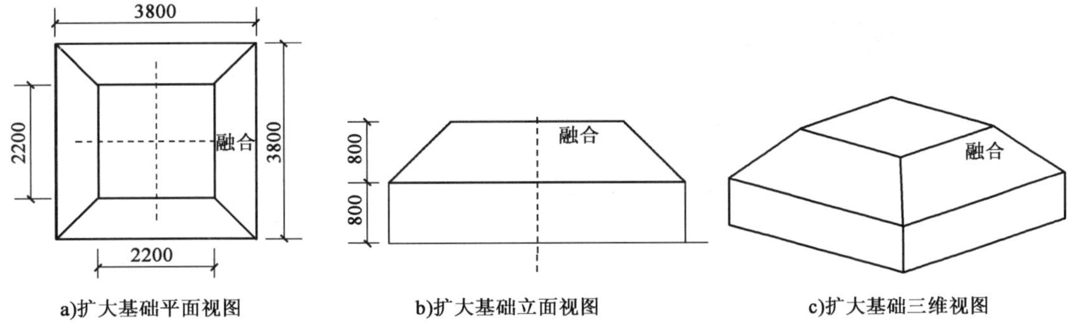

图 2-1-2　扩大基础平面、立面及三维视图

任务实施2 创建圆形墩柱

在“楼层平面:参照标高”视图中,单击“创建”选项卡→“形状”面板→“拉伸”命令,选择绘制方式为“圆”,绘制圆,修改圆的直径为1400mm,单击“模式”面板中的“完成编辑模式”按钮,修改属性面板中拉伸起点为“0”,拉伸终点为“h1”(任意值),完成立柱创建。

选择扩大基础,配合“Ctrl”键选择圆形墩柱,单击“修改”面板中的“复制”命令,距离为600cm,复制生成另一侧的扩大基础与圆形墩柱。

任务实施3 创建盖梁

盖梁图纸如图2-1-3所示。

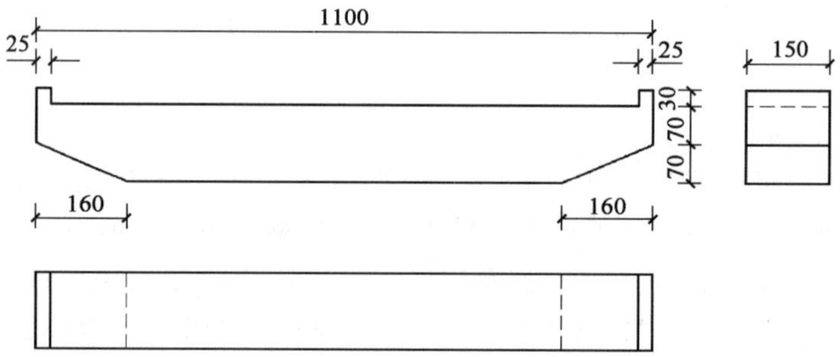

图2-1-3 盖梁(尺寸单位:cm)

(1)单击“创建”选项卡→“工作平面”面板→“设置”按钮,设置“参照平面:中心(前/后)”为工作平面,切换至“立面:前”视图,如图2-1-4所示。单击“拉伸”命令,选择绘制方式为“直线”,绘制盖梁的截面轮廓,单击“模式”面板中“完成编辑模式”按钮,完成盖梁的创建。

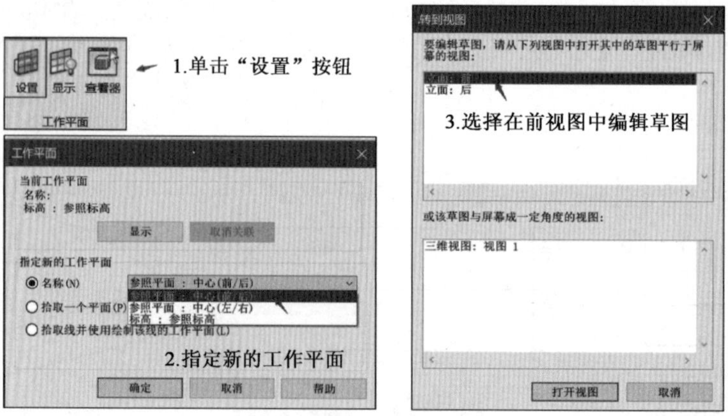

图2-1-4 工作平面的设定

(2)切换到右视图,选择盖梁宽度方向的一条边,出现临时尺寸标注,修改临时尺寸标注为1500mm,也可以在"属性"面板中设置拉伸的限制条件,选定拉伸起点和终点来设置盖梁的宽度。

注意:扩大基础桥墩的创建也可以单独创建盖梁族,用"公制结构框架-梁与支撑"族样板创建盖梁,载入"结构基础"族"独立基础-坡形截面",在项目中组合基础、圆形墩柱以及盖梁构件形成扩大基础桥墩。

成果展示与评价

以小组为单位提交学习总结报告,加深对所学知识的掌握。

工作任务评价与分析			
评价项目	评价标准	参考分值(分)	得分(分)
扩大基础	操作熟练程度与准确性	40	
圆形墩柱	操作熟练程度与准确性	20	
盖梁	操作熟练程度与准确性	40	
总评			

知识点链接

1. 拉伸

可通过拉伸二维形状(轮廓)来创建三维实心构件。绘制二维形状时,该形状起点与终点之间必须光滑连接,即基于一个平面,以固定的截面拉伸固定的高度来建模,操作如图2-1-5所示。

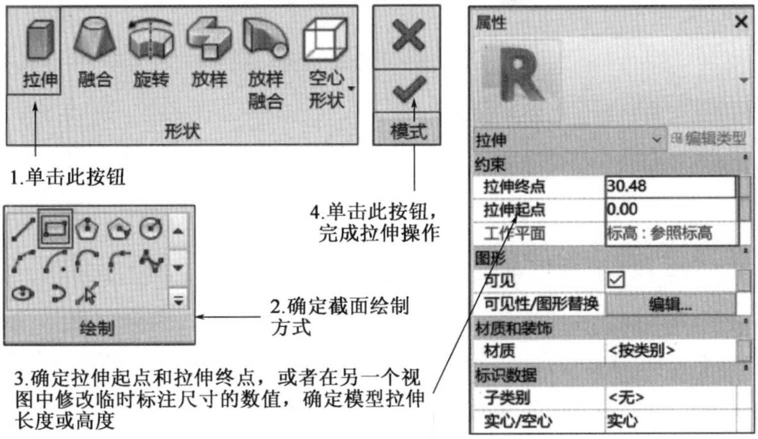

图2-1-5 拉伸建模操作

实例一 根据桥台图纸(图2-1-6),完成梅子溪中桥桥台的建模。

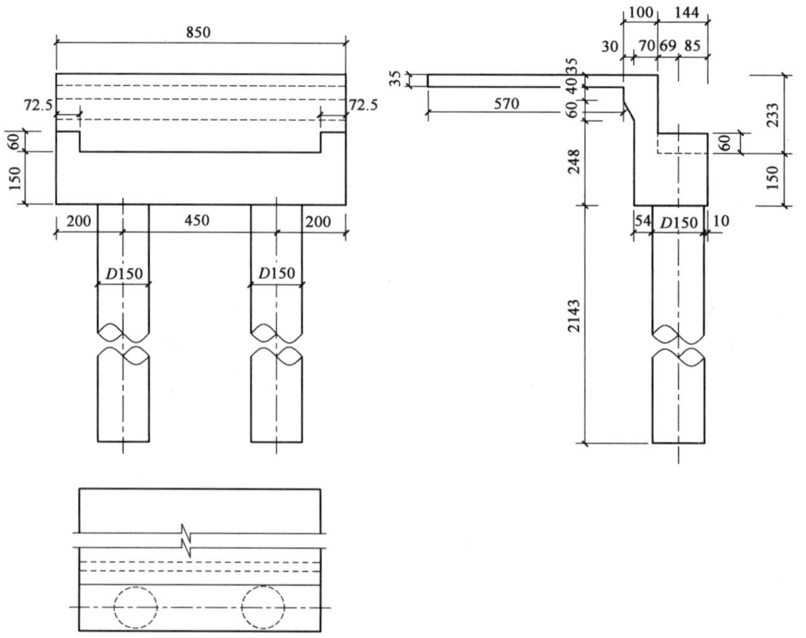

a)

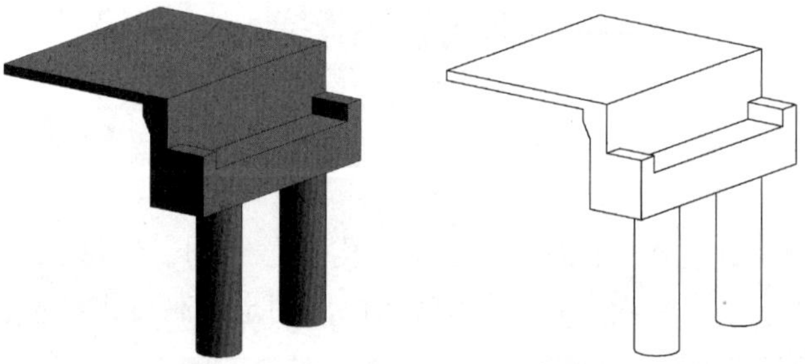

b)

图2-1-6 桥台图(尺寸单位:cm)

分析思路:分别创建桩基、台帽、背墙与搭板。

单击Revit"文件"菜单→"新建"→"族"→"选择族样板文件"→"公制结构基础",进入族编辑模式。

(1)创建桩基。

在"楼层平面:参照标高"视图中,单击"创建"选项卡→"形状"面板→"拉伸"命令,确认绘制方式为"圆",绘制圆,修改圆的临时尺寸为150cm,单击"完成编辑模式"按钮。在"属性"面板中修改拉伸终点为-2143cm。选择桩基,单击"修改"选项卡→"修改"面板→"复制"命令,单击鼠标左键确定复制起点,向右移动鼠标,键盘输入450cm,完成桩基的创建。

(2)创建台帽。

在"立面:前"视图中,单击"拉伸"命令,绘制台帽截面轮廓,单击"完成编辑模式"按钮,在"属性"面板中修改拉伸终点为 -144cm，在"立面：左"视图中调整台帽与桩基之间的相对位置，完成台帽的创建，如图 2-1-7 所示。

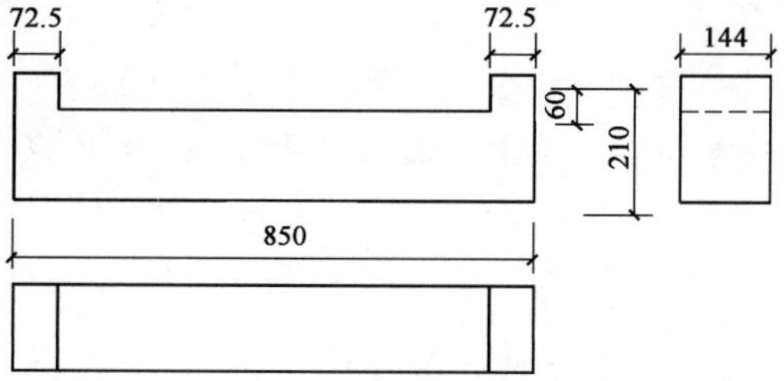

a)台帽三视图(尺寸单位：cm)

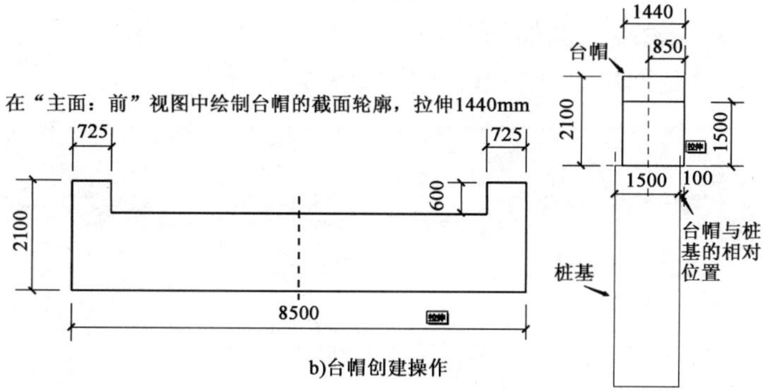

b)台帽创建操作

图 2-1-7　台帽创建

(3)创建背墙(图 2-1-8)。

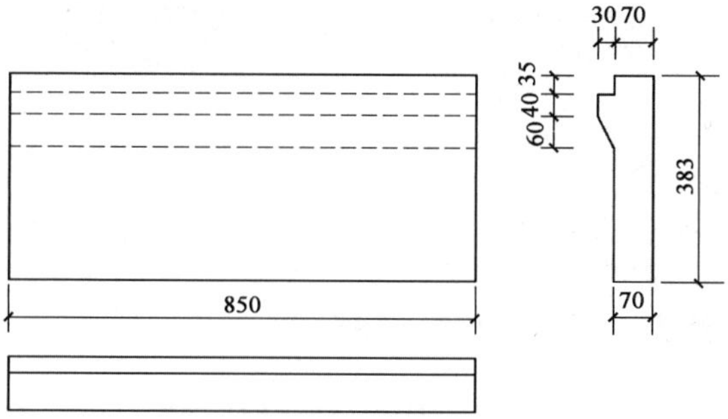

a)背墙三视图(尺寸单位：cm)

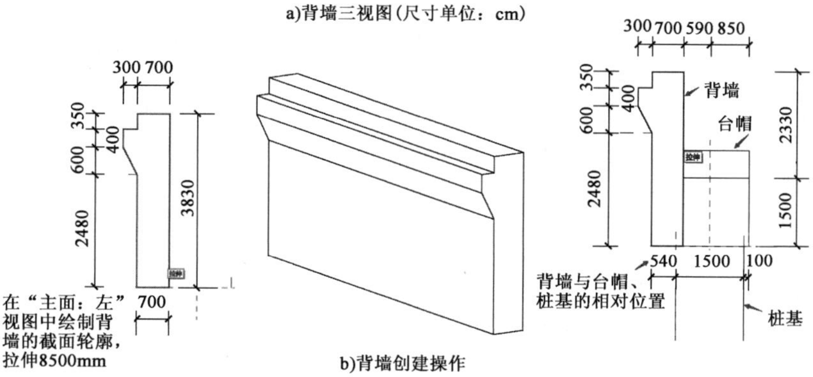

b)背墙创建操作

图 2-1-8　创建背墙

在“立面:左”视图中,单击“拉伸”命令,绘制背墙截面轮廓,单击“完成编辑模式”按钮,在“属性”面板中修改拉伸起点为 -425cm,拉伸终点为 425cm,完成台帽的创建。

(4)创建搭板。

在“立面:左”视图中,单击“拉伸”命令,用矩形绘制方式绘制搭板的截面轮廓 600cm × 35cm,单击“完成编辑模式”按钮,在“属性”面板中修改拉伸起点为 -425cm,拉伸终点为 425cm,完成台帽的创建。

2. 融合

融合:用于创建沿某一方向发生形状变化的实体,从起始形状融合到最终形状。即自然连接有变化的两个平面的闭合截面而形成模型的方式。

该命令可以融合两个轮廓。例如,底面为六边形,在其上方绘制一个圆形,则将创建一个实心三维形体,将这两个截面融合在一起,操作如图 2-1-9 所示。

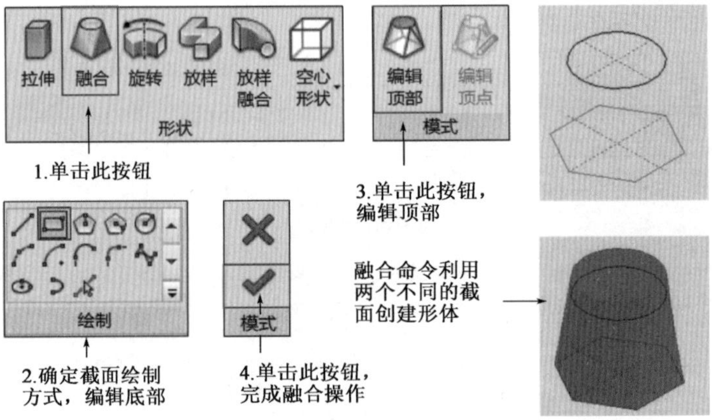

图 2-1-9 融合建模操作

3. 放样

绘制路径和轮廓,沿路径放样二维轮廓来创建三维形体,即一个固定截面沿一路径延伸以形成符合路径走向的条状形体的建模方式。放样建模操作如图 2-1-10 所示。

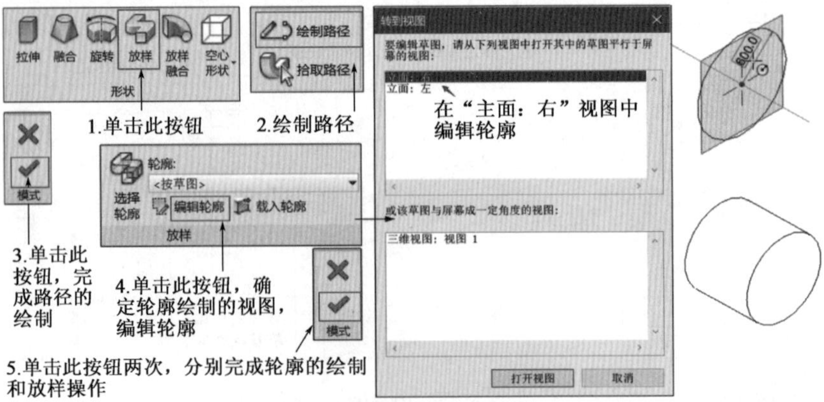

图 2-1-10 放样建模操作

在三维视图中进行任何绘制之前必须先指定工作平面，平面视图的参照平面就是对应层的标高，因此一般不用特别设置。

实例二 根据王字形桥墩视图(图 2-1-11)，创建王字形桥墩。

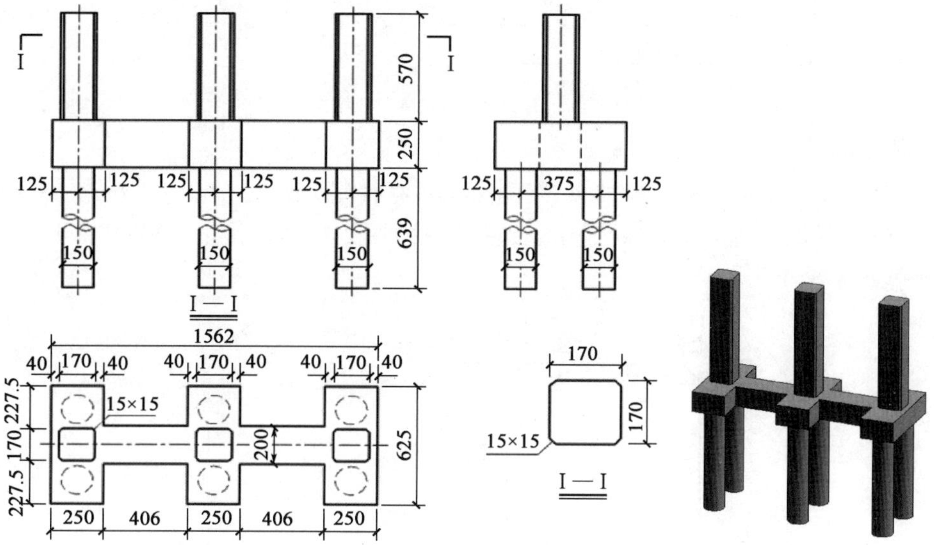

图 2-1-11 王字形桥墩(尺寸单位:cm)

该桥墩由圆形桩基、王字形承台以及矩形带切角的墩柱三个部分组成。

王字形承台可以采用拉伸命令，也可以采用放样命令完成，放样命令可以直接在族内编辑轮廓，也可以创建轮廓族。此处采用创建轮廓族，再载入族内编辑的方式。

(1)创建王字形承台轮廓族、矩形带切角的墩柱轮廓族。

新建族，选择"公制轮廓族"族样板，单击"创建"选项卡→"详图"面板→"直线"命令，在绘制面板中确认绘制方式为"直线"，也可以是矩形绘制方式，绘制王字形承台轮廓，保存为王字形承台轮廓族。用同样的方式创建矩形带切角的墩柱轮廓族，并保存。

(2)新建族，选择"公制结构基础"族样板。

单击"插入"选项卡→"从库中载入"面板→"载入族"命令，载入王字形承台轮廓族、矩形带切角的墩柱轮廓族。

在"楼层平面:参照标高"视图中，设置"参照平面:中心(前/后)"为工作平面，切换到"立面:前"中，在参照标高上方绘制参照平面，距离为 2500mm，单击"放样"命令，绘制路径，路径的端点与参照平面锁定，单击"完成编辑模式"按钮，在选择轮廓文本框中选择"王字形承台"轮廓族，单击"完成编辑模式"按钮，创建王字形承台，如图 2-1-12 所示。

(3)创建桩基。

在"楼层平面:参照标高"视图中，绘制参照平面定位桩基的圆心，载入桩基族，单击"创建"选项卡→"模型"面板→"构件"命令，或者直接用拉伸命令完成桩基的创建。选择桩基，使用"修改"面板中的复制、镜像、阵列命令创建其他桩基。

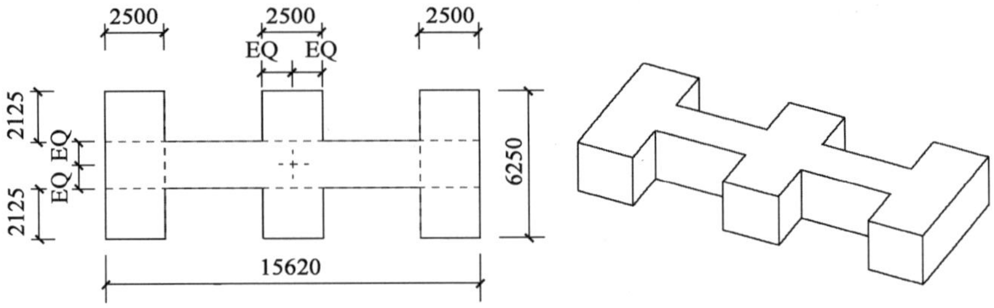

图 2-1-12 王字形承台轮廓及三维图

(4)创建墩柱。

载入矩形切角墩柱轮廓族,单击“创建”选项卡→“模型”面板→“构件”命令,或者直接用拉伸命令或者放样命令,完成墩柱的创建。选择墩柱(图 2-1-13),使用“修改”面板中的复制、镜像、阵列命令创建其他墩柱。

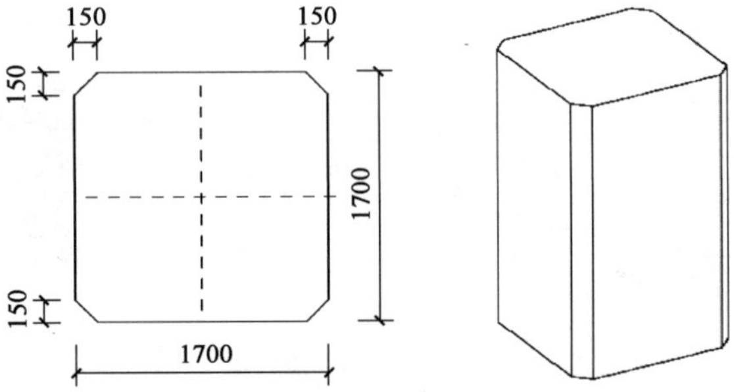

图 2-1-13 墩柱图

知识拓展

建模标准

1. 构件颗粒度及族类型选用

构件颗粒度及族类型选用见表 2-1-1。

构件颗粒度及族类型选用 表 2-1-1

构件		选用族	构件		选用族
桩	通用	公制结构基础	垫石	通用	基于面的公制常规模型
承台	通用	公制结构基础	支座	通用	公制常规模型
墩身	通用	公制结构柱	桥台	通用	公制结构基础
盖梁	通用	公制结构框架	桥面铺装	通用	公制结构框架
箱梁、T 梁、空心板	通用	公制结构框架	防撞护栏(混凝土)	通用	公制结构框架
路基结构层	通用	公制结构框架	人行道地梁、缘石	通用	公制结构框架
挡土墙、排水沟	通用	基于线的公制常规模型	T 梁、箱梁轮廓,路基结构层轮廓	通用	公制轮廓

2. 各结构物的族选择和命名

(1)桩基族选择和命名。

桩基族采用“公制结构基础”族样板,命名采用“左右线(幅)-墩号-桩编号”形式,如“左线-1号墩-01 号桩”。桩的基本参数包括桩径、桩长、体积、结构材质、X 坐标、Y 坐标等,设置为实例参数,增加体积参数,体积“ = pi( ) * 桩径/2 * 桩径/2 * 桩长”。桩基族参数设置如图 2-1-14 所示。

图 2-1-14 桩基族参数设置

最小预埋件是桩伸入承台部分,在“属性”面板→“约束”选项→“自标高的高度偏移”中不计算,在尺寸标注顶部标高中计算。桩以顶部高程为基准,也就是以桩顶标高为参照标高。

(2)承台族选择和命名。

承台族采用“公制结构基础”族样板,命名采用“左右线(幅)-墩号-承台编号”形式,如“左线-1 号墩-8 号承台”,承台的基本参数包括长、宽、高、体积、材质。新增实例参数体积,在项目中使用“明细表”“材质明细表”,将构件体积的值输入“体积”中。承台以顶部高程为基准。

(3)桥台族选择和命名。

根据桥台的重复使用率确定是否选择参数族,一般桥台重复使用率比较低。

(4)墩柱族选择和命名。

墩柱族采用“公制结构柱”族样板,命名采用“左右线(幅)-墩号-墩柱编号”形式,如“左线-4 号墩-01 号柱”。

墩柱底部锁定在“低于参照标高”,顶部锁定在“高于参照标高”,保证载入项目中能通过“底部偏移量”“顶部偏移量”来设置墩柱的标高。

对于使用多个形状命令的异形墩柱,用“连接几何图形”命令将几个形状合并,避免产生多余的线条,影响构件美观,关联结构材质参数。垫石单独做,不与墩柱一起创建。

(5)盖梁、箱梁、T 梁族选择和命名。

盖梁采用“公制结构框架”族样板,图纸上盖梁有指定名称时,命名采用类似“左线-6 号盖梁”形式。盖梁采用参数化建模,横坡需进行参数化编辑,便于在项目中修改,盖梁应包含的基本参数有材质、长度、体积等。

箱梁、T 梁采用“公制结构框架”族样板,图纸上箱梁、T 梁有指定名称时,命名采用类似“左-第 4 跨-1 号箱梁、T 梁”形式。现浇箱梁通常要求一联一次浇筑,如无特殊要求则可以做成整体箱梁、T 梁,因为路线为曲线,长度会有允许偏差。预制箱梁、T 梁,预制段、现浇段分开建模,工程量分开统计。箱梁、T 梁包含的基本参数有材质、长度、体积等。

(6)垫石和支座族选择和命名。

垫石和支座采用“基于面的公制常规模型”族样板,直接放置,不需要进行高度调节,需注意垫石混凝土等级。支座根据项目要求确定精细度,一般仅是示意图,但名字一定要正确,单向支座、双向支座、固定支座以及支座的具体类型一定要分清。

学习任务二 创建桥梁下部结构

——带托盘桥墩(族命令)

学习任务描述

如图 2-1-15 所示,该桥墩由基础、墩身、托盘、顶帽、垫板五部分自下而上叠加构成。这个桥墩前后、左右都对称。基础由两个大小不同的长方体叠加而成。墩身为中间一个四棱柱和左右两端各一个半圆台相切而形成的组合体。墩帽由下面的托盘和上面的顶帽组成;托盘为倒置的长圆台状形体,是中间一个四棱柱和左右两端各半个斜圆柱相切而形成的组合体;顶帽是由上、下两层构成一体的组合体,下层为 500cm × 230cm × 40cm 的长方体,四周倒角,上层为左右、前后都对称的同坡排水顶。垫板位于顶帽上方,左右侧面相距 70cm,垫板的下部有两个斜面与同坡排水顶的斜面重合。根据所给的桥墩三视图(图 2-1-15),创建桥墩模型。

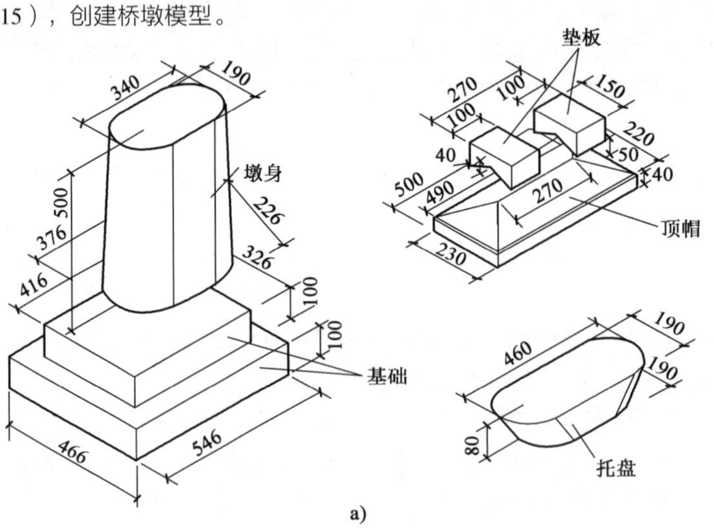

a)

图 2-1-15

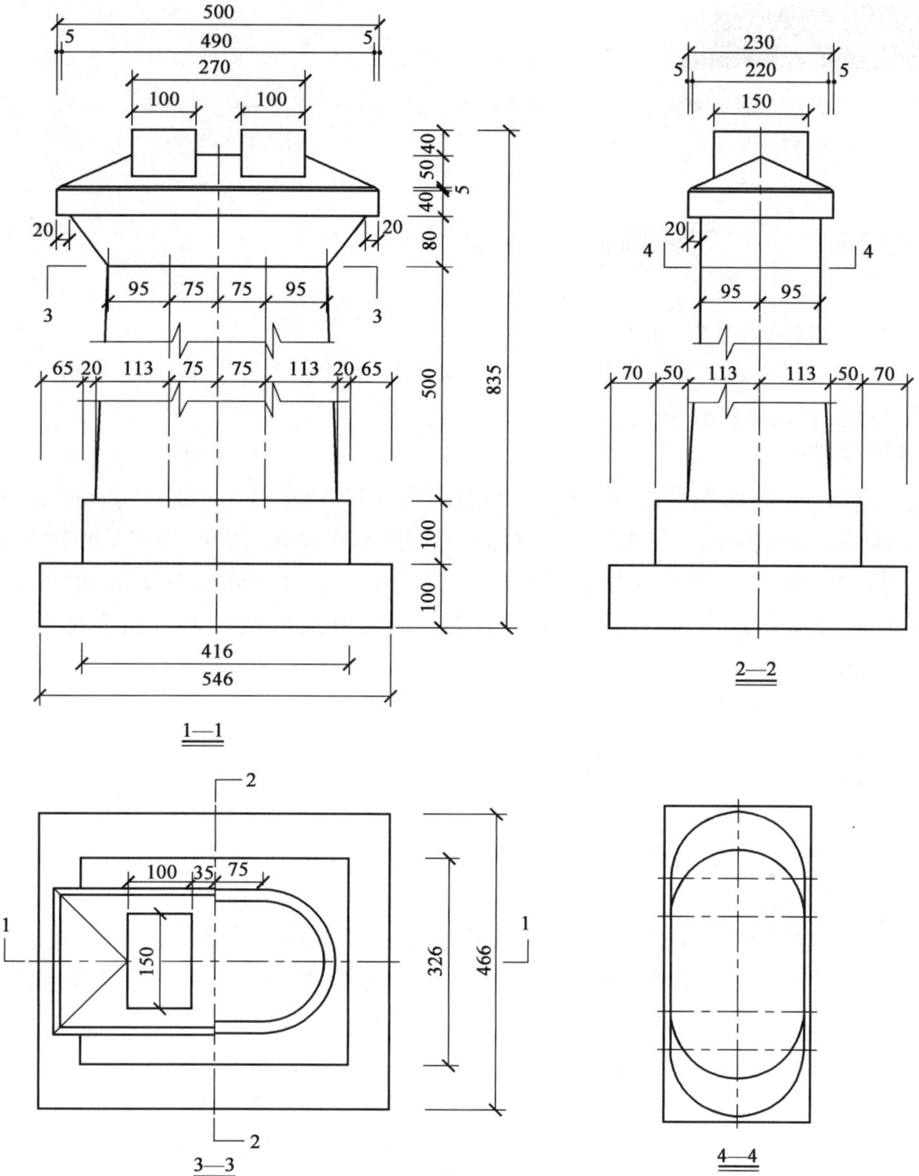

b)

图 2-1-15　带托盘桥墩（尺寸单位：cm）

◎ 知识目标与能力目标

学习带托盘桥墩各组成部分尺寸及相对位置的识读和 Revit 的构件创建族命令。通过学习，应该达到以下目标：

1. 能正确识读带托盘桥墩各组成部分的形状以及尺寸。
2. 能创建带托盘桥墩的基础、墩身、托盘、顶帽垫板模型。

学习任务实施

明确任务：根据带托盘桥墩的三视图以及轴测视图，分析每一个构件的建模方法，完成桥墩的基础、墩身、托盘、顶帽、垫板建模。

任务实施 1 创建基础

(1)打开“公制结构基础”族样板文件。

单击“文件”菜单→“新建”→“族”，打开“新族-选择样板文件”对话框，单击“公制结构基础”族样板类型，进入编辑族模式。

(2)基础的建模。

在“楼层平面:参照标高”视图中，单击“创建”选项卡→“形状”面板→“拉伸”命令，绘制矩形，大小为5460mm×4660mm，单击“模式”面板→“完成编辑模式”按钮，完成基础轮廓的创建。

在“立面:前”视图中，拖曳拉伸造型操作柄至高度低于参照标高100cm、200cm所在参照平面，并创建对齐约束关系，创建完成底部基础。用此方法再创建上层长方体基础，尺寸为4160mm×3260mm×1000mm。

任务实施 2 创建墩身

方法一：分两部分创建，分别创建左右两端圆台以及中间的柱体。

(1)创建左右两端圆台。

单击“创建”选项卡→“基准”面板→“参照平面”命令，绘制参照平面 *A*、*B*，单击“创建”选项卡→“工作平面”面板→“设置”命令，设置“参照平面 *A*”平面为工作平面，切换到“立面:右”视图绘制墩身左右圆台 。参照平面体系如图2-1-16所示。

(2)在“立面:右”视图中，单击“创建”选项卡→“形状”面板→“旋转”命令，Revit自动切换到“修改|创建旋转”上下文关联选项卡，单击“绘制”面板→“直线”命令，绘制上底为95cm、下底为113cm、高度为500cm的直角梯形，按“Esc”键两次退出旋转命令的轮廓线绘制，再单击轴线选项，绘制一条旋转轴，单击“模式”面板→“完成编辑模式”按钮✔，完成旋转操作，完成圆台创建，如图2-1-17所示。

(3)镜像生成另一侧圆台。

(4)绘制墩身中间部分。

设置“参照平面 *A*”平面为工作平面，切换到“立面:右”视图绘制墩身中间部分 。

双击“立面:右”视图，打开该视图，单击“创建”选项卡→“形状”面板→“拉伸”命令，Revit自动切换到“修改|创建拉伸”上下文选项卡；单击“绘制”面板→“直线”命令，绘制一个等腰梯形，上底为190cm、下底为226cm、高度为500cm；在“属性”面板中设置拉伸起点为-75cm，拉伸终点为75cm，单击“模式”面板→“完成编辑模式”按钮✔，完成拉伸操作。

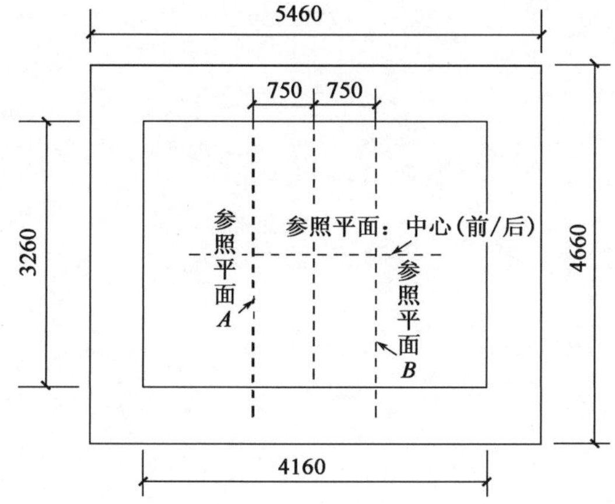

图 2-1-16 参照平面体系

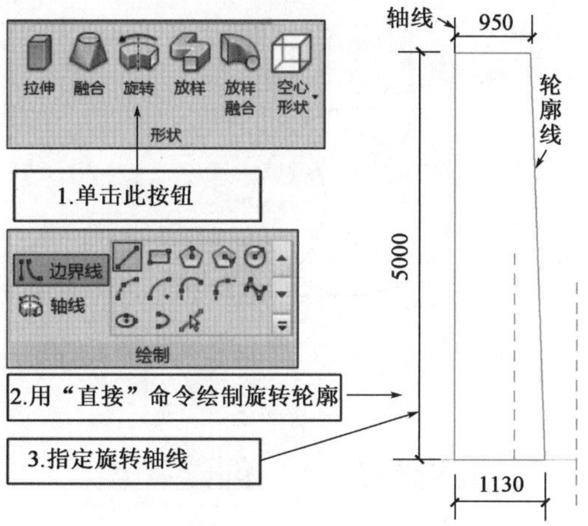

图 2-1-17 墩身左侧半圆台建模操作

(5)连接操作。

单击“连接”命令，将墩身左右与中间部分连接，完成墩身的创建。墩身左右与中间部分的连接操作如图 2-1-18 所示。

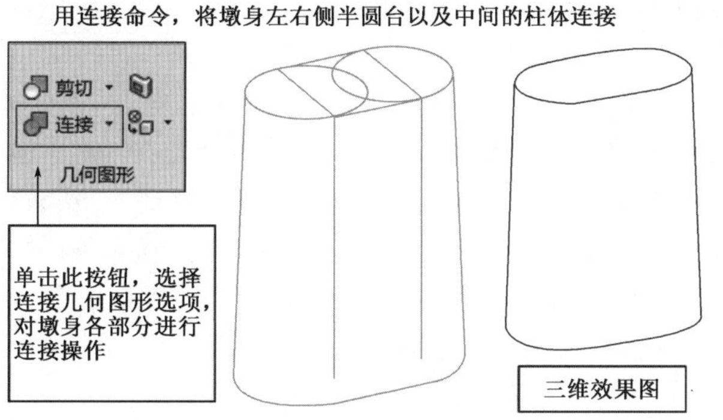

图 2-1-18 墩身中间部分的建模操作

方法二：采用融合命令完成墩身的绘制。

分别绘制墩身的上下底面轮廓。双击“楼层平面：低于参照标高图”，打开该视图。单击“创建”选项卡→“形状”面板→“融合”命令，Revit 自动切换到“修改|创建融合底部边界”上下文选项卡，使用“绘制”面板直线、圆命令绘制底部轮廓，两端为半圆形，半径为 113cm，长度为 376cm，用拆分图元、“修改/延伸为角”命令对轮廓进行修剪。单击“编辑顶部”命令，Revit 自动切换到“修改|创建融合顶部边界”上下文选项卡，绘制顶部轮廓，两端为半圆形，半径为 95cm，长度为 340cm，单击“模式”面板→“完成编辑模式”按钮。在“立面：前”视图中，修改高于参照标高值为 500cm，运用对齐命令将墩身顶部与“高于参照标高”平面对齐约束，完成墩身的创建。如图 2-1-19 所示。

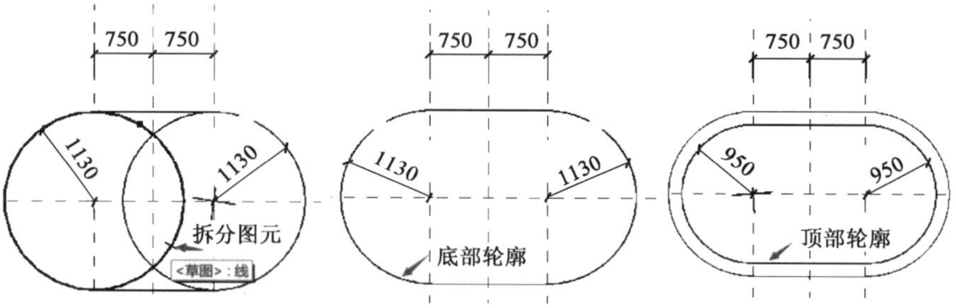

图 2-1-19 融合命令创建墩身操作

任务实施 3 创建托盘

(1)托盘中间部分:设置“参照平面:中心(前/后)”为工作平面,切换到“立面:前”视图。单击“创建”选项卡→“形状”面板→“拉伸”命令,Revit 自动切换到“修改|创建拉伸”上下文选项卡;单击“绘制”面板→“直线”命令,绘制上底为 270cm、下底为 150cm、高度为 80cm 的等腰梯形;在“属性”面板上设置拉伸起点为 -95cm,拉伸终点为 95cm,单击“模式”面板→“完成编辑模式”按钮,完成托盘中间部分的操作。

(2)采用放样融合命令,绘制托盘左右部分,左右两端各为半个斜圆柱。

设置“参照平面:中心(前/后)”为工作平面,切换到“立面:前”视图。单击“创建”选项卡→“形状”面板→“放样融合”命令,Revit 自动切换到“修改|放样融合”上下文选项卡。单击“放样融合”面板→“绘制路径”命令,确认绘制方式为“直线”,鼠标光标捕捉墩身上底面的中间位置作为直线的起点,向上移动鼠标光标绘制长度为 80cm 的直线,单击“模式”面板→“完成编辑模式”按钮,完成路径的绘制。单击“放样融合”面板→“选择轮廓 1”选项命令,单击“编辑轮廓”命令,在“转换视图”对话框中选择打开“天花板投影平面:低于参照平面”,在“天花板投影平面:低于参照平面”中确认绘制轮廓方式为“圆”,绘制半径为 95cm 的圆周并绘制圆的直径,利用“拆分图元”命令以及“修剪/延伸为角”命令修改成右侧半圆弧,利用“Tab”键选择直径和半圆弧,用“移动”命令向右移动 75cm(下部轮廓),单击“模式”面板→“完成编辑模式”按钮,完成轮廓 1 的编辑。用同样的方法编辑轮廓 2,单击“放样融合”面板→“选择轮廓 2”选项命令,单击“编辑轮廓”命令,编辑半径为 95cm 的圆周右侧半圆弧轮廓 2,并向右移动 135cm(上部轮廓),单击“模式”面板→“完成编辑模式”按钮,完成轮廓 2 的编辑,再次单击“模式”面板→“完成编辑模式”按钮,完成托盘右侧放样融合的操作。如图 2-1-20所示。

选择托盘右侧部分,镜像生成托盘左侧部分。

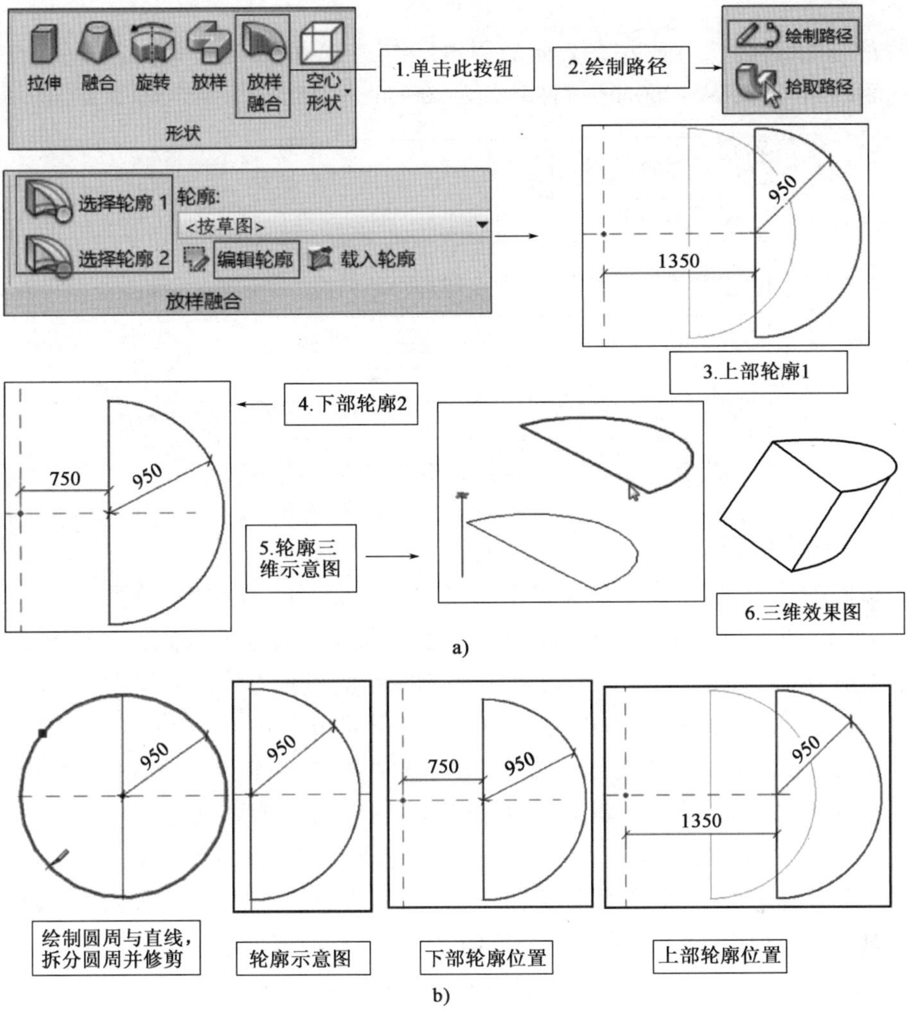

图 2-1-20 托盘左右部分建模操作

任务实施 4 创建顶帽、垫板

顶帽由上、下两层构成一体的组合体，下层为 500cm × 230cm × 45cm 的长方体，上层为左右、前后都对称的同坡排水顶。

（1）下层长方体：设置“参照平面：中心（前/后）”为工作平面，在“立面：前”视图中，用“拉伸”命令绘制长方体，绘制矩形，尺寸为 500cm × 45cm，在“属性”面板中设置拉伸起点为 −115cm，拉伸终点为 115cm，单击“模式”面板→“完成编辑模式”按钮，完成长方体绘制操作。

（2）长方体前后、左右倒角操作：切换到“立面：前”视图，单击“创建”选项卡→“形状”面板→“空心形状”命令→“空心拉伸”命令，Revit 自动切换到“修改 | 空心拉伸”上下文选项卡，空心形状轮廓大小为 5cm × 5cm，在“属性”面板中确定拉伸起点为 −120cm，拉伸终点为 120cm，单击“模式”面板→“完成编辑模式”按钮，单击“剪切”命令，完成长方体前后方向

的倒角操作。

用同样的方法,进行长方体左右方向的倒角操作,空心形状轮廓大小为 5cm×5cm,在"属性"面板中确定拉伸起点为 -260cm,拉伸终点为 260cm,并进行剪切操作即可,如图 2-1-21 所示。

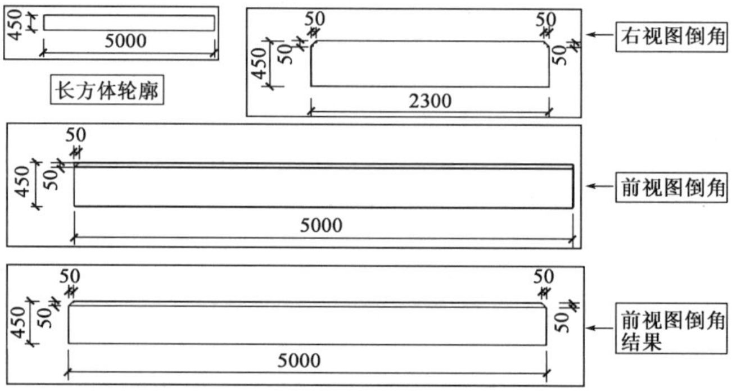

图 2-1-21 墩帽下层长方体的建模操作

(3)创建上层同坡排水顶。

设置"参照平面:中心(前/后)"为工作平面,在"立面:前"视图中,单击"拉伸"命令拉伸长方体,绘制矩形,尺寸为 490cm×50cm,在"属性"面板中设置拉伸起点为 -110cm,拉伸终点为 110cm,单击"模式"面板→"完成编辑模式"按钮✔,完成长方体绘制操作。

切换到"立面:前"视图,单击"创建"选项卡→"形状"面板→"空心形状"命令→"空心形状"命令,Revit 自动切换到"修改|空心拉伸"上下文选项卡,空心形状为直角三角形,轮廓大小为 110cm×50cm,在"属性"面板中确定拉伸起点为 -115cm,拉伸终点为 115cm,单击"模式"面板→"完成编辑模式"按钮✔,单击"剪切"命令,完成长方体前后方向的倒角操作。

切换到"立面:右"视图,单击"创建"选项卡→"形状"面板→"空心形状"命令→"空心形状"命令,Revit 自动切换到"修改→空心拉伸"上下文选项卡,空心形状为直角三角形,轮廓大小为 110cm×50cm,在"属性"面板中确定拉伸起点为 -250cm,拉伸终点为 250cm,单击"模式"面板→"完成编辑模式"按钮✔,单击"剪切"命令,完成长方体左右方向的倒角操作,如图 2-1-22 所示。

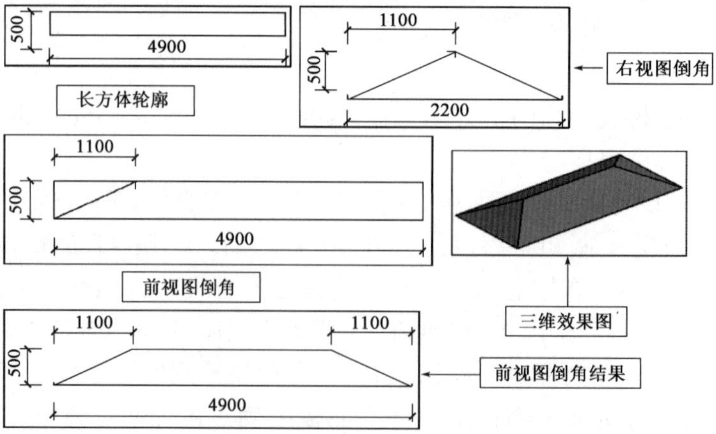

图 2-1-22 顶帽上层组合体的建模操作

(4)垫板的绘制。

切换到"立面:右"视图,绘制两个距离 1500mm 的竖向参照平面以及一个距离坡顶 400mm 的水平参照平面,单击"创建"选项卡→"形状"面板→"拉伸"命令,用直线命令并配合修改命令绘制图 2-1-23 所示的多边形。

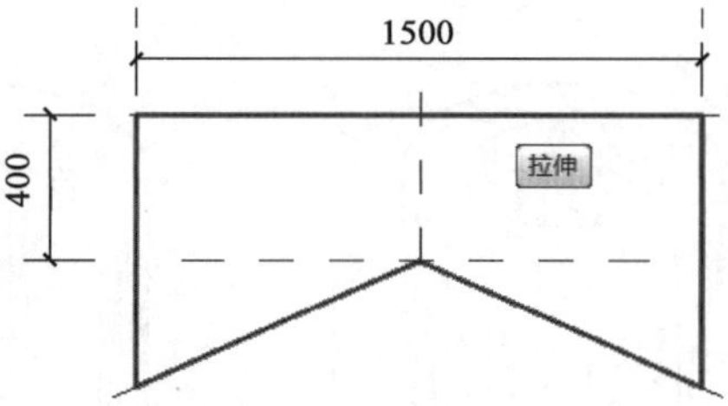

图 2-1-23 垫板截面轮廓

在"属性"面板中确定拉伸起点为 0,拉伸终点为 -100cm,单击"模式"面板→"完成编辑模式"按钮,完成垫板的绘制。双击项目浏览器"立面:前",单击"修改"面板→"镜像"命令,生成另一个垫板。

成果展示与评价

以小组为单位提交学习总结报告,加深对所学知识的掌握。

工作任务评价与分析			
评价项目	评价标准	参考分值(分)	得分(分)
桥墩基础	操作的熟练程度、模型的准确性	10	
桥墩墩身、托盘	操作的熟练程度、模型的准确性	40	
桥墩墩帽	操作的熟练程度、模型的准确性	30	
桥墩垫板	操作的熟练程度、模型的准确性	20	
总评			

知识点链接

1. 旋转

在 Revit 三维建模中,旋转通过绕轴放样二维轮廓来建立三维形状。首先绘制轴和轮廓,然后绕轴旋转轮廓形成三维形状。

实例三 根据沉井的示意图(图 2-1-24),识读并创建沉井的模型图。

(1)新建族,族样板为"公制结构柱"。

(2)在"立面:前"视图中,单击"创建"选项卡→"形状"面板→"旋转"命令,系统自动切

换到“修改|创建旋转”上下文选项卡,单击“绘制”面板→“边界线”命令,绘制旋转边界线,单击“轴线”命令,拾取轴线,单击“模式”面板→“完成编辑模式”按钮✔,完成旋转操作,如图 2-1-25所示。

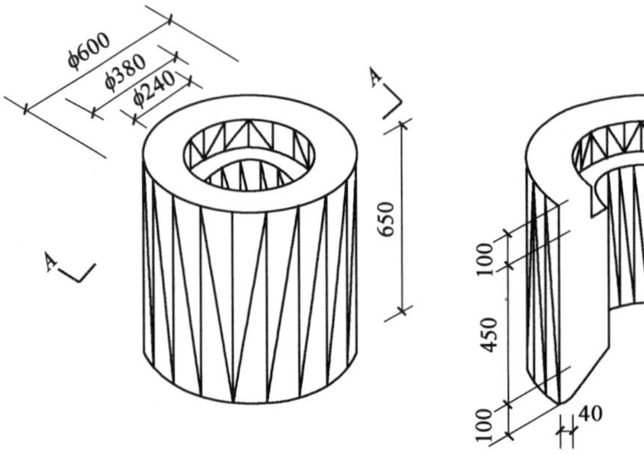

图 2-1-24 沉井示意图(尺寸单位:cm)

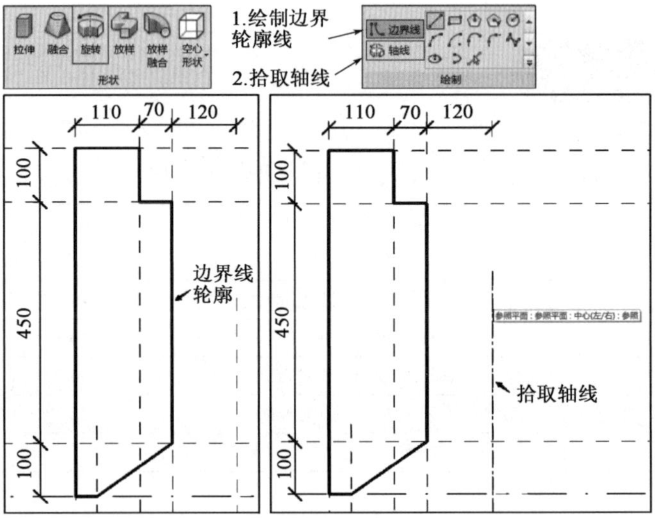

图 2-1-25 旋转建模操作(尺寸单位:cm)

2. 放样融合

放样融合由起始形状、最终形状和指定的二维路径来建模,是一种沿着指定路径,将路径两端不同的形状自然连接而成的建模方式。放样融合建模操作如图 2-1-26所示。

单击“形状”面板中“放样融合”,单击“绘制路径”命令,在“楼层平面:参照标高”视图中,单击“起点-终点-半径弧”命令绘制一条弧线作为路径,使用“点”命令在圆弧上增加一些点,这些点会定义一个与圆弧在切线方向上相垂直的参照平面,在这些参照平面上定义不同形状的截面。

切换到三维视图,单击“设置”按钮,靠近第一个增加点,当出现点标记时,单击鼠标左键以在该点设置工作平面,再单击“显示”按钮以高亮显示当前工作平面。在工作平面绘制不同截面图形。

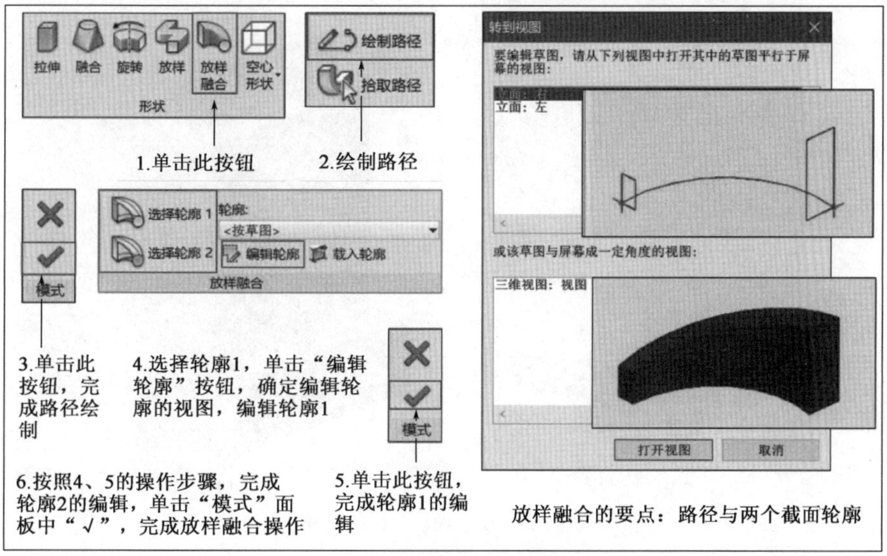

图 2-1-26 放样融合建模操作

三维视图并不能精确定位截面与路径之间的位置关系，因此使用"查看器"命令以显示增加点所定义的工作平面，单击"查看器"，弹出的视图是与当前工作平面平行的，在这一视图上我们还可以清楚地观察到路径与工作平面的相交点。

切换到三维视图，按住"Ctrl"键配合鼠标依次点选各个参照平面上的图形与路径，单击"创建形状"以完成放样融合。

实例四 根据桥台图纸（图 2-1-27），完成桥台的建模。

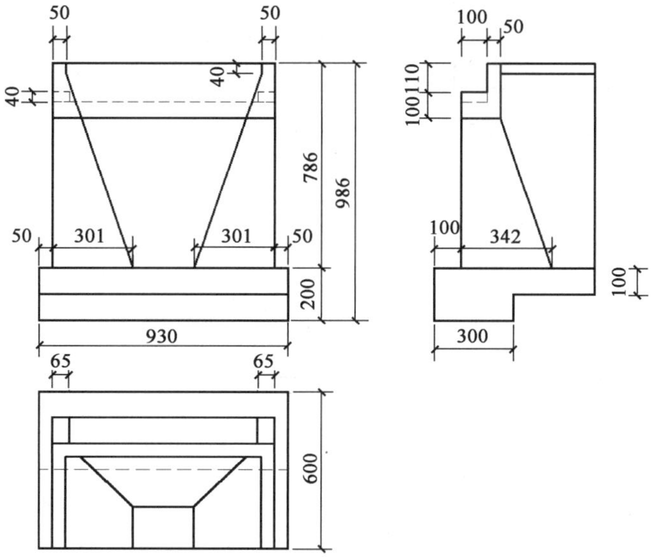

a)

图 2-1-27

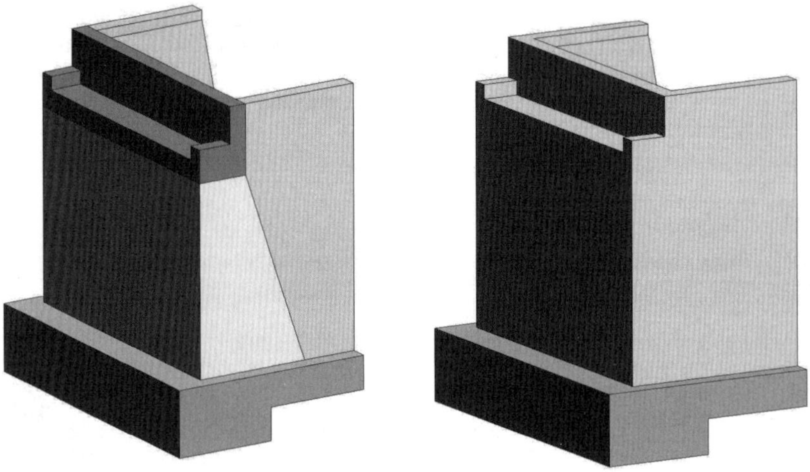

b) c)

图 2-1-27 桥台图(尺寸单位:cm)

分别创建基础与前墙、侧墙、背墙与台帽。

单击“文件”菜单→“新建”→“族”,打开“新族-选择样板文件”对话框,单击“公制结构基础”族样板类型,进入族编辑模式。

(1)创建基础与前墙(图 2-1-28 、图 2-1-29)。

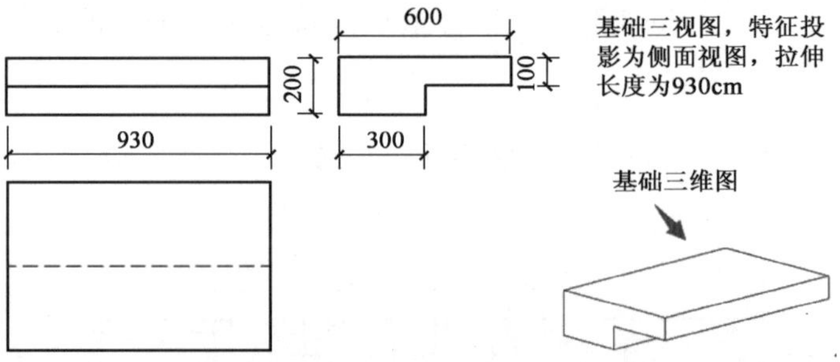

图 2-1-28 基础创建(尺寸单位:cm)

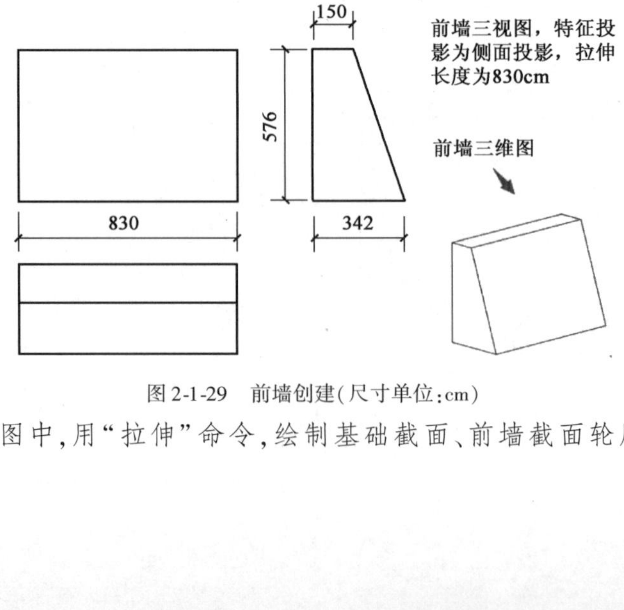

图 2-1-29 前墙创建(尺寸单位:cm)

在“立面:左”视图中,用“拉伸”命令,绘制基础截面、前墙截面轮廓,分别拉伸 930cm、

830cm,单击“模式”面板→“完成编辑模式”按钮✔,完成基础、前墙的创建。

(2)创建侧墙(图2-1-30)。

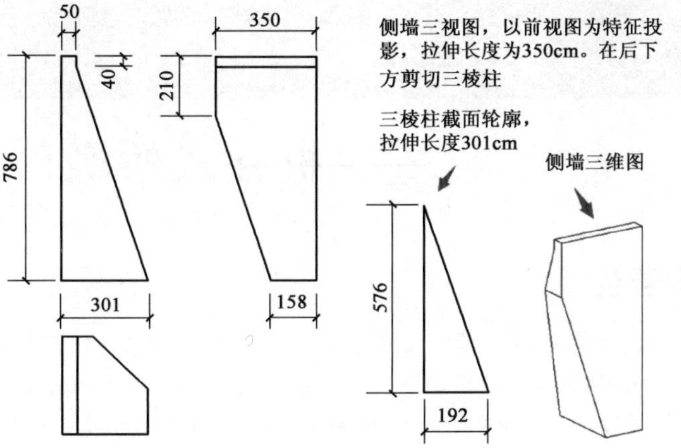

图2-1-30 创建侧墙(尺寸单位:cm)

在“立面:前”视图中,用“拉伸”命令,绘制侧墙截面轮廓,拉伸350cm,单击“模式”面板→“完成编辑模式”按钮✔。切换到“立面:左”视图,单击“创建”选项卡→“形状”面板→“空心形状”命令下拉箭头的“空心拉伸”选项,用“直线”命令绘制三棱锥的截面轮廓。单击“剪切”命令,完成侧墙的创建。

(3)创建背墙与台帽(图2-1-31)。

在“立面:左”视图中,用“拉伸”命令,先绘制背墙的截面轮廓,再拉伸830cm,单击“模式”面板→“完成编辑模式”按钮✔。切换到“立面:前”视图,用“拉伸”命令,先绘制台帽的截面轮廓,再拉伸100cm,调整两者的相对位置,完成背墙与台帽的创建。

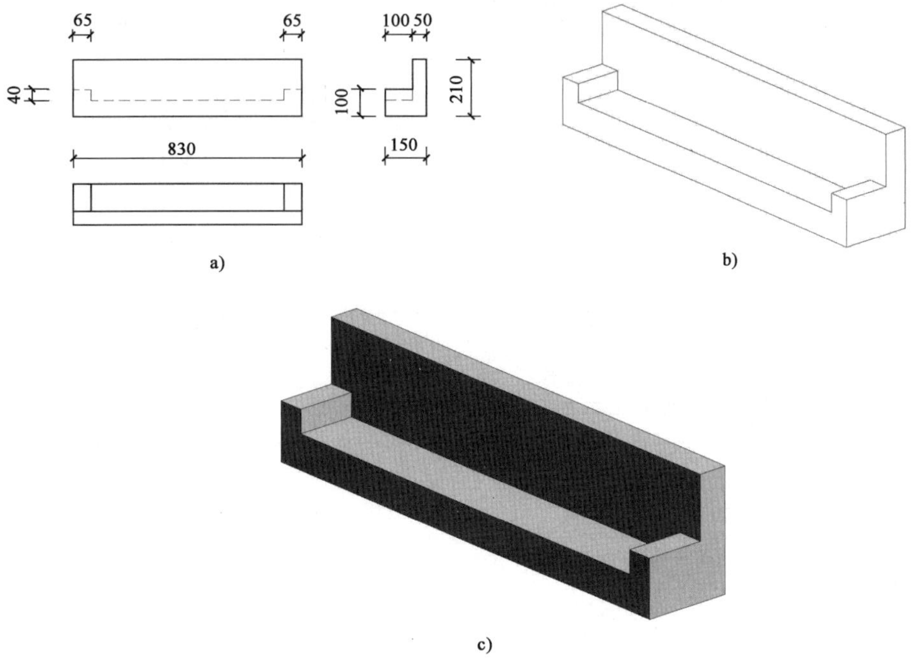

图2-1-31 创建背墙与台帽(尺寸单位:cm)

学习任务三 创建桥梁下部结构

——桩柱式桥墩(族参数关联)

学习任务描述

梅子溪中桥桥墩为双柱式墩配桩基础，如图 2-1-32 所示。桥墩总体宽度为 8.05m,盖梁混凝土强度等级为 C30,桥墩立柱的间距为 4.5m,桥墩立柱间的系梁宽 1.1m、高 1.4m,墩柱的直径分别为 1.6m、1.4m,桩基之间的横梁宽 1.4m、高 1.8m，桩基直径为 1.8m。请创建整体式桥墩族。

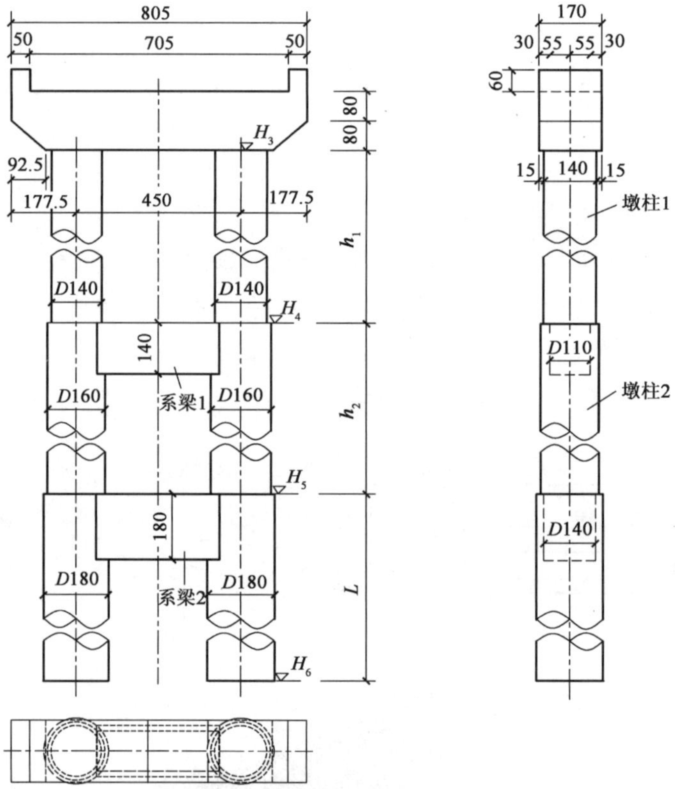

桥墩各部分参数							
桥墩编号	H_3(m)	H_4(m)	H_5(m)	H_6(m)	h_1(cm)	h_2(cm)	L(cm)
1	250.65	242	231	211	865	1100	2000
2	249.97	242	234	216	796	800	1800

图 2-1-32 桥墩图(尺寸单位:cm)

知识目标与能力目标

学习梅子溪中桥桩柱式桥墩的形状及尺寸的识读、参数的设置、创建整体式桥墩族的原理。通过学习，应该达到以下目标：

1. 能根据桩柱式桥墩的三视图，识读桩柱式桥墩各组成部分尺寸及标高。
2. 能运用 Revit 分别设置桩柱式桥墩各构件族参数。
3. 能创建整体式共享嵌套桥墩族。

学习任务实施

明确任务：根据桩柱式桥墩的三视图以及模型，分析创建每一个构件的建模方法，以及根据标高值，分析如何进行构件定位操作，完成整体式桥墩族的创建。

整体族的建模思路如图 2-1-33 所示。

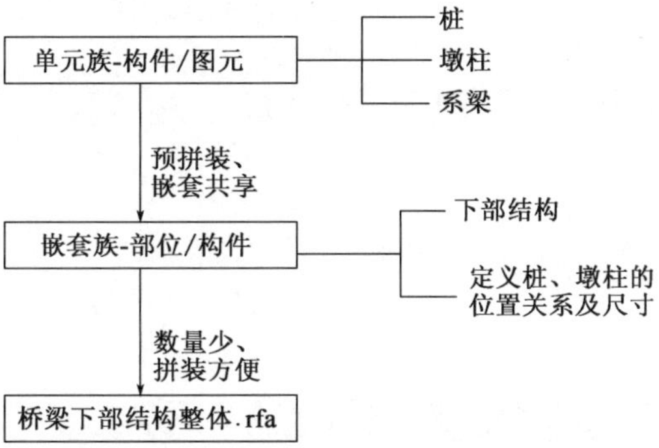

图 2-1-33 整体族的建模思路

任务实施 1 设置桩基族参数

新建族，选择“公制结构基础”族样板。单击“创建”选项卡→“形状”面板→“拉伸”命令，绘制圆，标注圆的直径，选择直径，勾选“属性”面板中“中心标记可见”选项。单击“标签尺寸标注”面板→“创建参数”命令，在“参数属性”对话框中设置“桩径”参数，单击“完成编辑模式”按钮。切换到“立面：前”视图，在参照标高下方绘制参照平面。根据建模标准，以桩顶部高程为基准，拖曳桩基造型操纵柄使桩基顶部与参照标高对齐锁定，桩底与参照平面对齐锁定，标注参照平面与参照标高之间的尺寸，选择该尺寸，设置“桩长”参数。桩基础的参数设置如图 2-1-34 所示。

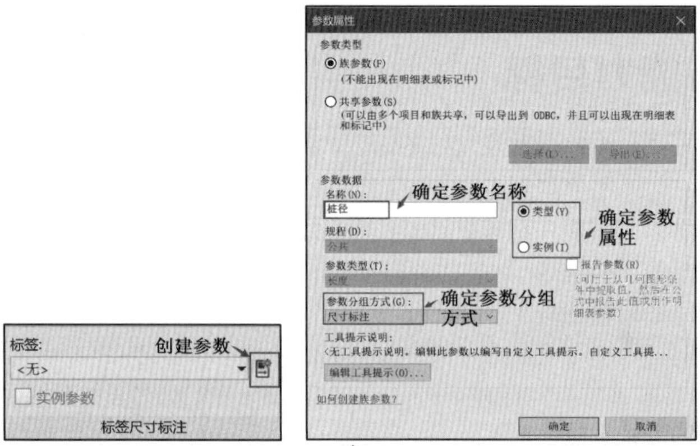

a)

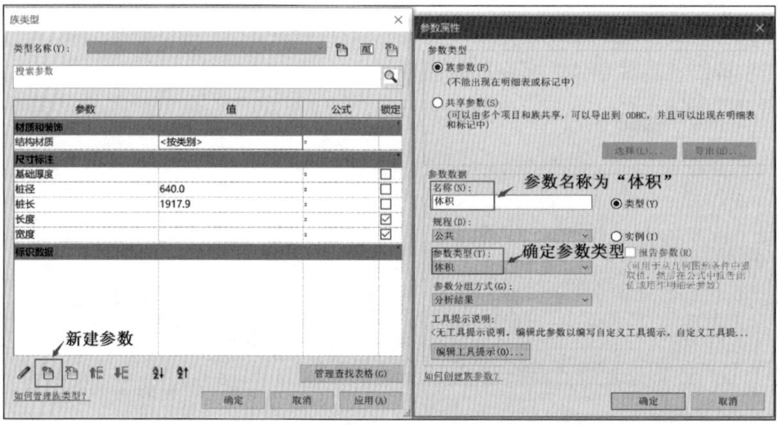

b)

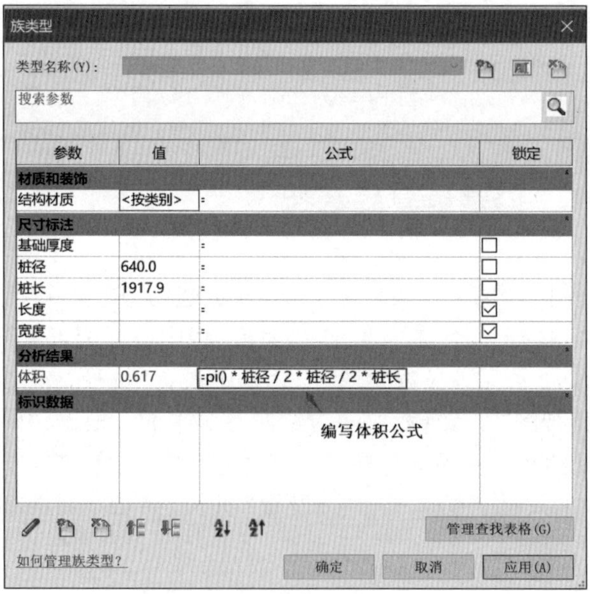

c)

图 2-1-34　桩基参数设置

注意：圆柱处于编辑状态时，选择圆，单击“属性”面板中“中心标记可见”选项，将圆心位置约束在“参照平面：中心（前/后）”与“参照平面：中心（左/右）”，标注直径，设置直径标签参数及体积参数。

单击“属性”面板→“族类型”命令，打开“族类型”对话框，修改各参数值，检查模型参数是否发生对应的变化。

关联桩基材质，在“属性”面板中，单击“材质和装饰”选项下的“关联族参数”按钮，关联结构材质。设置桩基材质如图 2-1-35 所示。

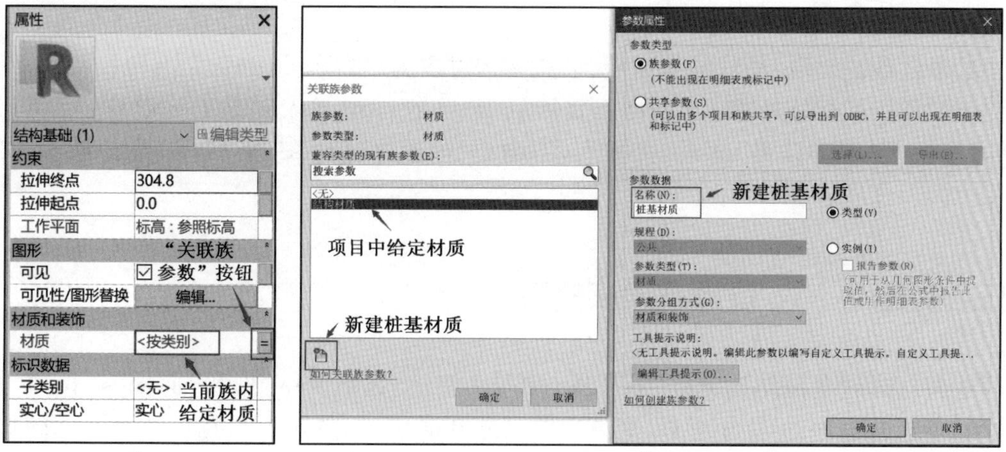

a) b)

图 2-1-35 设置桩基材质

选择桩基，单击“修改”面板中的“镜像命令”，镜像完成另一侧桩基，在立面视图中使桩基顶部、底部依次锁定参照标高与参照平面。

混凝土圆形桩也可以通过载入系统族“混凝土圆形桩”创建，系统默认桩径和桩长参数。系统自带参数如图 2-1-36 所示。

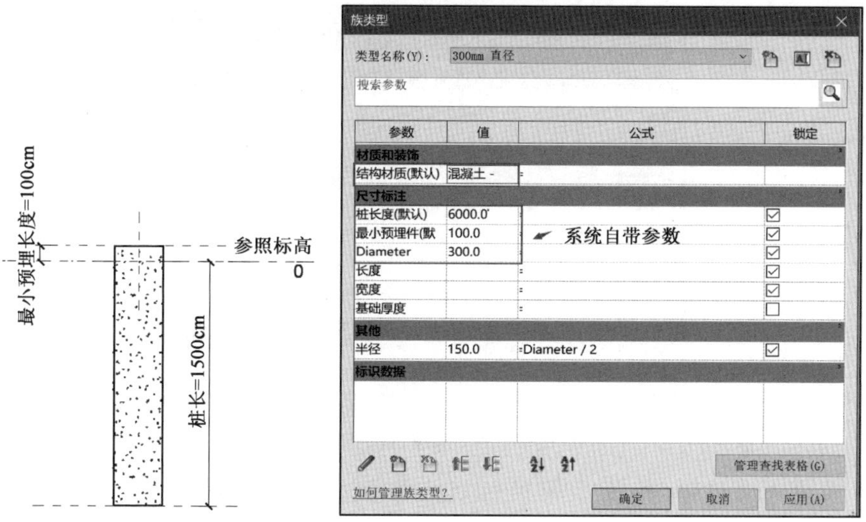

图 2-1-36 桩基参数

任务实施2 设置墩柱族参数

新建族,选择"公制结构柱"族样板。单击"创建"选项卡→"形状"面板→"拉伸"命令,绘制圆,标注圆的直径,添加墩柱直径参数,单击"完成编辑模式"按钮。切换到"立面:前"视图,拖曳墩柱造型操纵柄,使墩柱底部与"低于参照标高"对齐并锁定,墩柱顶部锁定"高于参照标高",保证载入项目后能通过设置"底部偏移"和"顶部偏移"设定墩柱标高,完成墩柱参数的设置。

设置墩柱族的材质,关联结构材质,设置结构材质为"混凝土-C35"。

对于墩柱为圆柱体的情况,也可以直接从 Revit 软件中载入混凝土圆形柱族。单击"插入"选项卡→"从库中载入"面板→"载入族"命令,选择"China/结构/柱/混凝土-圆形-柱",载入混凝土圆形柱族。

任务实施3 设置系梁族参数

新建族,选择"公制结构基础"族样板。单击"创建"选项卡→"形状"面板→"拉伸"命令,确定绘制方式为矩形,标注矩形长、宽方向的尺寸并居中,选择矩形长宽尺寸与默认的长宽关联,单击"完成编辑模式"按钮。切换到"立面:前"视图,绘制参照平面,标注参照平面与参照标高之间的尺寸,选择尺寸,设置高度参数。拖曳造型操纵柄,使系梁底部或者顶部与参照标高约束并锁定,另一侧与参照平面对齐并锁定。系梁族参数如图2-1-37所示。

图2-1-37 系梁族参数设置

将系梁族载入项目中,根据系梁顶部对齐参照标高或者底部对齐参照标高来调整偏移量。

任务实施4 创建盖梁族

方法一:拉伸命令。

(1)新建族,族样板为“公制结构框架-梁与支撑”。

新建族,选择“公制结构框架-梁与支撑”族样板。

(2)设置“参照平面:中心(前/后)”为工作平面。在“立面:前”视图中,单击“创建”选项卡→“形状”面板→“拉伸”命令,确定绘制方式为“直线”,绘制盖梁的截面轮廓。在“属性”面板中输入拉伸起点为 -850mm,拉伸终点为850mm,单击“完成编辑模式”按钮,完成盖梁的创建。也可以在“立面:东”视图中绘制盖梁轮廓,修改长度为1700mm,在参照标高视图中,拖曳盖梁造型操纵柄至“参照平面:左”与“参照平面:右”并锁定,完成盖梁的创建。盖梁族载入项目中,单击“结构”选项卡→“结构”面板→“梁”命令,放置盖梁。

方法二:放样命令。

(1)新建族,族样板为“公制轮廓”。

(2)单击“创建”选项卡→“详图”面板→“线”命令,确定绘制方式为“直线”,绘制盖梁的截面轮廓,盖梁截面轮廓如图2-1-38所示,保存为盖梁轮廓族。

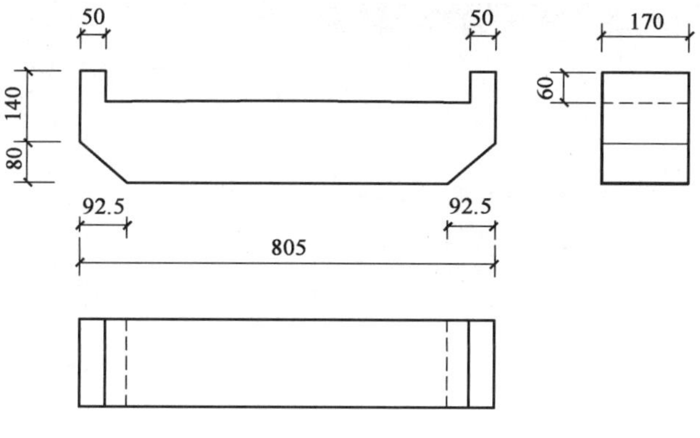

图2-1-38 盖梁轮廓族(尺寸单位:cm)

(3)新建族,族样板为“公制结构框架-梁与支撑”。

(4)创建盖梁。单击“插入”选项卡→“从库中载入”面板→“载入族”命令,载入盖梁截面轮廓族。单击“属性”面板→“族类型”命令,修改长度为1700mm。单击“创建”选项卡→“形状”面板→“放样”命令,绘制放样路径,在“选择轮廓”文本框中选择载入的盖梁轮廓,单击“完成编辑模式”按钮,创建盖梁。

任务实施5 拼装整体桥墩族

2号桥墩创建如下:

(1)新建族,选择“公制结构柱”族样板。新建参照平面,设置桩纵向间距。

(2)在“楼层平面:参照标高”视图中,单击“载入”选项卡→“从库中载入”面板→“载入族”命令,分别载入桩基族、墩柱族、系梁族、盖梁族。

(3)放置桩基。

梅子溪中桥桥墩桩基为混凝土圆形桩,桥台位置桩径为150cm,中间桥墩位置的桩基桩径为180cm。1号桥墩桩长为20m,2号桥墩桩长为18m。

单击“创建”选项卡→“模型”面板→“构件”命令下的“放置构件”选项,在“属性”面板类型选择器中选择桩基,单击“编辑类型”按钮,在弹出的“类型属性”对话框中,复制生成桩基,命名为“2号桥墩-2”,修改桩基桩径参数为1800mm,桩长18m,鼠标捕捉桩基的中心点,放置桩基。

(4)放置墩柱2、墩柱1。

梅子溪中桥桥墩墩柱为混凝土圆形柱,上、下两个墩柱,1号桥墩上面墩柱1直径为140cm,墩柱高为8.65m,下面墩柱2直径为160cm,墩柱高为11m;2号桥墩上面墩柱1直径为140cm,墩柱高为7.96m,下面墩柱2直径为160cm,墩柱高为8m。

单击“放置构件”命令,选择墩柱族,复制生成墩柱族2-2(2),修改墩柱族2-2(2)的直径参数为1600mm,放置墩柱,在“属性”面板中修改约束条件,在立面视图中修改“高于参照标高”值为8m。墩柱2参数设置如图2-1-39所示。

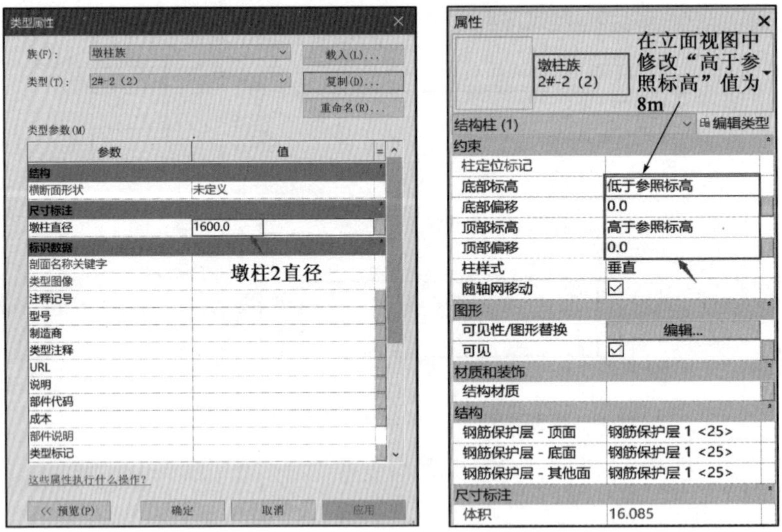

图2-1-39 墩柱2参数设置

在“楼层平面:参照标高”视图中,单击“创建”选项卡→“形状”面板→“拉伸”命令,创建圆形墩柱,设置墩柱1的直径;在立面视图中,在“高于参照标高”上方绘制参照平面,标注两者之间的尺寸,添加墩柱1高度参数,墩柱1的上下底面分别与“高于参照标高”平面和参照平面进行约定并锁定。修改墩柱1的直径参数与高度参数。墩柱1参数设置如图2-1-40所示。

(5)放置系梁1、系梁2。

单击“放置构件”命令,选择矩形梁族,复制生成系梁1、系梁2,修改系梁1的宽度、高度参数值分别为 110cm、140cm，系梁 2 的宽度、高度参数值分别为 140cm、180cm，放置系梁。从宽度位置绘制参照平面，测量参照平面与直径为 1600mm 的墩柱 2 的交点之间的距离，即为系梁 1 的长度，参照平面与桩基的交点之间的距离，即为系梁 2 的长度。系梁参数设置如图 2-1-41 所示。

图 2-1-40　墩柱 1 参数设置

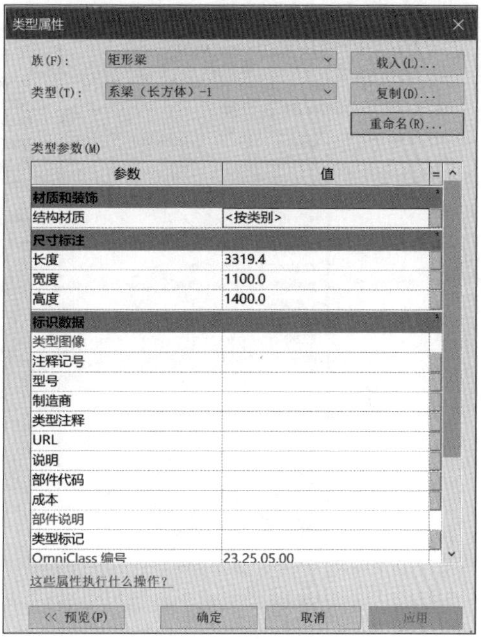

图 2-1-41　系梁参数设置

如果是系梁族，则梁底为参照标高基准点，在“属性”面板中设置系梁 1、系梁 2 的限制条件，如图 2-1-42 所示。

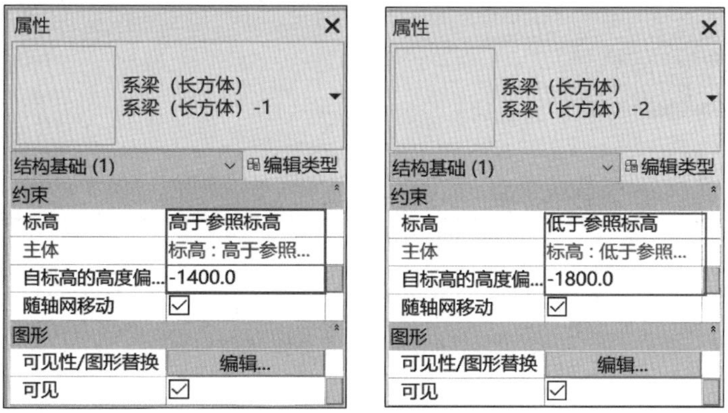

图 2-1-42　系梁约束条件设置

（6）放置盖梁。

单击“放置构件”命令，选择盖梁，在“楼层平面：低于参照标高”视图中，在默认的“参照平面：中心（左/右）”两侧绘制参照平面，参照平面对称于“参照平面：中心（左/右）”，两参照平面间的距离为盖梁的长度805cm，放置盖梁；切换到“立面：前”视图，选择盖梁，单击“修改”面板中的“移动”命令，不勾选“选项栏”中的“约束”选项，移动盖梁到“高于参照标高”位置，在“属性”面板中调整“起点标高偏移”值为7960mm，“终点标高偏移”值为7960mm，保存为整体墩柱族。盖梁标高偏移值及1号、2号桥墩参数值如图2-1-43所示。

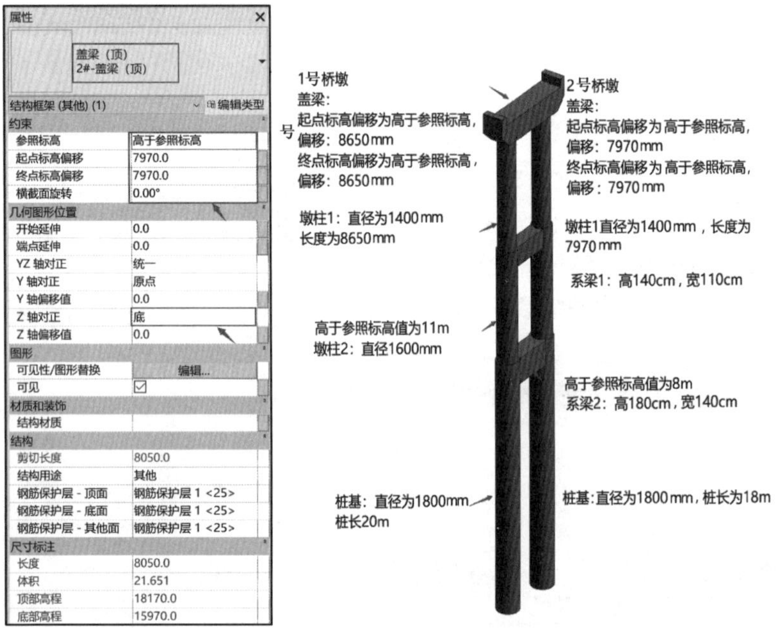

图2-1-43 盖梁标高偏移值及1号、2号桥墩参数值

（7）整体墩柱族载入项目中，在“结构平面：标高1”视图中，单击“结构”选项卡→“结构”面板→“柱”命令，在“放置”面板中选择“垂直柱”命令放置整体墩柱。修改标高2的标高值为11m。

成果展示与评价

以小组为单位提交学习总结报告，加深对所学知识的掌握。

工作任务评价与分析			
评价项目	评价标准	参考分值(分)	得分(分)
设置桩基族参数	设置族参数的正确性与完整性	20	
设置墩柱、系梁族参数	设置族参数的正确性与完整性	40	
拼装整体桥墩族	设置族参数的正确性与完整性	40	
总评			

知识点链接

1. 族参数

构件参数设置方法之一是单独给一个个构件设置参数,然后在项目中进行组拼。

(1)族参数的种类和类型。

族参数的种类有文字、数值、材质等。

族参数的类型有项目参数、族参数和共享参数等。项目参数用于项目文件,按类别赋予参数信息;族参数用于单个文件构件参数的添加;共享参数用于给多个文件和多个构件添加相同的参数。

(2)族参数的添加。

添加族参数,首先指定族类别,比如用常规模型样板创建一根桩,桩属于结构基础,可以指定新的族类别为结构基础。不同的族类别样板有对应的默认的基本族参数。

单击“修改”选项卡→“属性”面板→“族类别和族参数”命令,在打开的“族类别与族参数”对话框中设置“族类别”。再单击“修改”选项卡→“属性”面板→“族类型”命令,打开“族类型”对话框,一个族可以有多个族类型,单击“新建”命令按钮,可以新建族类型,打开“参数属性”对话框,选择参数类型,其中族参数存在单独的文件中,共享参数存在多个项目文件和族共享中。添加参数名称,指定参数的种类,进行具体的参数设置。族类别以及族参数的定义如图 2-1-44 所示。

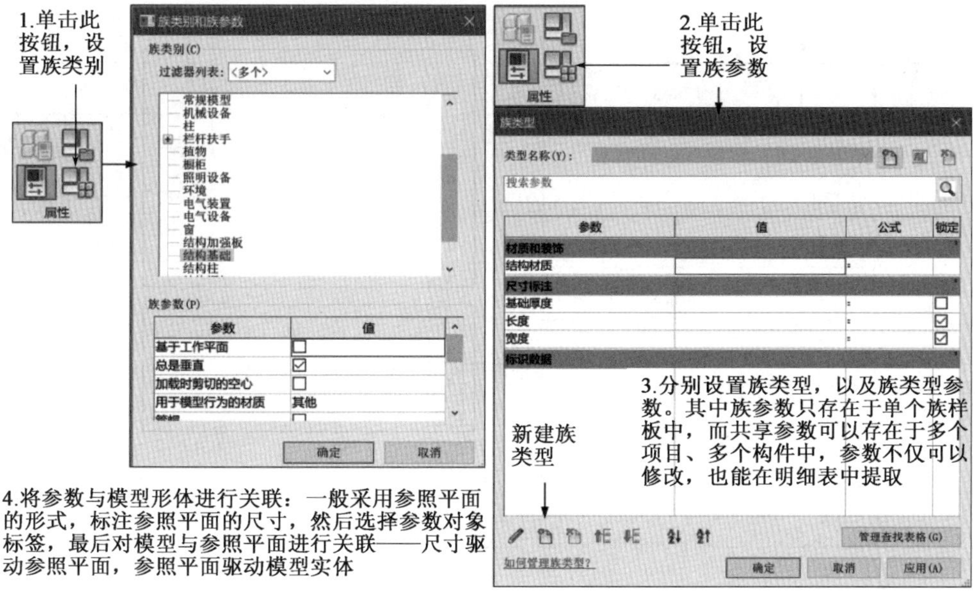

图 2-1-44　族类别以及族参数的设置

2. 共享参数的添加

在打开的“参数属性”对话框中，选择参数类型为“共享参数”，单击“选择”按钮，弹出“编辑共享参数”对话框，先创建共享参数文件。单击“组”选项中的“新建”按钮，创建共享新参数组。单击“参数”选项中的“新建”按钮，在不同的参数组中创建不同的参数。

创建族参数后，选择某一个参数，就在族文件中添加了该共享参数。共享参数便于在不同的项目文件中统一参数命名。

实例五 根据桥台图的三视图和效果图(图2-1-45、图2-1-46)，创建桥台(肋板式)的模型。

(1)建立共享文件以及共享参数。

单击“文件”菜单→“新建”→“族”，打开“新族-选择样板文件”对话框，选择“公制结构基础”族样板。单击“族类型”命令，打开“族类型”对话框，创建共享参数。

添加共享参数组并添加参数，即添加的参数按照一定的分类组成不同的族参数组，不同分类规则的参数存在于不同的参数组中。

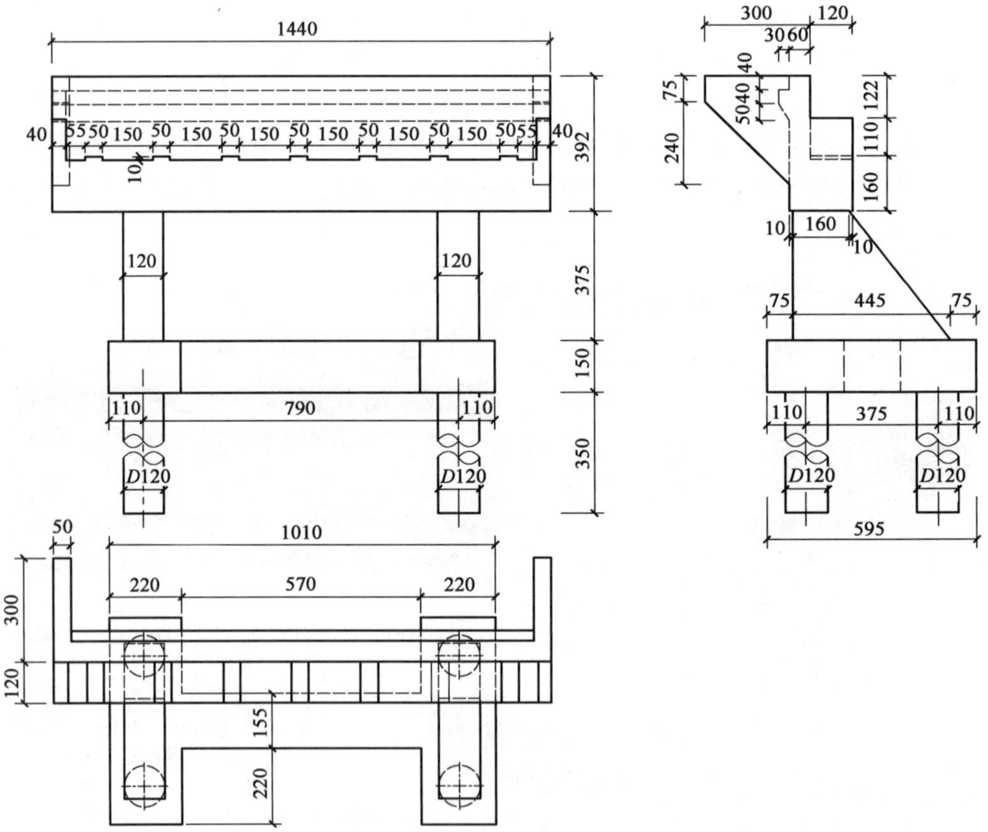

图2-1-45 桥台三视图(尺寸单位:cm)

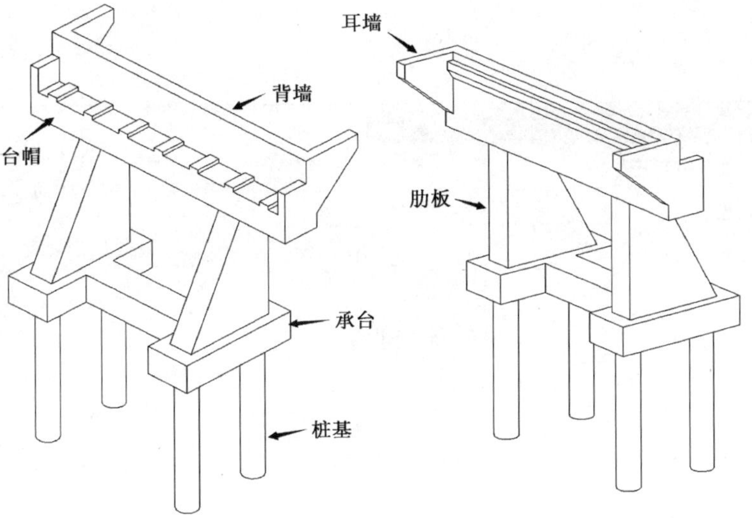

图 2-1-46 桥台效果图

在打开的“编辑共享参数”对话框中单击“组”选项中的“新建”按钮，创建“参数组”；在“参数组”中单击“参数”的“新建”按钮，为参数组创建需要的“族参数”，所创建的族参数保存在共享文件中。

共享参数的创建操作如图 2-1-47 所示。

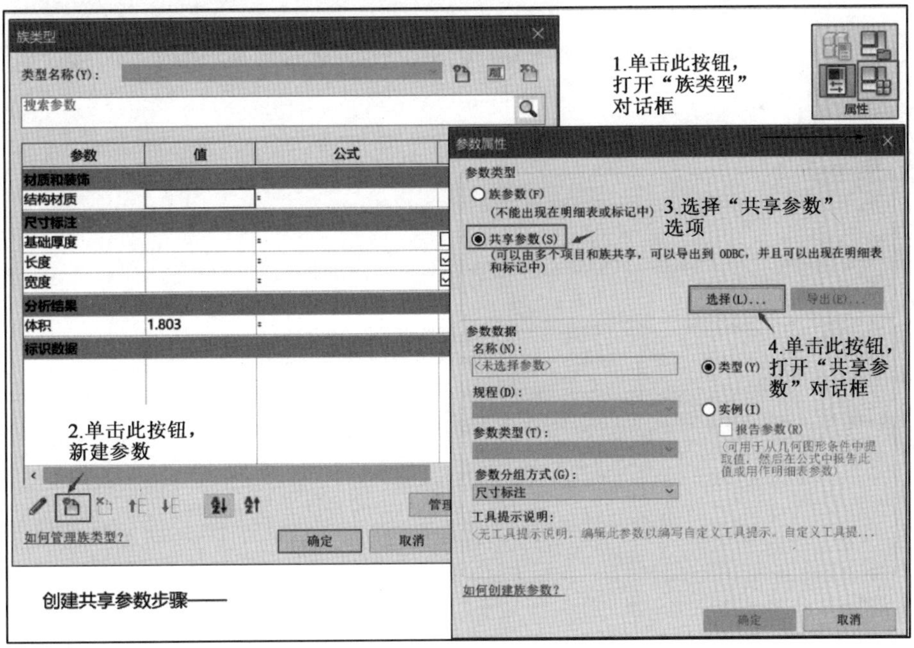

a)

图 2-1-47

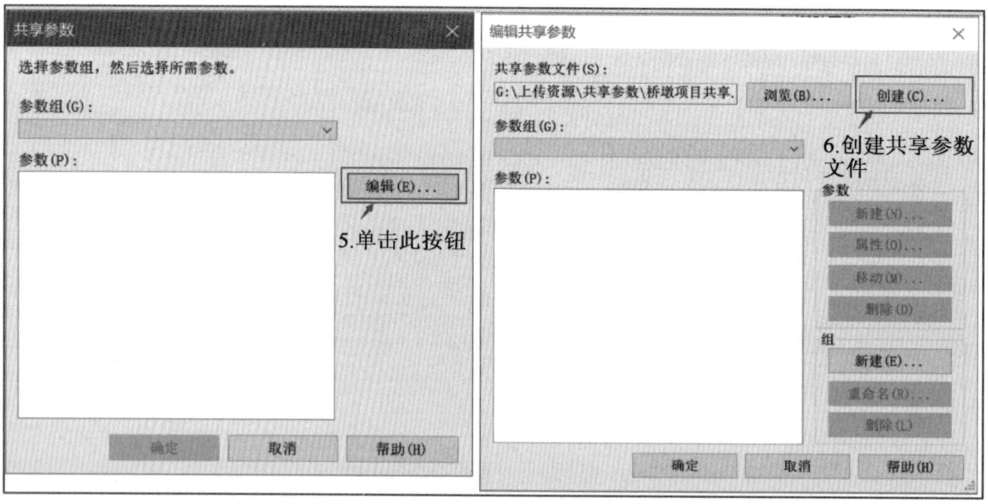
共享参数
选择参数组，然后选择所需参数。
参数组(G)：
参数(P)：
编辑(E)...
5.单击此按钮
确定
取消
帮助(H)
编辑共享参数
共享参数文件(S)：
G:\上传资源\共享参数\桥墩项目共享.
浏览(B)...
创建(C)...
6.创建共享参数文件
参数
新建(N)...
属性(O)...
移动(M)...
删除(D)
组
新建(E)...
重命名(R)...
删除(L)

b)

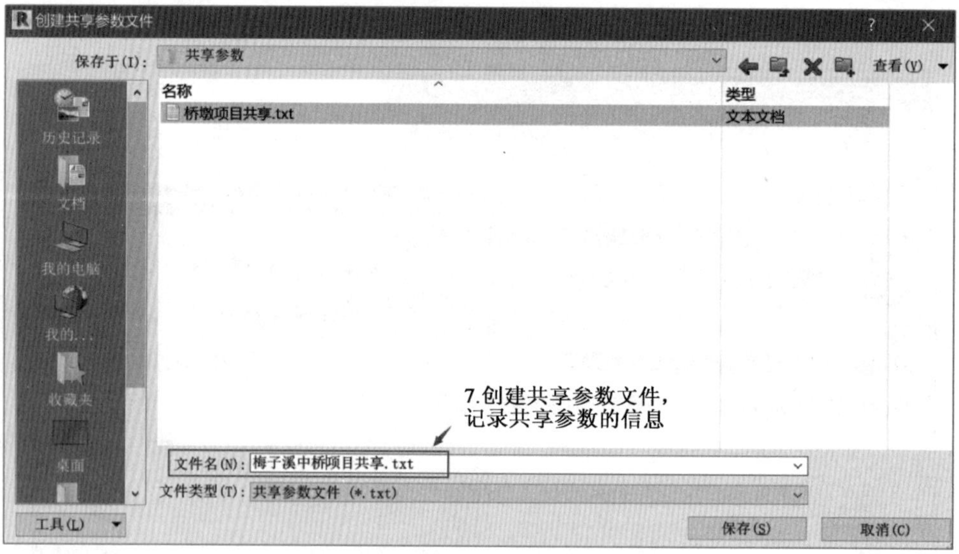
创建共享参数文件
保存于(I)：
共享参数
名称
类型
桥墩项目共享.txt
文本文档
7.创建共享参数文件，记录共享参数的信息
文件名(N)：梅子溪中桥项目共享.txt
文件类型(T)：共享参数文件(*.txt)
保存(S)
取消(C)
工具(L)

c)

图 2-1-47

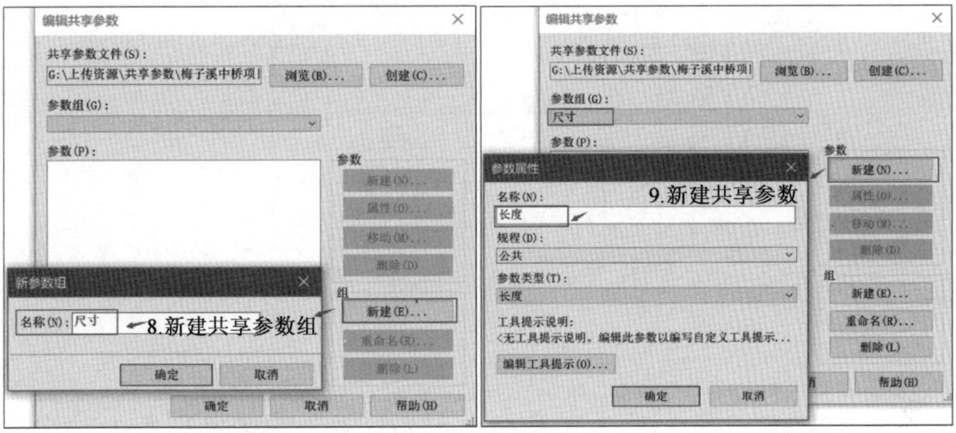

d)

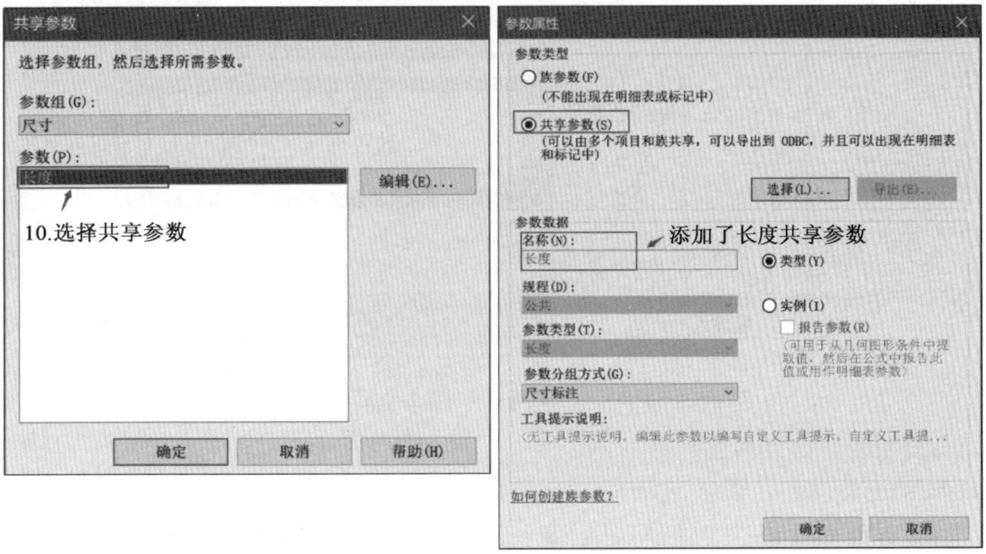

e)

图 2-1-47　共享参数的创建操作

(2)创建桩基族与承台族。

选择“公制结构基础”族样板,创建桩基族,定义桩基桩径与桩长;创建承台族,定义承台参数,如图2-1-48所示。

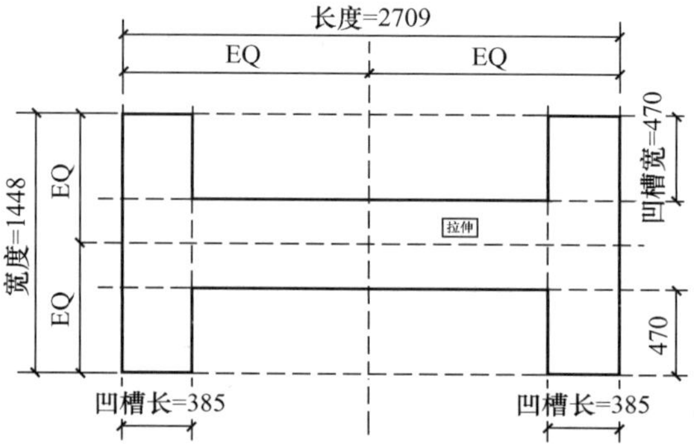

图2-1-48　承台族参数

(3)创建肋板族。

选择“公制结构基础”族样板,定义肋板族共享参数,肋板截面轮廓以及参数定义如图2-1-49所示。

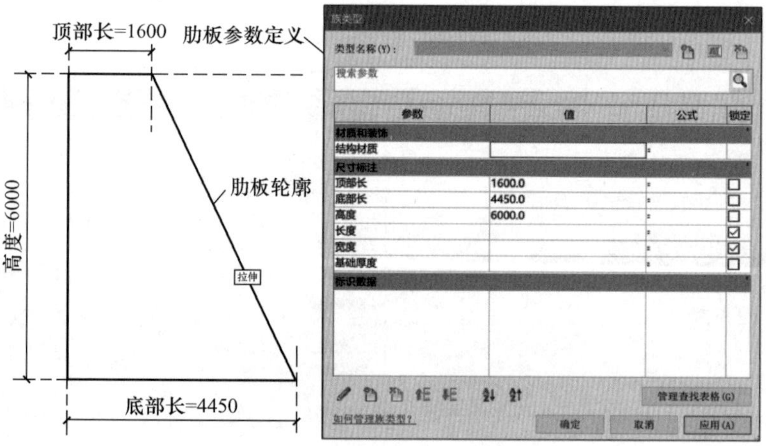

图2-1-49　肋板截面轮廓参数定义

(4)创建桥台上部结构族。

①台帽的创建。

新建“公制结构框架-梁与支撑”族样板,修改默认长度为14400mm,在“立面:左”视图中用拉伸命令创建台帽,台帽的截面轮廓如图2-1-50所示,在“楼层平面:参照标高”视图中,拖曳台帽的起点和终点与参照平面上对齐锁定,完成台帽创建。

②背墙的创建。

新建“公制结构框架-梁与支撑”族样板,修改默认长度为13400mm,在“立面:左”视图中用拉伸命令创建背墙,背墙的截面轮廓如图2-1-51所示,在“属性”面板中,确定拉伸起点为-6700mm,拉伸终点为6700mm。

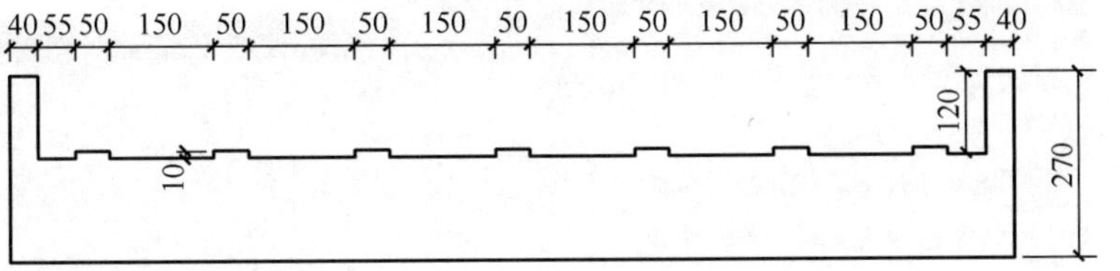

图 2-1-50 台帽截面轮廓

③耳墙的创建。

新建"公制结构基础"族样板,在"立面:左"视图中用拉伸命令创建耳墙,耳墙的截面轮廓如图 2-1-52所示,在"属性"面板中,确定拉伸起点为 0,拉伸终点为 500mm。

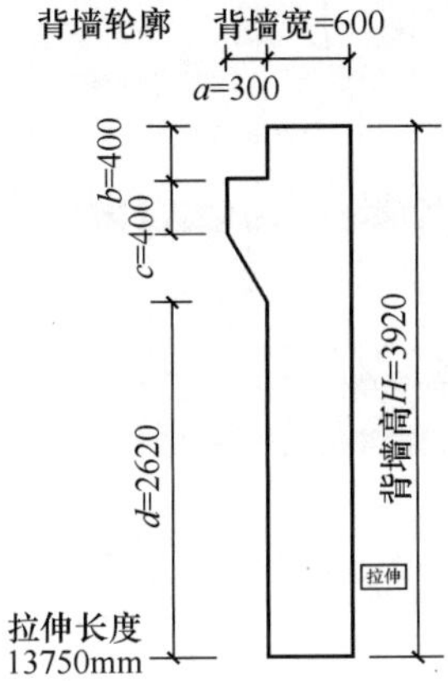

图 2-1-51 背墙截面轮廓

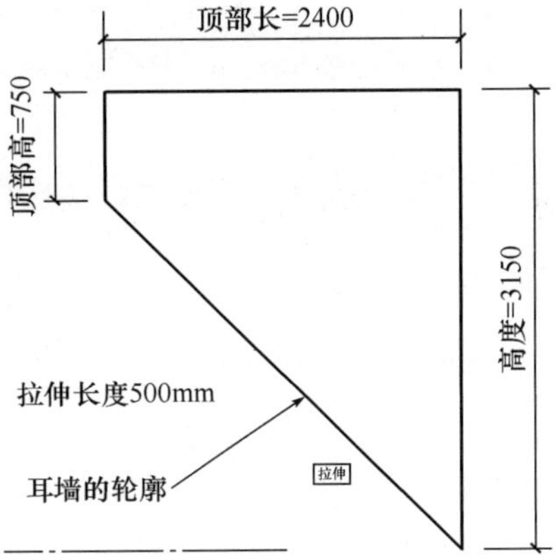

图 2-1-52 耳墙截面轮廓

(5)创建嵌套族。

新建一个空族,利用"公制结构基础"族样板类别来创建族。这个共享嵌套族主要用于定义桩、承台、墩之间的相对位置关系,定义下部结构参照标高,默认用承台顶标高作为下部结构的限制条件标高。

在"公制结构基础"族样板中,单击"族类型"命令,在共享文件中添加一个参数组,在这个参数组中添加"指向性命名的族参数",比如桩长、桩径、承台长等。

绘制参照平面,定义承台参数以及桩基参数,用拉伸命令创建承台以及桩基,桩基中心位置与参照平面交点锁定。单击"属性"面板中的"基于工作平面"和"共享"选项,保存承台桩基族。操作如图 2-1-53 所示。

在立面视图中,把参照标高作为承台顶部标高,分别绘制名称为"参照平面:桩顶标高"以及"参照平面:肋板顶标高"的参照平面,标注参照平面之间的尺寸,进行尺寸的关联,即定义各构件的相互位置关系的共享参数。在平面视图中,绘制参照平面,标注参照平面之间的尺寸,定义桩纵向与横向距离的共享参数,如图 2-1-54 所示。

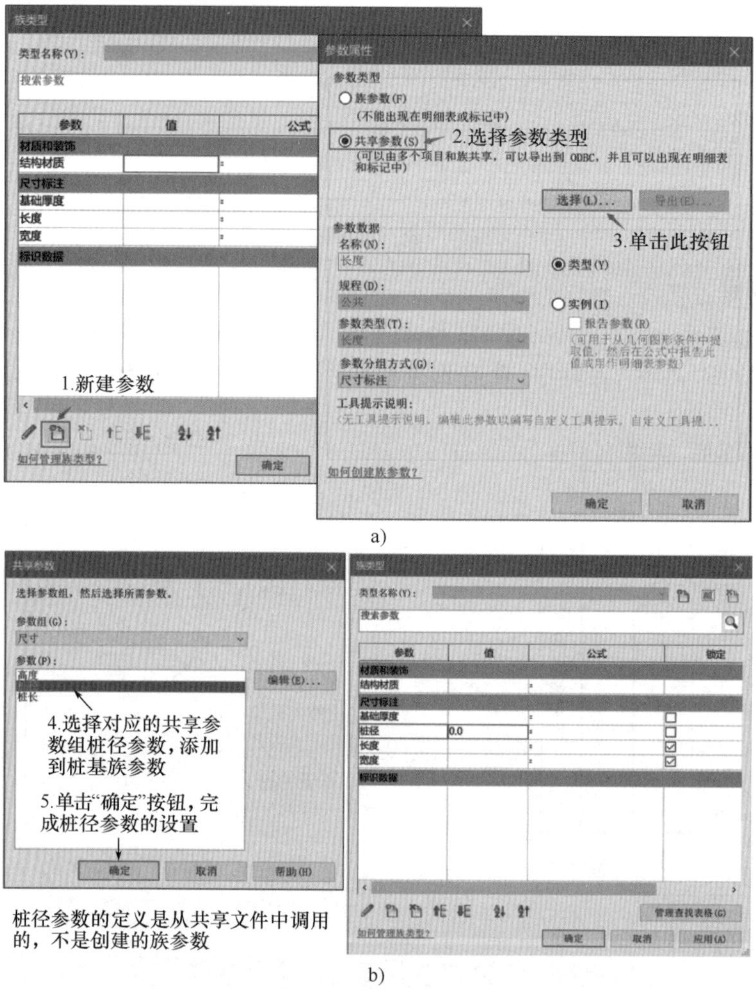

图 2-1-53　桩基参数以及共享参数设置

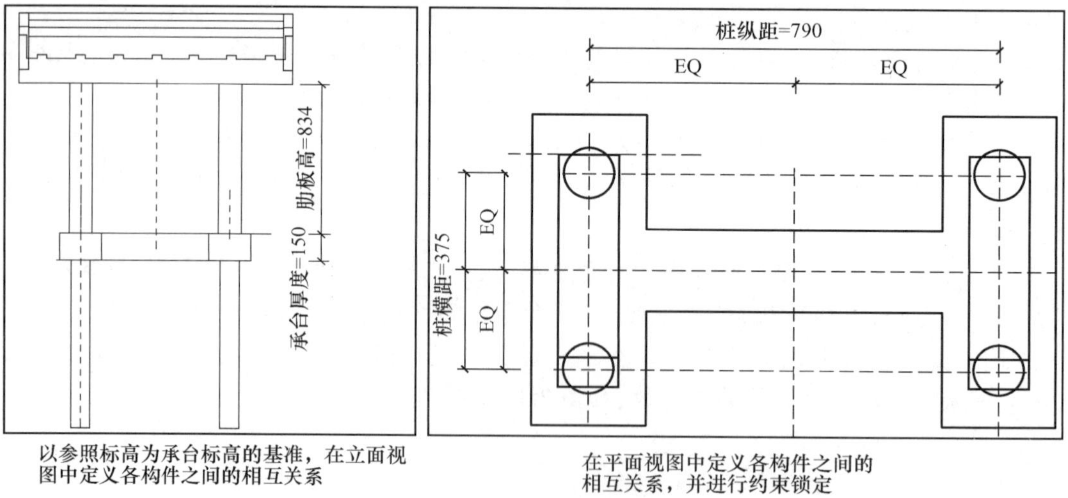

图 2-1-54　位置关系的族共享参数

(6)分别将肋板族和桥台上部结构族载入该共享嵌套族文件中,单击项目浏览器中“族-结构基础-肋板族”,单击鼠标右键,在弹出的快捷菜单中选择“创建实例”,在参照平面交点位置处放置肋板,切换到“左:立面”视图中,选择肋板,单击“移动”命令,调整肋板的位置。用同样的方法在“立面:左”视图中放置台帽、耳墙,绘制确定盖梁、耳墙位置的参照平面,调整台帽、耳墙的位置。

(7)关联参数。

选择肋板,在“属性”面板中单击“编辑类型”按钮,对肋板参数与肋板桥台族进行参数关联。

(8)保存为桥台共享嵌套族,载入项目中。

单击“族编辑器”面板→“载入到项目中”命令,将桥台共享嵌套族载入项目中。双击“楼层平面:场地”视图,单击“建筑”选项卡→“构建”面板→“构件”命令中的“放置构件”,或者单击项目浏览器中“族”下拉列表中“公制结构基础”的“桥台共享嵌套族”,单击鼠标右键,在弹出的快捷菜单中选择“创建实例”,鼠标捕捉对应的桥台放置点,把桥台共享嵌套族放置在项目中。单击“属性”面板中的“编辑类型”,修改桥台共享嵌套族参数或者复制生成新的桥台族。桥台共享参数如图 2-1-55 所示。

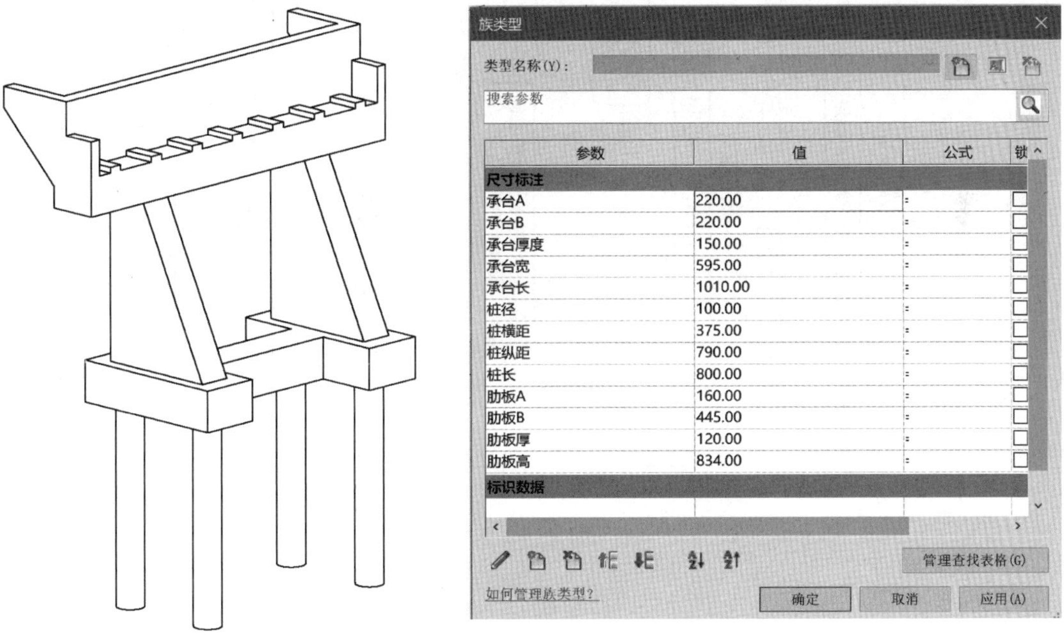

图 2-1-55 桥台共享参数

创建族的基本流程如下所示。两种关联尺寸的方法为:①绘制参照平面,定义参照平面的尺寸参数,然后对相应的轮廓与参照平面进行锁定,即尺寸驱动参照平面,参照平面驱动轮廓;②对实体的测量尺寸赋予参数。

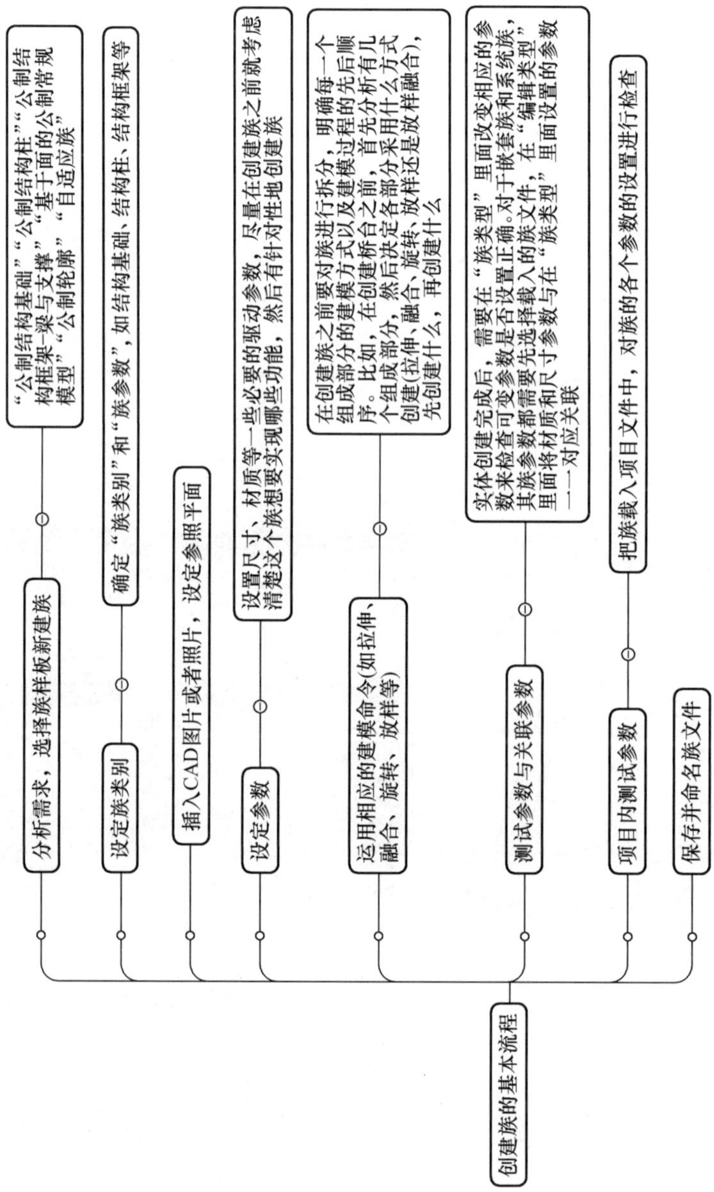
创建族的基本流程
分析需求，选择族样板新建族
"公制结构基础""公制结构柱""公制结构框架-梁与支撑""基于面的公制常规模型""公制轮廓""自适应族"
设定族类别
确定"族类别"和"族参数"，如结构基础、结构柱、结构框架等
插入CAD图片或者照片，设定参照平面
设定参数
设置尺寸、材质等一些必要的驱动参数，尽量在创建族之前就考虑清楚这个族想要实现哪些功能，然后有针对性地创建族
运用相应的建模命令(如拉伸、融合、旋转、放样等)
在创建族之前要对族进行拆分，明确每一个组成部分的建模方式以及建模过程的先后顺序。比如，在创建桥台之前，首先分析有几个组成部分，然后决定各部分采用什么方式创建(拉伸、融合、旋转、放样还是放样融合)，先创建什么，再创建什么
测试参数与关联参数
实体创建完成后，需要在"族类型"里面改变相应的参数来检查可变参数是否设置正确。对于嵌套族和系统族，其族参数都需要先选择载入的族文件，在"编辑类型"里面将材质和尺寸参数与在"族类型"里面设置的参数一一对应关联
项目内测试参数
把族载入项目文件中，对族的各个参数的设置进行检查
保存并命名族文件

学习任务四 创建桥梁上部结构

——T 梁

学习任务描述

梅子溪中桥上部结构采用预应力混凝土（后张）T 梁，先简支后连续，横隔板也采用部分预制，安装就位后浇筑横隔板接缝、纵向湿接缝以及桥面现浇层，使其连成整体，完成高架桥的建造。根据 T 梁立面、平面、截面图（图 2-1-56），读懂 T 梁各截面变化长度，创建变截面 T 梁模型。

知识目标与能力目标

学习 Revit 族参数定义不同类型的图元尺寸、材质以及其他参数变量的方法。

通过学习，应该达到以下目标：

1. 能看懂 T 梁图纸。
2. 能进行 T 梁截面轮廓族参数的设置。
3. 能创建变截面 T 梁模型。

学习任务实施

明确任务：确认 T 梁各组成部分的尺寸以及相对位置，定义 T 梁截面参数，复制指定新参数定义的新的族类型，创建变截面 T 梁模型。

任务实施 1 设置 T 梁截面轮廓族参数

(1)打开族编辑器。

单击“文件”菜单→“新建”→“族”→“选择族样板文件”→“公制轮廓”，进入族编辑模式。

(2)设置 T 梁的各参数。

在“楼层平面:参照标高”视图中，单击“创建”选项卡→“基准”面板→“参照平面”命令，绘制参照平面。

单击“注释”选项卡→“尺寸标注”面板→“对齐”命令，标注参照平面与默认轴之间的尺寸，单击等分标志符号“EQ”，使参照平面与默认的中心参照平面对称。标注长度方向的尺寸，选择该尺寸，在“标签尺寸标注”面板中单击“创建参数”命令，打开“参数属性”对话框，在“名称”文本框中输入“T 梁翼板宽度”，即设置了 T 梁翼板宽度参数，用同样的方法设置 T 梁其他参数。T 梁参照平面参数如图 2-1-57 所示。

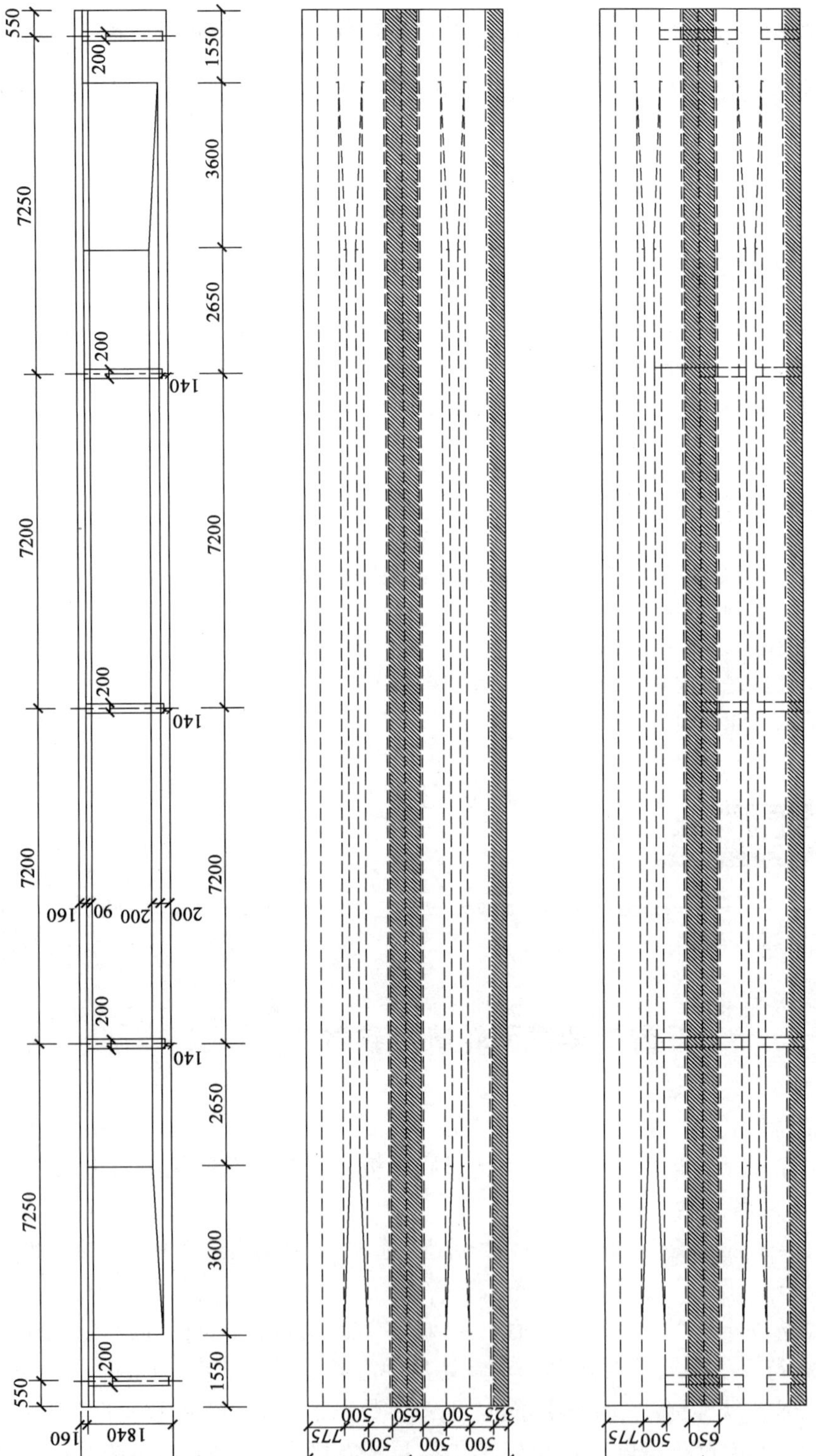
550
7250
7200
7200
7250
550
1550
3600
2650
7200
7200
2650
3600
1550
200
140
160
90
2000
1840
2100
2150
775
500
650
325

a)

图 2-1-56

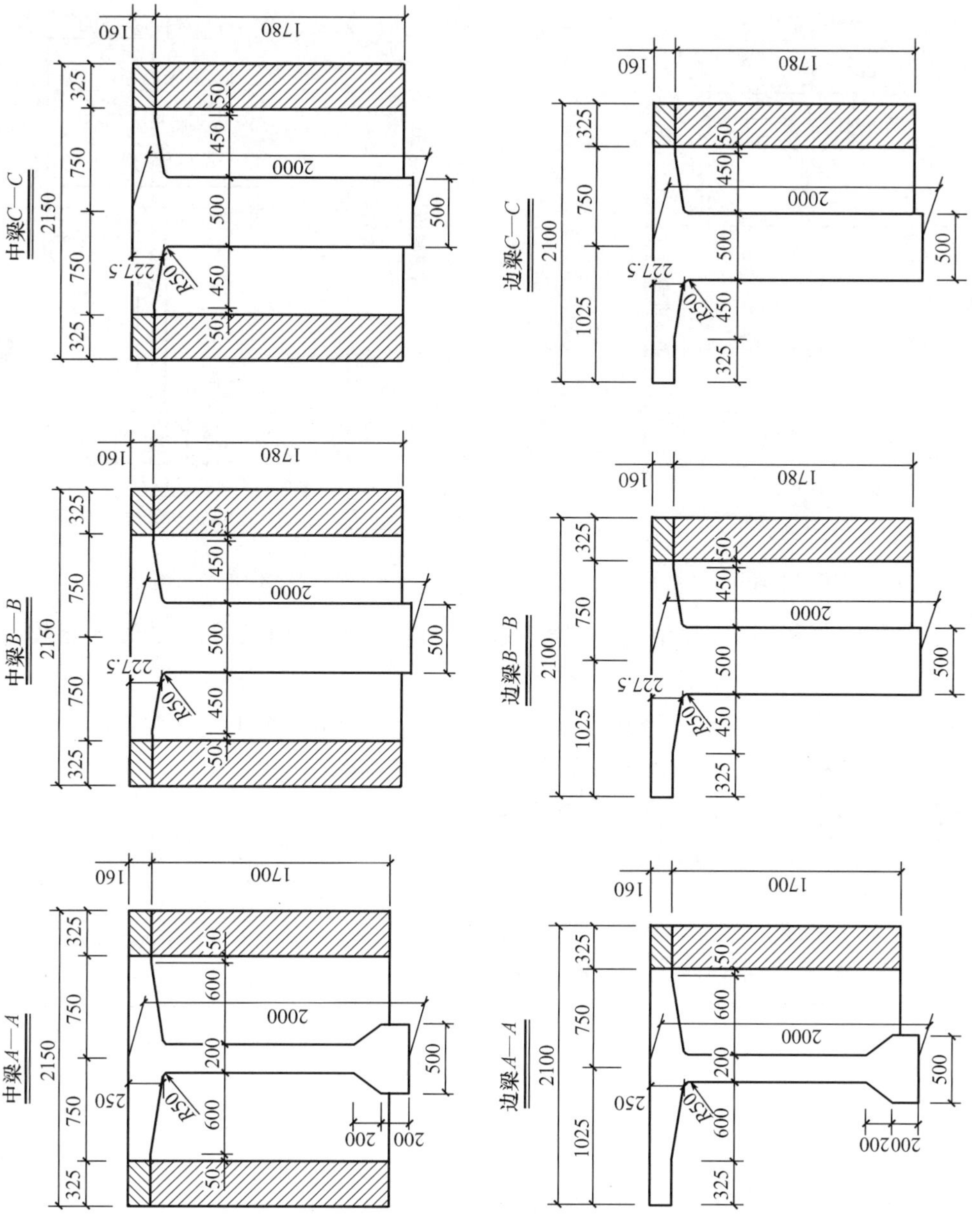

b)

图2-1-56 T梁立面、平面、截面图（尺寸单位：mm）

(3)单击“创建”选项卡→“详图”面板→“直线”命令,系统自动进入“修改|放置 线”上下文选项卡,选择直线、圆角弧命令(圆角弧的半径为500mm),绘制T梁的轮廓;并运用“对齐”命令,使T梁各轮廓与对应的参照平面对齐并锁定,如图2-1-58所示。

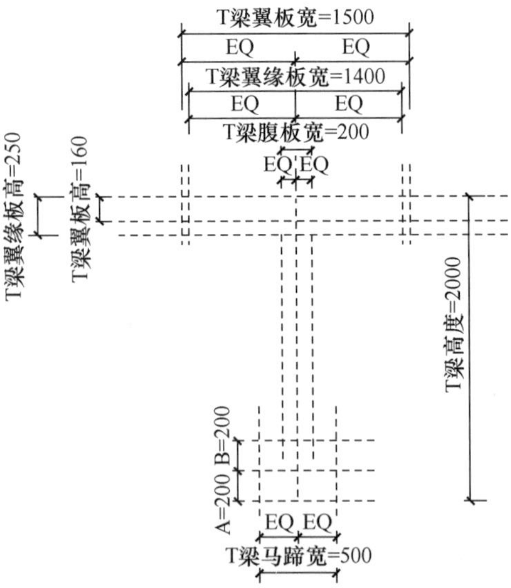

图2-1-57 T梁参照平面参数

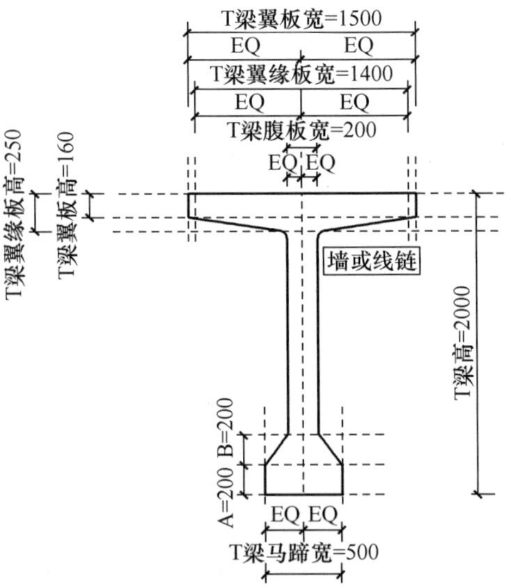

图2-1-58 T梁轮廓操作

(4)单击“属性”面板→“族类型”按钮,弹出“族类型”对话框,修改T梁各参数,检查参数能否驱动。

(5)修改T梁参数为T梁中梁轮廓族参数,如图2-1-59所示。单击“文件”→“另存为”→“族”,弹出“另存为”对话框,保存T梁中梁轮廓族。

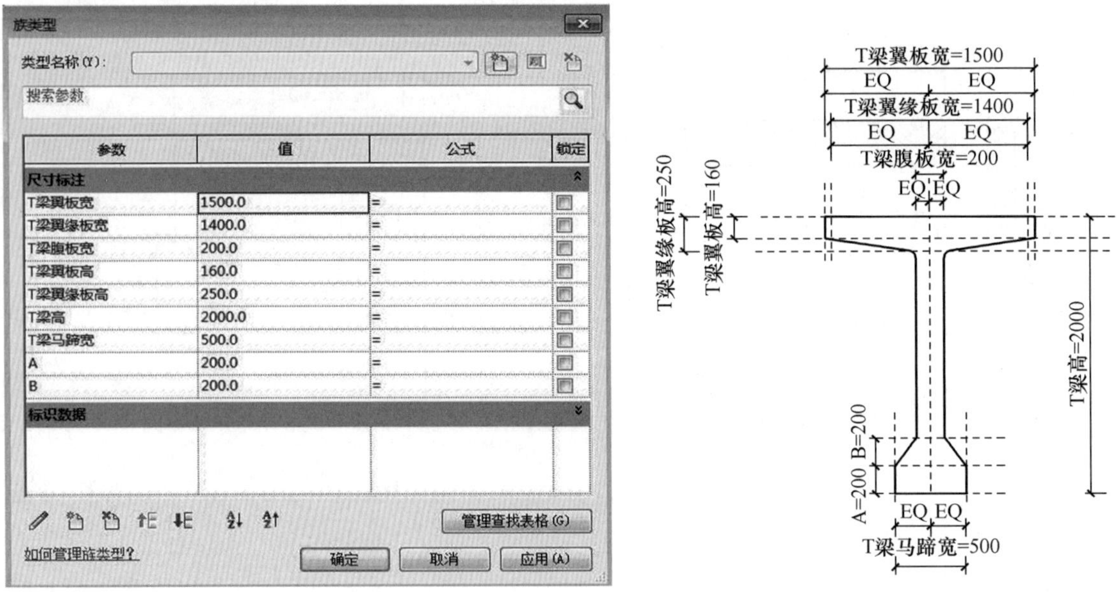

a) b)

图2-1-59 T梁中梁轮廓各参数

(6)打开T梁中梁族,单击“属性”面板→“族类型”按钮,弹出“族类型”对话框,修改T梁腹板宽度参数值为500mm,删除马蹄边线及腹板边线,从马蹄直线段位置向上绘制直线与翼缘板斜线相交,用修剪与圆角弧命令,完成T梁边梁轮廓族的绘制结果如图2-1-60所示。保存T梁边梁轮廓族。

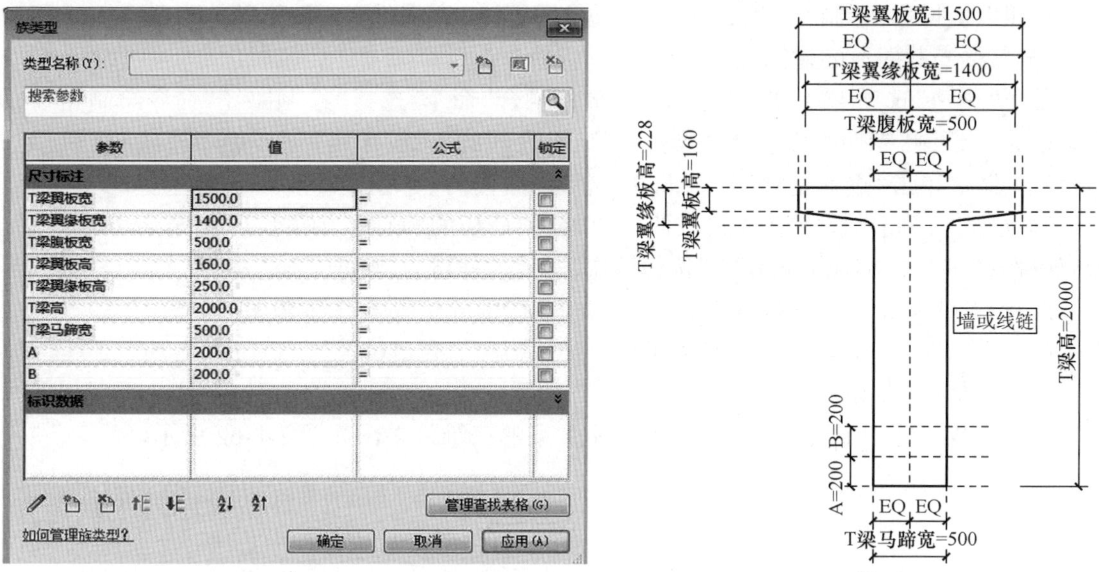

图2-1-60 T梁边梁轮廓各参数

任务实施2 创建变截面T梁

方法一:单独创建边梁和中梁。

(1)单击“文件”菜单→“新建”→“族”→选择族样板文件“公制结构框架-梁和支撑”族,进入编辑族模式,删除系统默认的梁。

(2)绘制图2-1-61所示的参照平面。

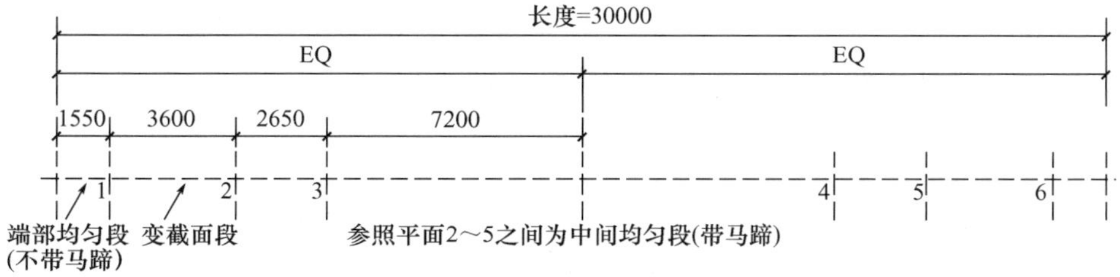

图2-1-61 T梁参照平面体系

(3)创建T梁左侧端部均匀段。

单击“创建”选项卡→“形状”面板→“放样”命令,单击“绘制路径”命令,绘制“参照平面:

左”到“参照平面 1”之间的直线,单击“完成编辑模式”按钮,完成路径的绘制,单击“载入轮廓”命令,分别载入 T 梁轮廓族。单击“轮廓”面板中的“草图”下拉列表,选择“T 梁(无马蹄形)轮廓族”,单击“完成编辑模式”按钮,完成轮廓的绘制,再次单击“完成编辑模式”按钮,完成放样操作。

(4)T 梁中间均匀段的建模。

按照以上操作,绘制“参照平面 2”到“参照平面 5”之间带有马蹄形的均匀段。

(5)T 梁变截面段的建模。

单击“创建”选项卡→“形状”面板→“放样融合”命令,选择“绘制路径”命令绘制路径,用“直线”命令绘制“参照平面 1”到“参照平面 2”之间的直线,单击“完成编辑模式”按钮,完成路径的绘制。单击“选择轮廓 1”按钮,在“轮廓”面板的“草图”中下拉列表,选择“T 梁(无马蹄形)轮廓族”;单击“选择轮廓 2”按钮,在“轮廓”面板的“草图”中下拉列表,选择“T 梁(马蹄形)轮廓族”,单击“完成编辑模式”按钮两次,完成放样融合操作。

注意:变截面段没有马蹄形轮廓,在 T 梁下部 20cm 位置单独画直线。

(6)镜像创建其他均匀段和变截面段。

(7)创建 T 梁横隔板。

创建完成 T 梁,切换到默认的三维视图,T 梁的三维效果图如图 2-1-62 所示。

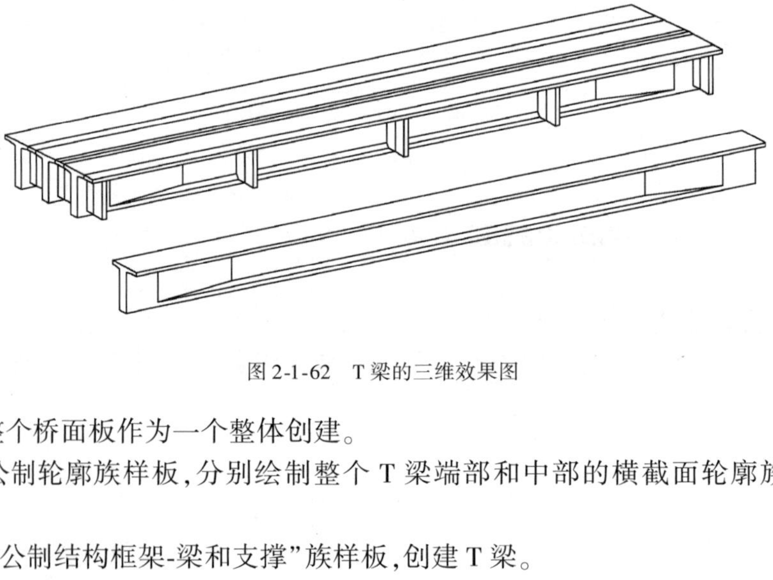

图 2-1-62 T 梁的三维效果图

方法二:整个桥面板作为一个整体创建。

(1)选择公制轮廓族样板,分别绘制整个 T 梁端部和中部的横截面轮廓族,如图 2-1-63 所示。

(2)选择“公制结构框架-梁和支撑”族样板,创建 T 梁。

按照图 2-1-61 所示的参照平面,用放样命令创建均匀段,用放样融合命令创建变截面段,完成整个 T 梁的创建。

(3)创建 T 梁的横隔板,保存为族文件。

用放样命令创建 T 梁横隔板,采用“编辑轮廓”命令绘制隔板的截面轮廓,注意有无马蹄形的梁段截面轮廓不同。T 梁横隔板截面轮廓如图 2-1-64 所示。

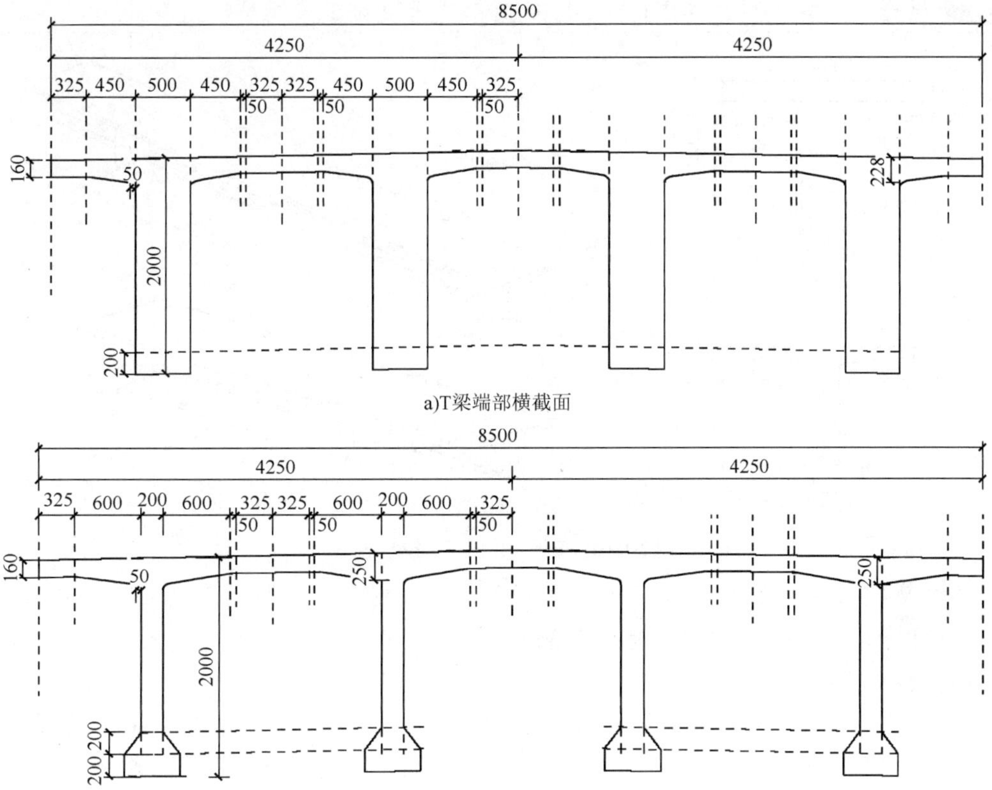

图 2-1-63　T 梁截面轮廓

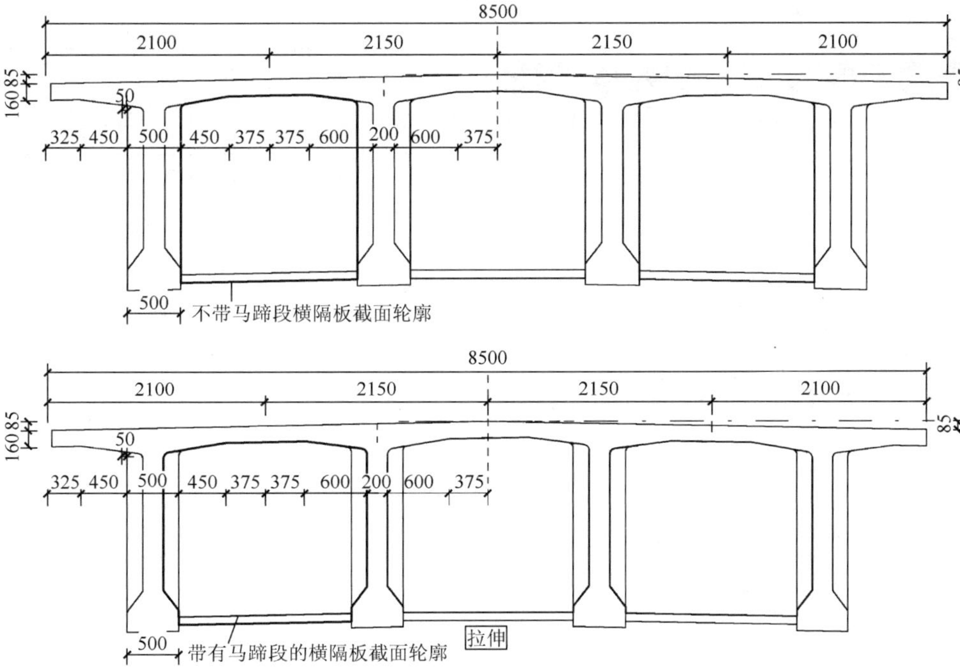

图 2-1-64　T 梁横隔板截面轮廓

实例六 根据所给的T梁立体图(图2-1-65),创建变截面T梁模型。

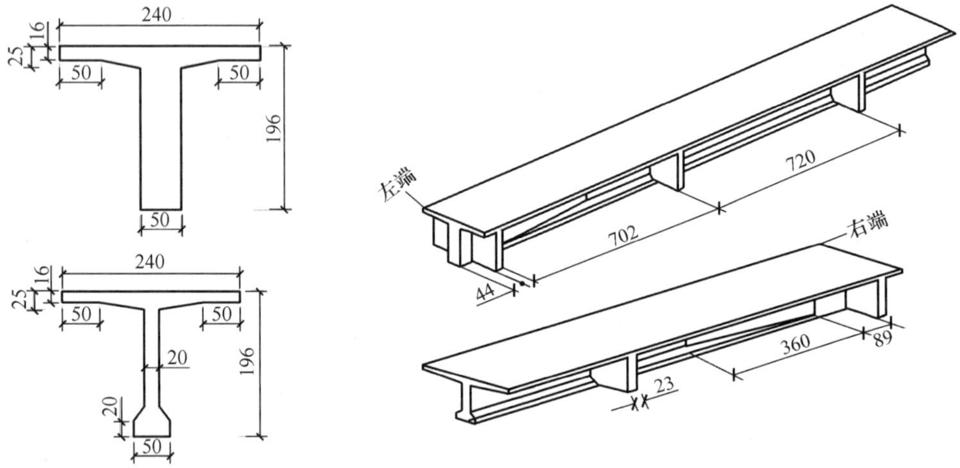

图2-1-65 T梁立体图(尺寸单位:cm)

识图提示:根据所给的立体图可知,该T梁从左到右截面有变化,左端有一段360cm长的变截面段,中间是均匀截面段,右端又有一段360cm长的变截面段,有4个横隔板,厚度为23cm。

建模步骤如下:

(1)单击"文件"菜单→"打开"→"族",分别打开任务实施1所创建的T梁轮廓参数族,修改T梁轮廓族参数,分别得到T梁端部和跨中轮廓族。T梁端部和跨中轮廓参数如图2-1-66、图2-1-67所示。

(2)新建族,选择族样板文件为"公制结构框架-梁和支撑"族,进入编辑族模式。

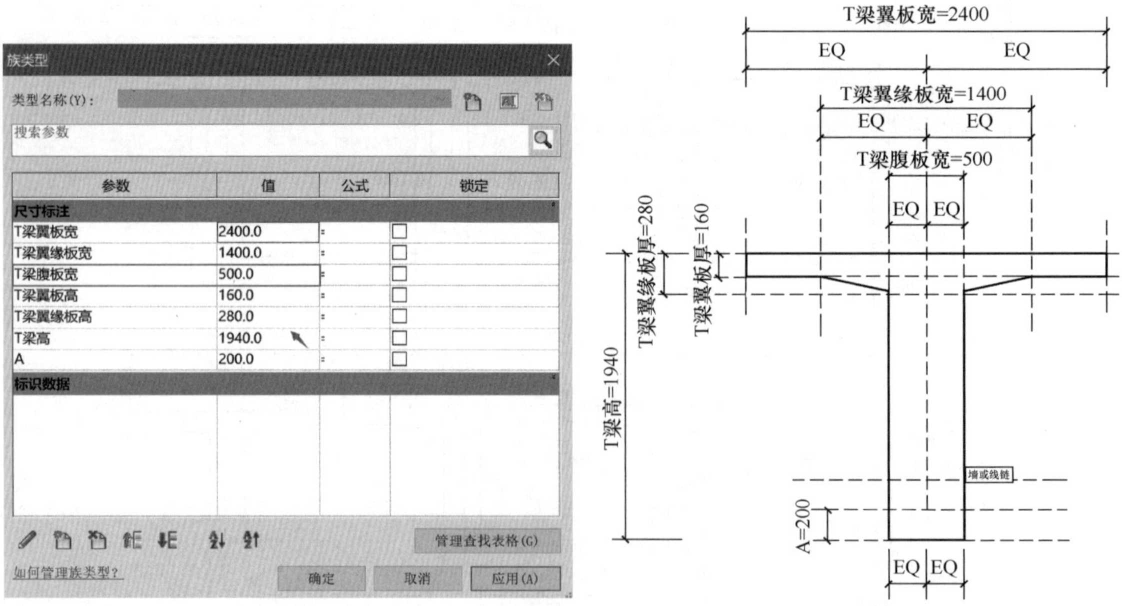

a) b)

图2-1-66 T梁端部轮廓参数

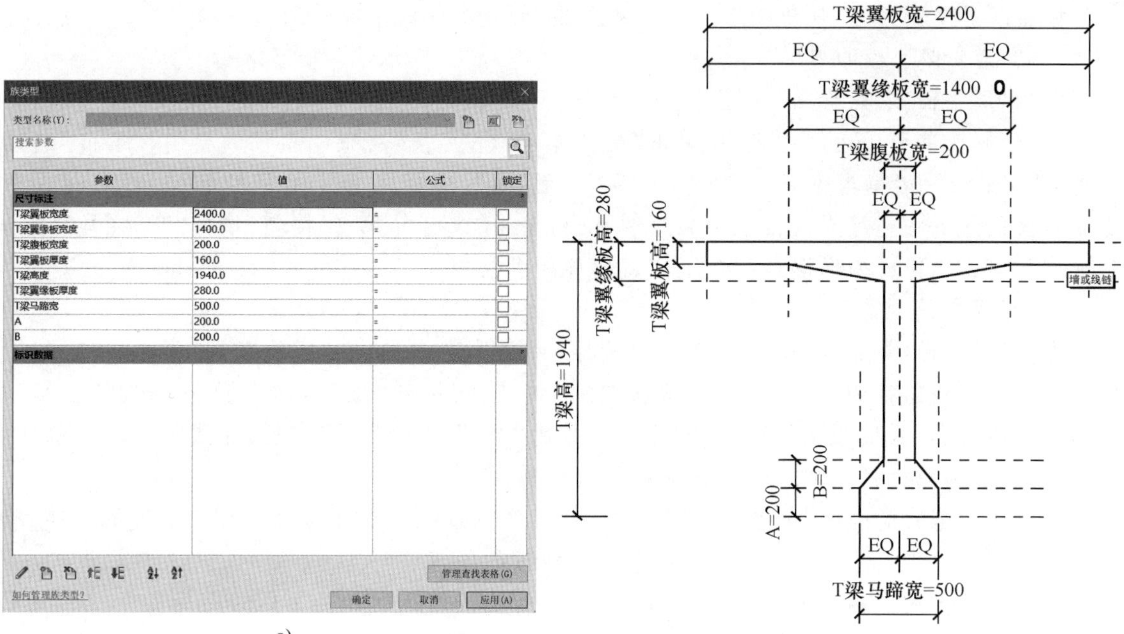

a)　　b)

图 2-1-67　T 梁中部轮廓参数

(3)单击“创建”选项卡→“绘制”面板→“参照平面”命令，Revit 自动切换到“修改|放置参照平面”上下文选项卡，在选项栏的“偏移量”文本框中输入各偏移值，单击绘制方式为“拾取线”，绘制图 2-1-68 所示的参照平面。

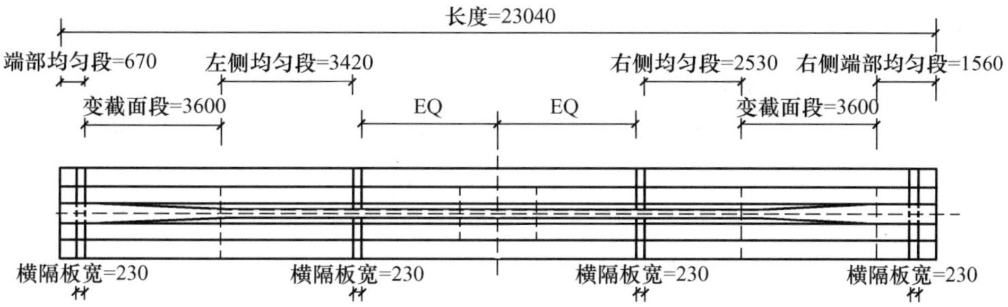

图 2-1-68　T 梁参照平面体系

(4)单击“插入”选项卡→“从库中载入”面板→“载入”命令，分别载入 T 梁各轮廓族。

(5) T 梁左侧端部均匀段的建模。

用“放样”命令绘制路径，用“直线”命令绘制左侧端部均匀段长 670mm 的直线，单击“完成编辑模式”按钮，完成路径的绘制，单击“编辑轮廓”按钮，切换到“立面:左”，单击“编辑轮廓”按钮，单击“轮廓”面板中的“草图”下拉列表，选择“T 梁(无马蹄形)轮廓族”，单击“完成编辑模式”按钮，完成轮廓的绘制，再次单击“完成编辑模式”按钮，完成放样操作。

(6)T 梁中间均匀段的建模。

按照以上操作,载入带马蹄形的 T 梁轮廓族,创建中间的带有马蹄形的均匀段。

(7)T 梁变截面段的建模。

在"楼层平面:参照标高"视图中,用"放样融合"命令,选择"绘制路径"绘制路径,用"直线"命令绘制变截面段之间的直线,单击"完成编辑模式"按钮,完成路径的绘制。单击"选择轮廓 1"按钮,单击"编辑轮廓"按钮,切换到"立面:左",选择"T 梁(无马蹄形)轮廓族"(左侧变截面段),注意在马蹄直线位置单独绘制直线;单击"选择轮廓 2"按钮,选择"T 梁(马蹄形)轮廓族",单击"完成编辑模式"按钮,完成放样融合操作。

(8)横隔板的创建。

在"楼层平面:参照标高"视图中,用"放样"命令绘制横隔板之间的直线,单击"完成编辑模式"按钮,完成路径的绘制。单击"编辑轮廓"按钮,切换到"立面:左",单击"绘制"面板→"直线"命令,绘制横隔板的轮廓,绘制完成后单击"完成编辑模式"按钮,完成轮廓的绘制,再次单击"完成编辑模式"按钮,完成横隔板的放样操作。

选择已创建的横隔板,单击"修改"面板→"镜像"命令,完成 T 梁另一侧横隔板的创建,单击"修改"面板→"复制"命令,完成 T 梁其他横隔板的创建。

创建完成 T 梁,切换到默认的三维视图,T 梁的三维效果图如图 2-1-69 所示。

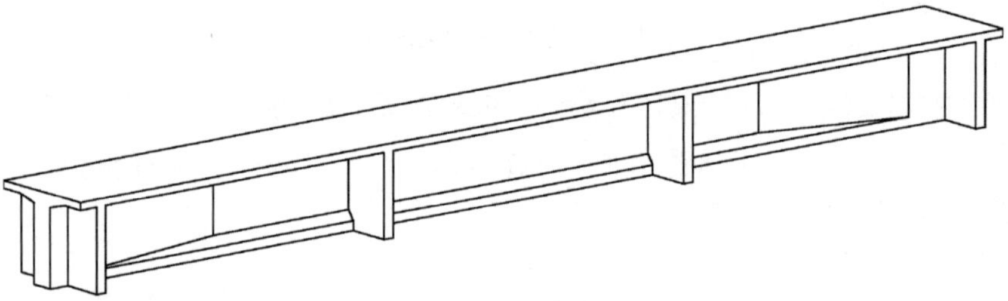

图 2-1-69 T 梁的三维效果图

(9)载入项目,并创建 T 梁。

单击"修改"选项卡→"族编辑器"面板→"载入到项目并关闭"命令,将 T 梁载入项目中。

双击"结构平面:场地",打开该视图,单击"结构"选项卡→"结构"面板→"梁"命令,鼠标捕捉梁的起点和终点,放置梁。单击该 T 梁,在"属性"面板中设置起点标高偏移、终点标高偏移,完成梁的创建。

实例七 根据所给的 T 梁图(图 2-1-70),用"内建模型"建模方式创建变截面 T 梁模型。

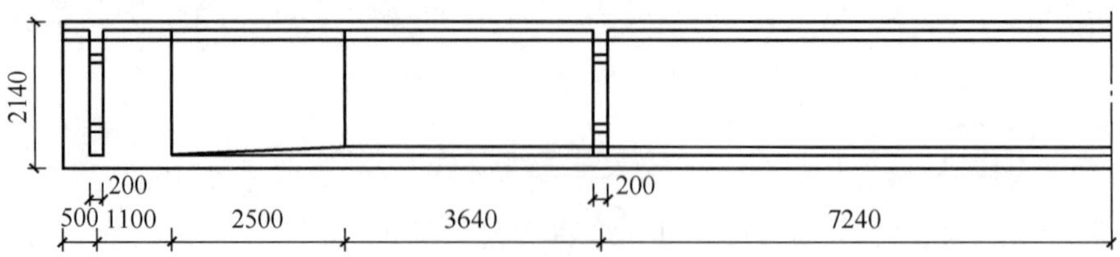

a)T梁立面图

图 2-1-70

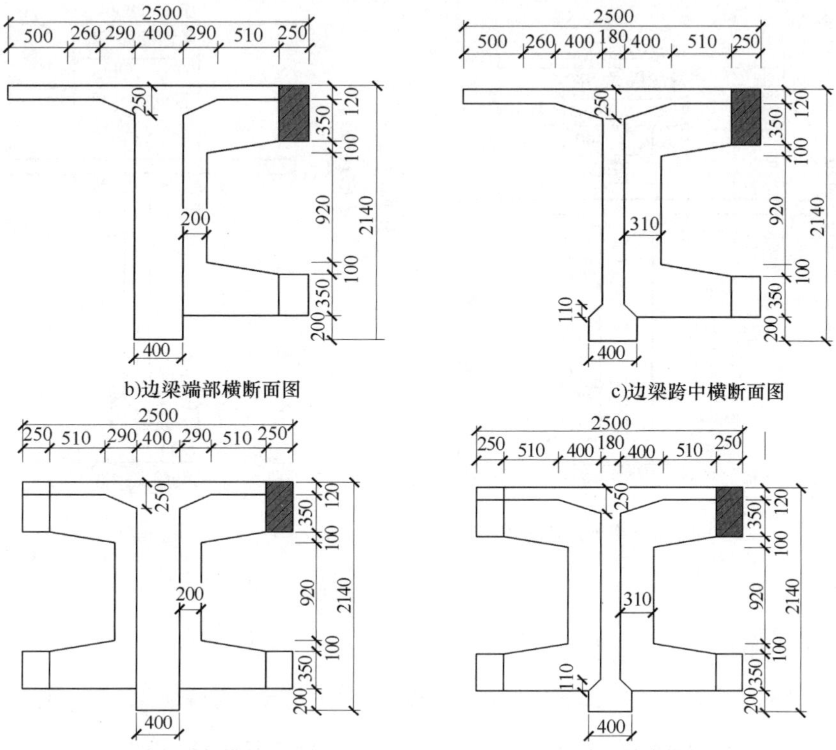

b)边梁端部横断面图　c)边梁跨中横断面图

d)中梁端部横断面图　e)中梁跨中横断面图

图 2-1-70　T 梁图(尺寸单位:cm)

(1)创建 T 梁外部轮廓族。

新建族,选择族样板文件“公制轮廓”,分别创建 T 梁中梁、边梁端部及跨中外部轮廓族,单击“另存为”命令,保存 T 梁截面轮廓族,如图 2-1-71 所示。

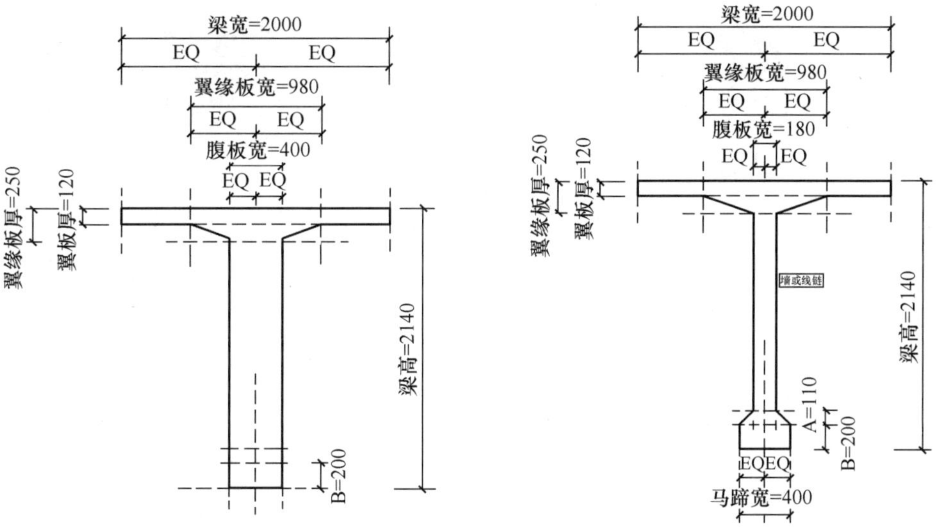

a)中梁端部截面轮廓　b)中梁跨中截面轮廓

图　2-1-71

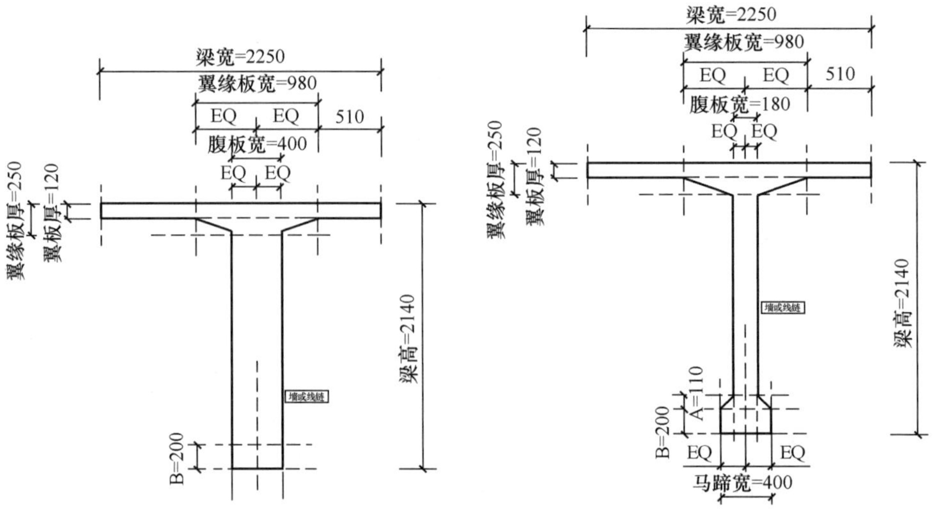

c)边梁端部截面轮廓　　d)边梁跨中截面轮廓

图 2-1-71　T 梁轮廓族

(2)创建 T 梁隔板轮廓族(图 2-1-72)。

(3)单击"建筑"选项卡→"构建"面板→"构件-内建模型"命令(此处的"内建模型"和"内建族"是同一个概念),在弹出的"族类别和族参数"对话框中选择适合的族类别,这里选择"结构框架",设置内建模型的名称,如"T 梁中梁",如图 2-1-73 所示。

(4)根据 T 梁截面变化情况,创建 T 梁参照平面体系,如图 2-1-74 所示。

(5)在"结构平面:标高 1"视图中,绘制变截面 T 梁参照平面体系,单击"载入族"命令,分别载入 T 梁中部与端部外部轮廓以及隔板轮廓族。

(6)创建 T 梁。

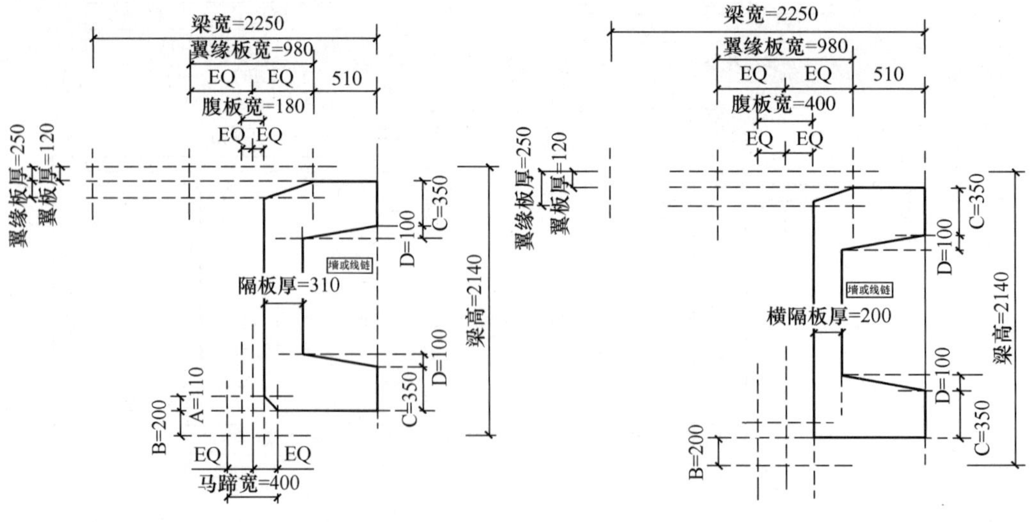

a)　　b)

图　2-1-72

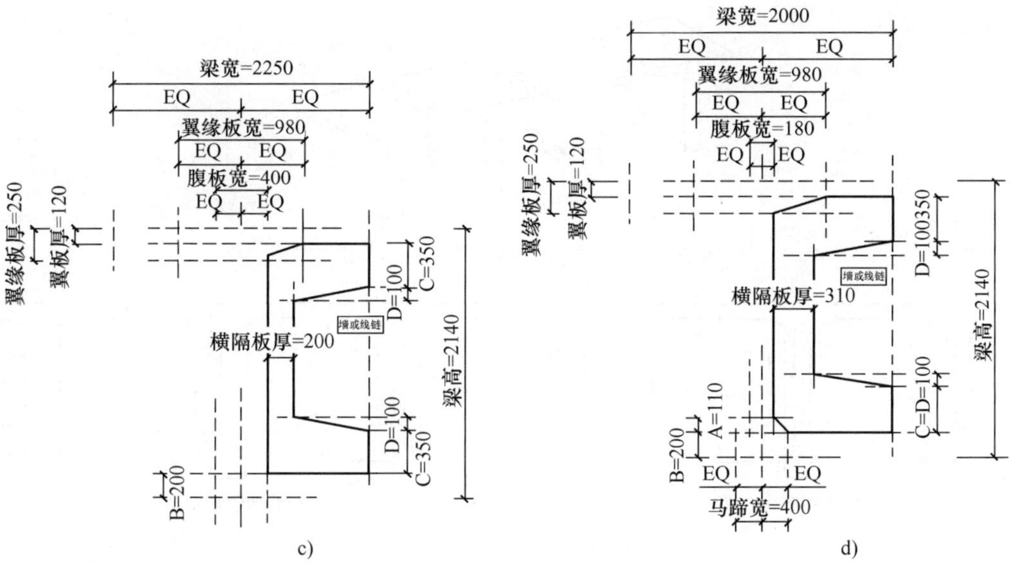

图 2-1-72　T 梁隔板轮廓族

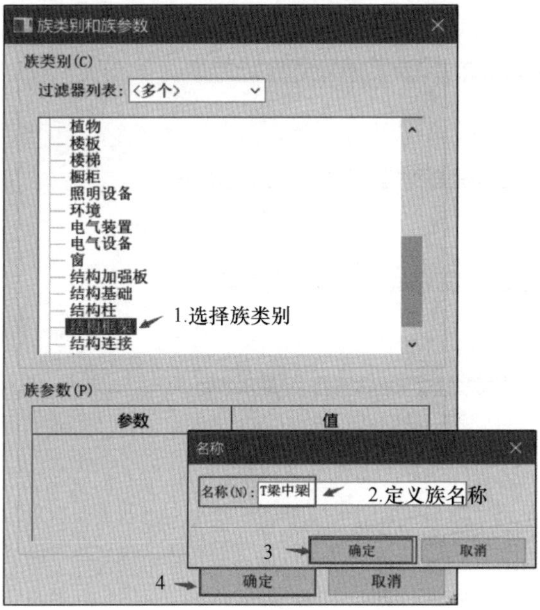

图 2-1-73　设置内建模型名称

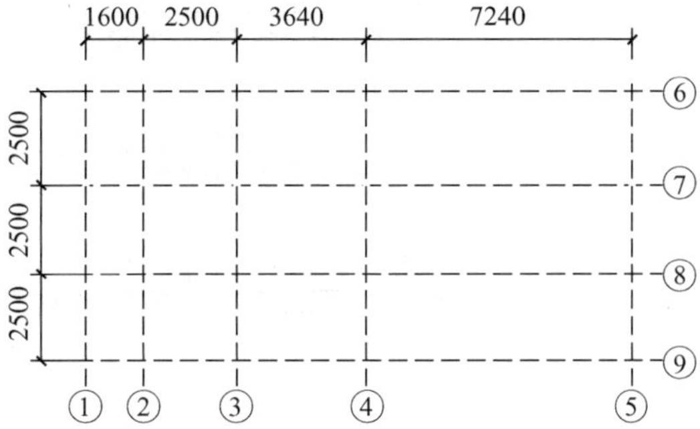

图 2-1-74　变截面 T 梁参照平面体系

用“放样”命令创建 T 梁端部以及中间均匀段,用“放样融合”命令创建 T 梁变截面段。单击“连接”命令,将 T 梁各段连接成一个整体。选中 T 梁,更改其“图元属性”中的“材质”可以设置其材质。

(7) 选择 T 梁,复制生成其他 T 梁。

T 梁变截面段的三维效果图如图 2-1-75 所示。

(8) 隔板的创建。

用同样的操作,创建隔板,注意中部隔板和端部隔板轮廓不同,如图 2-1-76 所示。

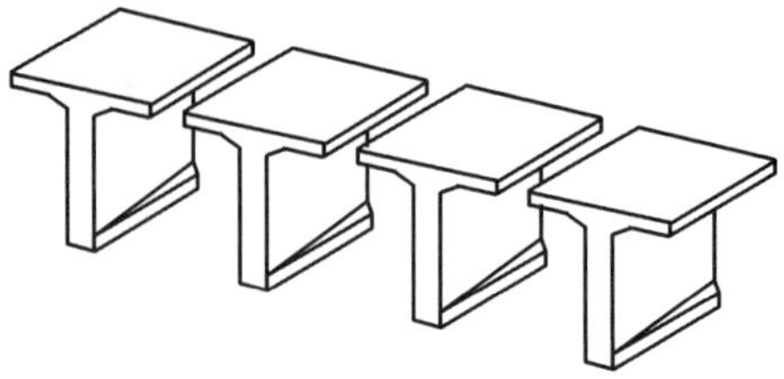

图 2-1-75 T 梁变截面段的三维效果图

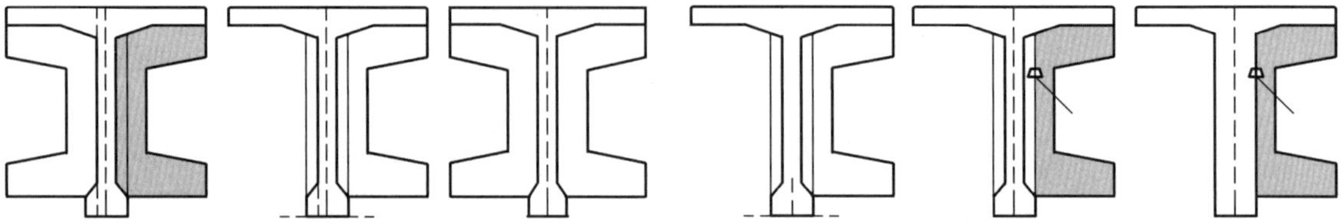

a)跨中隔板示意图　　b)端部隔板示意图

图 2-1-76 端部隔板示意图

隔板平面图以及三维效果图如图 2-1-77 所示。

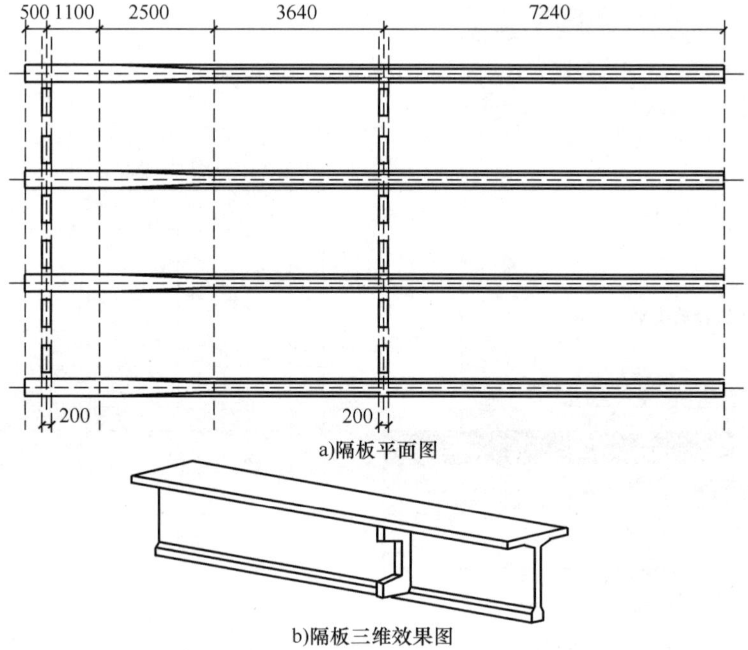

a)隔板平面图

b)隔板三维效果图

图 2-1-77 隔板(尺寸单位:mm)

(9)创建两 T 梁间现浇段以及隔板现浇段模型。

在"结构平面:标高 1"视图中,单击"拉伸"命令,绘制两 T 梁现浇段轮廓,在"立面:西"视图中调整现浇段的厚度,完成现浇段的创建,设置现浇段材质。复制生成其他 T 梁间的现浇段。

在"结构平面:标高 1"视图中,隐藏 T 梁现浇段,绘制隔板现浇段轮廓,单击"拉伸"命令,完成隔板现浇段的创建。在"立面:西"视图中,复制生成下部隔板的现浇段。选择隔板现浇段,复制生成其他位置隔板的现浇段。

T 梁和隔板现浇段截面轮廓以及 T 梁三维效果如图 2-1-78 所示。

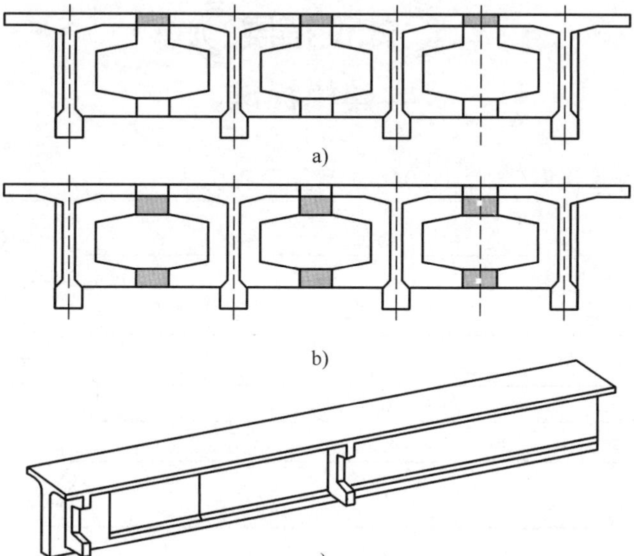

c)

图 2-1-78 T 梁和隔板现浇段截面轮廓以及 T 梁三维效果图

(10)单击“完成模型”命令,完成 T 梁内建模型(图 2-1-79)。

图 2-1-79 T 梁内建模型

成果展示与评价

以小组为单位提交学习总结报告,加深对所学知识的掌握。

工作任务评价与分析			
评价项目	评价标准	参考分值(分)	得分(分)
T 梁截面轮廓族参数的设置	设置参数的完整性与准确性	40	
创建变截面 T 梁	操作的熟练程度、准确程度	30	
内建 T 梁	操作的熟练程度、准确程度	30	
总评			

《知识拓展》

—建模标准

实例八 根据盖梁的三视图(图2-1-80),创建盖梁的模型。

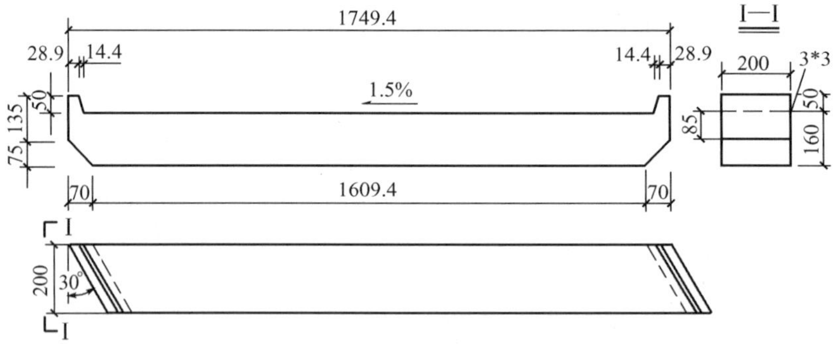

图2-1-80 盖梁三视图(尺寸单位:cm)

(1)新建族,以“公制结构框架-梁和支撑”为族样板,修改长度为2000mm。

(2)设置“参照平面:左”为工作平面,在“立面:右”视图中,以右侧点为基准原点,绘制参照平面,即盖梁长度方向的定位尺寸,锁定,设置横坡参数,也就是各相对尺寸不变。注意标注盖梁的高度,添加横坡参数,参数类型为数值,分组为尺寸标注,定义横坡与坡度角之间的关系,即“坡度角 = atan(横坡)”。横坡参数设置如图2-1-81所示。

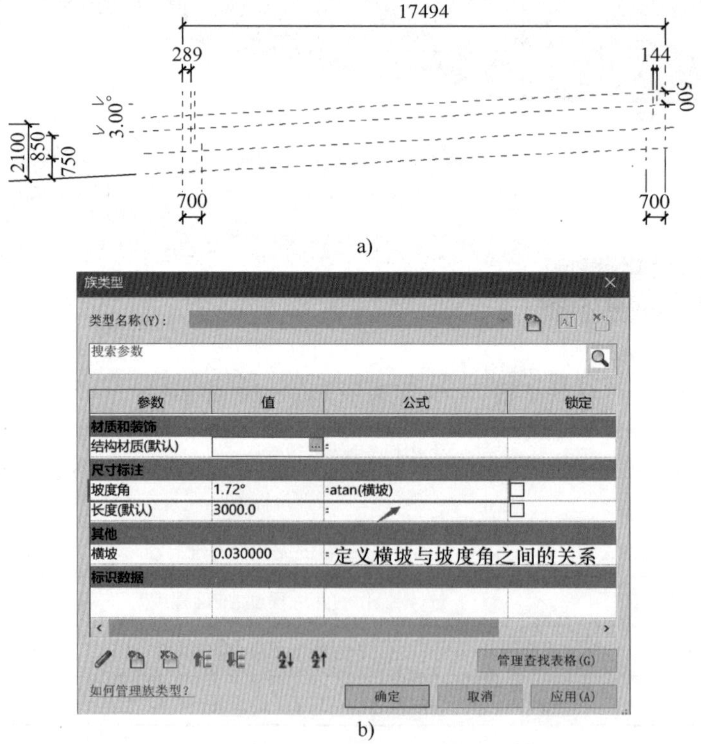

图2-1-81 横坡参数设置

(3)切换到“平面视图:参照标高”,绘制30°方向的参照平面,如图2-1-82所示。

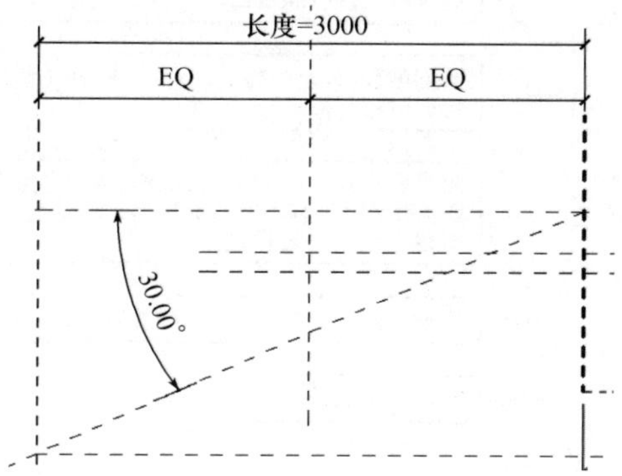

图2-1-82 30°方向的参照平面

(4)单击“融合”命令,设置“参照平面:左”为工作平面,在“立面:右”视图中绘制底部轮廓(盖梁左侧截面轮廓),设置“参照平面:右”为工作平面,在“立面:右”视图中绘制顶部轮廓(盖梁右侧截面轮廓),单击“完成编辑模式”按钮,完成盖梁的创建。盖梁左侧、右侧截面轮廓如图2-1-83所示。

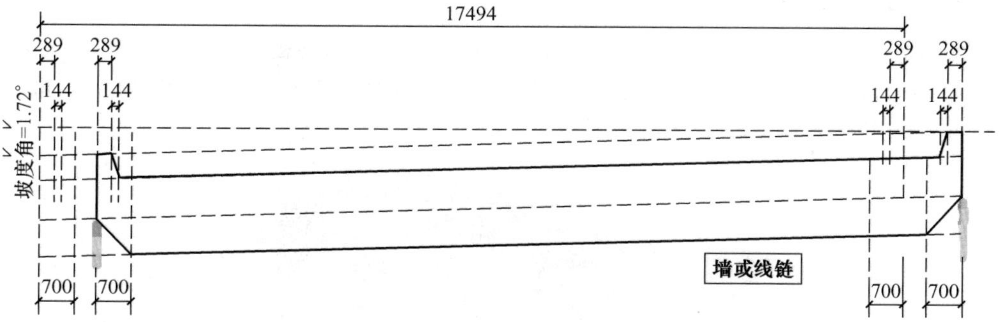

a)

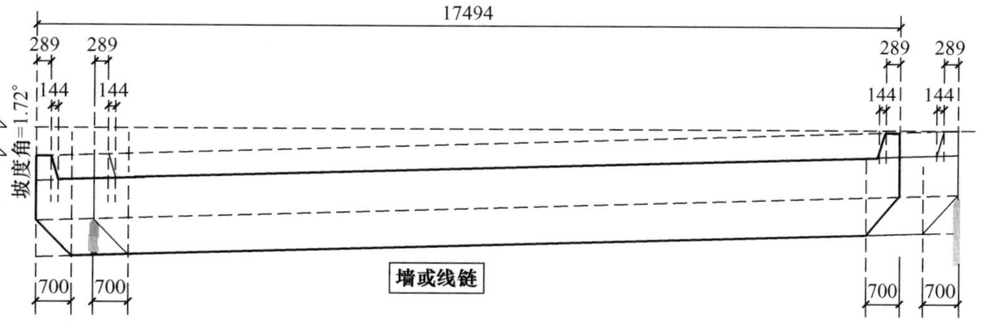

b)

图2-1-83 盖梁截面轮廓

创建 T 梁族的流程总结如下：

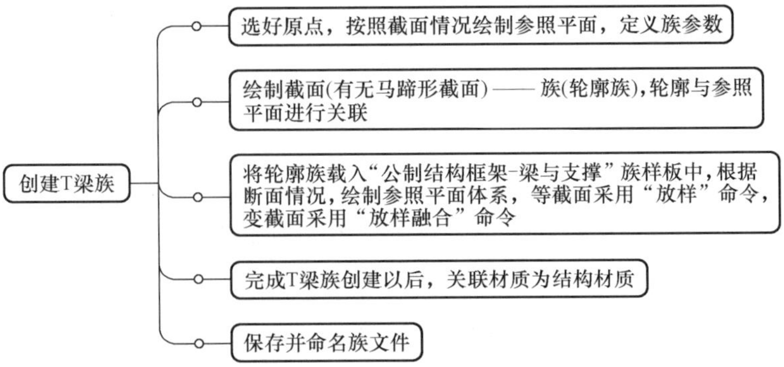

学习任务五 创建桥梁上部结构

——箱梁（现浇）

学习任务描述

如图 2-1-84 所示，箱梁梁顶宽 13.25m，梁底宽 7.05m；翼缘端部厚 0.2m，翼缘根部厚 0.45m；顶板厚 0.45m，底板厚 0.45m；端部梁高 1.5m，端部腹板厚 0.7m；中部梁高 2.2m，中部腹板厚 0.6m；箱梁长为 10m。现用内建族命令创建单箱单室变截面箱梁。

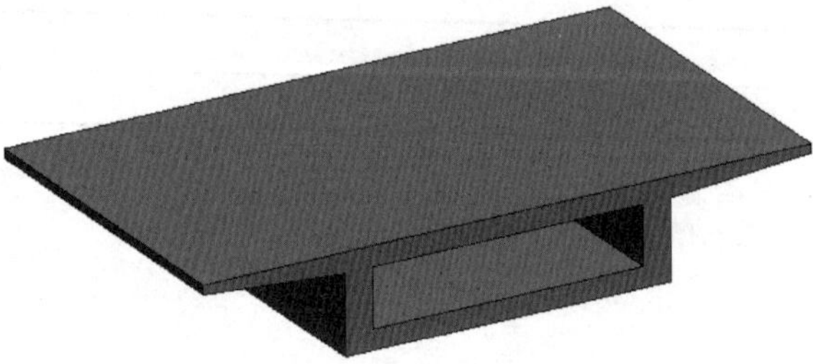

图 2-1-84 单箱单室箱梁示意图

知识目标与能力目标

学习用 Revit 内建族创建特定项目中的模型构件及族样板创建族构件。

通过学习，应该达到以下目标：

1. 根据所给的条件绘制箱梁内外截面轮廓，能设置截面轮廓参数。
2. 能创建变截面箱梁。

学习任务实施

一、内建箱梁模型

明确任务：设置箱梁内外截面参数，内建箱梁模型。

任务实施 1 设置箱梁截面轮廓族参数

(1)打开族编辑器。

单击“文件”菜单→“新建”→“族”,打开“新族-选择样板文件”族编辑对话框,选择“公制轮廓”族样板,进入族编辑模式,新建轮廓族。

(2)设置箱梁轮廓参数。

双击项目浏览器中的“楼层平面:参照标高”,打开该视图,用“参照平面”命令,绘制参照平面,标注参照平面尺寸,选中尺寸标注,对尺寸添加标签。单击选项栏中“标签”文本框的“添加参数”选项,设置参数名称、参数类型,如图 2-1-85 所示(图 2-1-85 的尺寸单位为 cm)。

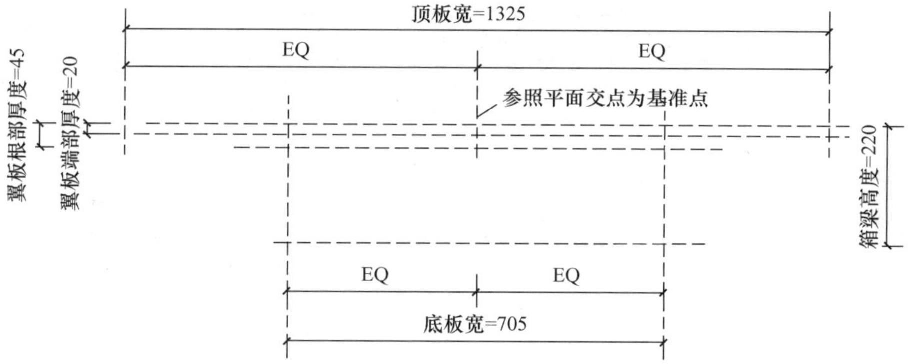

图 2-1-85 箱梁轮廓参数

(3)创建箱梁轮廓并与参照平面关联。

单击“创建”选项卡→“详图”面板→“直线”命令,在“绘制”面板中选择“直线”命令,完成箱梁外部轮廓绘制,单击“修改”面板→“对齐”命令,使箱梁轮廓线与各参照平面进行关联,完成箱梁轮廓族的创建,并设置箱梁族参数,修改箱梁各参数,检查参数是否能驱动,保存该箱梁外轮廓族。箱梁截面轮廓参考如图 2-1-86 所示(图 2-1-86 的尺寸单位为 cm)。

(4)设置箱梁内部轮廓参数,如图 2-1-87 所示(图 2-1-87 的尺寸单位为 cm)。单击“文件”菜单→“另存为”→“族”,打开“另存为”对话框,保存箱梁外部轮廓为内部轮廓族;绘制参照平面,设置轮廓参数,删除外轮廓,保存内轮廓参数,检查参数能否驱动。

(5)调整箱梁族参数,分别生成图 2-1-88 所示的箱梁轮廓族。

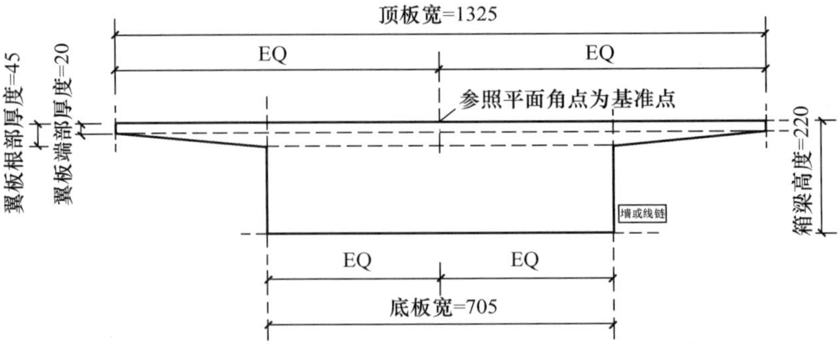

图 2-1-86　创建箱梁轮廓族

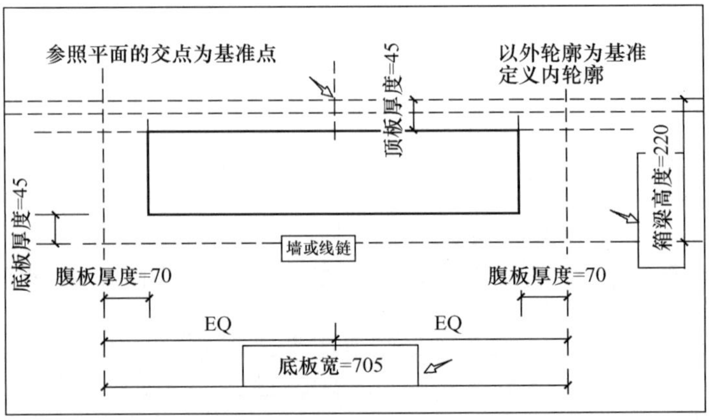

图 2-1-87　设置箱梁内部轮廓参数

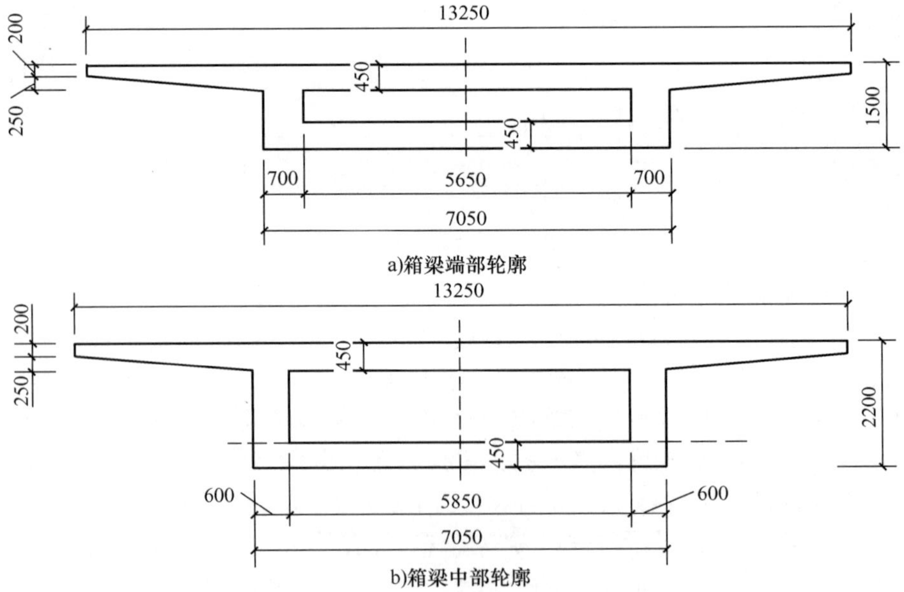

图 2-1-88　箱梁轮廓族

任务实施 2 内建箱梁模型

(1)新建项目,并保存为"变截面箱梁"项目文件。

单击"文件"菜单→"新建"→"项目",打开"新建项目"对话框,选择"结构样板",选择"项目",新建一个项目文件。

(2)内建模型,通过放样融合以及空心融合命令建立变截面箱梁。

单击"建筑"选项卡→"构建"面板→"构件"命令下拉菜单→"内建模型"命令,在弹出的"族类别和族参数"对话框中选择"结构框架",设置结构框架的名称为"变截面箱梁",如图 2-1-89 所示。

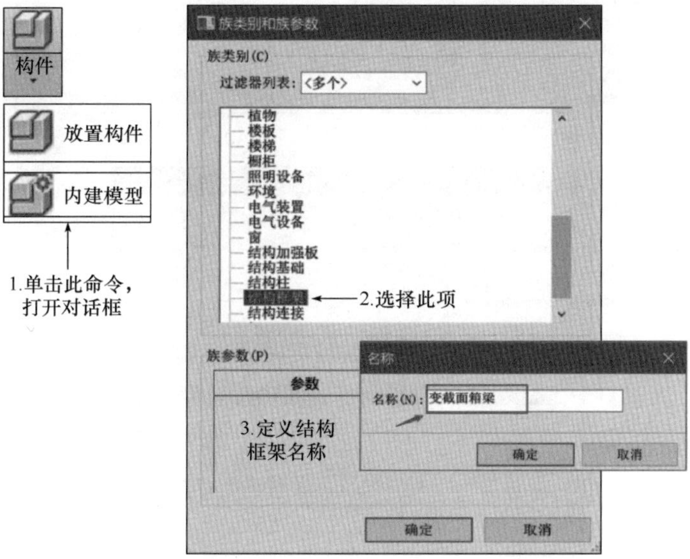

图 2-1-89 设置内建模型的名称

(3)单击"插入"选项卡→"从库中载入"面板→"载入族"命令,分别载入箱梁外部轮廓与箱梁内部轮廓,用鼠标右键选择项目浏览器中的"族"→"轮廓族"→"箱梁外轮廓",复制生成新的箱梁轮廓族,并分别重命名为"箱梁端部外轮廓""箱梁中部外轮廓""箱梁端部内轮廓""箱梁中部内轮廓",单击"类型属性"按钮,修改轮廓族的参数。箱梁轮廓族生成和参数设置如图 2-1-90 所示。

(4)单击"创建"选项卡→"形状"面板→"放样融合"命令,Revit 自动切换到"修改|放样融合"上下文选项卡,选择"绘制路径"选项,绘制放样融合路径,单击"完成编辑模式"按钮,完成变截面箱梁路径的绘制。单击"放样融合"面板中的"选择轮廓 1"选项,在轮廓列表中选择箱梁端部外轮廓,再单击"选择轮廓 2"选项,选择箱梁中部外轮廓,单击两次"完成编辑模式"按钮,完成变截面箱梁的外部创建。变截面箱梁外部放样融合建模操作及三维效果图如图 2-1-91 所示。

c)

图 2-1-90 箱梁轮廓族生成和参数设置

(5)双击项目浏览器中的“楼层平面:标高 1”,打开该视图,单击“创建”选项卡→“形状”面板→“空心形状”命令中的“空心放样融合”命令,Revit 自动切换到“修改|创建融合空心底部边界”上下文选项卡。选择“绘制路径”选项,绘制路径,单击“完成编辑模式”按钮,单击“放样融合”面板“选择轮廓 1”选项,在轮廓列表中选择端部箱梁的内部轮廓,单击“完成编辑模式”按钮,再单击“选择轮廓 2”选项,选择中部箱梁的内部轮廓,单击两次“完成编辑模式”按钮,完成变截面箱梁内室的创建。

也可以采用空心融合命令,编辑轮廓的方式来创建内室。用“设置”命令设置左侧端部截面为工作平面，并转换到“东：立面”视图，绘制矩形，并修改矩形大小为5650mm×600mm，用移动命令调整矩形位置。切换到“楼层平面：标高1”视图，设置右侧中部截面为工作平面，单击“编辑顶部”，在“东：立面”视图中绘制矩形截面，调整大小为5850mm×1300mm并调整位置，单击“完成编辑模式”按钮✔，完成变截面箱梁的创建。变截面箱梁内室空心融合建模操作及三维效果如图2-1-92所示。

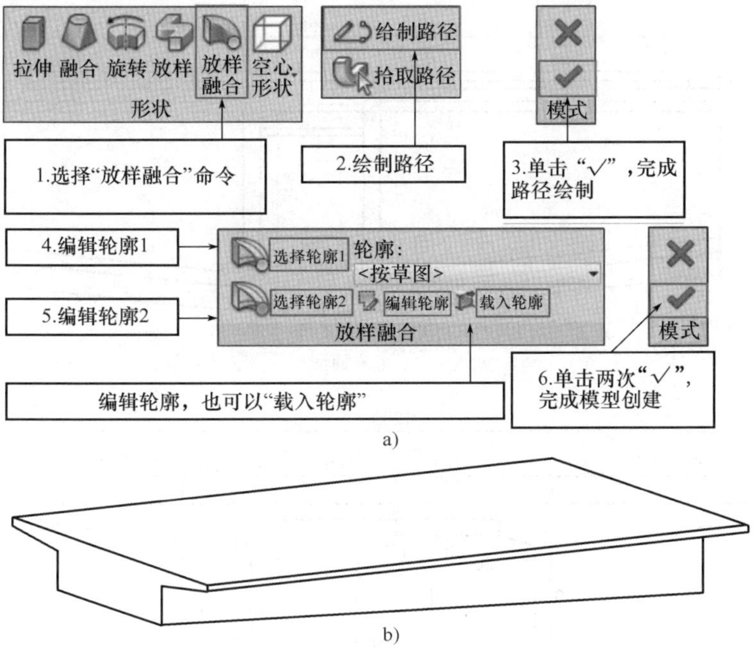

图2-1-91 变截面箱梁外部轮廓放样融合建模操作及三维效果图

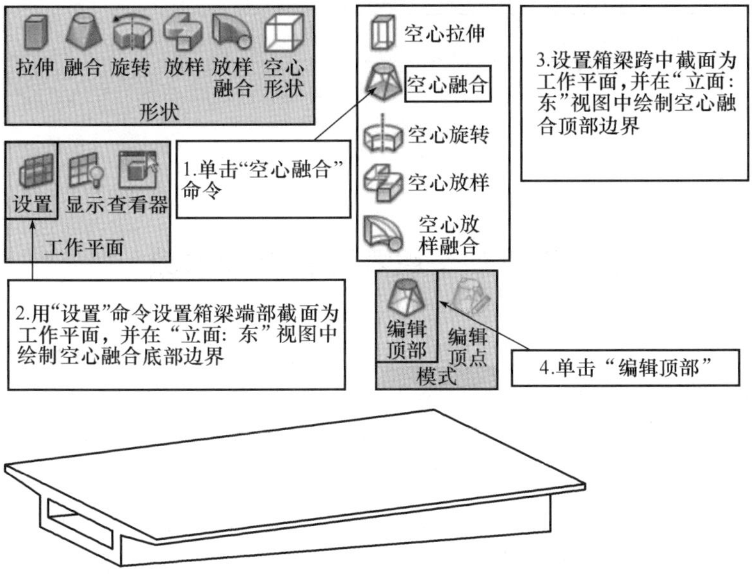

图2-1-92 变截面箱梁内部轮廓空心融合建模操作及三维效果

二、创建直线形变截面箱梁

明确任务：根据箱梁 0 号块的视图（图 2-1-93），创建变截面箱梁 0 号块族。

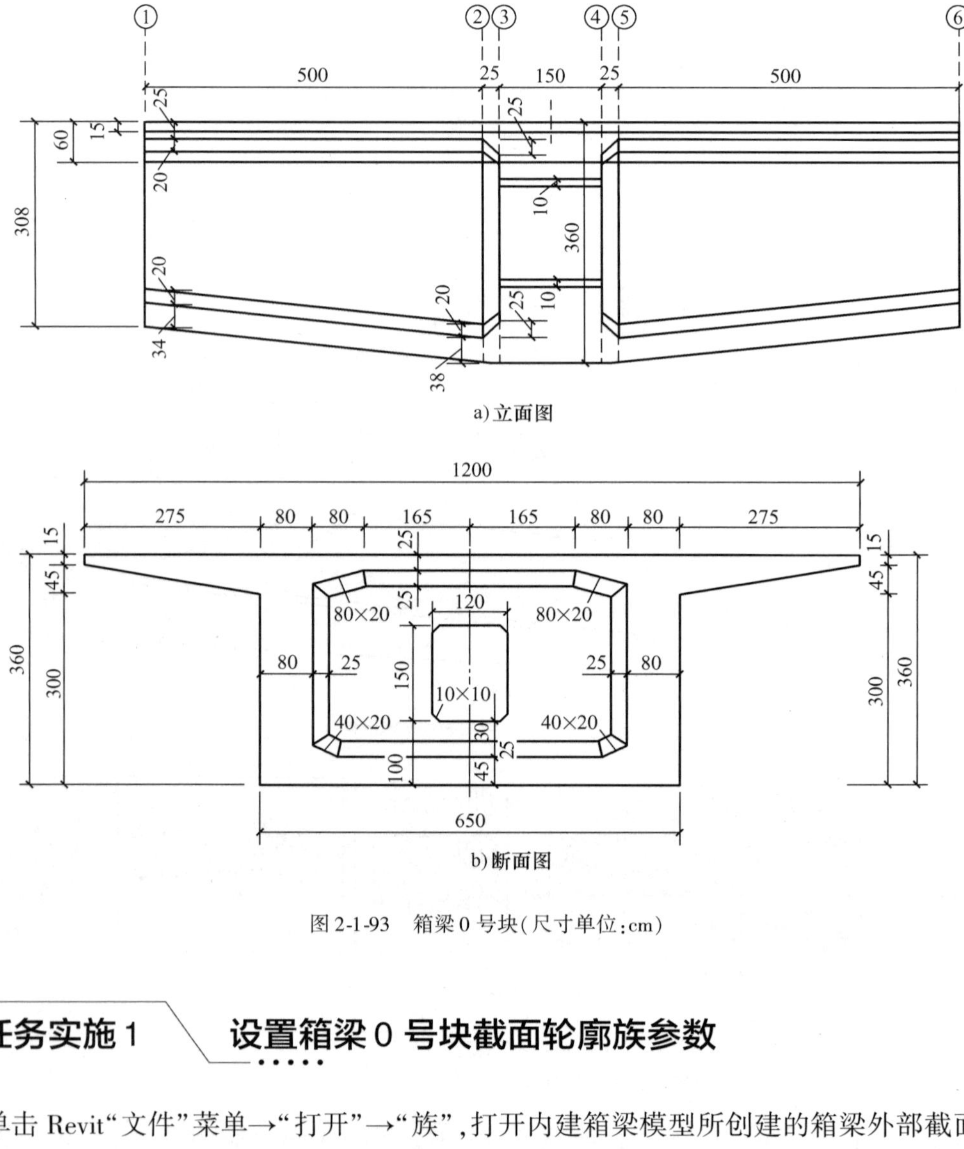

图 2-1-93　箱梁 0 号块(尺寸单位:cm)

任务实施 1　设置箱梁 0 号块截面轮廓族参数

单击 Revit“文件”菜单→“打开”→“族”,打开内建箱梁模型所创建的箱梁外部截面轮廓,按照图 2-1-93 所示箱梁的外部截面参数,修改箱梁截面参数。

单击“管理”选项卡→“设置”面板→“项目单位”命令,设置项目单位为 cm。

绘制图 2-1-94 所示的参照平面,并进行尺寸标注,设置参数,绘制箱梁内部轮廓,对内部轮廓与参照平面进行关联,单击“文件”菜单→“保存”选项,保存箱梁内部轮廓族。

调整各参数,检查箱梁各参数的驱动。

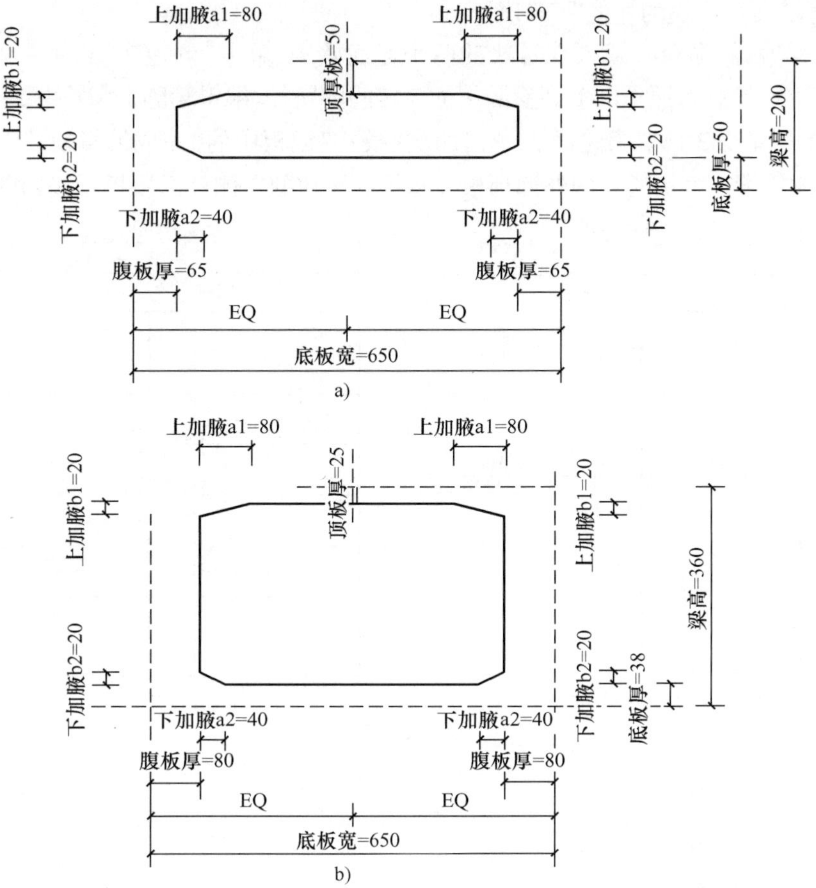

图 2-1-94 箱梁内部轮廓族

任务实施 2 创建箱梁 0 号块模型

根据箱梁 0 号块的立面视图，把 0 号块分成五段，已知 0 号块具有对称的特点，故只需创建左侧部分，右侧部分采用“修改”面板中的“镜像”命令完成。

(1)单击“文件”菜单→“新建”→“族”，打开“新族-选择样板文件”族编辑对话框，选择“公制结构框架-梁和支撑”族样板，进入编辑族模式，删除已有的参照平面。

(2)绘制参照平面，如图 2-1-95 所示，尺寸单位为 mm。

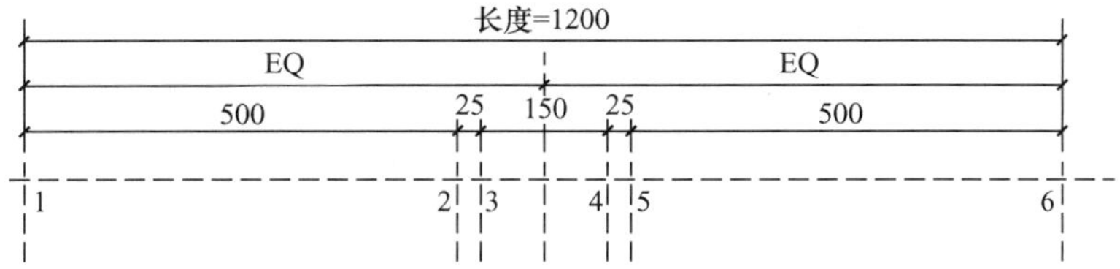

图 2-1-95 参照平面图

(3)创建箱梁0号块的左侧外部顶板。

采用“放样融合”命令。载入0号块的两个截面轮廓,单击“创建”选项卡→“形状”面板→“放样融合”命令,绘制参照平面1到参照平面3之间的路径,编辑轮廓1和轮廓2,参照平面1位置为轮廓1,参照平面3位置为轮廓2,单击两次“模式”面板中的“完成编辑模式”按钮✔,完成放样融合,生成箱梁0号块的左侧外部顶板。箱梁0号块的左侧外部顶板创建如图2-1-96所示。

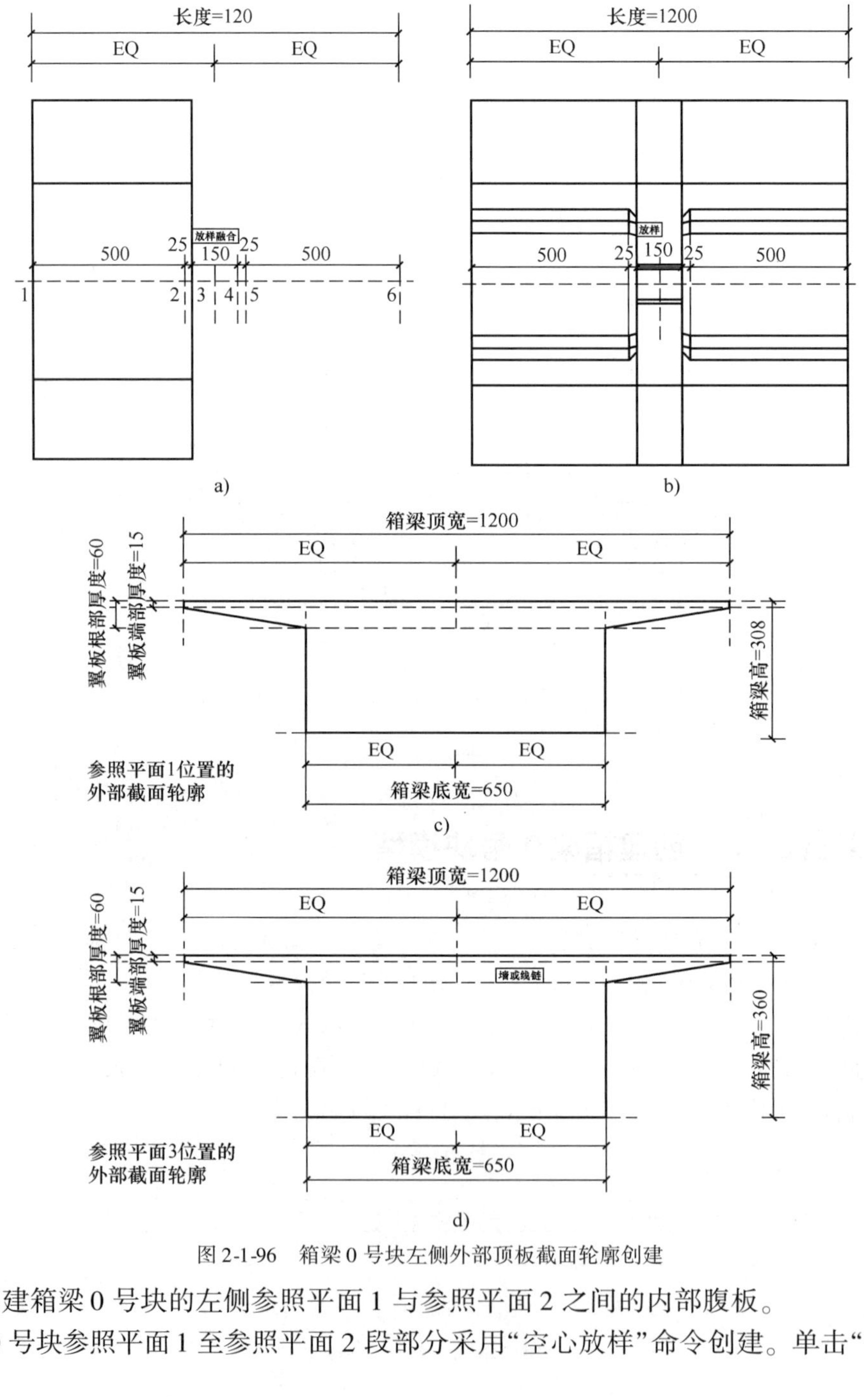

图2-1-96 箱梁0号块左侧外部顶板截面轮廓创建

(4)创建箱梁0号块的左侧参照平面1与参照平面2之间的内部腹板。

箱梁0号块参照平面1至参照平面2段部分采用“空心放样”命令创建。单击“创建”选项卡→“形状”面板→“空心形状”命令→“空心放样”命令，绘制路径，编辑轮廓1，单击两次“模式”面板中的“完成编辑模式”按钮✔，完成空心放样，生成箱梁0号块的参照平面1至参照平面2段左侧内室。箱梁0号块参照平面1至参照平面2段左侧内室创建如图2-1-97所示。

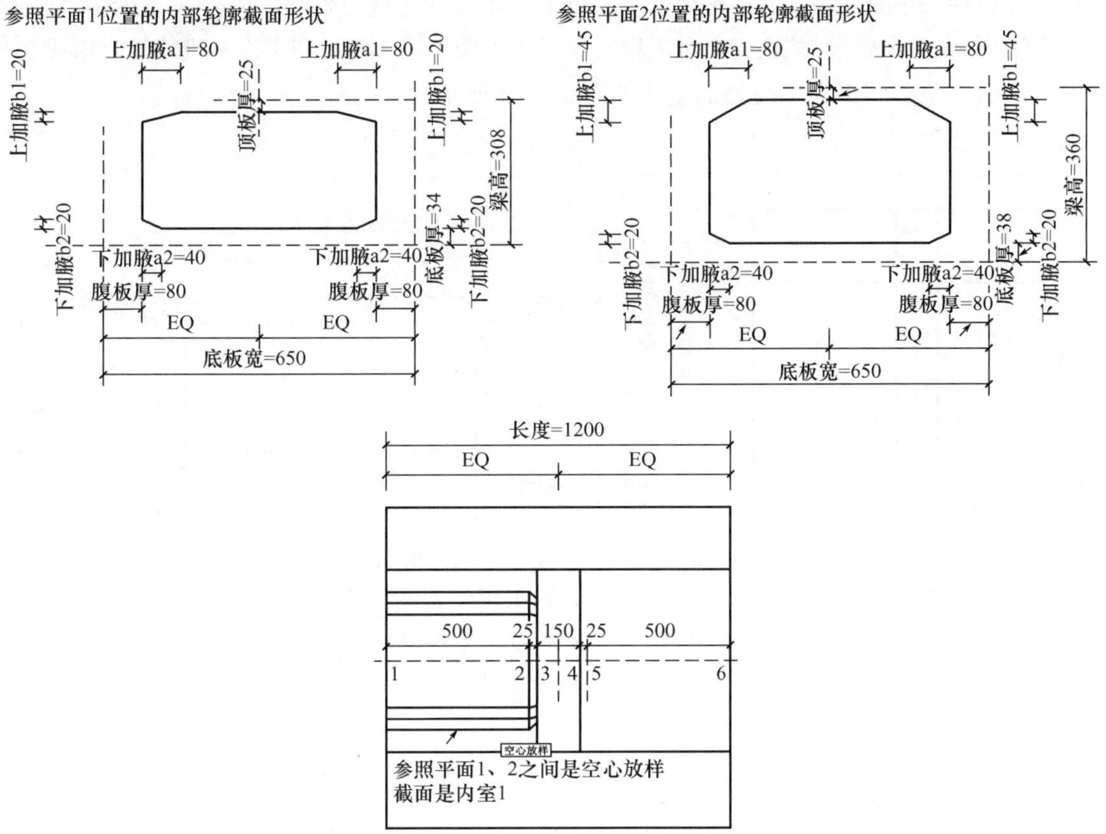

图2-1-97 箱梁0号块参照平面1至参照平面2段左侧内部腹板截面轮廓创建

(5)创建箱梁0号块参照平面2至参照平面3段左侧内室，该部分采用“空心放样融合”命令。箱梁0号块参照平面2至参照平面3段左侧内室创建如图2-1-98所示。

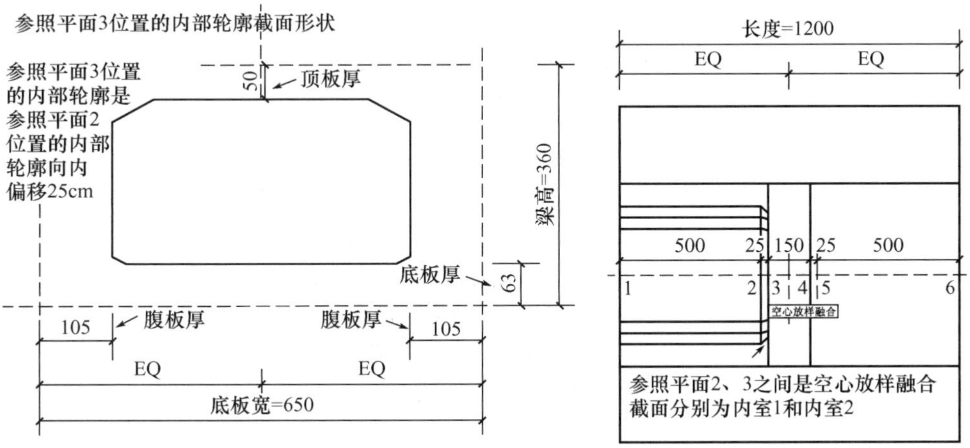

图2-1-98 箱梁0号块参照平面2至参照平面3段左侧内室创建

(6)创建箱梁0号块参照平面3至参照平面4段外部。

该部分采用“放样命令”创建。单击“放样”命令,单击“绘制路径”,绘制参照平面3至参照平面4段的路径,单击“模式”面板中“完成编辑模式”按钮✔,完成路径的绘制;单击“编辑轮廓”,在右视图中完成箱梁参照平面3至参照平面4段外部截面轮廓的绘制,单击两次“模式”面板中的“完成编辑模式”按钮✔,生成箱梁0号块参照平面3至参照平面4段外部。箱梁0号块参照平面3至参照平面4段外部创建如图2-1-99所示。

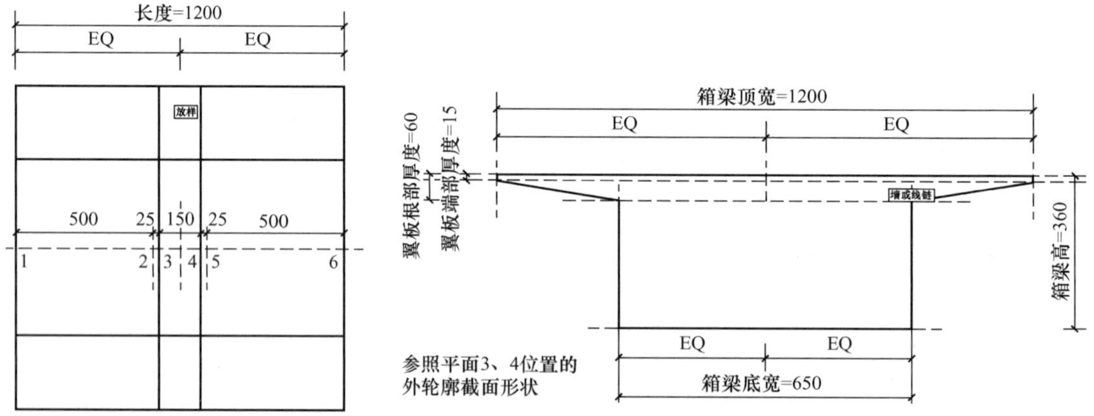

图2-1-99 箱梁0号块参照平面3至参照平面4段外部创建

(7)创建箱梁0号块参照平面3至参照平面4段位置左侧内室。

该部分采用空心放样,其截面轮廓以及操作如图2-1-100所示。

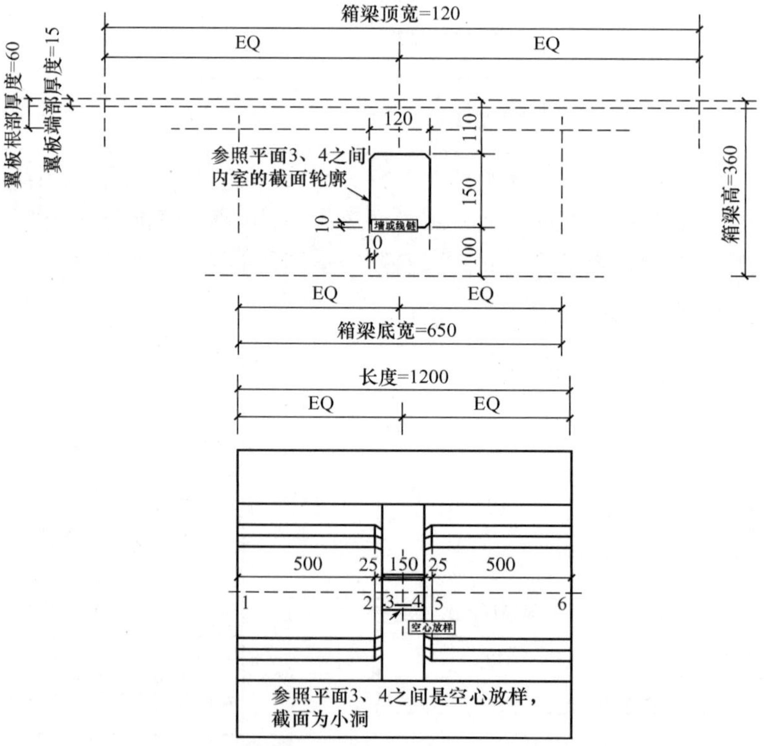

图2-1-100 箱梁0号块参照平面3至参照平面4段左侧内室创建

(8)箱梁 0 号块的三维效果图如图 2-1-101 所示。

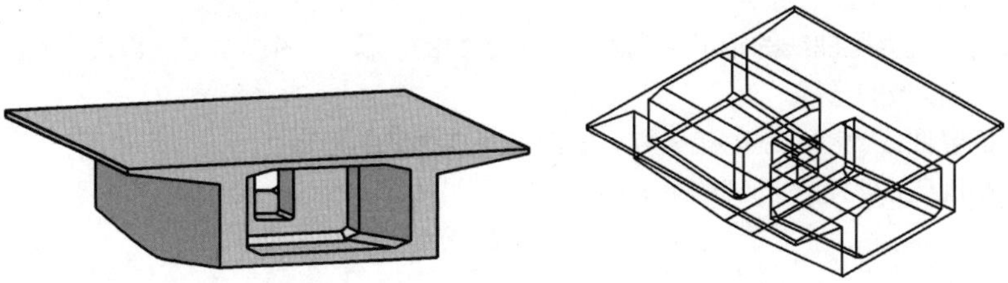

图 2-1-101 箱梁 0 号块的三维效果图

(9)箱梁 0 号块创建完成后,单击“文件”菜单→“另存为”→“族”,保存箱梁 0 号块族,载入项目中。

成果展示与评价

以小组为单位提交学习总结报告,加深对所学知识的掌握。

工作任务评价与分析			
评价项目	评价标准	参考分值(分)	得分(分)
箱梁截面轮廓族参数的设置	设置参数的完整性与准确性	20	
内建箱梁模型	操作的熟练程度、准确程度	40	
箱梁 0 号块建模	操作的熟练程度、准确程度	40	
总评			

学习任务六 创建桥梁上部结构

——箱梁族(竖曲线箱梁)

学习任务描述

创建纵断面竖曲线为圆曲线的箱梁族，该箱梁族采用放样命令创建，放样路径为横桥向截面方向，纵断面竖曲线为圆曲线的轮廓，分别拆分为顶板、底板以及腹板轮廓。

知识目标与能力目标

学习纵断面竖曲线为圆曲线的箱梁族截面轮廓族参数的设置。 通过学习，应该达到以下目标：

1. 掌握 Revit 族样板的选择。
2. 掌握纵断面竖曲线为圆曲线的箱梁族，截面轮廓族参数的设置。
3. 能创建纵断面竖曲线为圆曲线的箱梁族。

学习任务实施

一、创建曲线形变截面箱梁(公制结构框架-梁与支撑族)

明确任务：根据纵断面竖曲线为圆曲线的箱梁族的特点，分析和确定建模方法，确定轮廓参数以及路径，创建纵断面竖曲线为圆曲线的箱梁族。

任务实施1 设置纵断面竖曲线为圆曲线的箱梁竖向轮廓参数

(1)打开“公制轮廓”族编辑器。

单击“文件”菜单→“新建”→“族”，打开“新族-选择样板文件”族编辑对话框，选择“公制轮廓”族样板，进入编辑族模式，新建轮廓族。

(2)设置竖向轮廓族。

绘制参照平面，标注参照平面尺寸。选中尺寸标注，对尺寸添加标签，分别添加前后段竖曲线的水平坡长。运用圆弧命令绘制竖向圆弧，设置圆弧的中心以及半径参数，如图2-1-102所示。

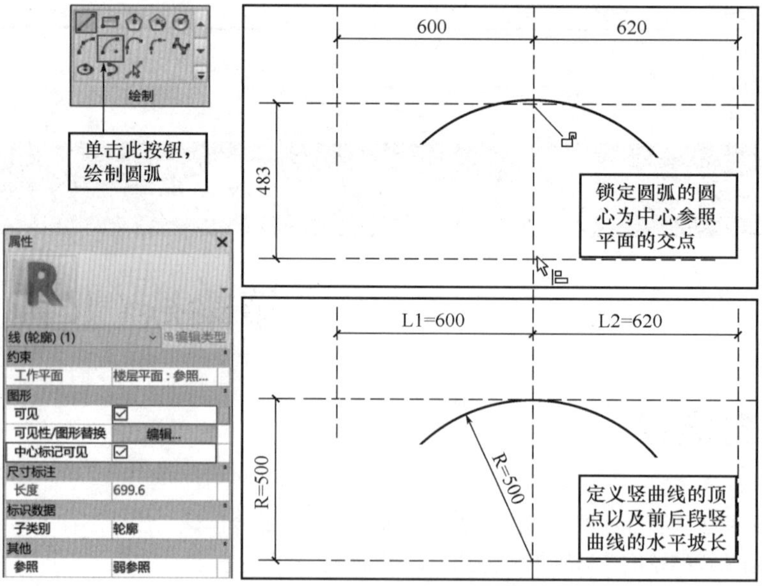

图2-1-102 圆弧的绘制

绘制竖向轮廓，并进行相应的约束，移动参照平面位置，检查坡长的参数驱动，保存该轮廓族。箱梁竖向轮廓及参数如图 2-1-103 所示。

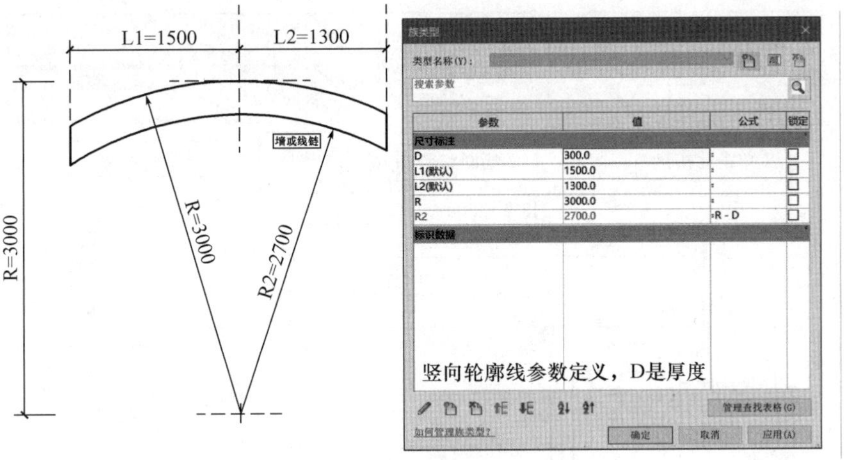

图 2-1-103 箱梁竖向轮廓以及参数

任务实施 2 创建箱梁顶板族、底板族以及腹板族

(1)创建箱梁顶板族

单击“文件”菜单→“新建”→“族”，打开“新族-选择样板文件”族编辑对话框，选择“公制结构框架-梁与支撑”族样板，进入族编辑模式。

使用“载入”命令，把“竖向轮廓族”载入该箱梁顶板梁族中。绘制参照平面，设置顶板、底板宽度参数，设置圆心位置。单击“放样”命令，选择“绘制路径”绘制横桥向的路径，并与圆心位置以及顶板宽度参照平面进行约束，选择“轮廓”族，完成箱梁顶板族的创建。梁顶板族的创建如图 2-1-104 所示。

将箱梁顶板族与对应的轮廓族关联，得到箱梁顶板族，关联操作如图 2-1-105 所示。

(2)创建箱梁底板族以及腹板族。

①设置箱梁高度，复制顶板到底板位置，设置底板的工作平面，调整底板的相应参数，将箱梁底板轮廓参数与箱梁底板族参数关联。设置底板的工作平面以及将箱梁底板族与对应的轮廓族关联，操作如图 2-1-106 所示。

②放样生成箱梁底板，底板由顶板复制生成，选择复制生成的底板，修改底板的路径，调整底板的宽度。操作如图 2-1-107 所示。

(3)创建腹板。

依上所述，复制顶板到腹板位置，设置腹板的工作平面，调整腹板的相应参数，将腹板轮廓参数与箱梁腹板参数关联，如图 2-1-108 所示。

箱梁族参数及各参数之间的关系如图 2-1-109 所示。

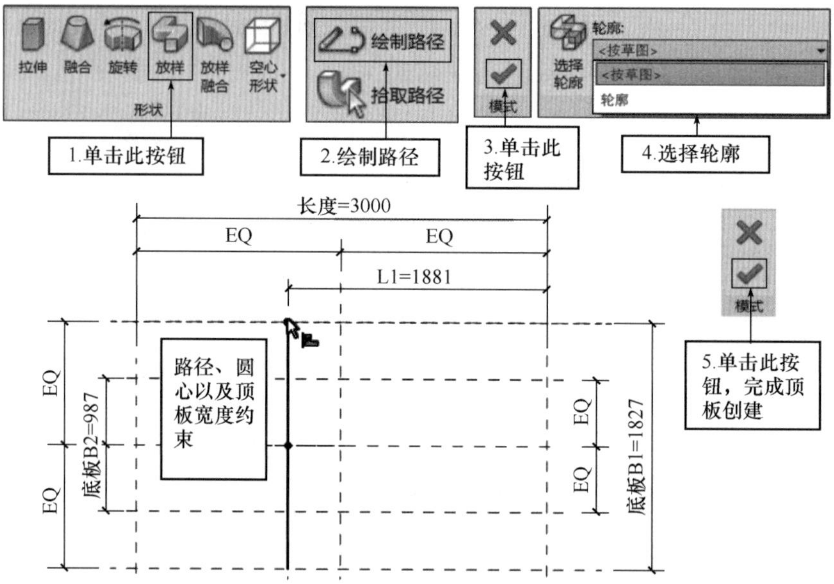

图 2-1-104 梁顶板族的创建

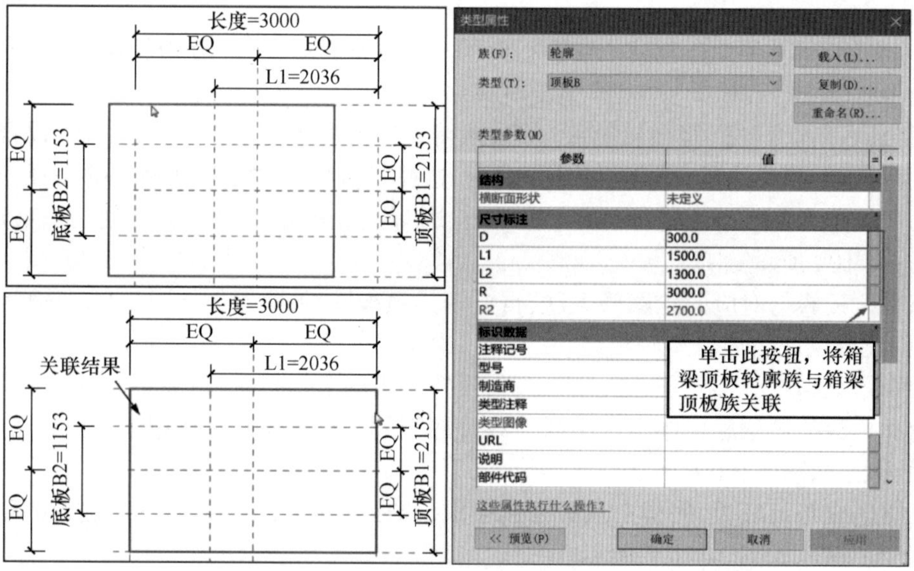

图 2-1-105 将箱梁顶板族与对应的轮廓族关联

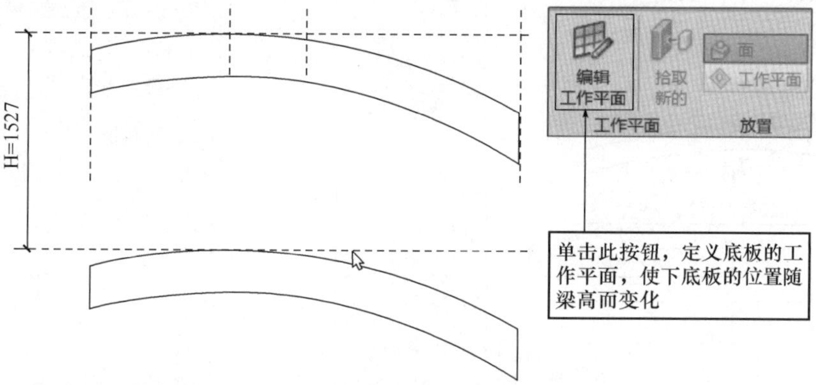

a)设置底板的工作平面

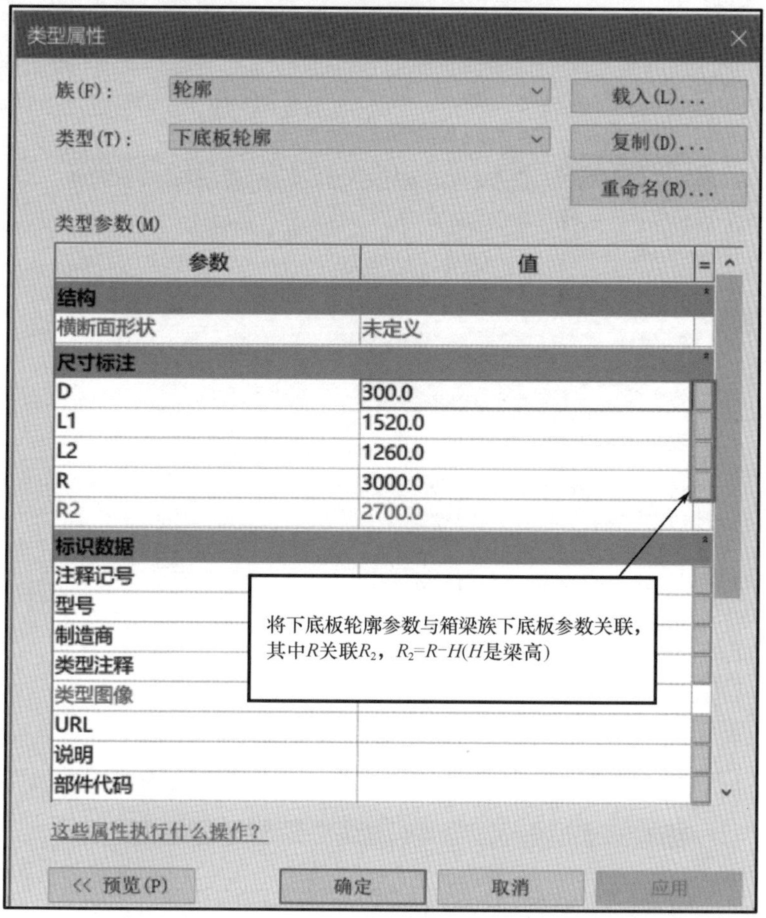

b)将箱梁底板族与对应的轮廓族关联

图 2-1-106 设置底板的工作平面以及将箱梁底板族与对应的轮廓族关联

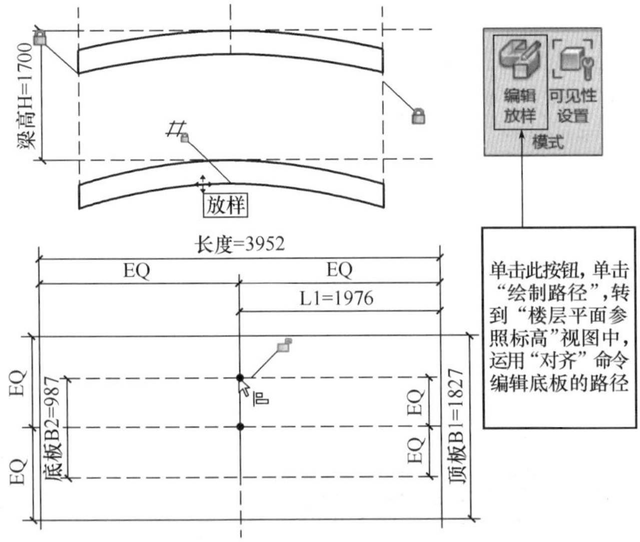

图 2-1-107　箱梁底板建模

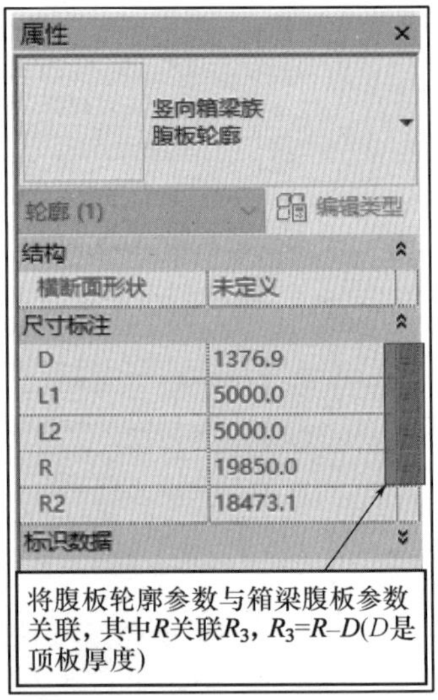

图 2-1-108　腹板轮廓参数与箱梁腹板参数关联

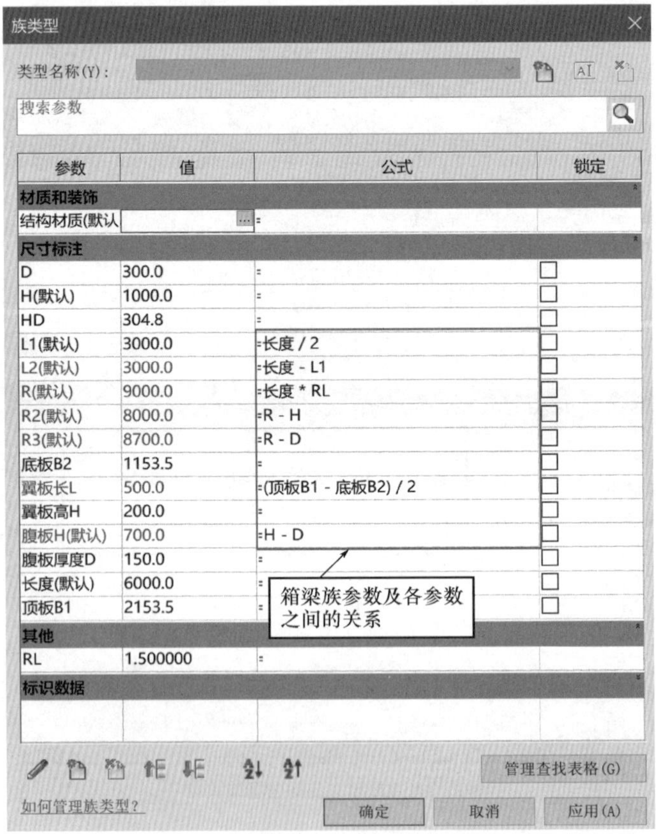

图 2-1-109　箱梁族参数及各参数之间的关系

单击“几何图形”面板→“连接”命令，把箱梁顶板、底板以及腹板连接为一个整体。

(4)创建翼板。

翼板采用空心放样命令创建，其操作如图 2-1-110 所示。

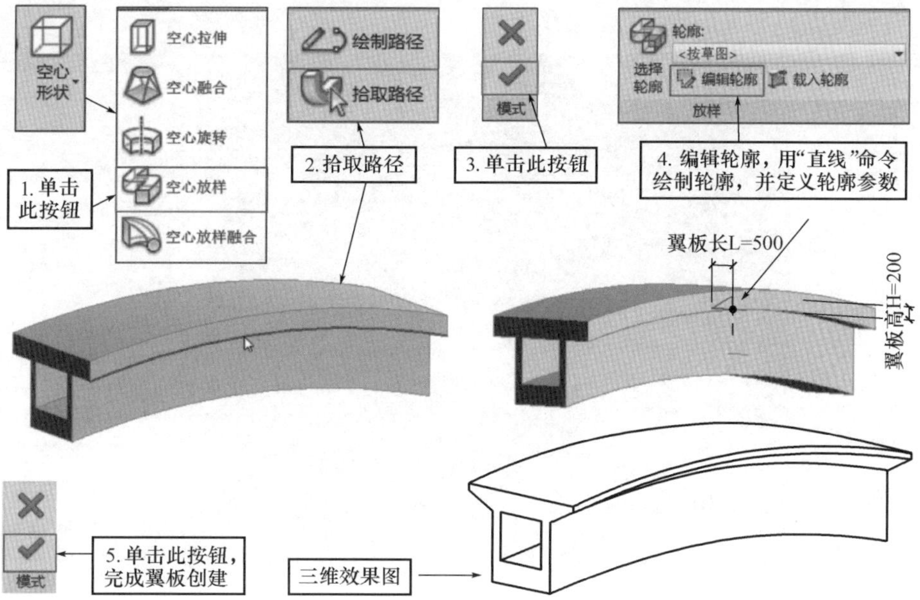

图 2-1-110 翼板的创建

保存该箱梁族，并单击“族编辑器”面板中的“载入到项目中”命令，可以在项目中创建竖曲线线形的变截面箱梁。

二、采用“自适应”编辑族模式创建箱梁族

明确任务：采用自适应族双点控制的方式来控制箱梁截面。以双点控制的方式控制箱梁截面，一个点控制箱梁顶部，另一个点控制箱梁下底面。将双自适应点控制的面设置为工作平面，自适应点移动，对应的工作平面就移动。采用自适应族编辑模式创建箱梁族。

任务实施 采用“自适应”编辑族模式创建箱梁族

(1)新建族，选择“自适应公制常规模型”族样板文件。进入自适应公制常规模型编辑器界面，如图 2-1-111 所示。

(2)单击“View Cube”工具中的“上”，设置上表面为工作平面。创建两个自适应点，单击“绘制”面板→“点图元”命令，用鼠标在工作区域单击创建参照点，选中参照点，单击“自适应构件”面板→“使自适应”命令，创建两个自适应点。单击“绘制”面板→“通过点的样条曲线”命令工具，在两个自适应点之间创建一条样条曲线。单击“样条曲线”，在“属性”面板中选择“参照线”选项，设置该样条曲线为参照线。选择该参照线水平方向的面为工作平面，在水平工作平面上绘制箱梁轮廓。设置箱梁轮廓工作平面的操作如图 2-1-112 所示。

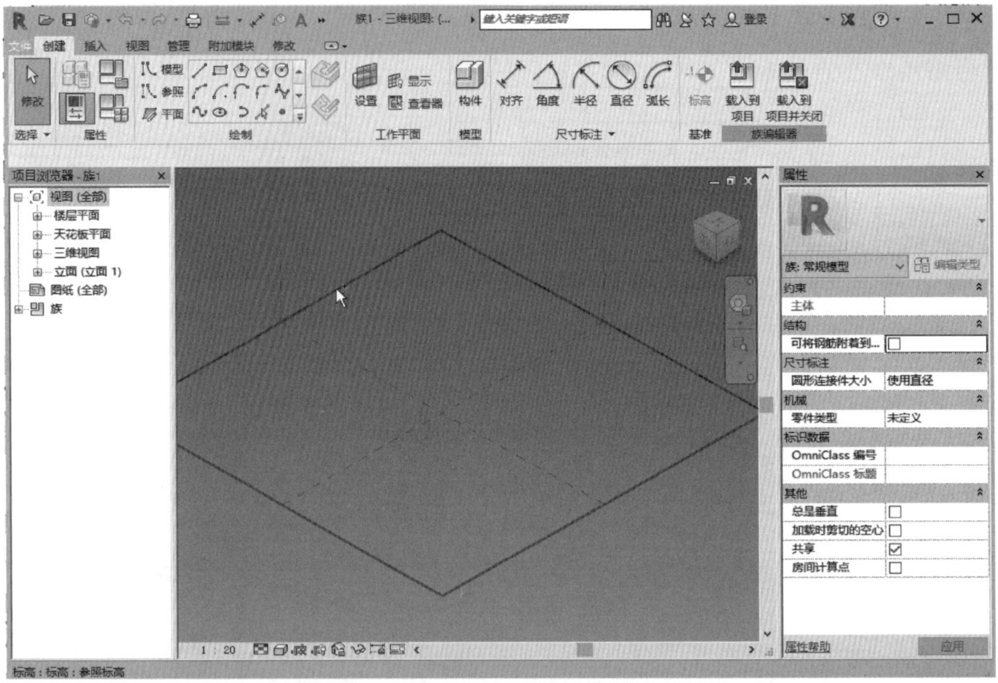

图 2-1-111 自适应公制常规模型编辑器界面

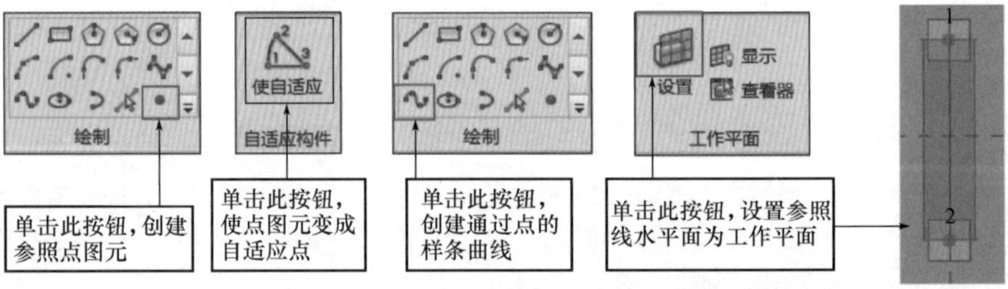

图 2-1-112 箱梁轮廓工作平面的操作

(3)设置箱梁的轮廓族参数以及与自适应点约束。

单击“绘制”面板→“直线”命令，绘制箱梁轮廓，单击“修改”面板→“对齐”命令，箱梁顶部、底部分别对齐自适应点，并与自适应点进行约束，标注尺寸，并设置箱梁轮廓参数。单击自适应点，拖曳绿色箭头，检验自适应点与箱梁顶板的约束情况。箱梁轮廓族参数设置与自适应点约束如图 2-1-113所示。

(4)把设置的箱梁自适应轮廓族载入概念体量族中，单击“View Cube”工具中的“左”，在左视图中，单击“绘制”面板→“通过点的样条曲线”命令，绘制两条纵向坡度线。

(5)单击“分割路径”按钮，将路径分割成 10 份。单击“创建”面板→“构件”命令，选择“放置”面板中的“放置在面上”选项，选择纵向坡度线上下两点位置，放置箱梁轮廓族。选中轮廓族，单击“修改”面板中的“重复”命令，在各分割点复制生成箱梁轮廓截面；选中截面，单击“删除中继器”命令，删除中继器；选中所有的截面，单击“创建形状”命令中的“创建实体”选项，创建箱梁模型族。箱梁模型族创建如图 2-1-114 所示。

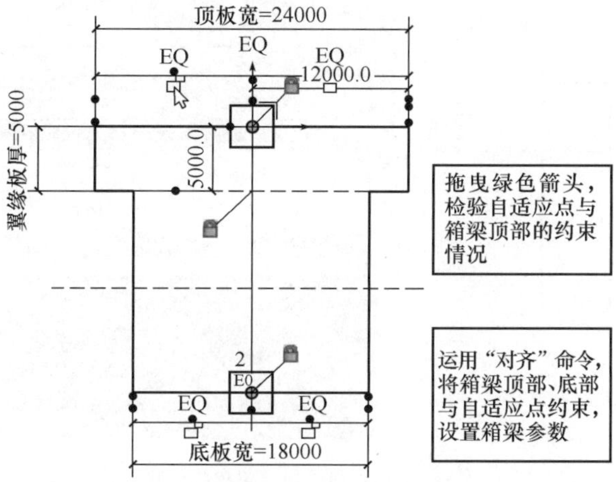

图 2-1-113 箱梁轮廓族参数设置与自适应点约束

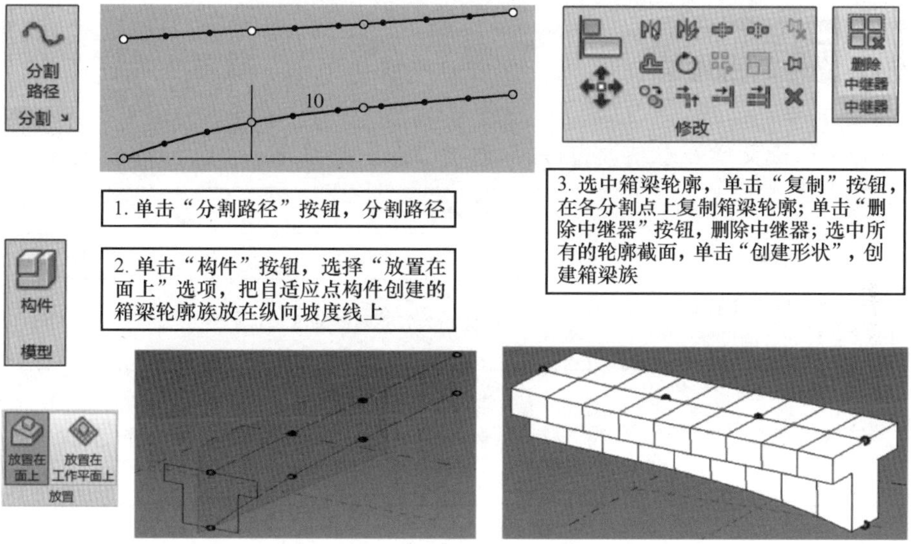

图 2-1-114 箱梁模型族创建

(6)创建箱梁内部轮廓。

箱梁内部轮廓的创建主要按照上述操作过程再创建一个自适应截面。创建两个自适应点以及通过两个自适应点的样条曲线，设置该样条曲线为“模型线”，设置该模型线的水平方向平面为工作平面，在工作平面上绘制矩形，设置参数，载入箱梁族中，选择“放置在面上”选项，调整内部参数值，单击“修改”面板中的“重复”命令，在各分割点复制生成箱梁内部轮廓截面；选中内部截面，单击“删除中继器”命令删除中继器；选中所有的内部截面单击“创建形体”命令中的“空心形状”，完成箱梁内部轮廓的创建，如图 2-1-115 所示。

(7)调整自适应族两点控制线在空间方向上的位置，完成曲线箱梁族的创建。

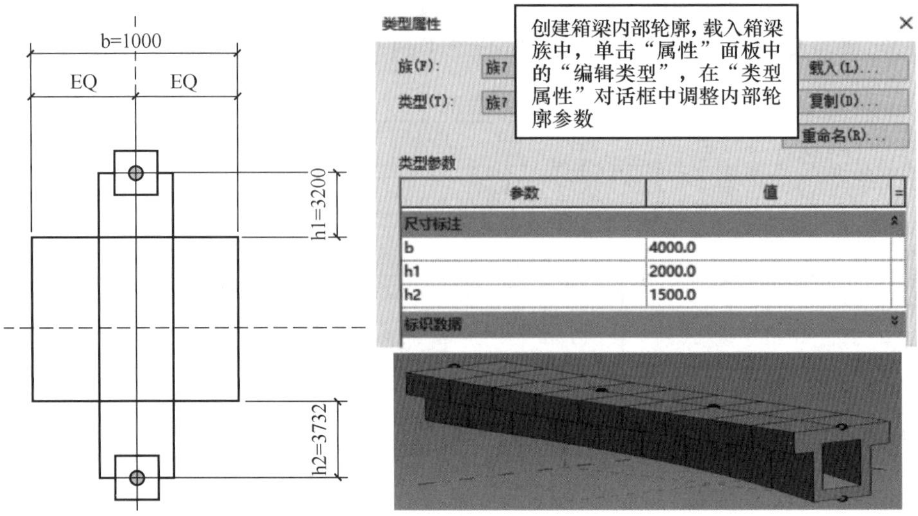

图 2-1-115　箱梁内部轮廓的创建

成果展示与评价

以小组为单位提交学习总结报告，加深对所学知识的掌握。

工作任务评价与分析			
评价项目	评价标准	参考分值(分)	得分(分)
纵断面竖曲线为圆曲线的箱梁竖向轮廓族参数的设置	设置参数的完整性与准确性	30	
箱梁顶板族、底板族以及腹板族的创建	操作的熟练程度、准确程度	60	
箱梁翼缘的修改	操作的熟练程度、准确程度	10	
总评			

知识点链接

自适应族

单击“自适应公制常规族.rft”族样板，进入编辑族模式。

在“平面视图：参照标高”视图中，单击“绘制”面板→“点图元”命令，用鼠标在建模区域单击建立参照点，按“Esc”键退出绘制状态后，选中参照点，单击“自适应构件”面板→“使自适应”命令，为参照点添加顺序编号。选择两个自适应点，单击“绘制”面板→“通过点的样条曲线”命令，在两自适应点之间创建一条样条曲线。

创建一个点，并把这个点变成自适应构件，载入项目中后单击鼠标捕捉的点就变成定位的点，如果不是自适应点，鼠标捕捉的点默认状态是参照平面的交点。使用自适应点的目的是使点移动时，物体的位置也跟着一起移动。所以，利用自适应点的特性可以控制物体的位置。如果物体的工作平面放置在自适应点上，创建物体之前，要先设置工作平面，选择自适应点的面，自适应点有三个工作平面（水平方向有一个面，竖直方向有两个面），先选择点上的一个面，然后在面上绘制模型。当对自适应点进行移动操作时，可以实现用自适应点控制物体的移动，载入体量中，鼠标的位置就是自适应点所在的空间位置。自适应点可以选择放置在面上或放置在工作平面上，也可以捕捉已有模型上的点、线、面，单击即可放置模型。

自适应单点控制模型的位置：

（1）单击“绘制”面板→“点图元”命令，用鼠标在工作区域单击建立参照点，选中参照点，单击“自适应构件”面板→“使自适应”命令，创建自适应点。

（2）选择自适应点上的面作为工作平面，自适应点有三个工作平面。选择物体放置方向前先确定自适应点的工作平面。

（3）选择自适应点水平方向的面作为工作平面来创建长方体。在水平方向的工作平面上，单击“绘制”面板→“矩形”命令，绘制矩形，单击“形状”面板→“创建形状”命令→“实心形状”，完成由单点控制位置的长方体的创建。

自适应单点控制模型位置的操作如图 2-1-116 所示。

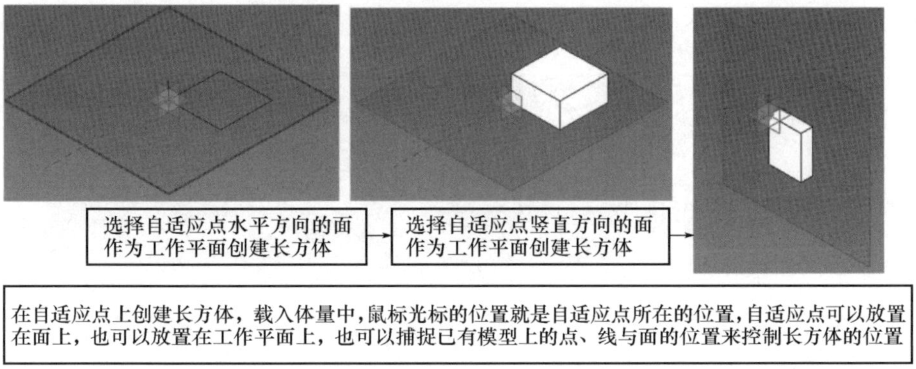

图 2-1-116 自适应单点控制模型位置的操作

实例九 创建自适应构件——拉索的建模。

斜拉桥的拉索将桥梁与索塔相连，在桥梁和索塔上都分布有节点，用来控制拉索的位置。现建立自适应构件拉索族。

自适应族在 Revit 中是非常重要的一种“族”，复杂形体都可以依靠自适应族来实现参数化的几何形体建模。

（1）新建族，选择“自适应公制常规模型”族样板文件。

（2）单击“创建”选项卡→“绘制”面板→“点图元”命令，Revit 自动切换到“修改 | 放置

线”上下文选项卡,在参照标高平面上放置两个点,选择这两个点,单击“自适应构件”面板→“使自适应”命令,并单击“创建”选项卡→“绘制”面板→“通过两点的样条曲线”命令,绘制一条通过两个自适应点的样条曲线,如图 2-1-117 所示。

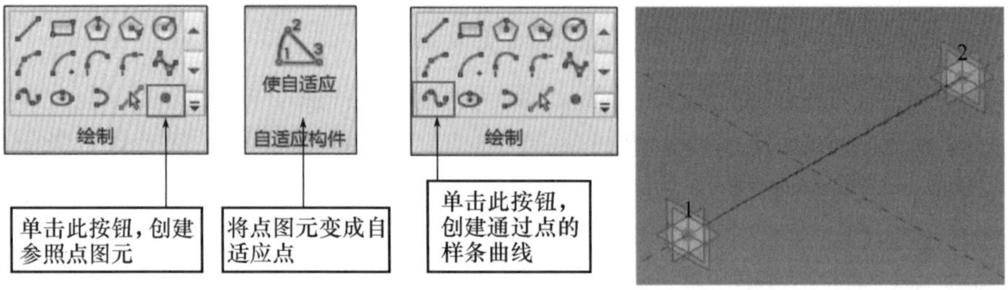

图 2-1-117 创建自适应点及通过两个自适应点的样条曲线

(3)单击“工作平面”面板→“设置”命令,选择“自适应点”竖直方向的平面作为工作平面,单击“工作平面”面板→“显示”命令,在该工作平面上,单击“创建”选项卡→“绘制”面板→“圆”命令,绘制一个圆周,设置圆的半径为 0.1m,采用同样的操作,在另一个自适应点的竖直平面上绘制一个同样大小的圆周;选择圆周,配合键盘的“Ctrl”键,并单击“创建形体”命令,生成一个圆柱体。

(4)设置圆柱体端部自适应点竖直方向的平面为工作平面,在圆柱体端部自适应点位置再绘制两个圆柱体,在另一自适应点处绘制一个圆柱体及一个球体,拖曳调整拉索端部圆柱,运用对齐命令对齐端部球体的位置,如图 2-1-118 所示。

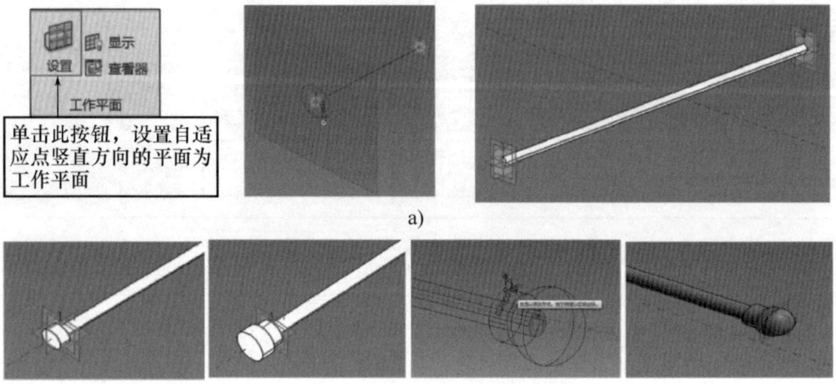

图 2-1-118 拉索的创建操作

实例十 运用“自适应公制常规模型”族样板文件,创建主拱圈。

(1)新建族,选择“自适应公制常规模型”族样板文件。

(2)绘制 3 个点图元以及通过 3 个点图元的样条曲线。

双击项目浏览器中的“楼层平面:参照标高”,打开该视图,单击“创建”选项卡→“绘制”

面板→“点图元”命令,在俯视图中放置3个“点图元”,按“Esc”键两次退出“点图元”命令。选择所绘制的点图元,Revit 自动切换到“修改|参照点”上下文选项卡,单击“自适应构件”面板→“使自适应”命令,使3个点变成自适应点,选择3个自适应点,单击“创建”选项卡→“绘制”面板→“通过点的样条曲线”命令,在3个自适应点之间生成一条样条曲线,如图2-1-119所示。

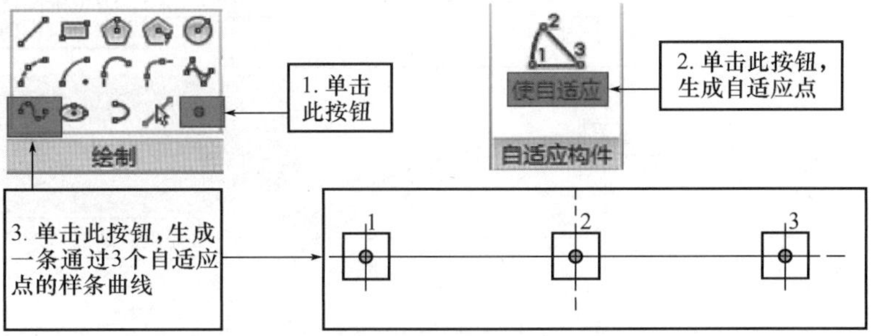

图2-1-119 通过3个自适应点的样条曲线的创建

(3)绘制拱梁矩形截面。

单击“创建”选项卡→“绘制”面板→“矩形”命令,自动切换到“修改|放置线”上下文选项卡,单击“工作平面”面板→“设置”命令,设置右视图为拱梁矩形截面的工作平面,如图2-1-120所示。以点图元1为矩形角点,向右移动鼠标光标至适当距离用单击鼠标左键绘制矩形,按“Esc”键两次退出矩形命令。把鼠标移至矩形附近,矩形高亮显示,利用“Tab”键在矩形和线-模型线之间切换,当线-模型线高亮显示时,选择矩形的一条边,Revit 自动出现该矩形边的临时尺寸标注,单击尺寸标注文本,修改矩形的尺寸为1400 mm×800 mm。

选择矩形,单击“修改”面板→“移动”命令,移动矩形的中心至点图元上。用同样的方法创建另外两个点图元位置的矩形。拱梁截面绘制如图2-1-120所示。

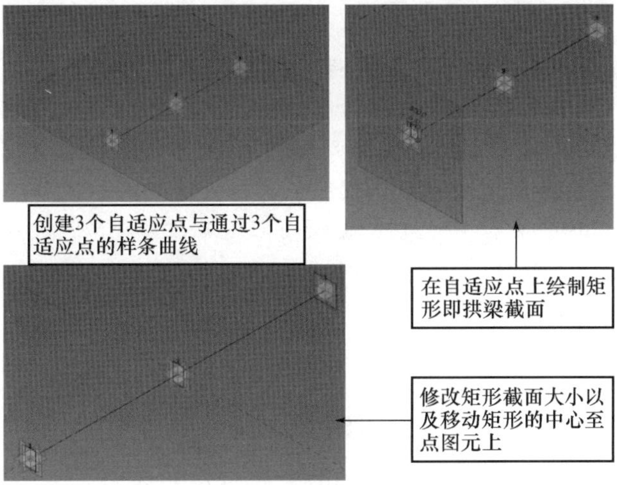

图2-1-120 拱梁截面绘制

(4)创建主拱圈实体。

单击选择左侧矩形,配合“Ctrl”键选择其他2个矩形以及通过3个自适应点的样条曲线,单击“形状”面板→“创建形状”命令下拉箭头→“实心形状”,创建一实心体。注意,在创建实心体时一定也要选择样条曲线。

双击项目浏览器立面视图的右视图,单击视图工具栏的"视觉样式"按钮,修改视觉样式为"线框",拖曳第二个自适应点,形成拱梁,如图 2-1-121 所示。

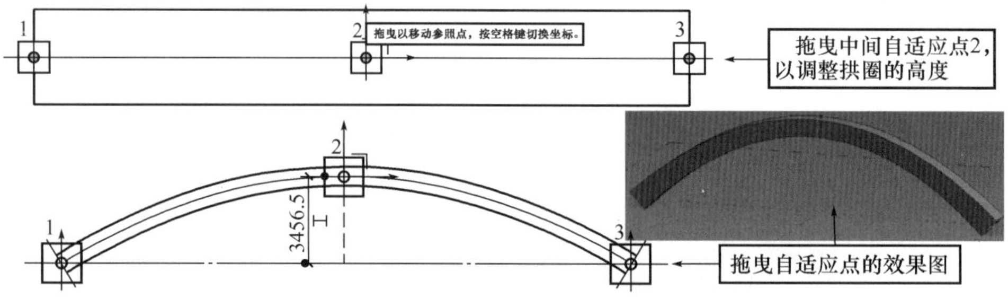

图 2-1-121 拱梁主拱圈的建模

单击"文件"菜单→"另存为"→"族",保存族文件为主拱圈。

(5)载入项目中。

单击"族编辑器"面板→"载入到项目"命令,把主拱圈载入拱桥项目中。

(6)放置主拱圈。

①打开拱桥桥型布置图 CAD 文件,创建拱桥立面视图为外部块,并保存外部块。

②单击"文件"菜单→"打开"→"项目",打开拱桥项目。

③设置工作平面。

单击"工作平面"面板→"设置"命令,指定新的工作平面"轴网:B",在打开的"转到视图"对话框中,选择"立面:南",切换到南立面视图。

双击项目浏览器的"立面:南",打开该视图,单击"插入"选项卡→"导入"面板→"导入CAD"命令按钮,弹出"导入 CAD 格式"对话框,设置导入单位及定位点,勾选"仅当前视图"复选框,单击"打开"按钮,导入拱桥立面外部块。选择该立面视图图块,单击"修改"面板→"移动"命令,勾选选项栏中的"约束"选项,对齐立面视图与基础底部标高位置。

④单击"建筑"选项卡→"构建"面板→"构件"按钮→"放置构件"命令,鼠标依次捕捉立面视图主拱圈左侧端部位置截面的中点、拱顶及右侧端部位置截面的中点。

自适应构件可以根据控制点的位置来调整构件的外形尺寸,注意拱顶控制点的调整。

⑤双击项目浏览器的"结构平面:场地",打开该视图,设置"轴网:C"为工作平面,采用同样的操作,创建另一侧主拱圈。

知识拓展

箱梁族(创建类型目录)

根据变截面箱梁的图纸及几何参数(图 2-1-122),批量创建变截面箱梁段,完成箱梁的创建。

主桥箱梁立面

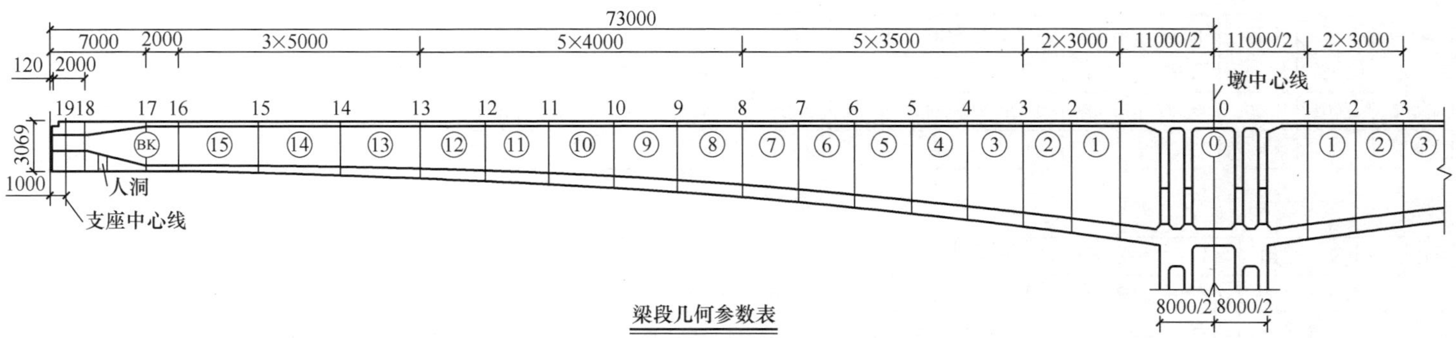

梁段几何参数表

截面号	0	1	2	3	4	5	6	7	8	9	10	11	12	13	14	15	16	17	18	19
梁高(cm)	750.0	730.0	691.1	653.9	612.5	573.5	536.8	502.5	470.6	437.1	406.9	380.1	56.8	337.1	317.9	305.1	300.0	300.0	300.0	300.0
顶板厚(cm)	40.0	28.0	28.0	28.0	28.0	28.0	28.0	28.0	28.0	28.0	28.0	28.0	28.0	28.0	28.0	28.0	28.0	28.0	80.0	80.0
底板厚(cm)	100.0	96.9	90.8	85.0	78.6	72.5	66.8	61.5	56.0	51.3	46.6	42.5	38.8	35.8	32.8	30.8	30.0	30.0	120.0	120.0
腹板厚(cm)	60.0	60.0	60.0	60.0	60.0	60.0	60.0	60.0	60.0	60.0	60.0	60.0	60.0	60.0	60.0	60.0	60.0	60.0	60.0	225.0
预拱度(cm)	0.86	0.96	1.39	1.87	2.33	2.77	3.18	3.56	3.92	4.29	4.93	5.17	5.41	5.52	4.81	3.36	2.63	0.48	0	0

梁段主要参数表

梁段号	0	1	2	3	4	5	6	7	8	9	10	11	12	13	14	15	BK
梁段长(cm)	1100.0	300.0	300.0	350.0	350.0	350.0	350.0	350.0	400.0	400.0	400.0	400.0	400.0	500.0	500.0	500.0	888.0
梁段体积(m^3)	288.5	57.6	55.2	61.5	58.6	55.8	55.3	50.8	55.4	52.7	50.3	48.3	46.5	56.1	54.4	53.4	149.5
梁段质量(t)	750.1	149.8	143.5	159.9	152.4	145.1	143.8	132.1	144.0	137.0	130.8	125.6	120.9	145.9	141.4	138.8	388.7

a)

图 2-1-122

主桥箱梁立面

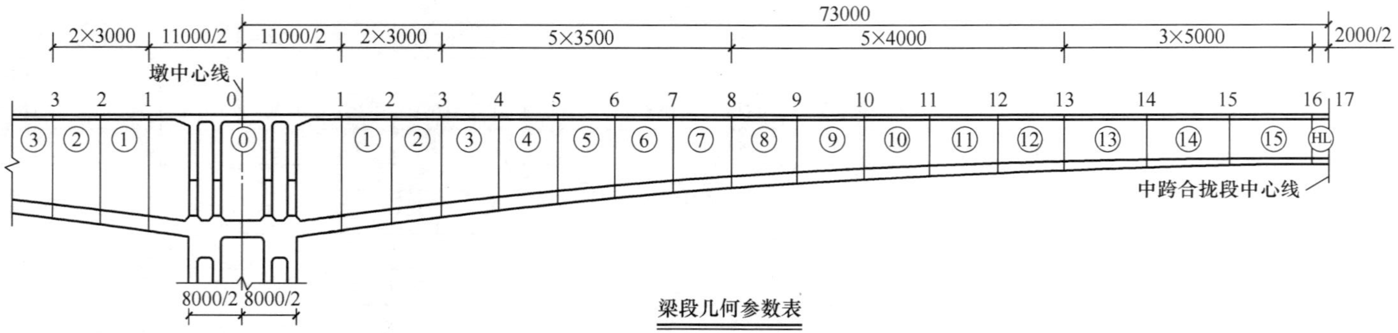

梁段几何参数表

截面号	0	1	2	3	4	5	6	7	8	9	10	11	12	13	14	15	16	17
梁高(cm)	750.0	730.0	691.1	653.9	612.5	573.5	536.8	502.5	470.6	437.1	406.9	380.1	356.8	337.1	317.9	305.1	300.0	300.0
顶板厚(cm)	40.0	28.0	28.0	28.0	28.0	28.0	28.0	28.0	28.0	28.0	28.0	28.0	28.0	28.0	28.0	28.0	28.0	28.0
底板厚(cm)	100.0	96.9	90.8	85.0	78.6	72.5	66.8	61.5	56.5	51.3	46.6	42.5	38.8	35.8	32.8	30.8	30.0	30.0
腹板厚(cm)	60.0	60.0	60.0	60.0	60.0	60.0	60.0	60.0	60.0	60.0	60.0	60.0	60.0	60.0	60.0	60.0	60.0	60.0
预拱度(cm)	0.86	1.03	1.71	2.47	3.18	3.84	4.45	5.02	5.54	6.07	6.55	6.96	7.32	7.67	7.93	8.09	8.16	8.16

梁段主要参数表

梁段号	0	1	2	3	4	5	6	7	8	9	10	11	12	13	14	15	HL
梁段长(cm)	1100.0	300.0	300.0	350.0	350.0	350.0	350.0	350.0	400.0	400.0	400.0	400.0	400.0	500.0	500.0	500.0	200.0
梁段体积(m^3)	288.5	57.6	55.2	61.5	58.6	55.8	55.3	50.8	55.4	52.7	50.3	48.3	46.5	56.1	54.4	53.4	20.7
梁段质量(t)	750.1	149.8	143.5	159.9	152.4	145.1	143.8	132.1	144.0	137.0	130.8	125.6	120.9	145.9	141.4	138.8	53.9

b)

图2-1-122 箱梁图（尺寸单位：mm）

创建类型目录,先要创建一个外部文本文件（TXT 格式）,其包含在特定族中创建的不同类型的参数和参数值,可以将该文件放置在与族文件相同的位置,以便在选择载入族时显示类型目录。

(1)创建一个标准节段。

①创建箱梁外轮廓族及内室轮廓族。

选择“公制轮廓族”族样板文件,以箱梁顶部中心为箱梁轮廓族的原点来设置箱梁外轮廓族,如图 2-1-123 所示。

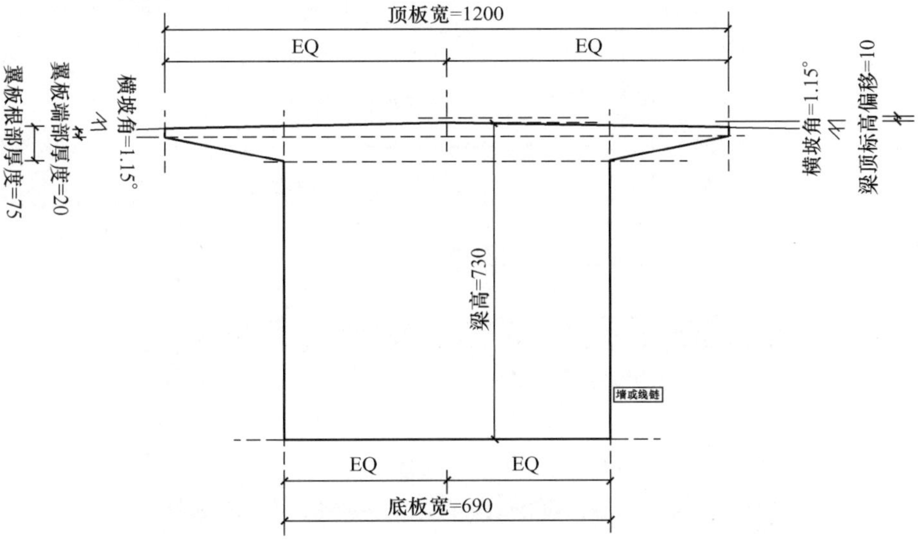

a)

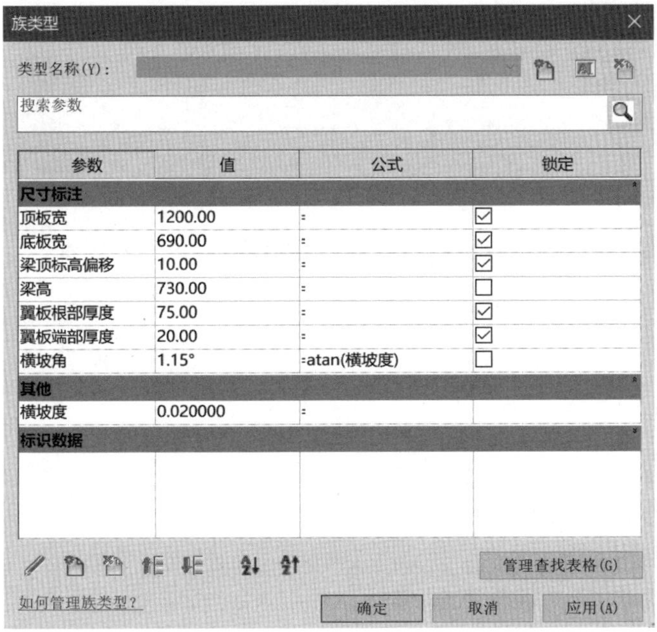

参数	值	公式	锁定
尺寸标注			
顶板宽	1200.00	=	☑
底板宽	690.00	=	☑
梁顶标高偏移	10.00	=	☑
梁高	730.00	=	☐
翼板根部厚度	75.00	=	☑
翼板端部厚度	20.00	=	☑
横坡角	1.15°	=atan(横坡度)	☐
其他			
横坡度	0.020000	=	
标识数据			

b)

图 2-1-123

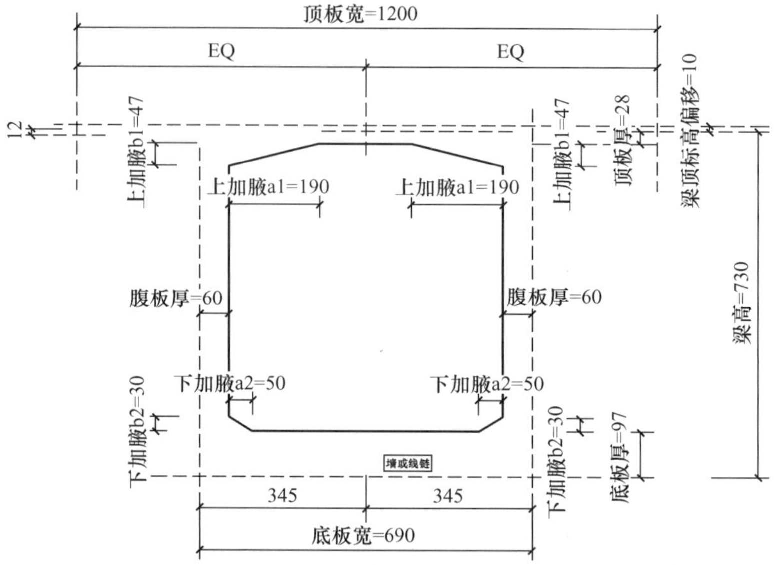

c)

d)

图 2-1-123 箱梁内外轮廓参数

箱梁内、外轮廓有一定的相对位置关系,把外轮廓族另存为内轮廓族,在外轮廓的基础上绘制内轮廓,删除外轮廓,以此来确定内轮廓族与外轮廓族之间的定位关系。

②创建标准节段。

新建族,族样板选择“公制结构框架-梁和支撑”,把箱梁的内、外轮廓族载入,用鼠标右键在项目浏览器中选择“族”→“轮廓族”→“变截面箱梁外轮廓族”,复制并重命名,生成截面1、截面2,将两截面参数都与公制结构框架对应的族参数进行参数关联,参数嵌套操作如

图 2-1-124所示。单击“类型属性”选项,修改截面 1、截面 2 的参数。采用放样融合命令生成标准箱梁节段。箱梁截面 1、截面 2 的内外截面参数如图 2-1-125 所示。

图 2-1-124　参数关联操作

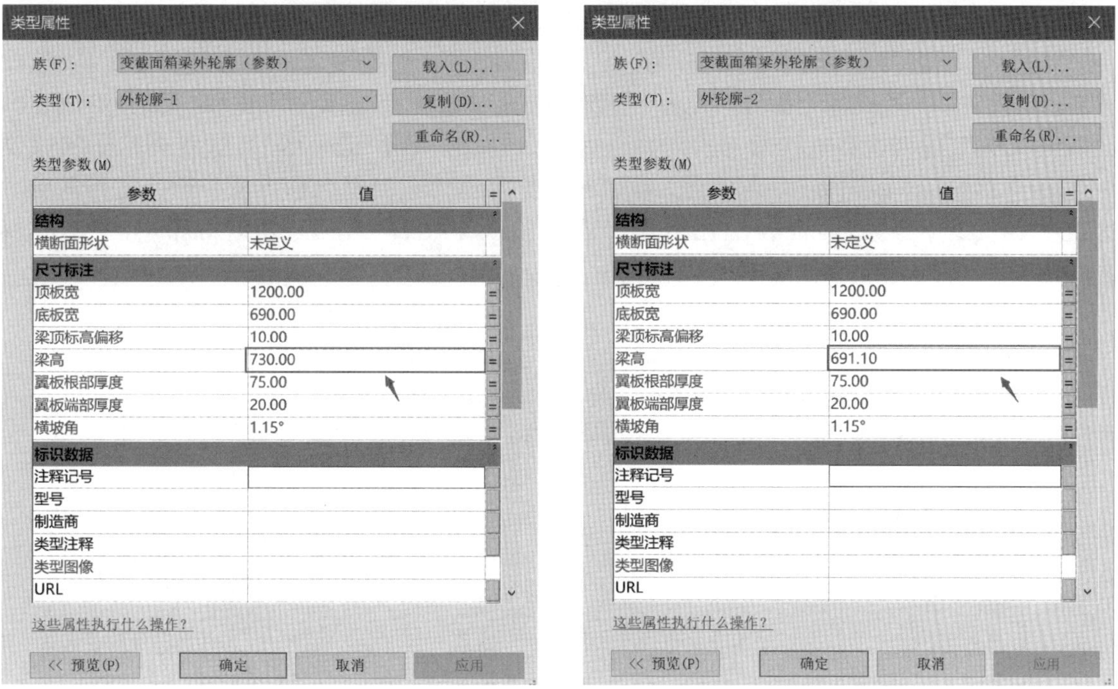

a)　　　　b)

图　2-1-125

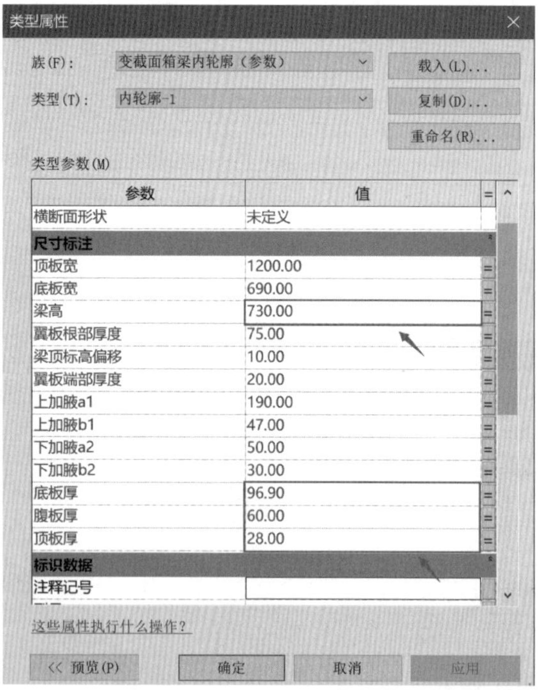

c)

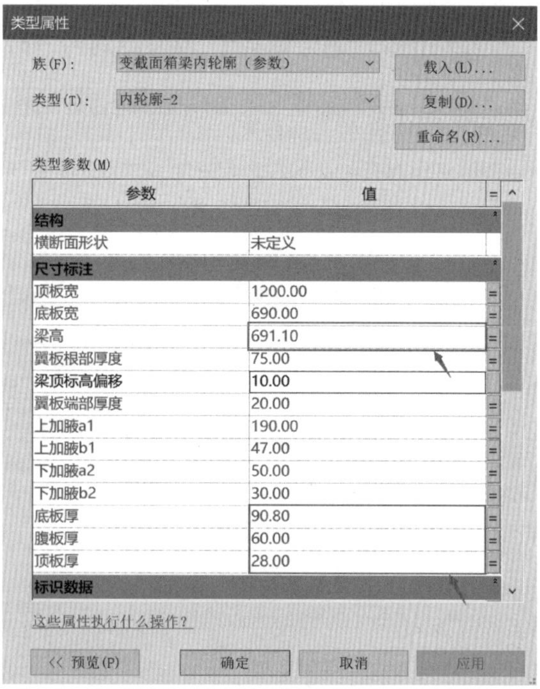

d)

图 2-1-125 箱梁截面 1、截面 2 的内外截面参数

(2)创建其他标准箱梁节段。

制作一个含各参数的 Excel 表格。注意，在 Excel 中创建表格，第一列是族类型名称，第二列是族中设置的一个参数，命名方式为"参数名称##参数类型##单位"，比如"梁高##length## millimeters"，其他列也是这样的，另存为". cvs"格式文件。用"记事本"方式打开这个格式文件，并保存为". txt"格式文件。注意，文件名称与所创建的族类型名称保持一致。常用的参数类型设置有，文字参数"name##OTHER##"，整数"name##OTHER##"，角度"name##ANGLE## DEGREES"。表格示例如图 2-1-126 所示。

标准块1-2#.csv

	A	B	C	D	E	F
1		节点1梁高##length##millimeters	顶板宽##length##millimeters	##length##	##length##	ength##mi
2	标准块1-2#	7300	12000	280	969	6900
3	2-3#块	6911	12000	280	908	6900
4	3-4#块	6539	12000	280	850	6900
5	4-5#块	6125	12000	280	786	6900
6	5-6#块	5735	12000	280	725	6900
7	6-7#块	5368	12000	280	668	6900
8	7-8#块	5025	12000	280	615	6900
9	8-9#块	4706	12000	280	565	6900
10	9-10#块	4371	12000	280	513	6900
11	10-11#块	4069	12000	280	466	6900
12	11-12#块	3801	12000	280	425	6900
13	12-13#块	3568	12000	280	388	6900
14	13-14#块	3371	12000	280	358	6900
15	14-15#块	3179	12000	280	328	6900
16	15-16#块	3051	12000	280	308	6900

图 2-1-126 表格示例

（3）新建项目，使用类型目录载入族。

使用类型目录载入族的步骤如下：

①将标准节段族文件和以标准节段命名的其他节段的“. txt”格式文件放置在同一个文件夹下面。

②在 Revit 项目或样板中，单击“插入”选项卡 →“从库中载入”面板 →“载入族”，定位到包含要打开的族的目录，此时将显示“类型目录”，在“类型目录”的“类型”列中，选择要载入的一个或多个族类型，选择时按住“Ctrl”键可以选择多个类型，单击“确定”按钮，批量载入族。批量载入族如图 2-1-127 所示。

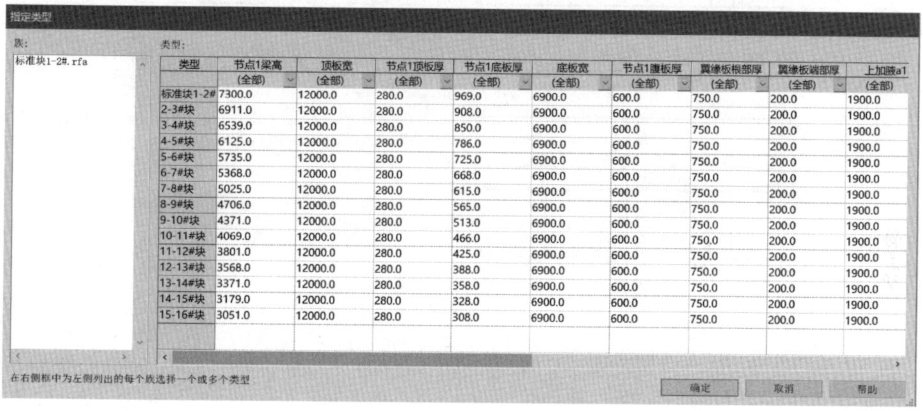

类型	节点1梁高	顶板宽	节点1顶板厚	节点1底板厚	底板宽	节点1腹板厚	翼缘板根部厚	翼缘板端部厚	上加腋a1
	(全部)	(全部)	(全部)	(全部)	(全部)	(全部)	(全部)	(全部)	(全部)
标准块1-2#	7300.0	12000.0	280.0	969.0	6900.0	600.0	750.0	200.0	1900.0
2-3#块	6911.0	12000.0	280.0	908.0	6900.0	600.0	750.0	200.0	1900.0
3-4#块	6539.0	12000.0	280.0	850.0	6900.0	600.0	750.0	200.0	1900.0
4-5#块	6125.0	12000.0	280.0	786.0	6900.0	600.0	750.0	200.0	1900.0
5-6#块	5735.0	12000.0	280.0	725.0	6900.0	600.0	750.0	200.0	1900.0
6-7#块	5368.0	12000.0	280.0	668.0	6900.0	600.0	750.0	200.0	1900.0
7-8#块	5025.0	12000.0	280.0	615.0	6900.0	600.0	750.0	200.0	1900.0
8-9#块	4706.0	12000.0	280.0	565.0	6900.0	600.0	750.0	200.0	1900.0
9-10#块	4371.0	12000.0	280.0	513.0	6900.0	600.0	750.0	200.0	1900.0
10-11#块	4069.0	12000.0	280.0	466.0	6900.0	600.0	750.0	200.0	1900.0
11-12#块	3801.0	12000.0	280.0	425.0	6900.0	600.0	750.0	200.0	1900.0
12-13#块	3568.0	12000.0	280.0	388.0	6900.0	600.0	750.0	200.0	1900.0
13-14#块	3371.0	12000.0	280.0	358.0	6900.0	600.0	750.0	200.0	1900.0
14-15#块	3179.0	12000.0	280.0	328.0	6900.0	600.0	750.0	200.0	1900.0
15-16#块	3051.0	12000.0	280.0	308.0	6900.0	600.0	750.0	200.0	1900.0

图 2-1-127　批量载入族

学习任务七　创建路基

学习任务描述

1. 根据某路面结构层（图 2-1-128），利用 Revit 软件的族参数命令创建路基路面结构模型，并设置路基路面结构参数。

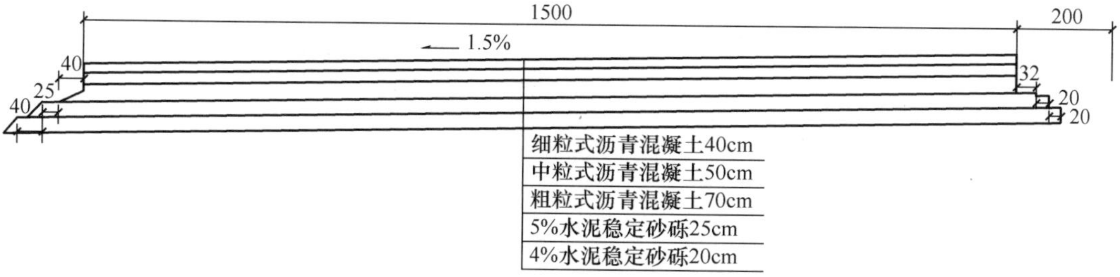

图 2-1-128　路面结构层（尺寸单位：cm）

2. 根据某挡土墙的三视图（图 2-1-129），利用 Revit 软件的族参数命令创建挡土墙结构模型。

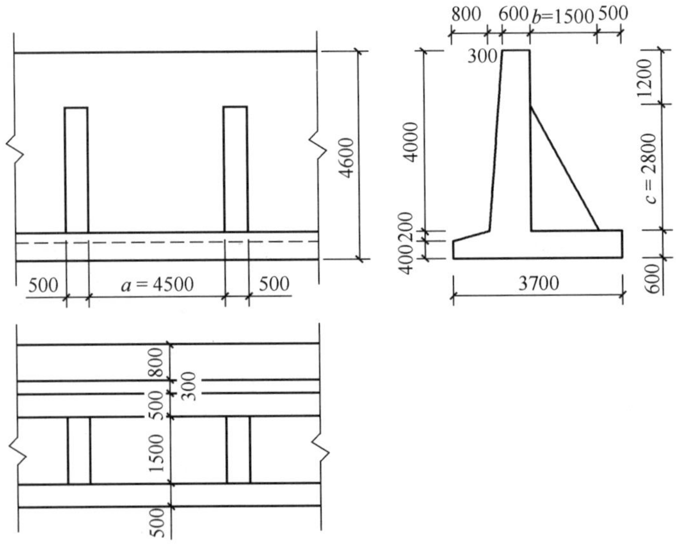

图 2-1-129　挡土墙三视图(尺寸单位:mm)

知识目标与能力目标

学习路基路面结构参数的设置和挡土墙结构模型的创建。 通过学习，应该达到以下目标：

1. 理解创建 Revit 路基族文件的原理及方法；
2. 能够创建路基各构件；
3. 掌握“基于线的公制常规模型”族样板的使用。

学习任务实施

明确任务：根据路基族文件（基层、面层、中央分隔带、路缘石），创建路基族文件；根据某挡土墙的三视图（图 2-1-129），使用“基于线的公制常规模型”族样板创建挡土墙模型。

任务实施 1 创建路基构件

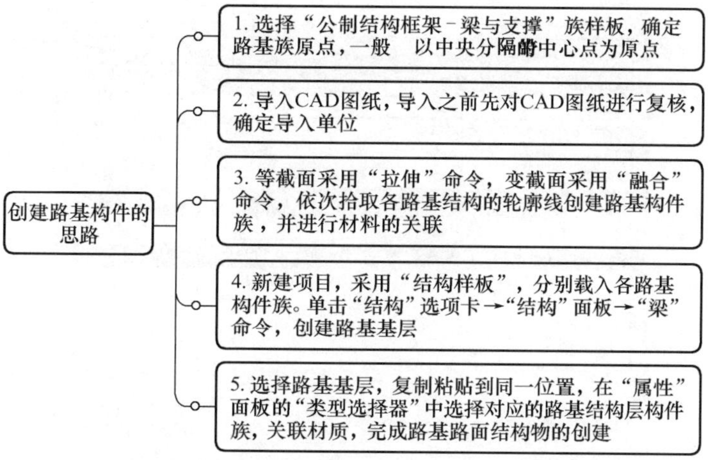

任务实施 2 创建路基结构族的族参数

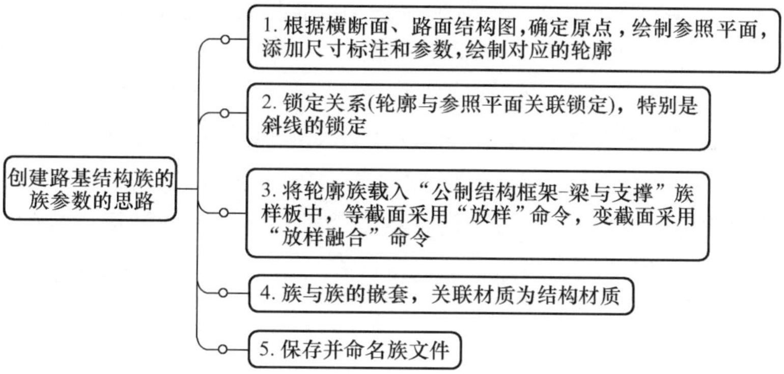

(1)选择“公制轮廓”族样板，轮廓族的原点为中分带的中间点，也就是将左幅、右幅路面的交点作为轮廓族的原点。绘制参照平面，标注尺寸，设置中分带宽、左幅宽、上面层厚、坡度角、横坡等参数，角度与横坡之间的关联，创建上面层轮廓族。路基上面层参数如图 2-1-130 所示。

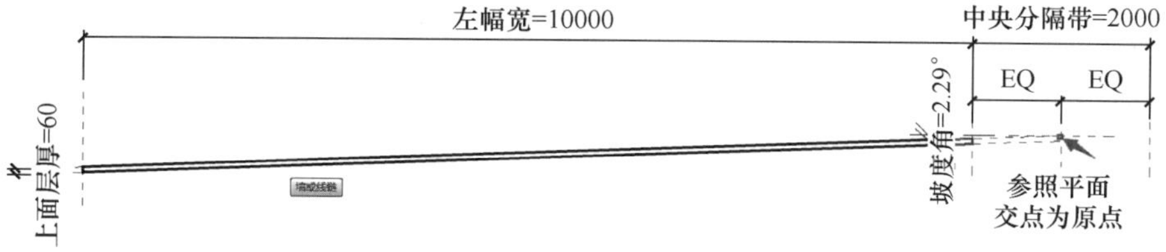

a)

图 2-1-130

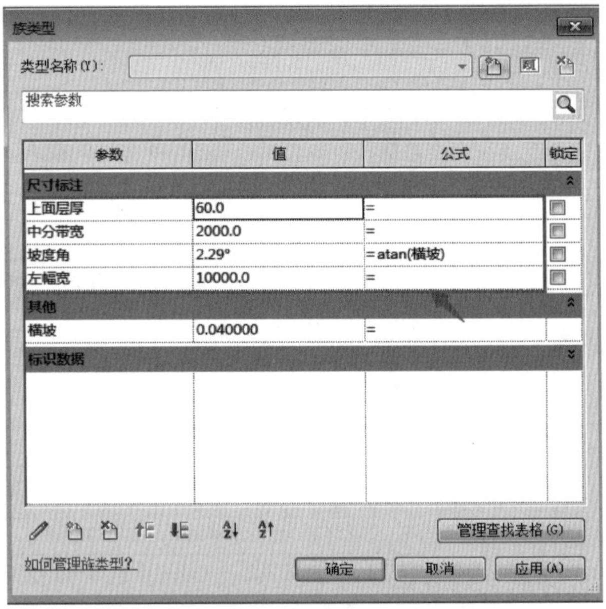

b)

图 2-1-130 路基上面层参数

(2)创建路面上面层结构。

选择“公制结构框架-梁与支撑”族样板,载入路面上面层轮廓族,创建上面层族构件,等截面采用“放样”命令,变截面采用“放样融合”命令。

(3)创建中面层、下面层、基层、底基层轮廓。

打开上面层截面轮廓,另存为中面层,删除上面层轮廓,绘制参照平面,设置“中面层厚”参数,绘制中面层轮廓,完成后保存。用同样的操作依次创建下面层、基层、底基层截面轮廓,以及路缘石、侧石的截面轮廓,注意各尺寸必须进行约束与锁定。路基各结构参数如图 2-1-131 所示。

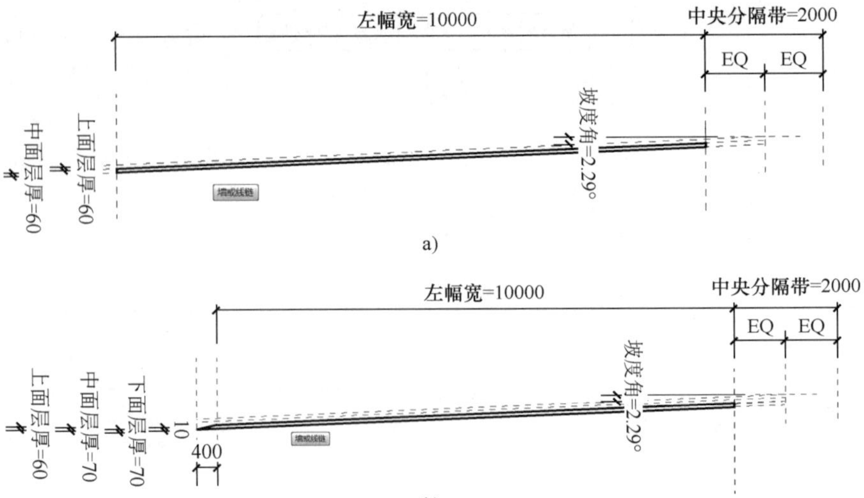

a) b)

图 2-1-131

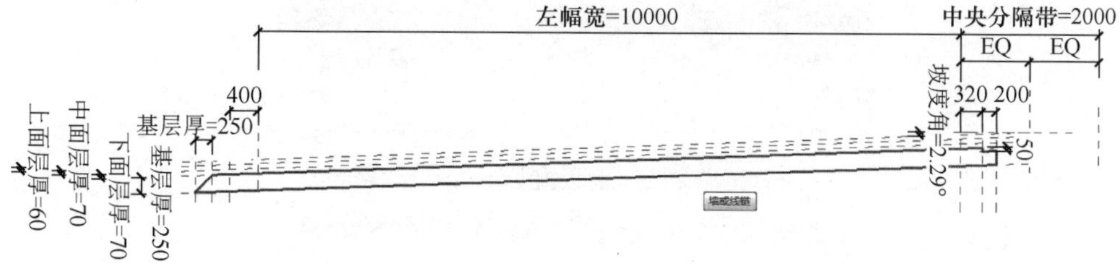

c)

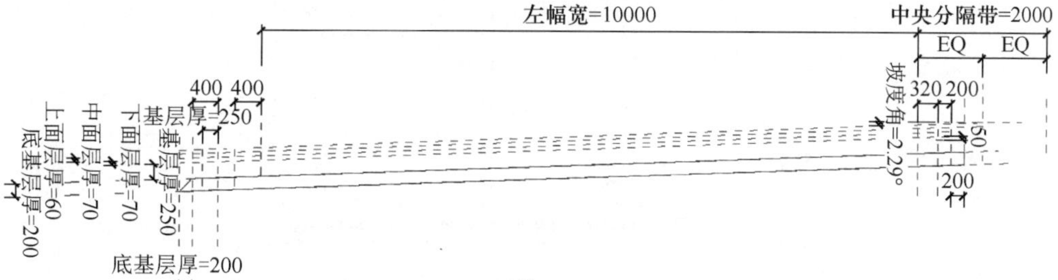

d)

图 2-1-131　路基各结构层参数

(4)参数嵌套。

创建路面下面层结构构件,采用“公制结构框架-梁与支撑”族样板,结构框架只有默认的长度参数。下面层轮廓的参数要与下面层结构族“公制结构框架-梁与支撑”族样板对应的参数进行关联,也就是建立嵌套关系。用“放样融合”命令创建结构层时,注意结构层的长度随着起点、终点而改变,必须对路径的端点与原有参照平面进行约束与锁定,改变长度,轮廓长度也会随之变化。

参数嵌套操作如图 2-1-132 所示。

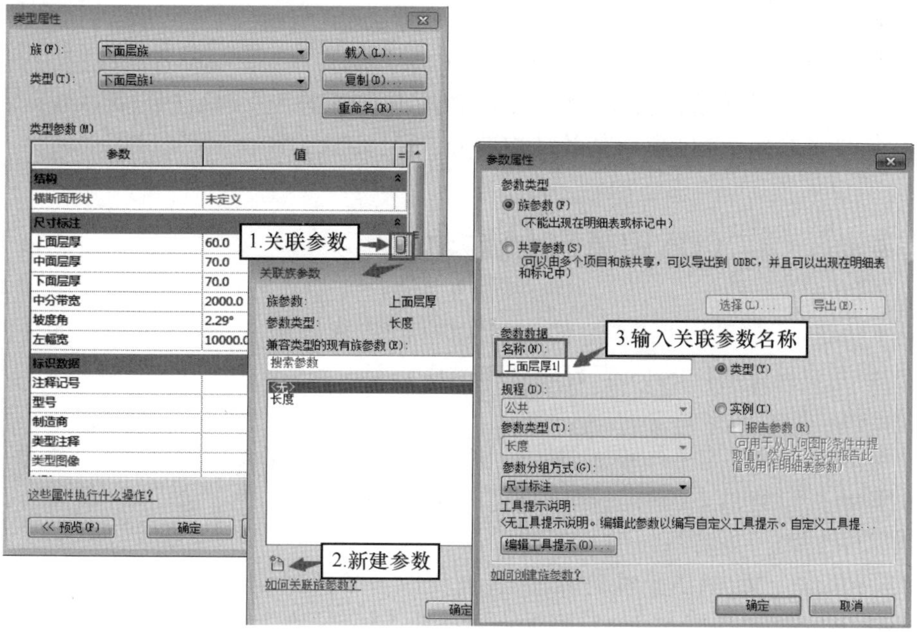

a)

图　2-1-132

b)

图 2-1-132 参数嵌套操作

(5)创建路基路面结构物。

新建项目,选择“结构样板”,载入路基各结构部分,单击“结构”选项卡→“构件”面板→“放置构件”命令,或单击项目浏览器中的“族”“结构框架”“构件”,拖曳绘图区域,或者单击右键,创建实例。选择已创建的构件,单击“剪贴板”面板→“复制”命令,复制构件,再单击“剪贴板”面板“粘贴”命令选项“与同一位置对齐”,再修改构件类型。载入项目后,也可以采用内建模型命令创建路缘石。

在项目中用“构件”→“内建模型”命令创建稀浆封层。

用同样的方法创建路缘石、侧石及平石的轮廓,再嵌套在“公制结构框架-梁与支撑”族样板中,使用“放样融合”命令创建路基各结构部分,进行参数关联,并设置材质关联。

任务实施3 创建路基挡土墙族构件

(1)对于线状物,宜采用“基于线的公制常规模型”族样板。选择“基于线的公制常规模型”族样板,由两点确定构件的长度,在常规模型中必须再输入对应的长度参数。

(2)设置挡墙的有关参数。

设置“参照平面:左”为工作平面,在“立面:左”视图中绘制参照平面,标注参照平面之间的尺寸,选择尺寸,设置挡土墙有关参数,如图 2-1-133 所示。

(3)创建挡土墙。

单击“拉伸”命令,绘制挡土墙轮廓,并进行轮廓与参照平面的约束与锁定,单击“完成编辑模式”按钮。切换到“楼层平面:参照标高”视图,锁定长度参数的参照平面,创建挡土墙。修改挡土墙参数,检查参数能否驱动。

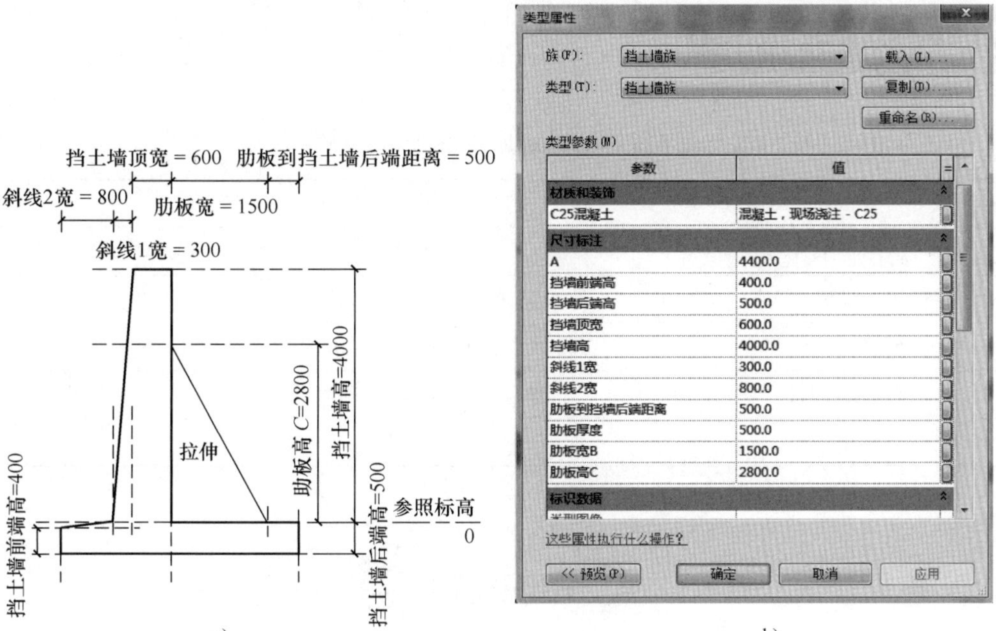

a) b)

图 2-1-133 挡土墙参数

(4)创建肋板。

在“立面:左”视图中绘制参照平面，标注尺寸，设置肋板有关参数，用“拉伸”命令创建肋板。

实例十一 创建矩形水沟、梯形水沟——基于线的公制常规模型

(1)选择“基于线的公制常规模型”族样板，在“立面:左”视图中绘制矩形、梯形水沟截面轮廓，设置矩形、梯形水沟截面参数，如图 2-1-134 所示，用“拉伸”命令创建水沟，并使水沟的起点、终点与长度模型线的端点对齐并约束。

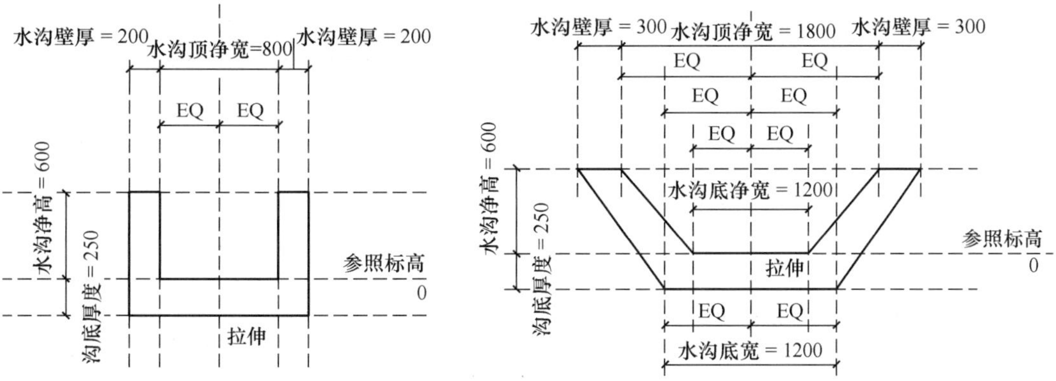

图 2-1-134 水沟截面参数

(2)把前面创建的“水沟族”载入项目中，单击“建筑”选项卡→“构建”面板→“构件”选项→“放置构件”，单击“放置”面板中的“放置在工作平面上”选项，创建水沟。

成果展示与评价

以小组为单位提交学习总结报告,加深对所学知识的掌握。

工作任务评价与分析			
评价项目	评价标准	参考分值(分)	得分(分)
路基基层、面层的创建	参数的完整性与准确性	40	
挡土墙的创建	操作的熟练程度、准确程度	30	
排水沟的创建	操作的熟练程度、准确程度	30	
总评			

知识拓展

桥面铺装层、附属结构建模

(1)创建桥面铺装层各轮廓族。

桥面铺装层由垫层、找平层及人行道组成,人行道由地梁、缘石及盖板组成。创建箱梁时的定位点为箱梁顶部截面中心,故垫层、找平层及人行道轮廓族的中心也应设置在相同的位置,方便定位,分别创建垫层、找平层、地梁及缘石轮廓族。桥面铺装层各轮廓族如图 2-1-135 所示。

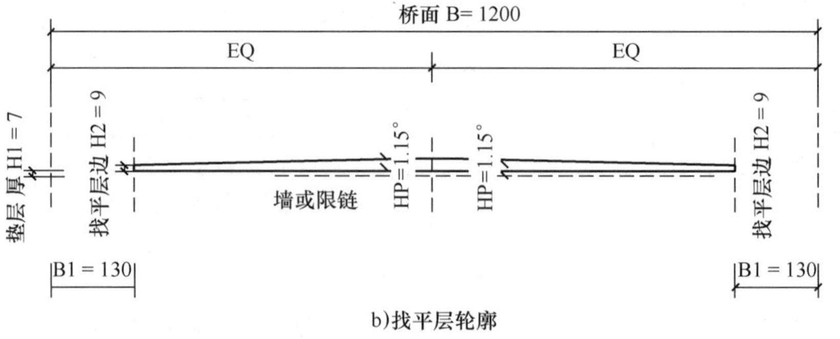

图 2-1-135

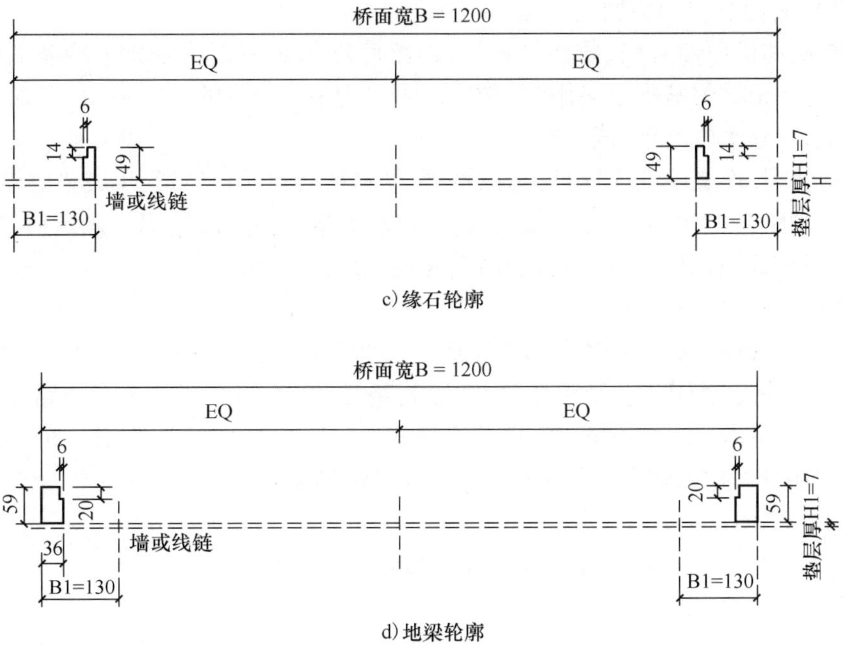

图 2-1-135　桥面铺装层各轮廓族

（2）添加族参数，包括梁宽度、人行道宽度、垫层厚、找平层厚及横坡。

单击“属性“面板→“族类型”命令，打开“族类型”对话框，单击“添加”按钮，弹出“参数属性”对话框，依次添加梁宽度、人行道宽度、垫层厚、找平层厚及横坡坡度等族参数，如图 2-1-136所示。保存桥面铺装族，载入项目中，关联有关参数。

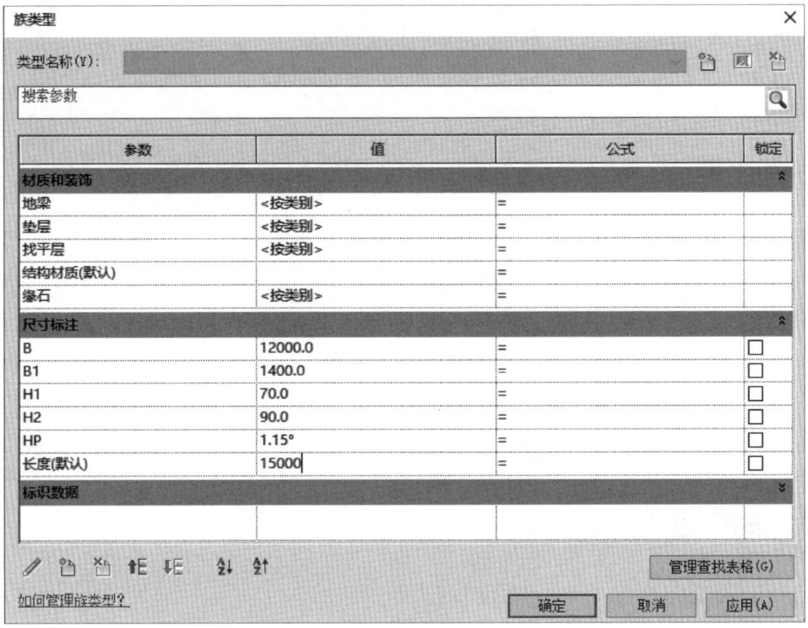

图 2-1-136　桥面铺装层各参数的添加

(3)创建桥面铺装层的垫层。

桥面现浇层和桥面铺装层、防撞栏杆、波形梁底座都是在箱梁基础上绘制截面轮廓得到的,即可以通过在箱梁的基础上采用“复制”命令及“粘贴”命令的“与同一位置对齐”选项,复制在同一个位置,修改族类型,调整标高得到。

把桥面铺装层、现浇层载入项目,选择箱梁,复制粘贴到同一位置,生成垫层族。单击垫层族,编辑族,绘制路径,并约束路径的端点,选择垫层轮廓,轮廓1、轮廓2确定后,单击“模式”中的“完成编辑模式”按钮,完成垫层的建模,修改垫层的标高。

(4)创建桥面铺装层的找平层。

创建垫层后,选择垫层,单击“修改”面板→“复制”命令,复制垫层,选中复制的垫层,单击“编辑放样融合”命令,单击“绘制路径”命令绘制路径,运用“对齐”命令对齐路径至中心参照平面的交点位置,单击“模式”中的“完成编辑模式”按钮,完成路径的绘制。确定轮廓1、轮廓2,单击“模式”中的“完成编辑模式”按钮,完成找平层创建。

依此操作分别创建缘石和地梁,并设置各层材质。

(5)打开箱梁族,编辑族,创建防撞栏杆,请读者自行完成。

(6)运用楼板命令创建人行道盖板。

单击“结构”选项卡→“结构”面板→“楼板”命令→“结构:楼板”选项,在“属性”面板中设置楼板的结构,采用“绘制”面板中“拾取线”的方式,分别拾取盖板轮廓线,单击“模式”面板中的“完成编辑模式”按钮,完成人行道盖板的绘制。

切换到左视图中,选择人行道盖板,修改约束条件为“标高2”,单击“修改子图元”,调整人行道盖板在地梁的位置,如图2-1-137所示。

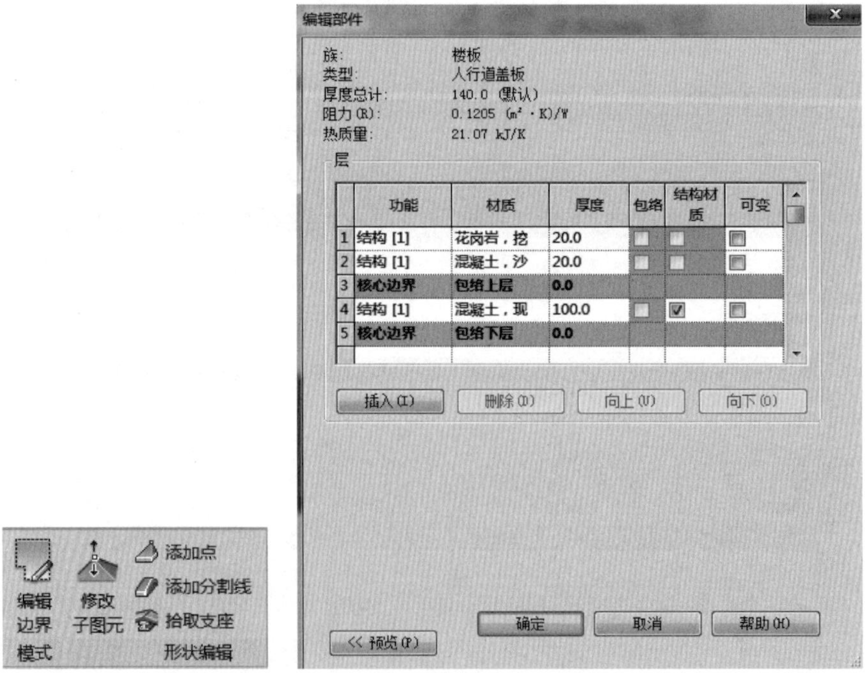

图2-1-137 人行道盖板的创建

桥面铺装层的三维效果如图 2-1-138 所示。

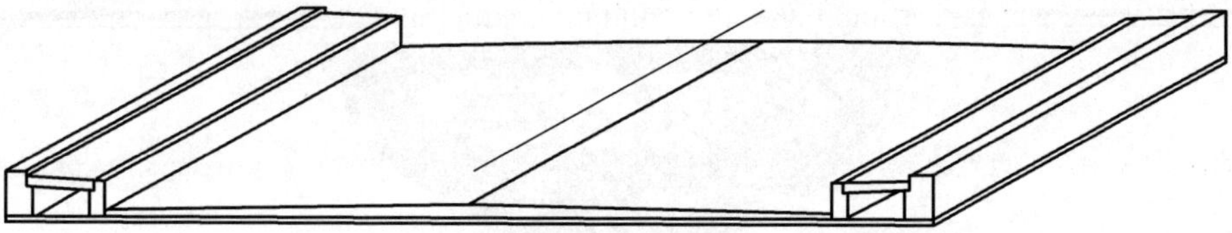

图 2-1-138 桥面铺装层三维效果图

项目二

创建体量

在 Revit 中,体量是指建筑模型的初始设计中使用的三维形状,整个建筑是由多个形状组成的。体量就是由一个或者多个形状拼接和连接组成的几何形体。

在 Revit 中,通过“概念体量”操作界面,来创建概念体量,概念体量其实是一种族。在“概念体量”族样板中,可以使用内建和可载入的体量族图元来创建概念体量。

Revit 提供了两种创建体量的方式:内建体量和可载入体量族。内建体量用于表示项目独特的体量形式;创建体量族后,当一个项目中放置体量的多个实例或者多个项目中需要使用同一体量族时,通常使用可载入体量族。

1. 内建体量

在项目文件中,单击“体量和场地”选项卡→“概念体量”面板→“内建体量”命令,Revit 弹出“体量-显示体量已启用”对话框,单击“关闭”按钮,在打开的“名称”对话框中,输入体量名称,单击“确定”按钮,即可进入概念体量族编辑器,如图 2-2-1 所示。

图 2-2-1 概念体量族编辑器

使用“创建”选项卡→“绘制”工具,绘制体量模型轮廓,单击“创建形状”命令,即可创建体量模型。完成体量模型绘制后,单击“在位编辑器”面板→“完成体量”按钮。

2. 可载入体量族

可载入体量族与族文件相似,属于独立的文件。可以通过“文件”菜单→“新建”→“概念体量”,选择概念体量族样板,建立体量族文件,从而进入概念体量族编辑器绘制体量模型,先创建模型造型轮廓线,再生成相应的几何形体。

完成体量模型的绘制后,保存体量族文件,在项目文件中,载入体量族文件,单击“体量和场地”选项卡→“概念体量”面板→“放置体量”命令,将体量族文件载入项目文件中放置后使用。

内建体量和可载入体量族的体量模型创建方法完全一样，两者的区别在于一个是项目内创建，一个是项目外创建。

3. 体量族与构件族的区别

体量族一般不需要像构件族那样设置很多控制参数，它只有几个简单的尺寸控制参数甚至没有参数。另外，两者的创建方式不一样，体量族创建时要先创建模型造型轮廓、对称轴、路径等三维图元，根据所创建的造型轮廓线，用“创建形状”工具→“实心形状”或者“空心形状”选项创建三维模型。体量族可以使用点、线、面图元创建各种复杂的实体模型和面模型。创建构件族时，先选择某一个“实心形状”或“空心形状”命令，再绘制轮廓、路径等创建相应的实体三维模型。构件族只能用拉伸、融合、旋转、放样、放样融合 5 种方法创建相对比较简单的三维实体模型。

实例一 根据八字翼墙的三视图（图 2-2-2），创建八字翼墙模型，熟悉通过模型线绘制图元的体量建模方法。

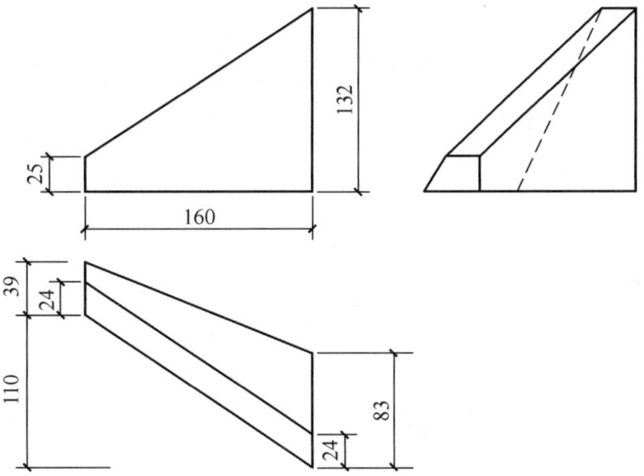

图 2-2-2 八字翼墙三视图（尺寸单位：cm）

（1）单击“文件”→“新建”→“概念体量”，在“新概念体量-选择样板文件”对话框中，选择“公制体量”，进入体量编辑模式。

（2）选择“楼层平面：标高 1”视图，单击“创建”选项卡→“绘制”面板→“参照平面”命令，绘制一个距离“参照平面：中心（左/右）”1600mm 的参照平面 1。

（3）设置参照平面 1 为工作平面有下列两种方式。

方式一：单击“工作平面”面板→“设置”命令，在“工作平面”对话框中选择“拾取一个平面”的方式，拾取参照平面 1 作为绘制八字翼墙左侧面的工作平面，如图 2-2-3 所示。

方式二：直接选择参照平面 1，单击“View Cube”工具中的“左”，切换到左视图，如图 2-2-4 所示。

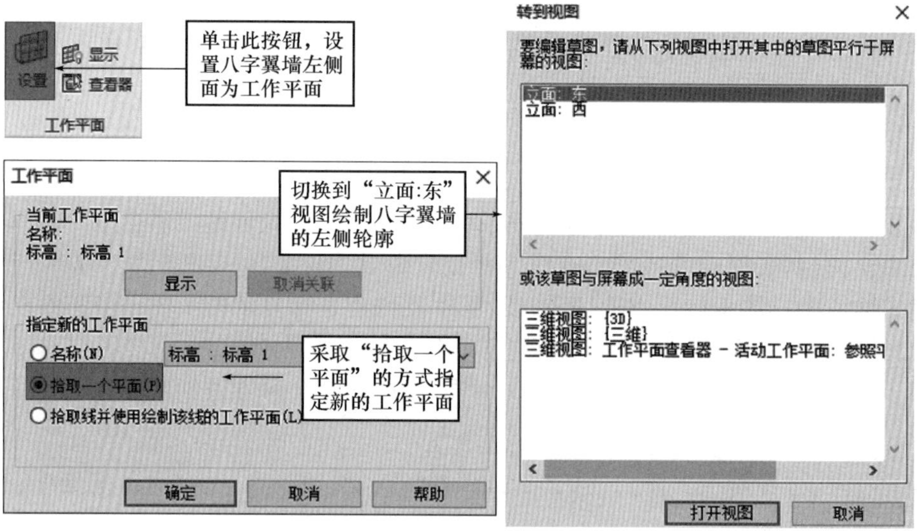

图 2-2-3　设置工作平面的方式一

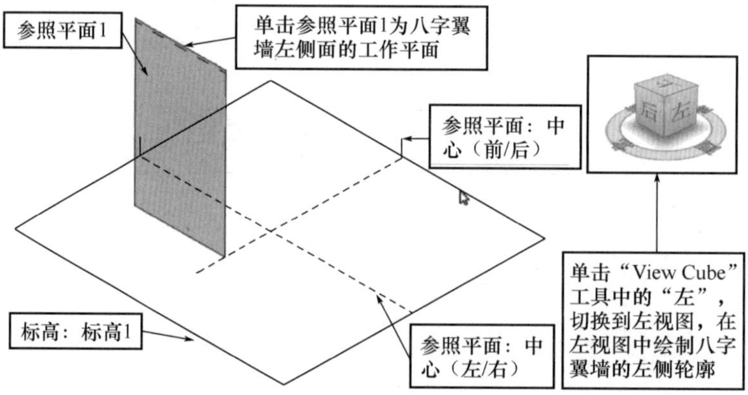

图 2-2-4　设置工作平面的方式二

(4)在“立面:左”视图中,单击“创建”选项卡→“绘制”面板→“直线”命令,绘制图 2-2-5所示的进口处八字翼墙的左侧轮廓。

(5)按照前面的操作步骤(2)和(3),选择水平的“参照平面:中心(左/右)”为工作平面,单击“View Cube”工具中的“左”,切换到“立面:左”视图,绘制图 2-2-5 所示的进口处八字翼墙的右侧轮廓。

(6)按两次“Esc”键退出绘制状态,按照图 2-2-5 调整八字翼墙左右方向的位置。单击快速访问工具栏中的“默认三维视图”按钮,切换至三维视图,移动光标到绘制完的八字翼墙的轮廓线上,当轮廓线高亮显示时单击鼠标左键选中轮廓,按住“Ctrl”键,依次单击并选中这两个图元,单击“形状”面板→“创建形状”命令下拉菜单→“实心形状”选项,创建三维模型。

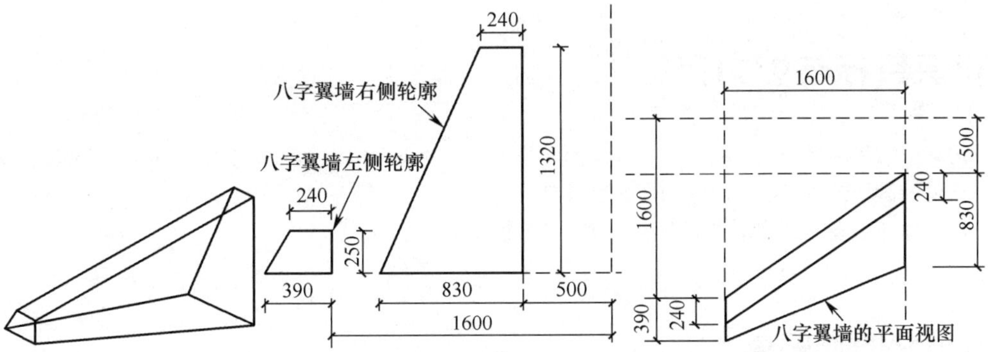

图 2-2-5　八字翼墙示意图

学习任务一　识读与创建异形桥墩

学习任务描述

根据所给的异形桥墩三视图（图 2-2-6），识读并创建异形桥墩模型。异形桥墩由桩基础、承台、异形立柱及垫石组成。异形立柱下部分是等截面柱体，用拉伸体量创建。上部柱部分截面是变化的，在立面曲线上至少取三个截面作为剖切平面，每个轮廓都在相应的标高上，在立面视图中绘制几个标高，对应几个轮廓，用融合体量建模的方法来创建。

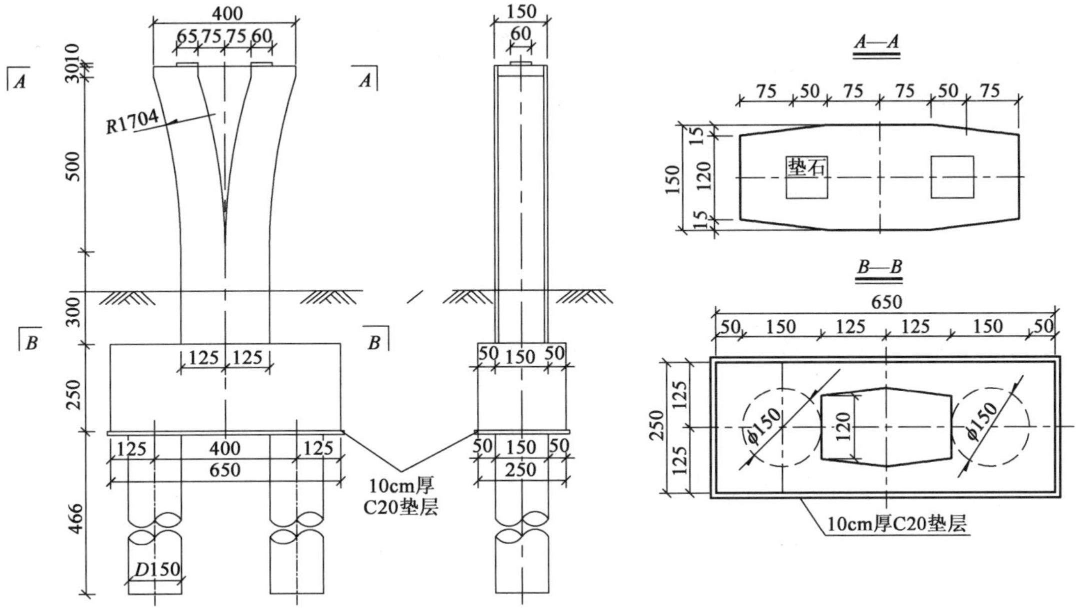

图 2-2-6　异形桥墩三视图(尺寸单位:cm)

知识目标与能力目标

学习异形墩的形状和尺寸的识读，以及用体量建模方式创建构件。 通过学习，应该达到以下目标：

1. 正确识读异形墩各组成部分的形状及尺寸。
2. 能用体量建模方式创建异形墩各组成部分的模型。

学习任务实施

明确任务：根据图纸，用体量建模方式创建异形墩的模型。

任务实施1　创建异形墩下部的基础部分

（1）新建“新概念体量-公制体量”，单击“打开”按钮，进入公制体量族编辑界面。切换到“立面：南”视图，单击“创建”选项卡→“基准”面板→“标高”命令，分别创建标高2～标高5，标高值分别为2.5m、5.5m、8.5m、8.8m。

（2）创建桩基。

切换到“楼层平面：标高1”视图，单击“圆”命令，创建半径为750mm的圆，绘制完成后，单击“创建形状”→“实心形状”命令创建圆柱体桩基，选择“圆柱体”，切换至“立面：南”视图，向上拖曳蓝色箭头，修改临时尺寸标注为桩基高度。切换到“楼层平面：标高1”视图，设置楼层平面视图的视图范围，在视图中能显示桩基础的投影，选择桩基础，单击“修改”面板→“复制”命令，将桩基沿水平方向向右复制，输入距离4000mm。

（3）创建承台。

在“楼层平面：标高1”视图中，单击“矩形”命令，创建尺寸为6500mm×2500mm的矩形。单击“创建形状”→“实心形状”命令创建承台，切换至“立面：南”视图，向上拖曳蓝色箭头到标高2的位置，完成异形桥墩承台的创建。

任务实施2　创建异形墩上部的异形立柱

异形立柱下部分是等截面柱体，用拉伸体量创建；而上部的立柱截面是变化的，在立面曲线上至少要取三个截面作为剖切平面，每个轮廓都在相应的标高上，在立面视图中绘制几个标高，就对应几个轮廓，用融合体量建模的方法来创建。

（1）切换到“立面：南”视图，设置标高2为工作平面，转换到“楼层平面：标高1”中绘制立柱下部结构的形状，绘制完成后，单击“创建形状”→“实心形状”命令创建墩柱下部等截面部分。单击“起点-终点-半径弧”绘制方式绘制墩柱的外形轮廓，用“参照平面”命令在标高3与标高4之间插入几个截面，如三等分截面、二等分截面，标注不同截面位置的尺寸。设置标高

3 为工作平面，在“楼层平面：标高 1”中绘制其轮廓，复制其轮廓，单击“修改”面板→“移动”命令，对照图 2-2-7 所示的尺寸，生成不同位置的类似截面，将不同截面分别放置在墩柱上部外形轮廓对应的等分截面位置处。

（2）切换到三维视图，利用“Ctrl”键分别选中轮廓，单击“创建形状”→“实心形状”命令，生成异形柱的上部结构，如图 2-2-7 所示。

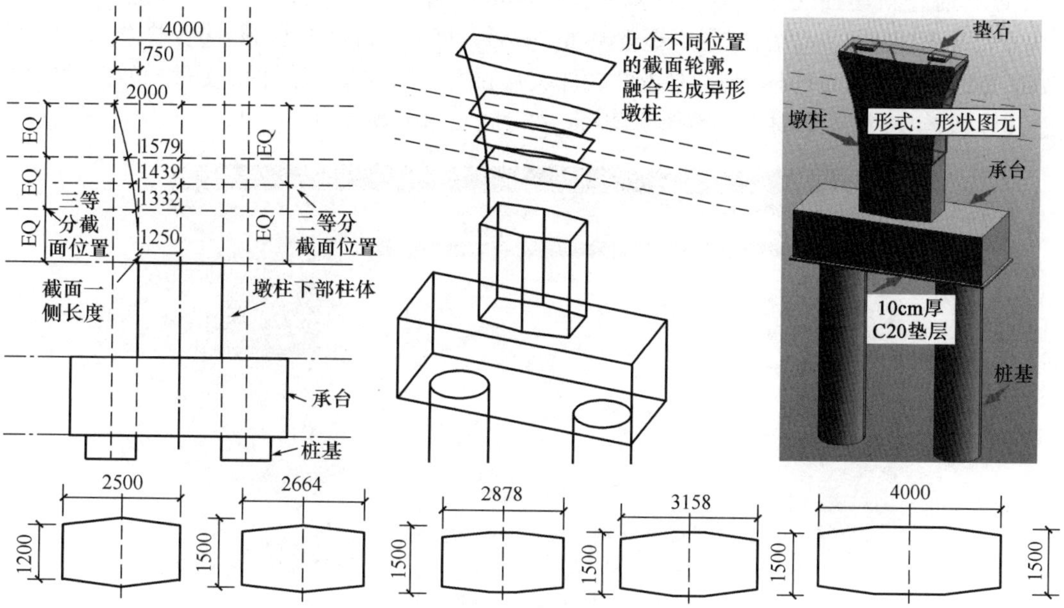

图 2-2-7 异形立柱的建模

（3）设置标高 4 为工作平面，切到“楼层平面：标高 1”视图，绘制上表面轮廓，选择所绘制轮廓，单击“创建形状”→“实形形状”命令，完成异形桥墩上部分的创建。

成果展示与评价

以小组为单位提交学习总结报告，加深对所学知识的掌握。

工作任务评价与分析			
评价项目	评价标准	参考分值（分）	得分（分）
识读异形墩的尺寸	识读的完整性与准确性	20	
创建异形墩的桩基与承台	操作的熟练程度、准确程度	30	
创建异形墩的异形立柱	操作的熟练程度、准确程度	50	
总评			

知识点链接

1. 设置概念体量

无论是内建体量还是可载入体量族,其概念体量建模环境就是一种族编辑器。可载入的概念体量是通过新建独立体量族文件来建立的体量模型。

单击"文件"菜单→"新建"→"概念体量"命令,打开"新概念体量-选择样板文件"对话框,如图2-2-8a)所示。选择"概念体量"文件夹中的"公制体量"族样板文件,单击"打开"按钮,新建体量族文件,进入体量族编辑器界面,如图2-2-8b)所示。

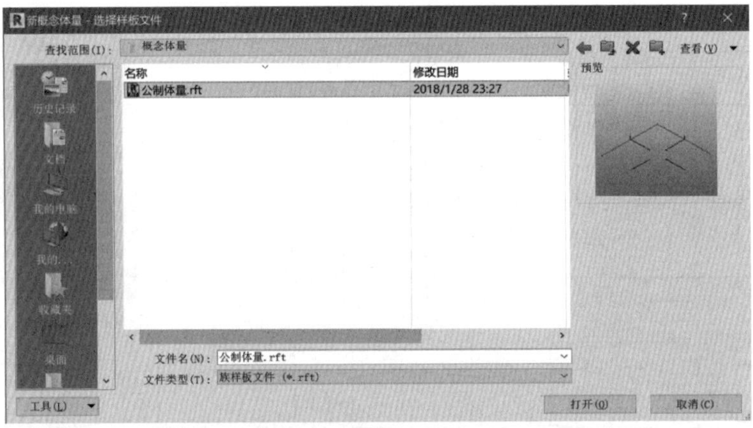

a)"新概念体量-选择样板文件"对话框

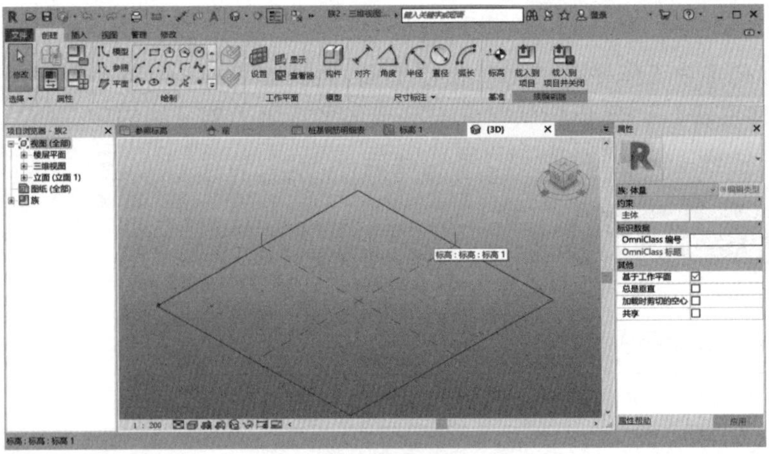

b)体量族编辑器界面

图2-2-8 "新概念体量-选择样板文件"对话框和体量族编辑器界面

2. 概念体量模式下的工作界面

(1)"创建"选项卡(图2-2-9)。

"创建"选项卡各面板功能介绍如下:

"选择":其"修改"命令是默认开启的。

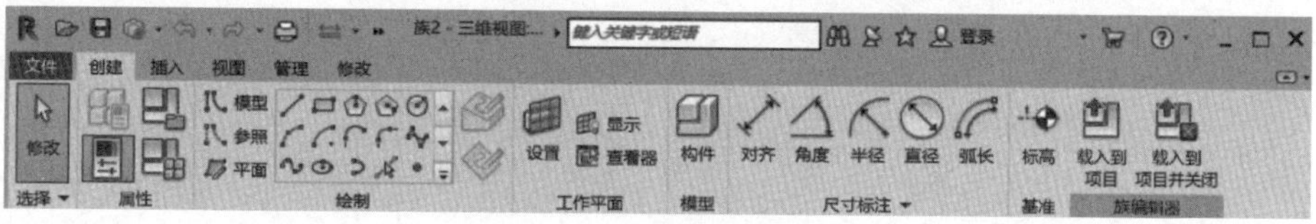

图 2-2-9 “创建”选项卡

“属性”:用于给体量赋予材质等各种属性。

“绘制”:用于绘制生成体量所需要的截面、路径、参照平面与参照线。

“工作平面”:可以设置当前的功能工作平面,高亮显示当前的工作平面,以及弹出与当前工作平面垂直的视图。

“模型”:其“构件”命令可以允许用户载入构件。

“尺寸标注”:用于标注各种尺寸。

“基准”:其“标高”命令可以添加新标高。

(2)“插入”选项卡(图 2-2-10)。

图 2-2-10 “插入”选项卡

“插入”选项卡中的“链接”与“导入”命令允许用户链接 Revit 模型文件、链接 CAD 文件和导入 CAD 文件作为建模的参照,同时也可以导入其他软件生成的模型作为体量。

(3)“修改”选项卡(图 2-2-11)。

图 2-2-11 “修改”选项卡

“修改”选项卡中各面板的功能介绍如下:

“剪贴板”:可以将选中对象复制到剪贴板,并可选择用不同的方式粘贴。

“几何图形”:可以给体量的面做简单着色处理并提供体量间的布尔运算。

“测量”:可以测量点到点的距离(在三维状态下不可用),也可以进行尺寸标注。

“修改”:提供“移动”“复制”“修建”“镜像”“旋转”“对齐”“偏移”和“拆分”操作。

3. 概念体量模式下的工作平面

在体量编辑器中,Revit 提供了默认的标高,以及默认相交的参照平面,默认的标高工作平面如图 2-2-12 所示。其中,标高与参照平面的交点被认为是体量的原点。

在“立面:南”视图中,单击“创建”选项卡→“基准”面板→“标高”命令,系统自动切换到“修改|放置标高”上下文选项卡。移动鼠标,根据光标与已有标高之间的临时尺寸标注,建立一个新的标高 2,按“Esc”键两次,退出标高创建状态,即可开始建立体量模型。标高 2 的工作平面如图 2-2-13 所示。

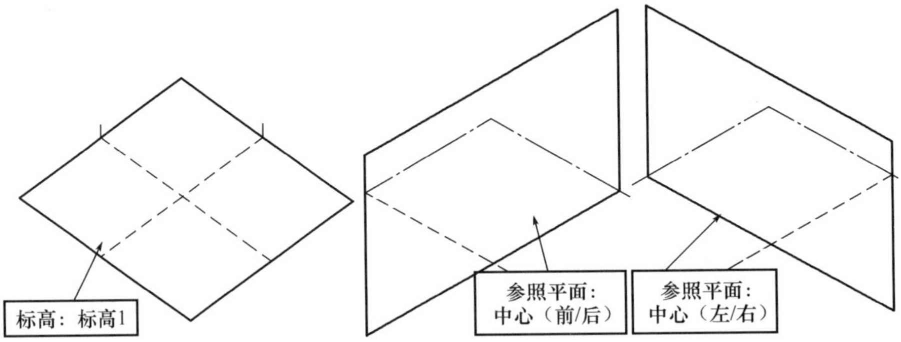

图 2-2-12 默认的标高工作平面

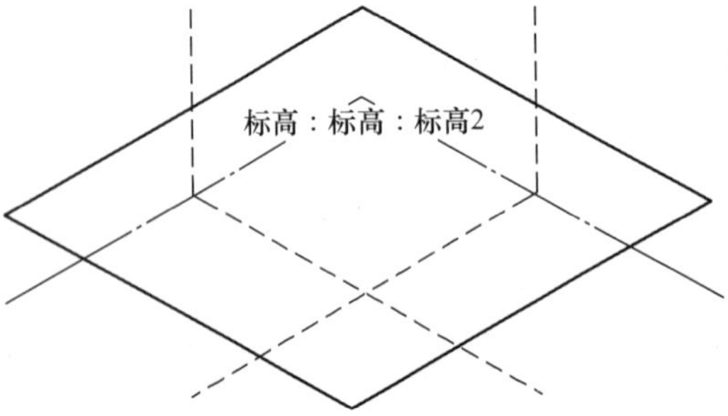

图 2-2-13 标高 2 的工作平面

要绘制体量模型,首先必须指定工作平面。单击“工作平面”面板→“显示”按钮后,直接单击某一个平面,即可显示已经激活的工作平面。单击不同的参照平面或标高,将显示不同的工作平面。

在创建造型轮廓线时“工作平面”有两个选项:“在面上绘制”和“在工作面上绘制”。如图 2-2-14所示,单击“标高:标高 1”为工作平面,单击“矩形”命令绘制矩形,单击“创建形状”命令生成长方体。单击“矩形”命令选择“在面上绘制”选项,鼠标移到长方体的上表面,即可在长方体上表面上创建矩形轮廓线;选择“在工作面上绘制”,则在设定的工作平面上绘制矩形。

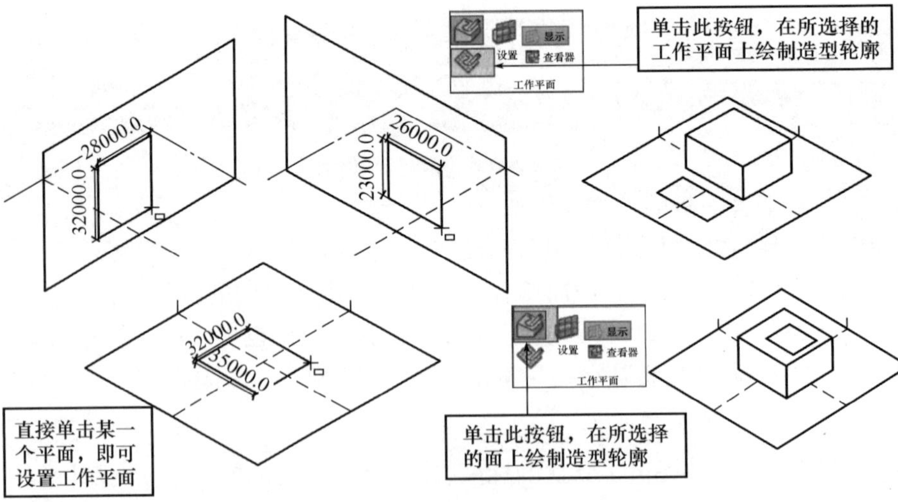

图 2-2-14 “在面上绘制”与“在工作平面上绘制”的区别

注意:在族编辑模式下,设置工作平面的操作,单击“创建”选项卡→“工作平面”面板→“设置”命令,打开“工作平面”对话框,采用“拾取一个平面”的方式指定新的工作平面,单击“确认”按钮,拾取某一参照平面作为工作平面,在“转换视图”对话框中选择对应的视图。

4. 体量常用的建模方法

体量常用的建模操作有创建实心形状与创建空心形状，不管是创建实心形状还是空心形状，Revit 都有五种基本的体量建模方法，分别是“拉伸”“旋转”“融合”“放样”“放样融合”。下面将分别介绍这五种基本建模方法的概念与操作，见表 2-2-1。

体量建模方法 表 2-2-1

拉伸	基于一个平面，将固定的截面拉伸至固定的高度而形成体量，比如桩基、立柱等的建模
旋转	将固定的截面绕某一轴旋转而形成体量，比如圆锥体的建模
融合	自然连接有高差的两个平面的闭合截面而形成体量，比如顶面和底面形状不同的异形柱的创建
放样	将一个固定截面沿一路径延伸以形成符合路径走向的条状形体，比如桥面板的创建
放样融合	沿着指定路径，将路径两端不同形状自然连接而形成体量

(1)拉伸体量，即基于一个平面，以固定的截面拉伸固定的高度而形成体量。

创建一个造型轮廓线，单击“创建形状”命令中的“实心形状”选项，系统默认为拉伸轮廓，即完成拉伸体量创建。

如图 2-2-15 所示，可用拉伸体量建模方式生成墩身中间部分：在“立面：西”视图中，单击“直线”命令，绘制一个桥墩墩身等腰梯形的封闭轮廓，切换到三维视图中，选择封闭轮廓，单击“创建形状”→“实心形状”命令，由一个轮廓拉伸创建墩身模型，修改临时尺寸长度为 1500mm。或者切换到“楼层平面：标高 1”视图中，拖曳左侧红色箭头至中心参照平面。

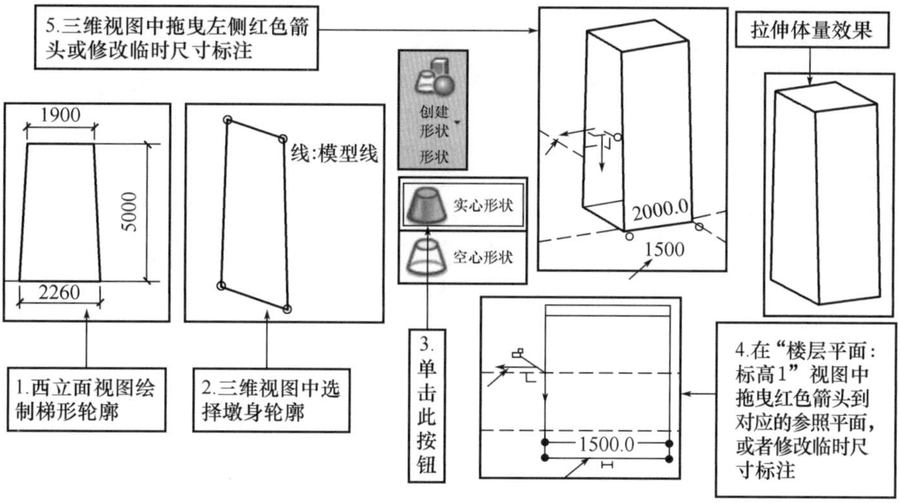

图 2-2-15 拉伸体量操作

单击“创建形状”按钮的下拉箭头，可以选择生成实心形状或空心形状(空心形状用于剪切实心形状)。事实上，在绘制封闭轮廓图形后，切换到三维视图来执行创建形状的操作会更加直观，读者应当重视在平面视图和三维视图中的操作，并不断加深熟练度和理解。在项目浏览器中双击“三维视图”下的“3D”或者单击快速访问工具栏中的“默认三维视图”按钮，就可切换到三维视图。在三维视图中按住“Shift”键和鼠标中键并配合鼠标的移动以变换视角。

在三维视图中单击墩身的前表面，在一侧将出现临时标注尺寸。单击临时尺寸标注的数值可以输入新的数值,以精确地控制拉伸长度。任何临时尺寸标注都可以通过此方法重新赋予其新值。

(2)旋转体量,即以固定的截面绕某一轴旋转而形成体量。

创建一个造型轮廓及一条线,单击“创建形状”命令中的“实心形状”选项,系统将造型轮廓绕着直线旋转,即完成旋转体量创建。

操作提示:在“楼层平面:标高 1”视图中,“参照平面:中心(前/后)”实质上平行于南立面或北立面,在平面视图上显示为一条线。切换到三维视图,单击“参照平面:中心(前/后)”,单击“View Cube”工具的“前”,进入“立面:南”视图。单击“直线”命令,再绘制出一个封闭梯形,在梯形的外部画一条竖向的直线。用鼠标框选中梯形轮廓和直线后,单击“创建形状”以旋转梯形生成一个圆锥台,切换到三维视图观察体量。

框选生成的体量,单击“属性”按钮,在打开的对话框中可以选择旋转的角度范围。

实例二 根据所给的桥墩轴测示意图(图 2-2-16),创建桥墩的墩身模型。

有两种方法创建桥墩墩身模型。方法一,分两部分创建,左右侧与中间部分,左右侧部分由一个轮廓和轴创建形体,中间部分由一个轮廓创建形体;方法二,创建上下两个轮廓生成墩身体量。

方法一:分成左右侧与中间部分生成墩身模型。

①单击“文件”菜单→“新建”→“概念体量”,打开“新概念体量-选择样板文件”对话框,选择“公制体量”,进入体量编辑模式。

②参照平面的绘制。

在“楼层平面:标高 1”视图中,运用“参照平面”命令,在中心参照平面左侧绘制参照平面 A,至水平中心参照平面的距离为 1500mm。

③创建墩身中间部分(图 2-2-17)。

设置参照平面 A 为工作平面,转换到“立面:东”视图,用“直线”命令,绘制一个桥墩墩身等腰梯形的封闭轮廓。切换到三维视图,选择绘制好的桥墩墩身的等腰梯形封闭轮廓,单击“创建形状”命令→“实心形状”,在“楼层平面:标高 1”视图中调整长度为 1500mm,完成墩身中间部分的创建。

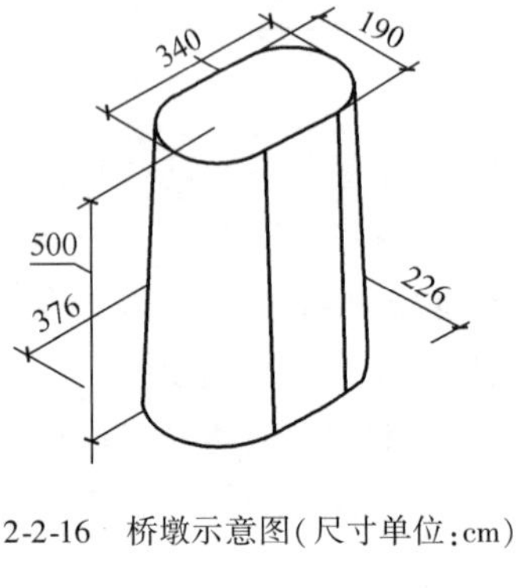

图 2-2-16 桥墩示意图(尺寸单位:cm)

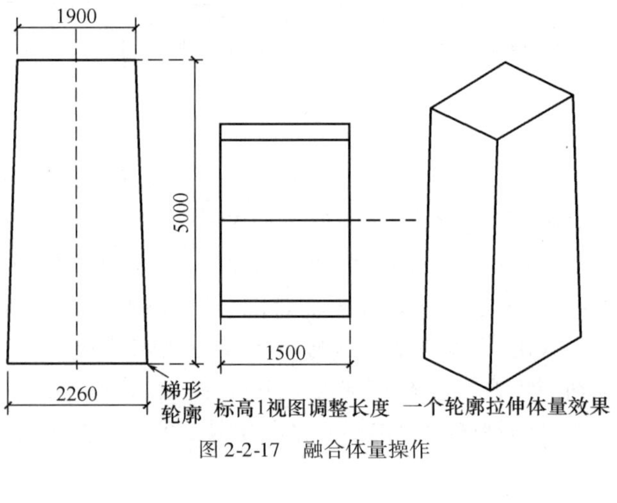

图 2-2-17 融合体量操作

④创建生成墩身左右部分。

设置参照平面 *A* 为工作平面，转换到“立面：东”视图中，单击“直线”命令，绘制一个墩身直角梯形及一条竖向直线。切换到三维视图中，选择该直角梯形及直线，单击“创建形状”→“实心形状”命令，则可自动旋转创建生成桥墩墩身左侧部分，如图 2-2-18 所示。

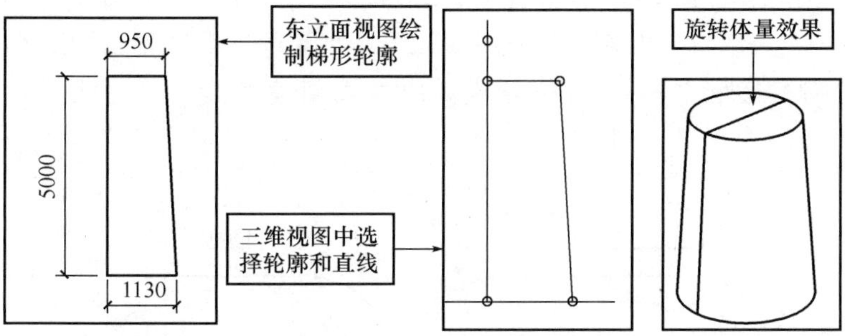

图 2-2-18 旋转体量操作

⑤在“楼层平面：标高 1”视图中，复制生成右侧的半圆台，最后用“连接”命令把桥墩墩身组合成一个整体。

方法二：创建上下两个轮廓生成墩身体量。

①在“立面：南”视图中，单击“创建”选项卡→“基准”面板→“标高”命令，系统自动切换到“修改|放置标高”上下文选项卡。移动鼠标，当光标与已有标高之间的临时尺寸标注显示为 5000mm，单击鼠标左键，向右移动鼠标，创建一个新的标高 2。或者单击鼠标左键，创建一个新的标高 2，修改临时尺寸值为 5000mm。

②分别在标高 1、标高 2 视图中绘制墩身上下底面的轮廓，选择两轮廓，单击“创建形状”→“实心形状”命令，完成墩身的创建，如图 2-2-19 所示。

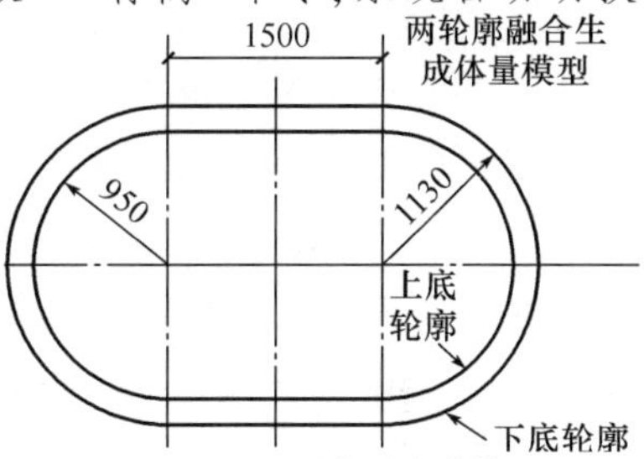

图 2-2-19 墩身融合建模

(3)融合体量，即自然连接有高差的两个平面的闭合截面而形成体量。

创建两个造型轮廓线，选择两个造型轮廓，单击“创建形状”命令中的“实心形状”选项，系统默认将两个轮廓融合形成实体，即完成融合体量模型创建。

(4)放样体量，即一个固定截面沿一路径延伸以形成符合路径走向的条状形体。

实例三 根据托盘轴测示意图(图 2-2-20)，创建托盘模型，熟悉融合与放样建模方式。

在体量建模模式下，在三维视图中进行任何绘制操作之前必须指定工作平面。平面视图的参照平面就是对应层的标高，因此一般不用特别设置。

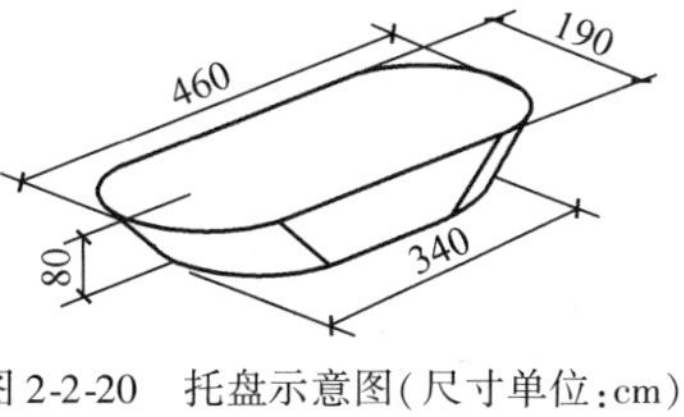

图 2-2-20 托盘示意图(尺寸单位：cm)

①使用融合体量创建托盘。

a. 在体量编辑模式下，在“立面：南”视图中，单击“标高”命令，系统自动切换到“修改|放置标高”上下文选项卡，创建标高，修改临时尺寸标注，建立一个新的标高值为 800mm 的标高 2，按“Esc”键两次，退出标高创建状态。

b. 设置标高 2 为工作平面,单击“View Cube”工具的“上”,转到“楼层平面:标高 2”视图,在“楼层平面:标高 2”的平面视图中,利用“直线”“圆”“拆分图元”“修剪/延伸为角”“删除”等命令,绘制一个封闭的托盘上表面轮廓。选择封闭轮廓,单击“剪贴板”面板→“剪切到粘贴板”命令,再单击“剪贴板”面板→“粘贴”命令中的“与选定的标高对齐”选项,选择“标高 1”,即在“楼层平面:标高 1”平面中复制生成封闭轮廓。

c. 在“楼层平面:标高 1”中调整半圆周的位置,切换到三维视图,按住“Ctrl”键选择两个封闭轮廓,单击“创建形状”命令,以融合建模的方式创建托盘。托盘上下底面截面轮廓如图 2-2-21 所示。

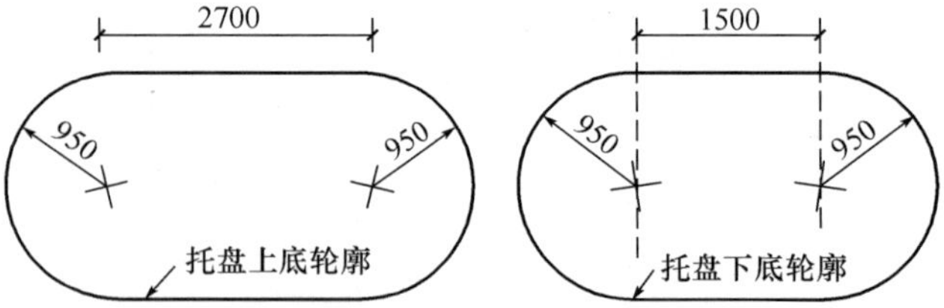

图 2-2-21 托盘上下底面截面轮廓

②使用放样体量创建托盘。

在“楼层平面:标高 1”视图中。单击“参照平面”命令,在“参照平面:中心(前/后)”一侧绘制参照平面 *A*,距离水平中心参照平面 950mm。

设置参照平面 *A* 为工作平面,在“转到视图”对话框中选择“立面:南”,在“立面:南”视图中,单击“直线”命令,绘制图 2-2-20 托盘中间部分的轮廓。

双击项目浏览器中的“楼层平面:标高 1”,打开该视图,单击“创建”选项卡→“绘制”面板→“直线”命令,绘制一段垂直于轮廓的线作为路径。

切换到三维视图,选择轮廓与直线,单击“形状”面板→“创建形状”→“实心形状”,完成托盘中间部分的放样建模,如图 2-2-22 所示。

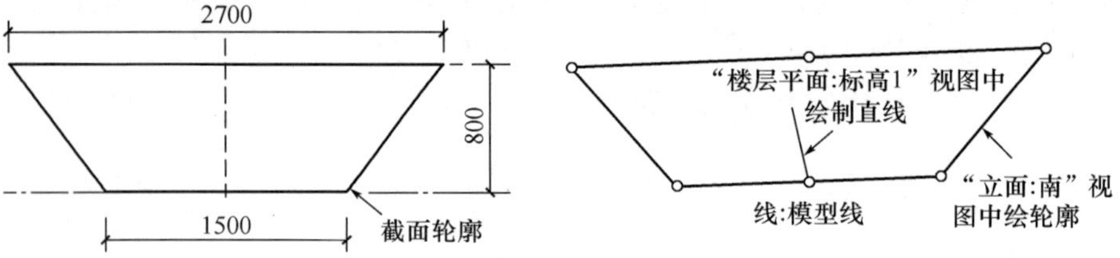

图 2-2-22 放样建模操作

在“楼层平面:标高 1”视图中,用直线、圆、拆分图元等命令,绘制托盘右侧半圆形轮廓,切换到“立面:南”视图中,复制托盘右侧半圆形轮廓到托盘顶部,在托盘中间部分的中心位置绘制一条直线。切换到三维视图中,选择两个半圆形截面轮廓及直线,单击“形状”面板→“创建形状”命令选项中的“实心形状”,完成托盘右侧部分的放样建模。使用镜像命令完成托盘左侧部分的建模。

(5)放样融合体量,即沿着指定路径,将路径两端不同形状自然连接而形成体量。

创建两个造型轮廓和一条路径线,单击“创建形状”命令,系统默认为两个轮廓沿着路径放样融合形成模型实体,即完成放样融合体量操作。在体量模式下,放样融合操作中的轮廓可以有多个。

实例四 创建图 2-2-23 中的异形结构物模型,练习放样融合体量建模方式。

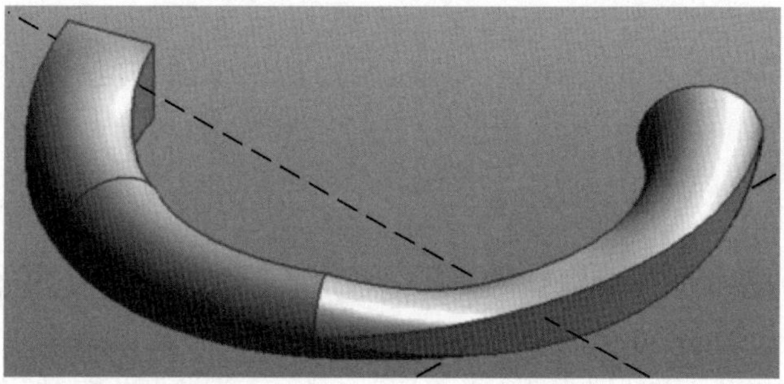

图 2-2-23 异形结构物模型

①创建路径。

在“楼层平面:标高 1”平面视图中,运用“起点-终点-半径弧”命令绘制一条弧线作为路径。

②创建各截面轮廓。

使用“点”命令在圆弧上增加一些点。采用这些点可设置与圆弧在切线方向上相垂直的参照平面。在这些参照平面上绘制不同形状的截面。

切换到三维视图,单击“设置”按钮,靠近第一个增加点。当出现点标记时,单击鼠标以在该点设置工作平面。再单击“显示”按钮,以高亮显示当前工作平面。

在三维视图中并不能精确定位截面与路径的位置关系。使用“查看器”命令显示增加点所设置的工作平面,单击“查看器”,查看所弹出的视图与当前工作平面是否平行,可以清楚地观察路径与工作平面相交点,方便绘制截面轮廓并精确定位截面与路径绘制的位置关系。

在该视图中绘制闭合图形,并用同样的方法完成其余增加点处闭合图形的绘制。

③创建完成结构物模型。

按住“Ctrl”键配合鼠标依次点选各个参照平面上的图形与路径,单击“创建形状”,系统默认为多个轮廓沿着路径放样融合形成模型实体,即完成放样融合体量操作,如图 2-2-24 所示。

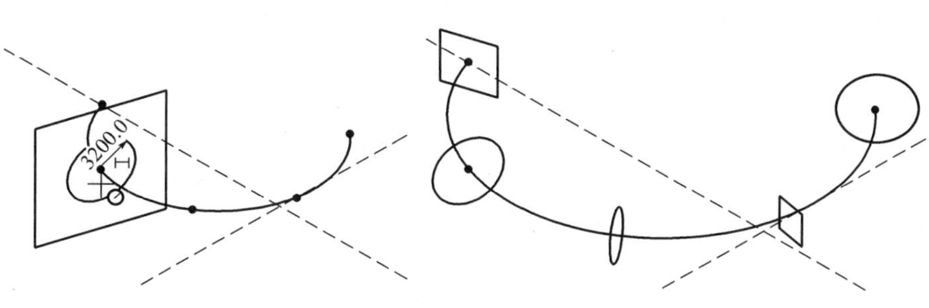

图 2-2-24 多个截面的放样融合建模

当内建体量创建好后,单击"在位编辑器"中的"完成体量"按钮,退出体量编辑模式。当发现需要修改体量时,单击需要修改的体量,单击"模型"中的"在位编辑",重新进入体量编辑模式。

5. 编辑体量

体量的编辑主要包括体量间的布尔运算与体量子图元的编辑。体量子图元的编辑即三维形体中点、线、面的再编辑。以下简要介绍体量的布尔运算。

(1)剪切几何体。

可以使用空心体量来剪切实心体量。只需要使新创建的空心体量与现存的实心体量相交,即可剪切相交的部分。

单击"立面:南"视图,绘制一封闭图形,选中封闭图形后单击"创建形状"按钮的下拉菜单,选择创建"实心形状",创建几何形体,并切换到三维视图中观察。

绘制造型轮廓,然后单击"创建形状"命令中的"空心形状"选项,所创建的实体显示为红色。如果空心形状未与实心形状相贯,可以通过拖曳蓝色箭头或更改临时尺寸标注的值以使之与实心形状相贯。单击"几何图形"面板→"剪切"命令,完成剪切操作,如图 2-2-25 所示。

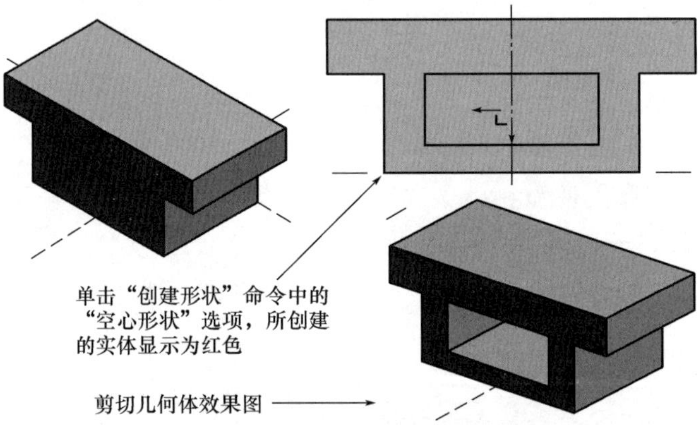

图 2-2-25 剪切几何体操作

空心形状一旦剪切实心形状后将不再显示,要选中空心形状可以将鼠标移至剪切处,按住"Tab"键直至空心形状高亮显示时单击鼠标选中。

允许实心体量之间的剪切,使用"工具"面板中"几何图形"的命令就可以实现。但剪切后实心形状并不会消失,并且点选实心形状的顺序不同则结果将不同。先单击的实心体量将被剪切,即先单击的实心形状是被剪切的对象,可以通过"剪切"按钮下拉菜单中的"取消剪切几何图形"命令以取消剪切。

(2)连接几何体。

实心体量之间可以相互连接以清除互贯部分的面,具体操作同"剪切几何体"。单击"几何图形"面板→"连接"命令→"连接几何图形"选项,完成物体之间的连接操作,使相邻共面的物体之间不再有交线。

实例五 根据涵洞口的三视图(图 2-2-26),完成涵洞口的三维模型。

该涵洞口由基础、端墙及两侧的八字翼墙组成。

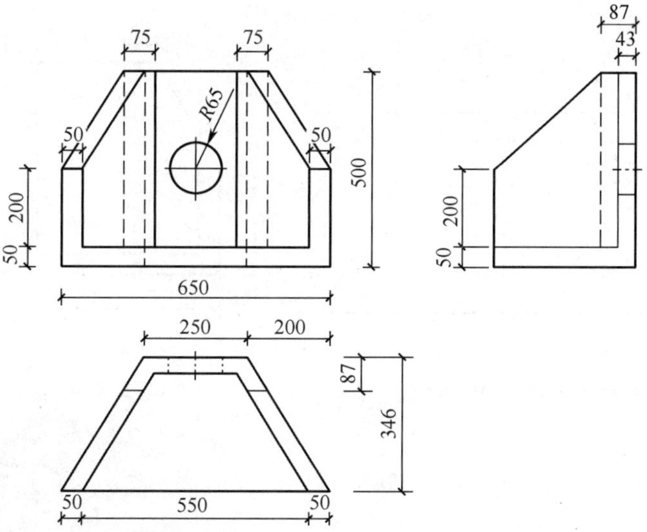

图 2-2-26 涵洞口三视图(尺寸单位:cm)

①在标高 1 视图中绘制基础的轮廓,单击"创建形状"命令,调整立面高度,创建基础,如图 2-2-27 所示。

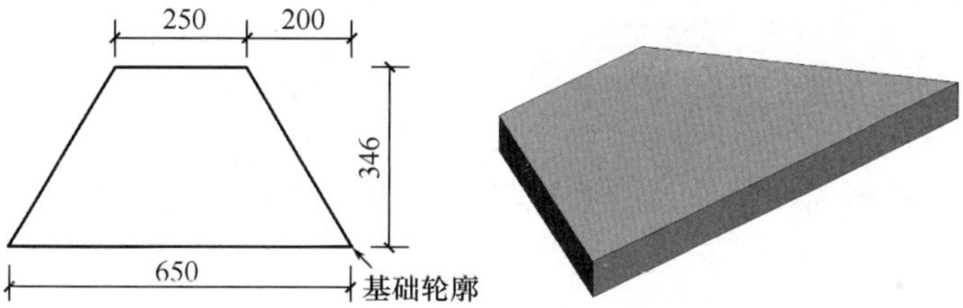

图 2-2-27 基础建模

②在标高 1 视图中绘制端墙的轮廓,单击"创建形状"命令,调整立面高度,创建端墙,如图 2-2-28 所示。

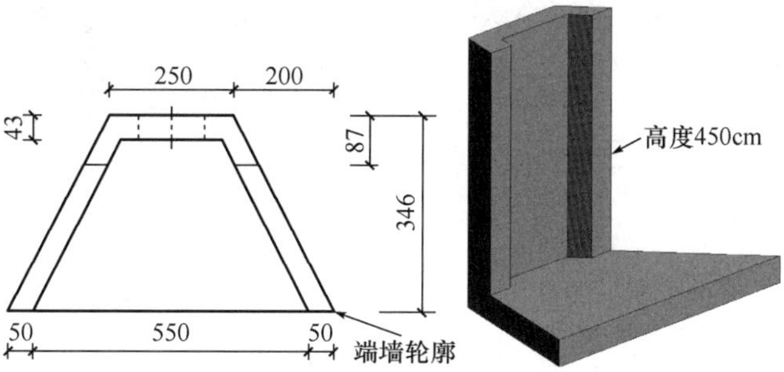

图 2-2-28 端墙建模

③分别设置参照平面 *A*、*B* 为工作平面,在南立面视图中分别绘制矩形 50cm × 450cm 和 50cm × 200cm,单击"创建形状"命令,创建八字翼墙,镜像生成另一侧八字翼墙,如图 2-2-29 所示。

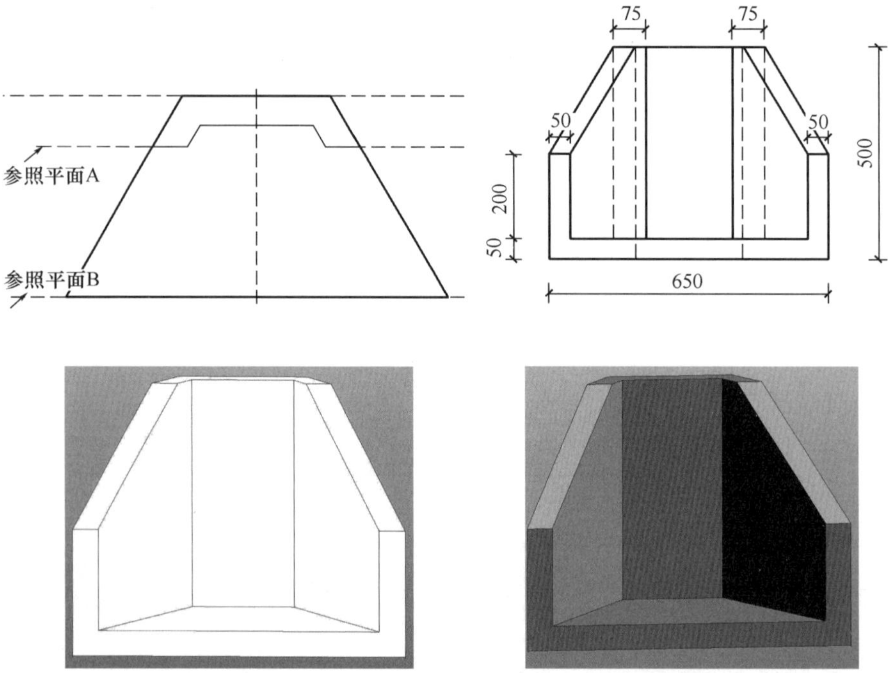

图 2-2-29 八字翼墙建模

④创建圆孔。

在前立面视图中绘制圆孔的轮廓,半径为65cm,单击"创建形状"→"空心形状(圆柱)",完成圆孔的创建,如图2-2-30所示。

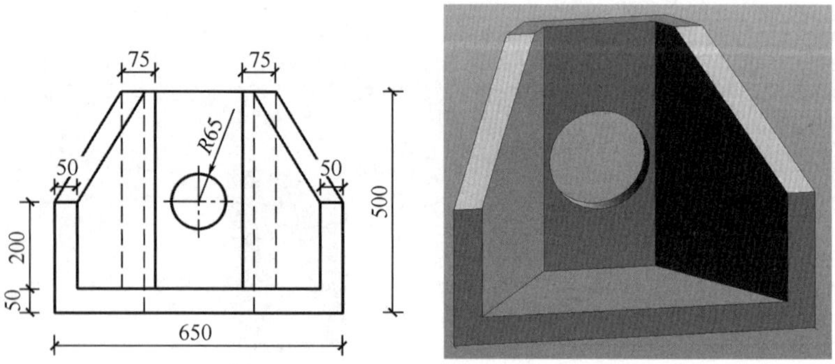

图 2-2-30 圆孔创建

实例六 根据所给的异形桥墩视图(图2-2-31),创建异形桥墩模型。

由图可知,异形桥墩由桩基础、异形立柱组成。

①新建"新概念体量-公制体量",单击"打开"按钮,进入公制体量编辑族界面。切换到"立面:南"视图,单击"标高"命令,创建标高2~标高6,高程值分别为-75m、-1.5m、4.445m、6.445m、6.945m。

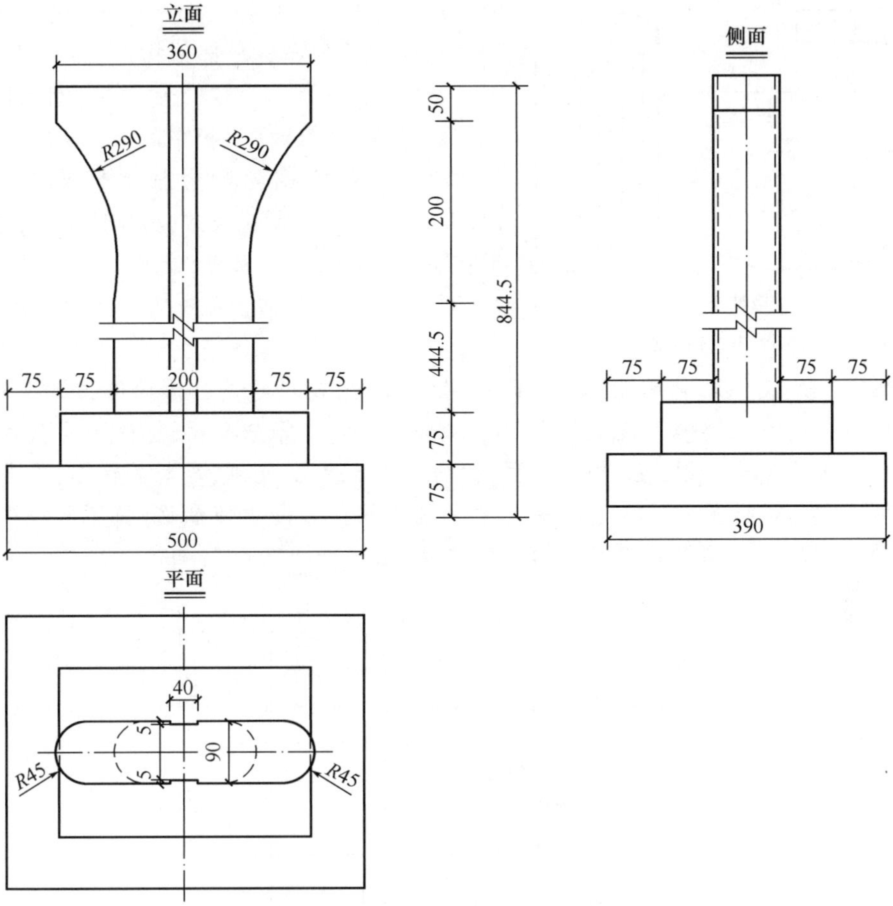

a)

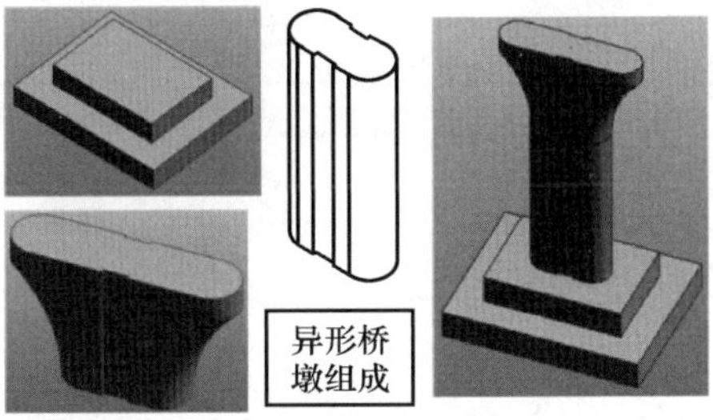

b)

图 2-2-31 异形桥墩(尺寸单位:cm,标高单位:m)

②创建基础。

切换到“楼层平面:标高 1”视图,用矩形绘制方式绘制基础的轮廓 5000mm × 3900mm 和 3500mm × 2400mm,单击“创建形状”→“实心形状”命令,在立面视图中分别向下拖曳蓝色箭头到标高 2、标高 3 位置,完成基础的创建。

③创建墩柱。

异形立柱下部分是等截面柱体,用拉伸体量创建;上部柱部分截面是变化的,在立面曲线至少取三个截面作为剖切平面,每个轮廓都在相应的标高上,即在立面视图中绘制几个标高,就对应几个轮廓,用融合体量建模的方法来创建。

a. 创建异形墩柱下部结构。

在“楼层平面:标高 1”视图中,利用“圆”命令、“直线”命令及“修改”面板中的“拆分图元”“修剪/延伸为角”命令完成异形墩柱下部轮廓的绘制,如图2-2-32所示。绘制完成后,选择该轮廓,单击“创建形状”→“实心形状”命令,选择该形状图元,切换至“立面:南”视图中,向上拖曳蓝色箭头至标高4。

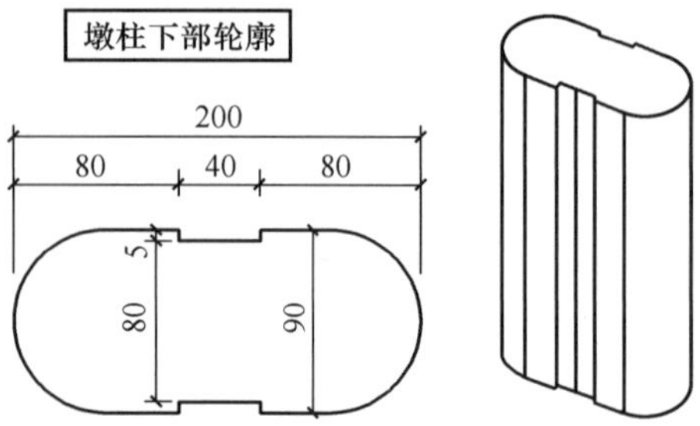

图2-2-32 墩柱下部结构

b. 创建异形墩柱上部结构。

切换到“立面:南”视图,单击“起点-终点-半径弧”绘制墩柱的外形轮廓,用“参照平面”命令在标高4与标高5之间插入几个截面,如三等分截面、二等分截面,标注不同截面位置的尺寸。设置标高4为工作平面,在“楼层平面:标高1”中绘制其轮廓,复制其轮廓,单击“修改”面板→“移动”命令,对照图2-2-33所给的尺寸生成不同位置的类似截面,将不同截面分别放置在墩柱上部外形轮廓不同等分点对应的高度位置上。

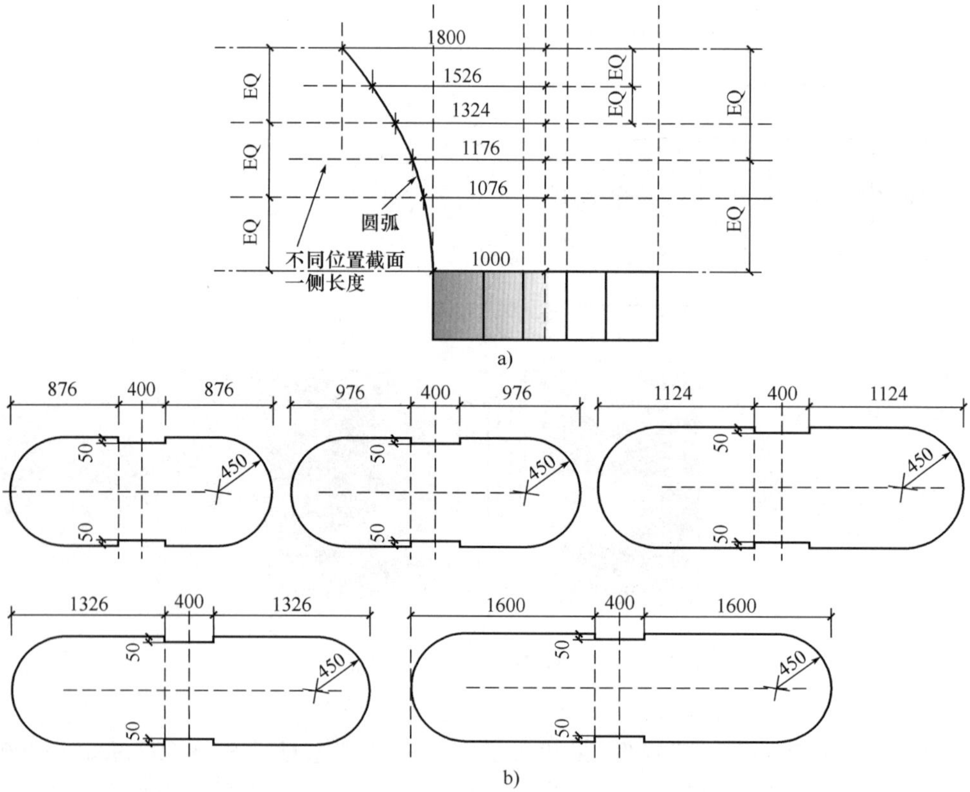

图2-2-33 墩柱上部结构不同位置截面轮廓

c. 切换到三维视图,利用“Ctrl”键分别选择轮廓,单击“创建形状”→“实心形状”命令,创建生成异形柱的变截面部分。设置“标高5”为工作平面,在“楼层平面中:标高1”中绘制形状和变截面顶部一致的截面轮廓,选择截面轮廓,单击“创建形状-实心形状”命令,切换至“立面:南”视图中,向上拖曳蓝色箭头至标高6,完成异形墩上部结构的创建。

④单击“几何图形”面板→“连接”→“连接几何图形”命令，连接异形墩柱上下部分柱体，完成异形墩柱的创建。

学习任务二 识读与创建拱涵(扭曲洞口)

学习任务描述

如图 2-2-34 所示，该涵洞由进水洞口、涵身、出水洞口三部分组成。进水洞口为八字翼墙式，涵身为拱涵，洞身长度为 3.6m，出水洞口为扭曲翼墙式洞口。根据所给的带有扭曲面翼墙的拱涵轴测图（图 2-2-35），识读涵洞各组成部分，创建涵洞模型，掌握体量建模知识。

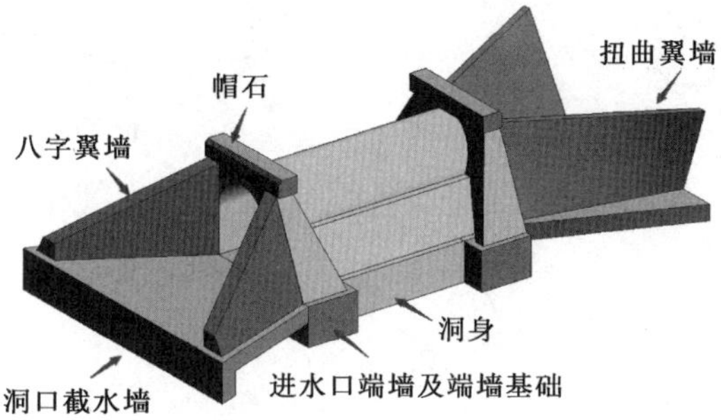

图 2-2-34 盖板涵各组成部分示意图

知识目标与能力目标

学习拱涵各个构件的形状及尺寸的识读和用体量建模方式创建构件。通过学习，应该达到以下目标：

1. 能正确识读拱涵各个构件的形状及尺寸。
2. 能创建拱涵的各个构件。

学习任务实施

明确任务：根据图纸，用体量建模方式创建拱涵各个构件。

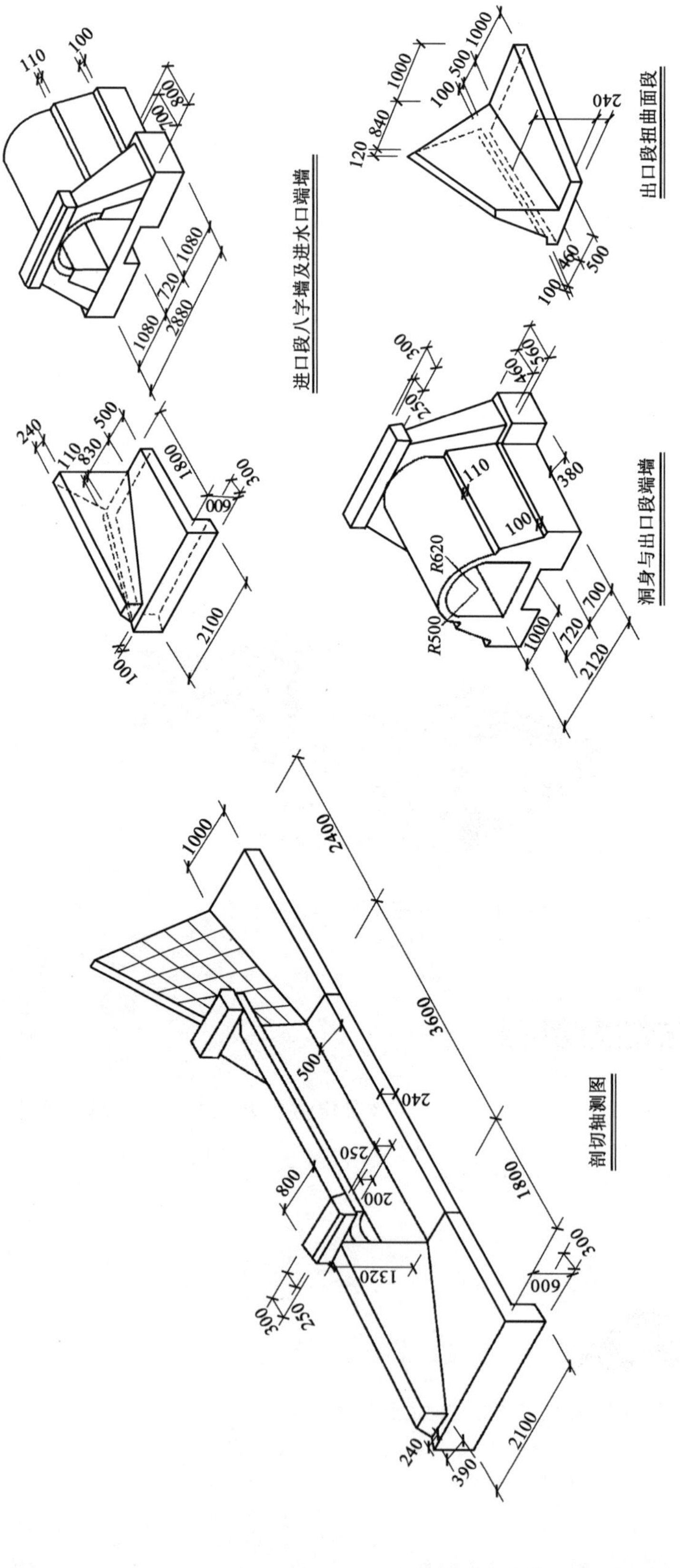

a) b)

图 2-2-35

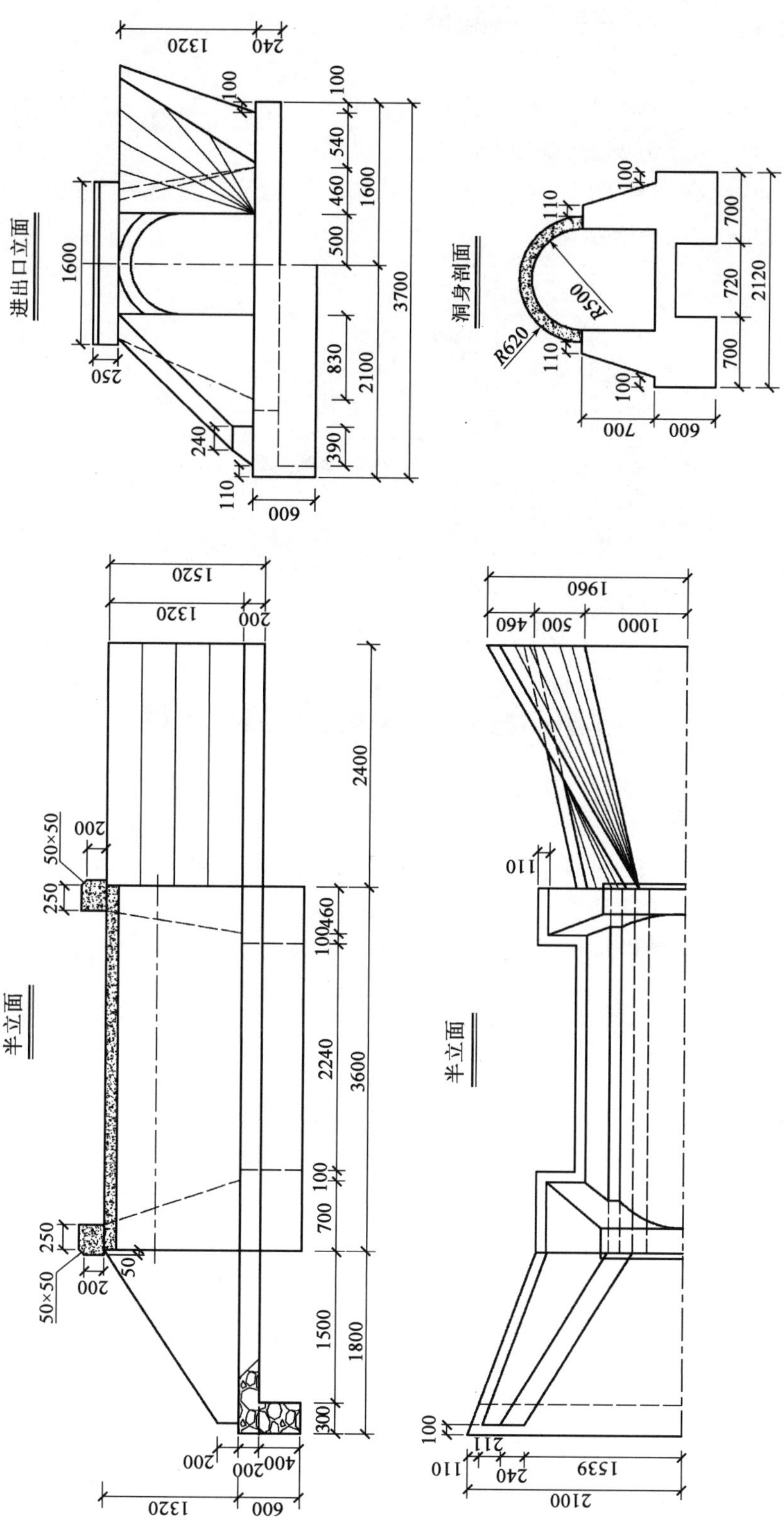

图2-2-35 带有扭曲面翼墙的拱涵投影图(尺寸单位：mm)

任务实施 1　创建参照平面体系

单击“文件”菜单→“新建”→“概念体量”,打开“新概念体量-选择样板文件”对话框,单击“公制体量”族样板类型,单击“确定”按钮。

在“楼层平面:标高 1”视图中,单击“创建”选项卡→“绘制”面板→“参照平面”命令,绘制参照平面体系,如图 2-2-36 所示。

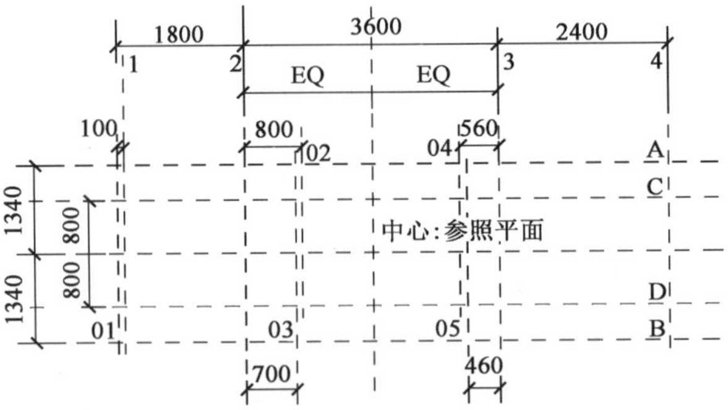

图 2-2-36　参照平面体系

任务实施 2　创建进口段八字翼墙及洞口截水墙

1. 进口段八字翼墙的绘制

(1)单击“创建”选项卡→“工作平面”面板→“设置”命令,打开“工作平面”对话框,采用“拾取一个平面”的方式指定新的工作平面,点击“确认”按钮,回到新建体量工作界面,拾取参照平面 1,即八字翼墙的侧面,作为工作平面,在“转换视图”对话框中选择“立面:西”,打开视图。

(2)单击“创建”选项卡→“绘制”面板→“直线”命令,绘制进口处八字翼墙的左侧面。

(3)按照前面(1)、(2)的操作步骤,设置水平中心参照平面为工作平面,绘制进口处八字翼墙的右侧面。

(4)按照图 2-2-37 调整八字翼墙左右截面的位置。在默认三维视图中,移动光标到绘制完成的轮廓线上,当轮廓高亮显示时点击鼠标左键选中轮廓,按住“Ctrl”键,选中另一个轮廓,单击“形状”面板→“创建形状”命令→“实心形状”,则可自动创建生成八字翼墙。

八字翼墙平面投影及三维效果图如图 2-2-38 所示。

2. 洞口截水墙的绘制

(1)在“立面:南”视图中,单击“创建”选项卡→“基准”面板→“标高”命令,创建两个标高值分别为 -0.6m 和 -0.24m 的标高 2、标高 3。

(2)在“楼层平面:标高 1”视图中,单击“创建”选项卡→“绘制”面板→“直线”命令绘制截水墙的轮廓,移动光标到绘制完成的轮廓线上,当轮廓高亮显示时点击鼠标左键选中轮廓,单击“形状”面板→“创建形状”命令→“实心形状”,则可自动创建生成截水墙的外部结构。

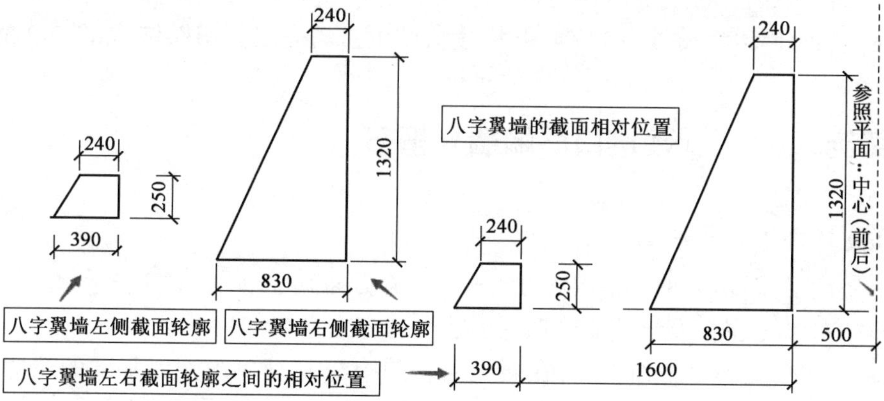

图 2-2-37　八字翼墙左右截面轮廓示意图以及相对位置

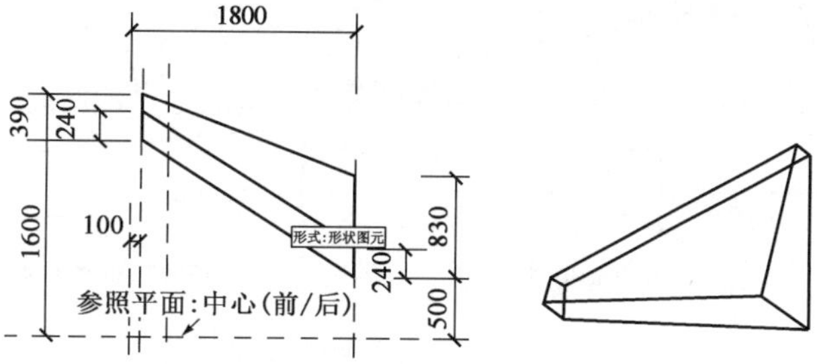

图 2-2-38　八字翼墙平面投影以及三维效果图

(3)截水墙的剪切操作。

在“楼层平面：标高 1”视图中，单击“绘制”面板→“直线”命令，绘制图 2-2-39 所示的轮廓，移动光标到绘制完成的轮廓线上，当轮廓高亮显示时点击鼠标左键选中轮廓，单击“剪贴板”面板→“剪切”命令，剪切到粘贴板上，再单击“剪贴板”面板→“粘贴”命令→“与选定的标高对齐”，在弹出的“选择标高”对话框中选择标高 2、标高 3。

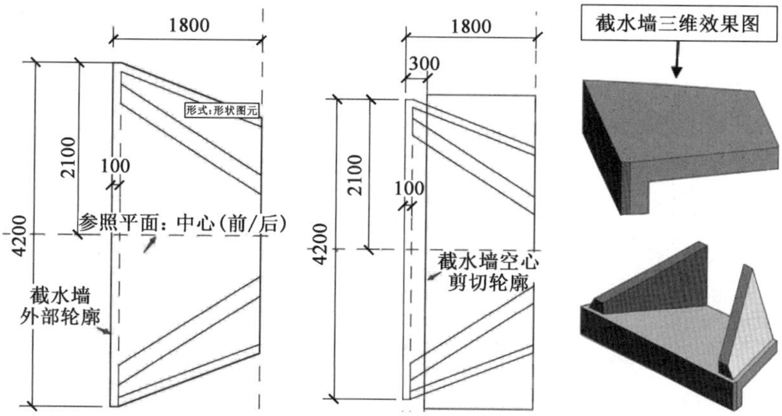

图 2-2-39　截水墙建模操作

在默认三维视图中,利用键盘的“Ctrl”键选中刚完成的截水墙内部上下截面轮廓,单击“形状”面板→“创建形状”命令→“空心形状”,则可自动完成剪切操作,如图2-2-39所示。

任务实施3 创建进口段端墙与帽石

1. 进口段端墙基础的绘制

(1)在“楼层平面:标高1”视图中,参照平面2右侧800mm处单击鼠标左键绘制参照平面2,右侧700mm处单击鼠标左键绘制参照平面3。

(2)设置参照平面1为工作平面,在西立面视图中绘制进口段端墙基础的轮廓。在三维视图中,选择进口段端墙基础的轮廓线,单击“形状”面板→“创建形状”命令→“实心形状”,则在“楼层平面:标高1”视图中拖曳造型操纵柄至参照平面2,调整基础的宽度,完成进口段端墙基础创建,如图2-2-40所示。

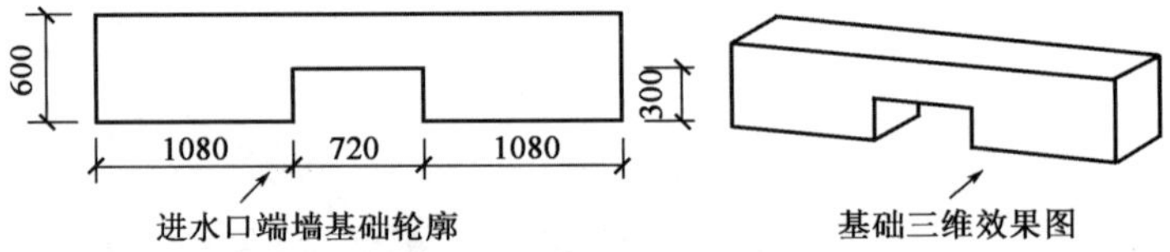

图2-2-40 进口段端墙基础操作

2. 进口段端墙的绘制

(1)设置“参照平面:中心(前/后)”为工作平面,在“立面:南”视图中绘制进口段端墙截面的轮廓。在三维视图中,选择刚完成的进口段端墙右侧的轮廓,单击“形状”面板→“创建形状”命令→“实心形状”,则可自动创建生成进口段端墙。

(2)设置参照平面2为工作平面,转到“立面:西”视图,在“立面:西”视图中的端墙前侧绘制一个三角形轮廓,在三维视图中,选择三角形轮廓,单击“形状”面板→“创建形状”命令“空心形状”,拖曳造型操纵柄,则可自动完成端墙的剪切操作。进口段端墙建模如图2-2-41所示。

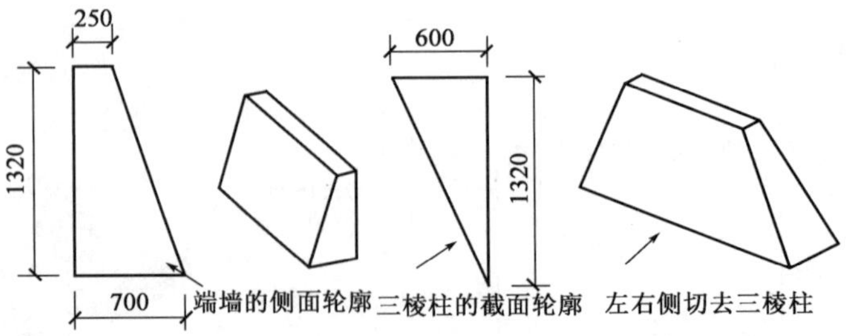

图2-2-41 进口段端墙建模

3. 进口段帽石的绘制

(1)在“楼层平面:标高 1”视图中,将鼠标光标移动到水平向“参照平面:中心(前/后)”前后 800mm,单击鼠标,绘制参照平面 C 和参照平面 D。

(2)设置参照平面 C 为工作平面,转到“立面:南”视图,在“立面:南”视图中绘制帽石的轮廓。在三维视图中,选择两帽石轮廓,单击“形状”面板→“创建形状”命令→“实心形状”,则可自动创建生成帽石。也可以采用拉伸建模方式。进口段帽石轮廓与三维效果图如图 2-2-42 所示。

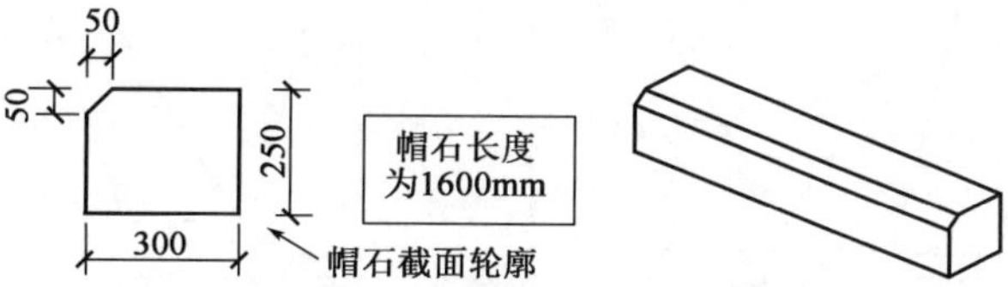

图 2-2-42 进口段帽石轮廓与三维效果图

修改帽石长度尺寸的方法:在三维视图中,移动鼠标光标到帽石的顶面,配合“Tab”键,当侧面高亮显示时单击鼠标左键选择帽石端面(可借助键盘的“Tab”键切换鼠标光标所在的线、面、体的高亮显示,方便选择对象),拖曳绿色箭头,修改长度临时尺寸标准,调整帽石的长度为 1600mm,如图 2-2-43 所示。

也可以在“楼层平面:标高 1”视图中,拖曳帽石前端面或者后端面,修改临时尺寸,直到满足帽石的尺寸要求。

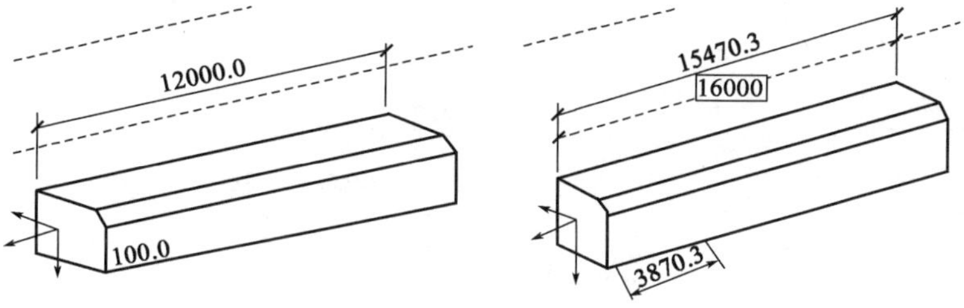

图 2-2-43 修改帽石尺寸

任务实施 4 创建出口段扭曲翼墙

1. 出口段扭曲翼墙的创建

(1)设置参照平面 3 为工作平面,即扭曲翼墙的侧面为工作平面,在“转换视图”对话框中选择“立面:西”,打开视图。

(2)单击“创建”选项卡→“绘制”面板→“直线”命令,绘制图 2-2-44 所示出口段扭曲翼墙的左侧面。

(3)按照前面(1)、(2)的操作步骤，设置参照平面 4 为工作平面，绘制出口段扭曲翼墙的右侧面。

(4)按照图 2-2-44 调整扭曲翼墙左、右截面的相对位置。在默认三维视图中，利用键盘的"Ctrl"键，选中扭曲翼墙左右截面轮廓，单击"形状"面板→"创建形状"命令→"实心形状"，则可自动创建扭曲翼墙。

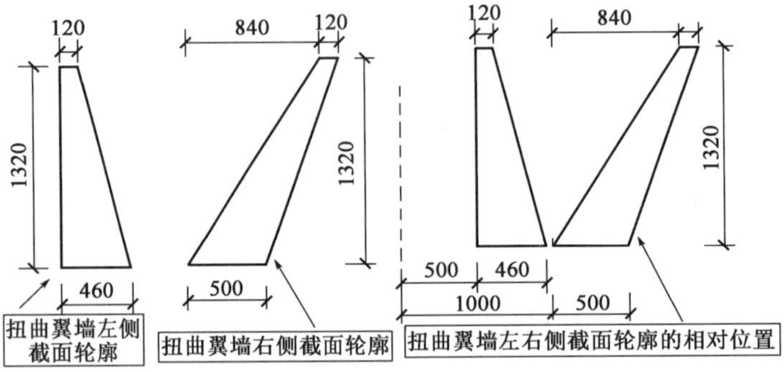

图 2-2-44　扭曲翼墙左右截面轮廓示意图及相对位置

2. 出口段扭曲翼墙基础的创建

在"楼层平面：标高 1"视图中，单击"绘制"面板→"直线"命令，绘制图 2-2-45 所示的轮廓。在默认三维视图中，移动光标到绘制完成的轮廓线上，单击"形状"面板→"创建形状"命令→"实心形状"，则可自动创建生成扭曲翼墙基础。

扭曲翼墙平面投影、扭曲翼墙基础截面轮廓、扭曲翼墙及基础三维效果图如图 2-2-45 所示。

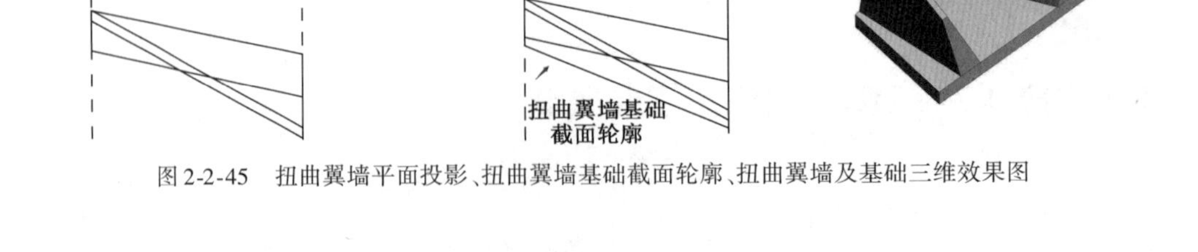

图 2-2-45　扭曲翼墙平面投影、扭曲翼墙基础截面轮廓、扭曲翼墙及基础三维效果图

任务实施 5　创建出口段端墙与帽石

参照进口段端墙与帽石的创建方法。出口段端墙建模如图 2-2-46 所示。

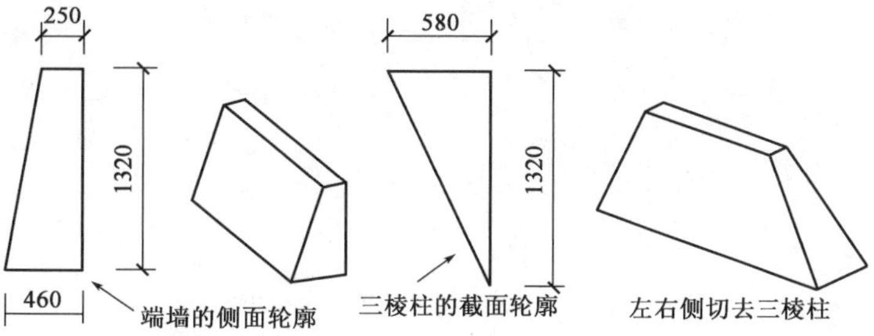

图 2-2-46 出口段端墙建模

任务实施 6 创建涵洞洞身

(1)在“楼层平面:标高 1”视图,设置参照平面 2 为工作平面,在“转换视图”对话框中选择“立面:西”,打开视图。

(2)单击“创建”选项卡→“绘制”面板→“直线”命令,绘制涵洞洞身基础截面轮廓。在默认三维视图中,单击“形状”面板→“创建形状”命令→“实心形状”,在“楼层平面:标高 1”视图中调整基础的长度为 2240mm,完成洞身基础的创建。

(3)采用同样的操作,设置参照平面 2 为工作平面,在“立面:西” 视图中绘制涵洞洞身外轮廓,单击“创建形状”命令→“实心形状”,在“楼层平面:标高 1”视图中调整洞身的长度为 3600mm,完成洞身的创建。

(4)设置参照平面 2 为工作平面,在“立面:西” 视图中绘制涵洞洞身内室轮廓,单击“创建形状”命令→“空心形状”,在“楼层平面:标高 1”视图中调整洞身内室的长度为 3600mm,单击“连接”命令,将洞身与洞口处的端墙连接成一个整体,单击“剪切”命令,使用空心形状剪切端墙和洞身,完成洞身内室的创建。

涵洞基础、洞身截面及三维效果图如图 2-2-47 所示。

注意:涵洞建模过程中,应先创建进口、出口洞口的翼墙、端墙,后创建涵洞洞身。端墙的绘制有一个空心形状,容易把涵洞洞身切去一部分,所以,建模过程中要后完成涵洞洞身的绘制。

完成涵洞建模后,切换到默认的三维视图,显示涵洞各组成部分的三维效果图,如图 2-2-48 所示。

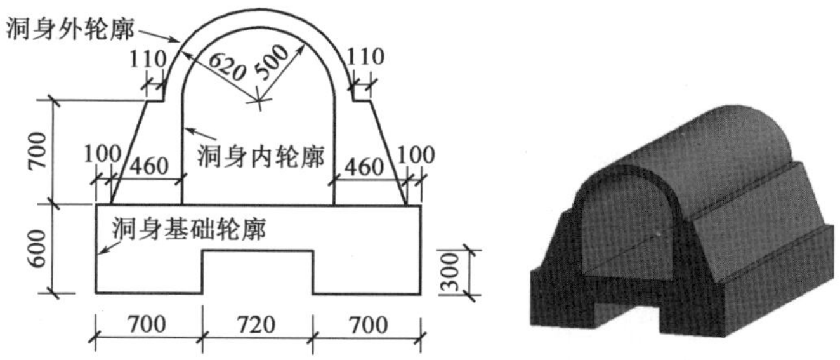

图 2-2-47 涵洞基础、洞身截面及三维效果图

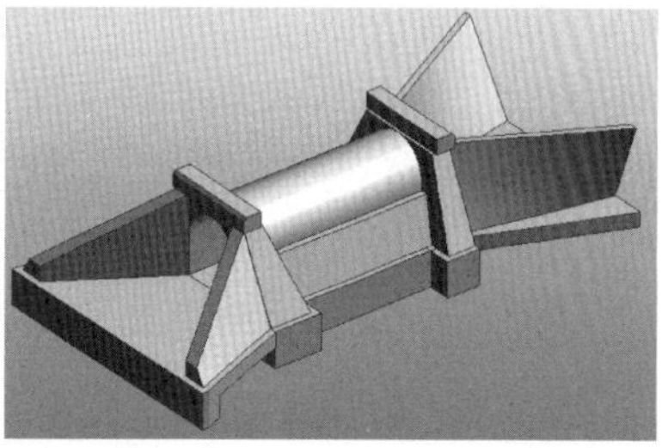

图 2-2-48 涵洞三维效果图

模块三

布置桥梁钢筋

模块三

布置桥梁钢筋

- 学习任务一 布置桩基钢筋
  - 设置有效钢筋主体
  - 绘制与修改钢筋
- 学习任务二 布置盖梁钢筋
  - 设置钢筋分区
  - 查看钢筋
  - 布置区域钢筋
- 学习任务三 提取钢筋数量明细表
  - 新建钢筋明细表
  - 设置钢筋明细表各选项
  - 设置钢筋明细表其他字段及参数
  - 编辑明细表
  - 导出明细表

学习任务一 布置桩基钢筋

学习任务描述

根据梅子溪中桥桩基钢筋图纸（图纸见数字化平台），完成桩基钢筋的建模。

知识目标与能力目标

学习钢筋图的识读、保护层的设置、钢筋的绘制与修改命令。通过学习，应该达到以下目标：

1. 能正确识读桩基的钢筋组成和每一种钢筋的形状、数量，以及桩基保护层的厚度。
2. 学会运用 Revit 软件的钢筋命令对桩基构件进行配筋。

学习任务实施

明确任务：分析桩基的钢筋组成、形状、数量及桩基保护层厚度，使用 Revit 软件对桥梁桩基进行配筋。

任务实施 使用 Revit 软件对桥梁桩基进行配筋

1. 新建项目

新建项目，项目样板为“结构样板”，载入桩基族，在“结构平面：标高 1”视图中，单击“结构”→“构件”→“放置构件”命令，放置桩基，修改桩基的直径及桩长的参数，选择桩基，单击“锁定”命令，锁定桩基的位置。

2. 分析桩基配筋

根据桩基钢筋图可知，总共 5 种钢筋。其中，N1 钢筋为主筋，破桩头位置向外扩，形成一个喇叭形，底部与螺旋筋底部平齐；N1a 钢筋与 N1 钢筋交替排列，N1a 钢筋比 N1 钢筋长 50cm，伸入桩底素混凝土中；N2 钢筋为加强筋，布置在主筋内侧，起加强固定作用，与钢筋笼形成一个整体；N3 钢筋为钢筋笼的螺旋筋，上部螺距为 10cm，下部螺距为 20cm；N4 钢筋为加强筋，布置在主筋的外侧；N5 钢筋为定位筋，位于 N4 钢筋的四周。

确定配筋顺序：最外侧螺旋筋 N3，螺旋筋的内侧套 N1、N1a 主筋，主筋的内侧是 N2 加强筋，最后是 N4 加强筋以及 N5 定位筋，从外往内配筋。

3. 保护层设置

(1)设置保护层(图3-0-1)。

单击“结构”选项卡→“钢筋”面板的小三角,选择“钢筋保护层设置”选项,在“钢筋保护层设置”对话框中单击“添加”按钮,添加“桩基保护层”,保护层厚度设置为75mm。

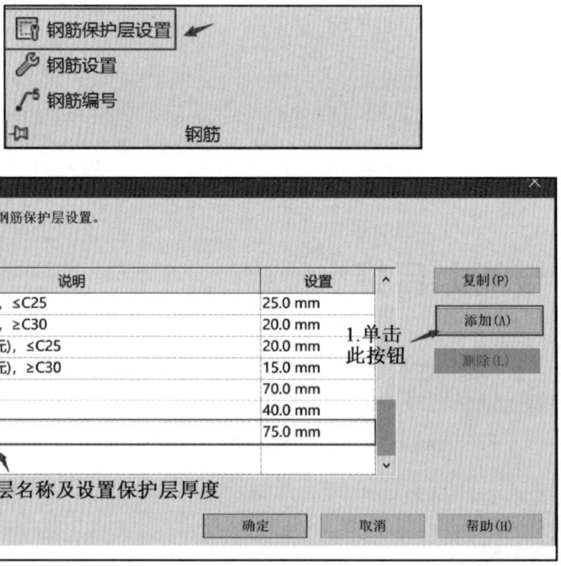

图3-0-1 设置保护层

(2)添加桩基保护层(图3-0-2)。

单击“结构”选项卡→“钢筋”面板→“保护层”命令,将设置好的保护层或者系统默认的保护层赋予构件。Revit软件提供的保护层赋予构件的方法有两种:拾取图元和拾取面。在选项栏中选择“拾取图元”选项,选择桩基,在“保护层设置”文本框中选择保护层类型“桩基保护层”,完成桩基保护层添加。也可以采用“拾取面”选项,为构件不同位置设置不同的保护层类型。

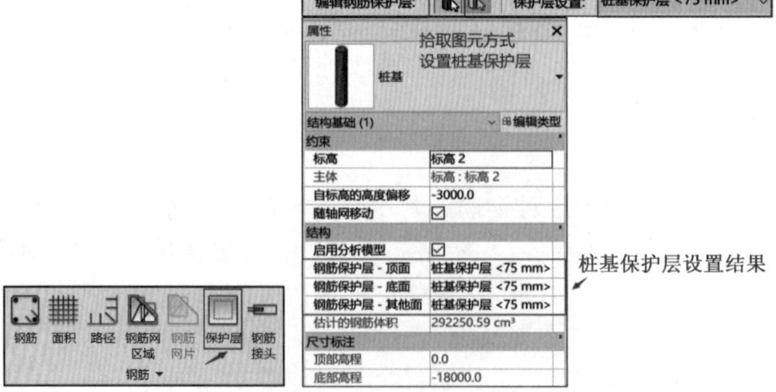

图3-0-2 添加桩基保护层

4. 配置钢筋

(1)绘制钢筋定位线及剖面图。

在立面视图中,用参照平面确定钢筋顶部及底部的定位线,桩顶介入承台 10cm,钢筋底部 2m 为素混凝土位置。绘制 N3 螺旋筋螺距不同的位置(标高为 8m)。以标高作剖面,形成标高 3 视图。

(2)钢筋的配置。

①N3 钢筋的配置(图 3-0-3)。

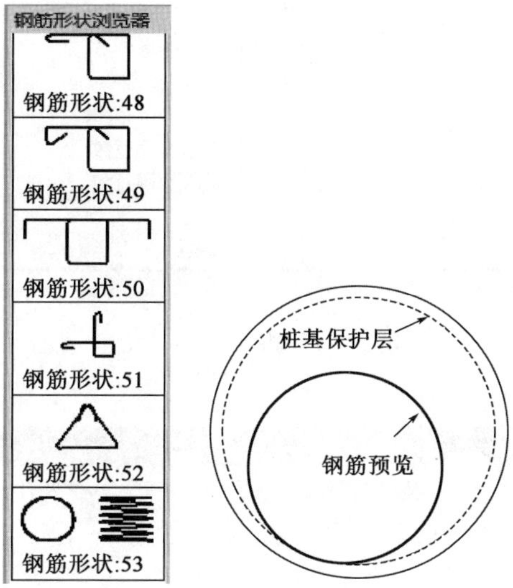

图 3-0-3 N3 钢筋配置

切换到标高 3 视图,选择桩基构件,单击“钢筋”命令,在“钢筋形状浏览器”中选择 53 号螺旋筋,在“属性”面板的“类型选择器”中设置钢筋的等级为“HPB300”一级钢,编辑“编辑类型”,复制为“N3-10-螺旋筋 10cm”的钢筋,放置钢筋。

在南立面视图中,调整螺旋筋的长度,在“属性”面板中调整参数即螺距及匝数,如图 3-0-4 所示。选择螺旋筋,单击属性面板“编辑类型”,复制生成螺距为 20cm 的螺旋筋,复制螺旋筋,修改参数完成 N3 螺旋筋的配置。

②N1 主筋的配置。

主筋的形状是直线型,破桩头位置向外扩,形成喇叭形,特征投影是立面,所以设置一个工作平面,在标高 3 视图中绘制左右参照平面,并设置为工作平面,在东立面视图中绘制 1 号主筋。

选择桩基,单击“钢筋”命令,在“钢筋形状浏览器”中选择“钢筋形状-01”,单击“绘制钢筋”,拾取桩基钢筋主体,进入创建钢筋草图模式。绘制参照平面定位 1 号主筋的位置,注意保护层厚度 75mm、螺旋筋直径 10mm 及主筋半径 12.5mm,用直线命令再绘制标高为 900mm,50mm 的定位参照平面,单击交点,配置主筋,单击“完成编辑模式”按钮。配置主筋后,调整主筋的等级及直径等参数,如图 3-0-5 所示。

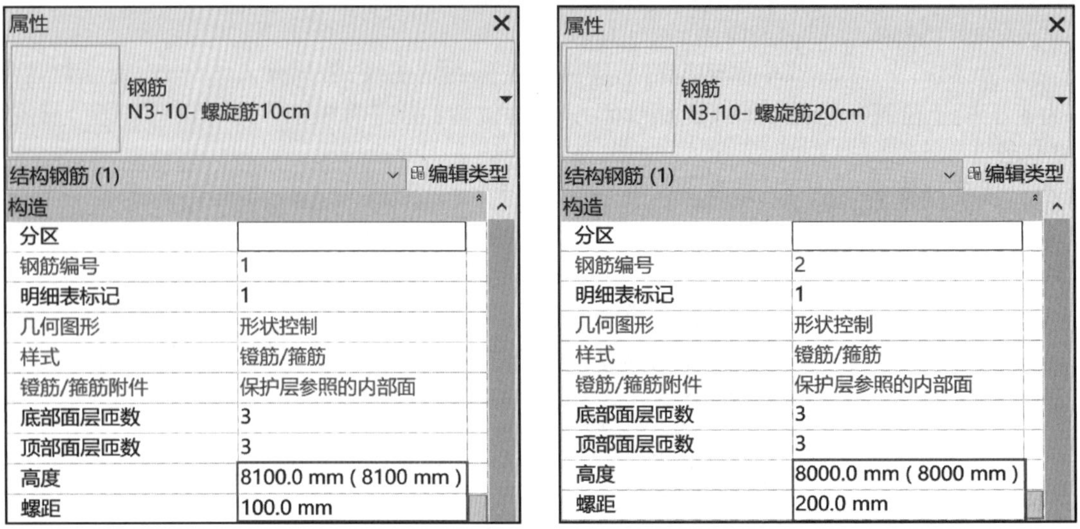

图 3-0-4 螺距及匝数设置

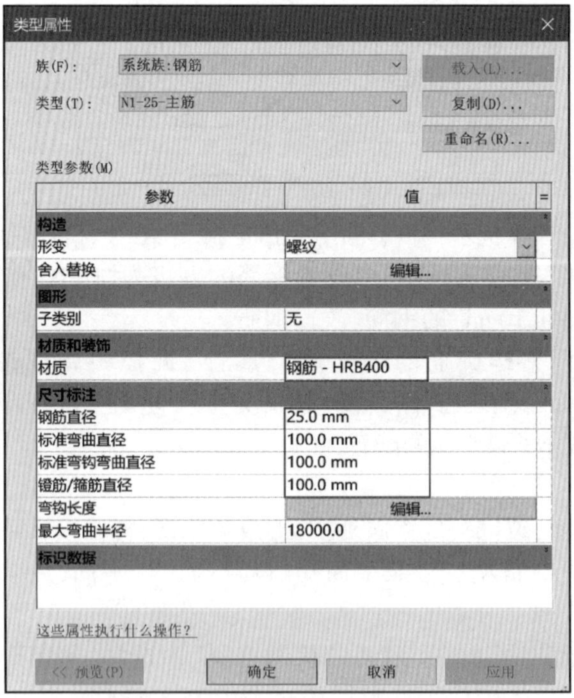

图 3-0-5 钢筋参数设置

在标高 3 视图中,选择 N1 钢筋,旋转复制生成 N1a 钢筋,角度是 15°,修改复制生成的 N1 钢筋为 N1a 钢筋,N1a 钢筋伸入素混凝土中 50cm,修改 N1a 钢筋长度。选择 N1、N1a 钢筋,径向阵列生成其他主筋,角度是30°,数量是12个。阵列操作如图3-0-6所示。

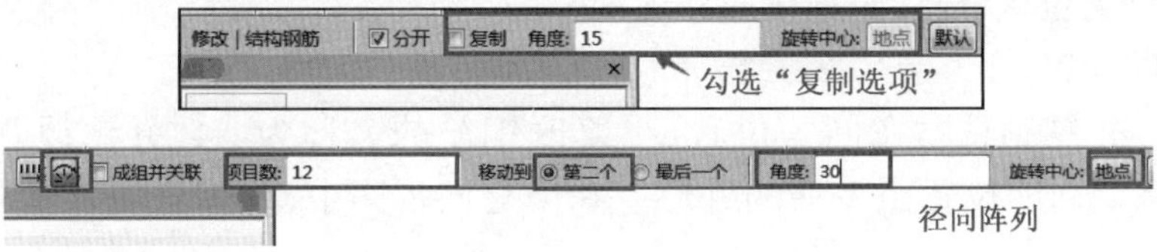

图3-0-6 阵列操作

③N2加强筋的创建(图3-0-7)。

N2加强筋的形状是圆形的,在标高3视图中进行配筋。在“钢筋形状浏览器”中选中“钢筋形状-38”,在“属性”面板中修改钢筋等级,选中钢筋修改弯钩形状为“无”,编辑草图,修改半径值为“=965/2”。拖曳控制点使N2钢筋紧贴主筋内侧。

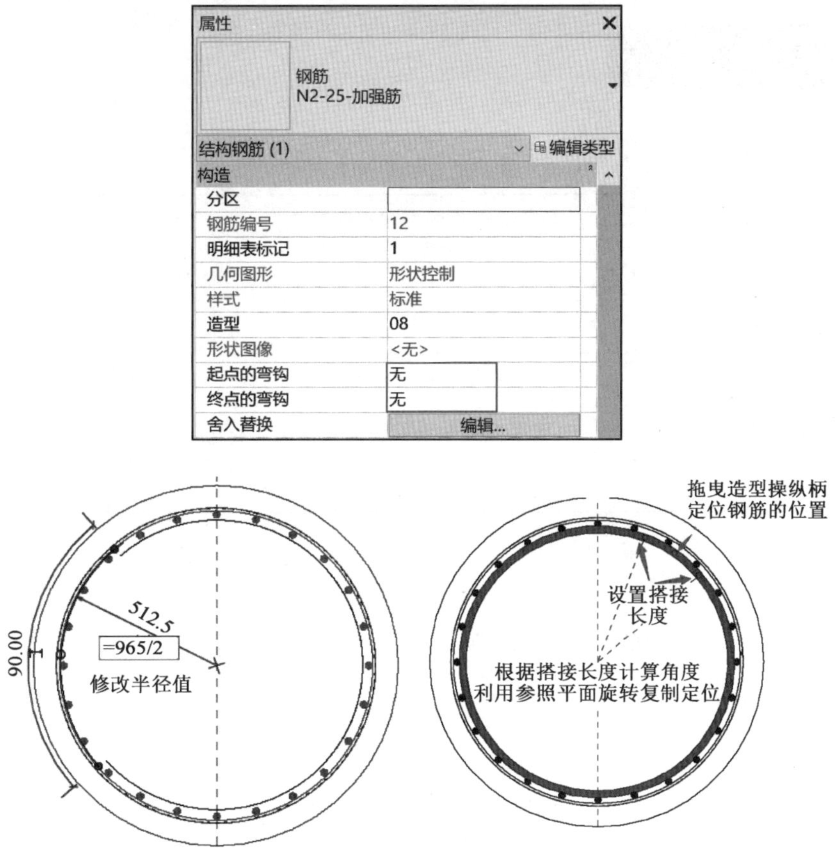

图3-0-7 N2加强筋的创建

注意搭接长度的设置,捕捉圆心位置与右侧搭接按钮位置绘制参照平面,计算角度:25/(3.14×965)×360°,用旋转命令旋转参照平面的角度为25/(3.14×965)×360°,拖曳另一个搭接按钮到参照平面旋转后的位置,满足搭接长度要求。

在立面视图中设置N2加强筋数量,间隔2m设一道,采用阵列的方式,先把其他钢筋隐藏起来,移动加强筋的位置,线性阵列生成9道加强筋。

④N4钢筋的配置。

选择N2钢筋,复制粘贴在同一位置,再修改钢筋的名称为N4,并修改钢筋等级,拖曳造型操纵柄以调整钢筋位置至主筋的外侧。在南立面视图中,阵列生成其他几道N4钢筋。

⑤N5钢筋的配置。

设置工作平面,在"立面:东"视图中配置N5钢筋,调整位置,一周有4根,径向阵列生成其他位置的加强筋。

选择1根钢筋,单击鼠标右键,选择"选择主体中所有的钢筋"选项,选中所有的钢筋,在"属性"面板中设置视图可见性状态,在打开的"可见性"对话框中,三维视图选项勾选"作为实体查看",将显示钢筋的真实形状。

成果展示与评价

以小组为单位提交学习总结报告,加深对所学知识的掌握。

工作任务评价与分析			
评价项目	评价标准	参考分值(分)	得分(分)
识读桩基配筋	识读钢筋的正确性	30	
设置桩基保护层	保护层设置的正确性	20	
创建桩基钢筋	操作的熟练程度、准确程度	50	
总评			

知识点链接

1.有效钢筋主体

Revit软件中并不是所有的构件都能配筋,有些构件能配筋,有些构件就不能配筋,有些族样板也不能配筋。能配置钢筋的构件称为有效的钢筋主体。能配筋的构件类别包括结构框架、结构柱、结构基础(独立)、基础底板、条形基础、结构连接、结构楼板、楼板边、结构墙。其中,结构基础(包含条形基础、基础底板),结构柱,结构墙,结构楼板,楼板边等是系统族。

选择"结构"选项卡→"墙:结构"命令(默认的工作平面为标高2),绘制墙,这个墙就可以进行配筋。选择"结构"选项卡→"墙:建筑"命令(默认的工作平面为标高1),绘制墙,这个墙就不能进行配筋，只要在“属性”面板的结构分组中勾选“结构”参数，建筑墙就变成了结构墙，就可以进行配筋。

修改一些不能配筋的可载入族[结构框架、结构基础(独立基础)、结构柱]的属性，在“属性”面板中将“用于模型行为的材质”选项设置为“混凝土”“预制混凝土”及“其他”，载入项目后就可以成为有效的配筋主体。可载入族在项目中设置的材质与能不能配筋没有任何关联，必须在族中设置材质。

有效钢筋主体的设置如图 3-0-8 所示。

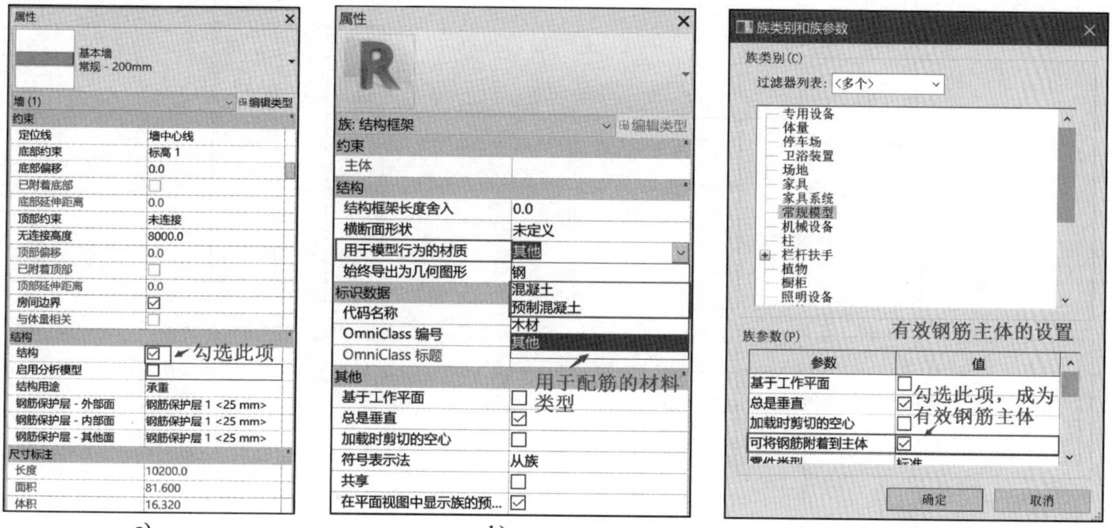

a) b) c)

图 3-0-8 有效钢筋主体的设置

默认的常规模型是不能进行配筋的。必须在“族类别和族参数”对话框中勾选“可将钢筋附着到主体”选项，修改族参数后的常规模型载入项目中才变成可配筋的有效主体。

Revit 钢筋常用的族样板包括公制常规模型、公制结构柱、公制结构基础、公制结构框架-梁与支撑、基于面的公制常规模型、基于线的公制常规模型。

2. 钢筋的绘制与修改

绘制钢筋前先了解钢筋形状、等级与直径。绘制钢筋的视图只能是平面、立面及剖面，三维视图是不能放置钢筋的。绘制钢筋有两种方法。方法一，选择构件，单击“钢筋”命令，在“钢筋形状浏览器”中选择某种钢筋，绘制定位参照平面，在“属性”面板中确定钢筋等级和直径及钢筋的名称，放置钢筋；方法二，单击“绘制钢筋”命令进行绘制，拾取钢筋的主体，手动绘制钢筋的形状。

绘制钢筋时如果使用的是建筑样板，则必须载入钢筋的形状。建筑样板必须载入钢筋族库，如果没有钢筋族库，则要从其他电脑上复制安装在对应的路径下。

单击“钢筋”命令后，状态栏提示“在有效的钢筋主体中单击，以放置钢筋”，在标高结构平面视图中，选择有效钢筋主体，单击“钢筋”命令，选择“当前工作平面”选项，放置钢筋的示意图。钢筋放置平面与放置方向的含义如图 3-0-9 所示。

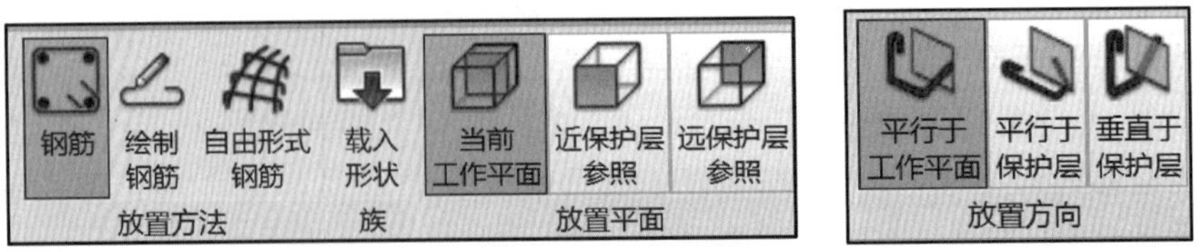

a)

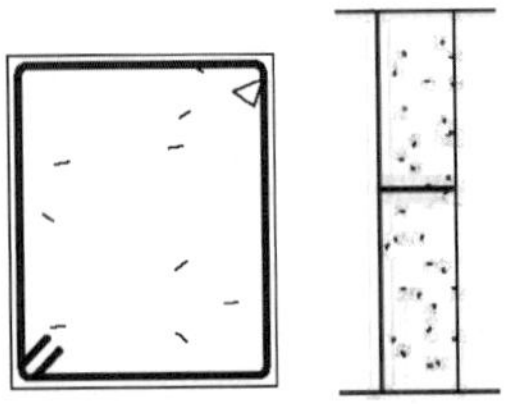

b)当前工作平面钢筋示意图

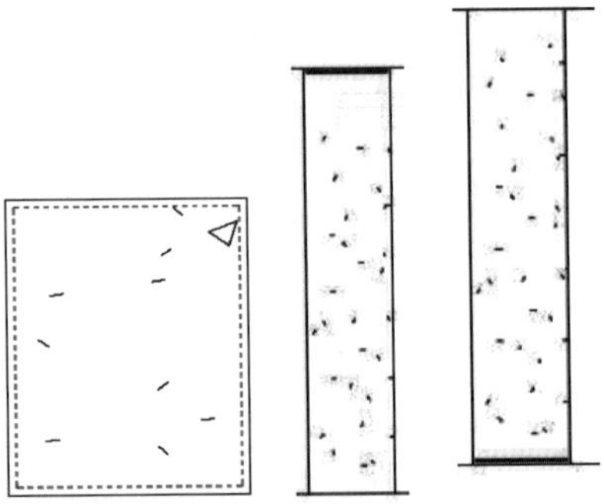

c)近保护层与远保护层的钢筋示意图

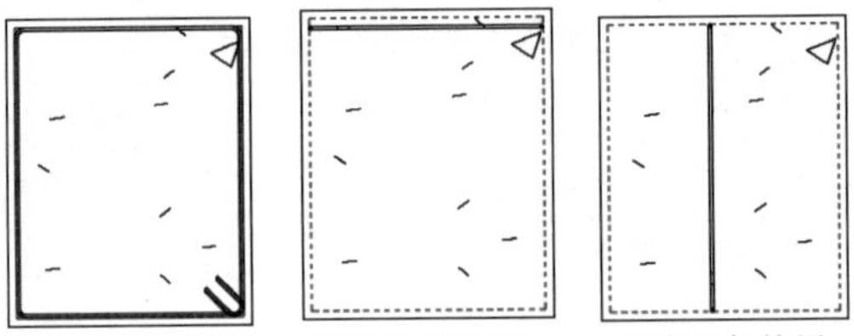

平行于工作平面　　平行于保护层　　垂直于保护层

d)

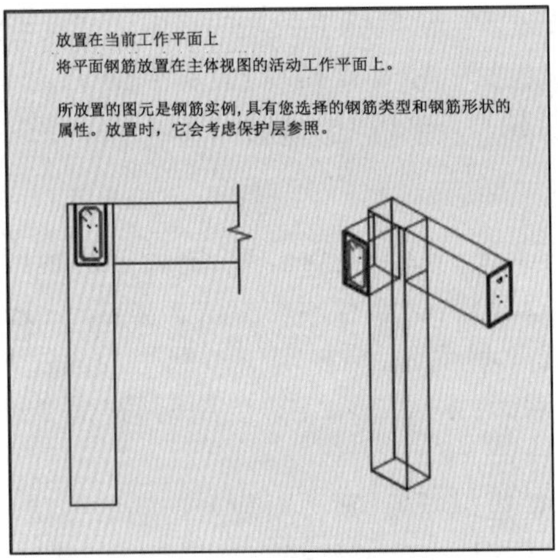

e)

图 3-0-9

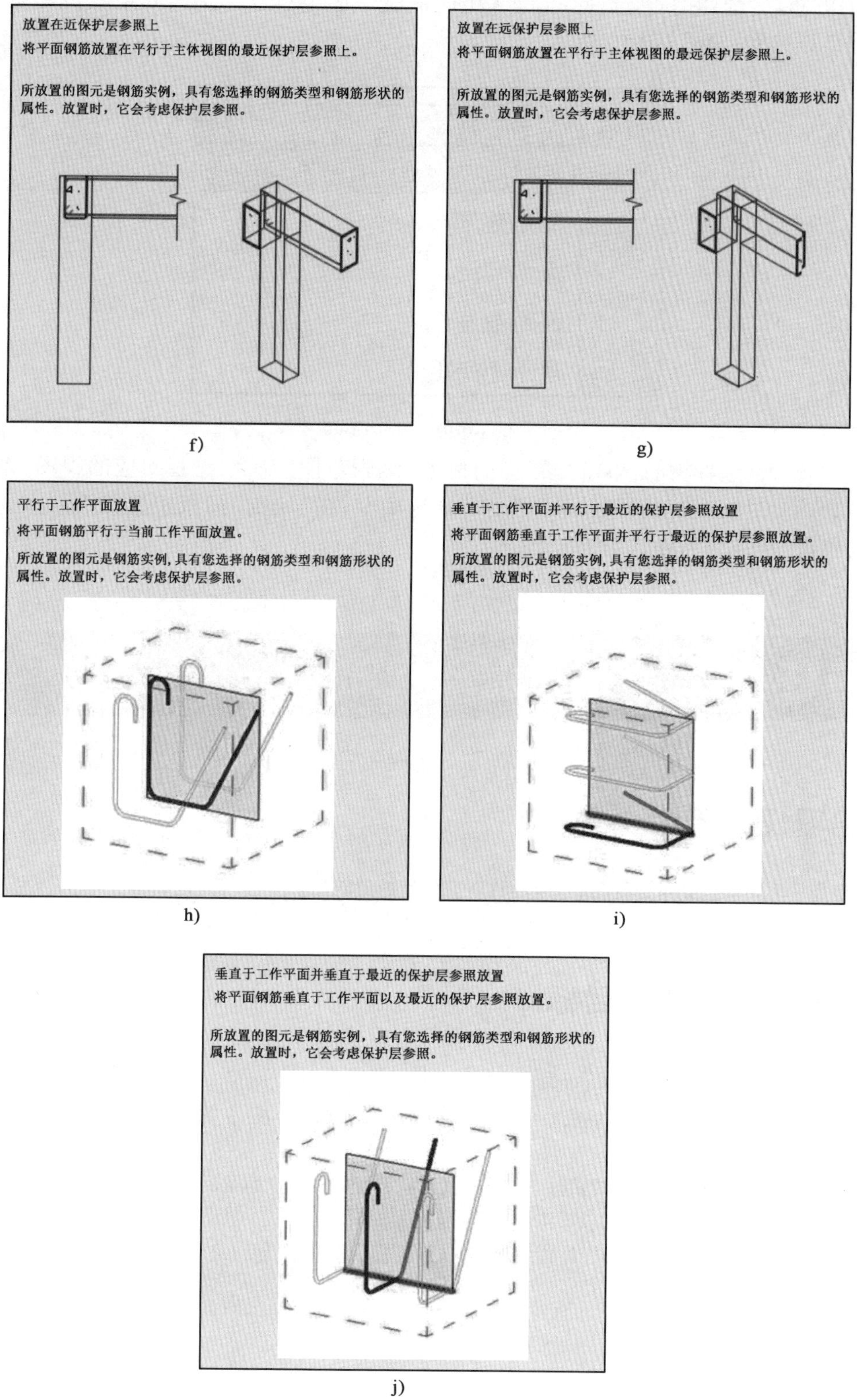

图 3-0-9 钢筋放置平面与放置方向的含义

钢筋的布局:选择钢筋,选择“布局”中的“单根”“固定数量”“最大间距”“间距数量”“最小净间距”等选项,如图 3-0-10 所示。

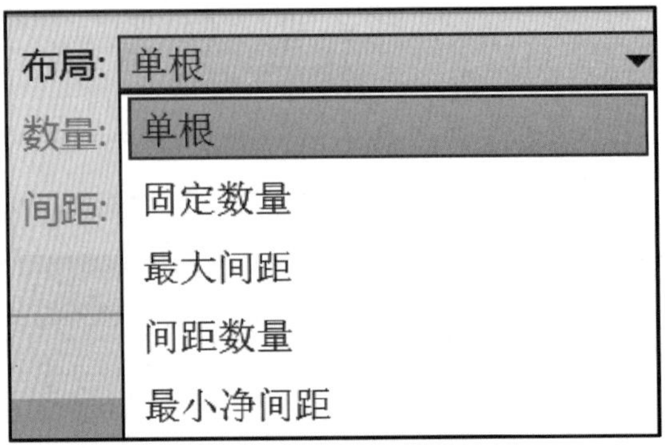

图 3-0-10　钢筋布局

钢筋的修改:选择钢筋,单击“模式”面板中“编辑草图”命令,选择对应的视图,系统自动切换到“修改|结构钢筋编辑钢筋草图”上下文选项卡,在“绘制”面板中选择绘制方式绘制钢筋草图,单击“完成编辑模式”按钮。

学习任务二　布置盖梁钢筋

学习任务描述

根据梅子溪中桥盖梁钢筋图纸(图 3-0-11),创建盖梁钢筋。

知识目标与能力目标

学习钢筋的识图、Revit 区域钢筋命令、Revit 钢筋的查看功能、Revit 钢筋的分区。通过学习,应该达到以下目标:

1. 能正确识读盖梁的钢筋组成和每一种钢筋的形状、数量,以及盖梁保护层的厚度。
2. 学会运用 Revit 钢筋命令对盖梁构件进行配筋。
3. 理解 Revit 钢筋分区,能通过设置过滤器来进行不同钢筋的显示。

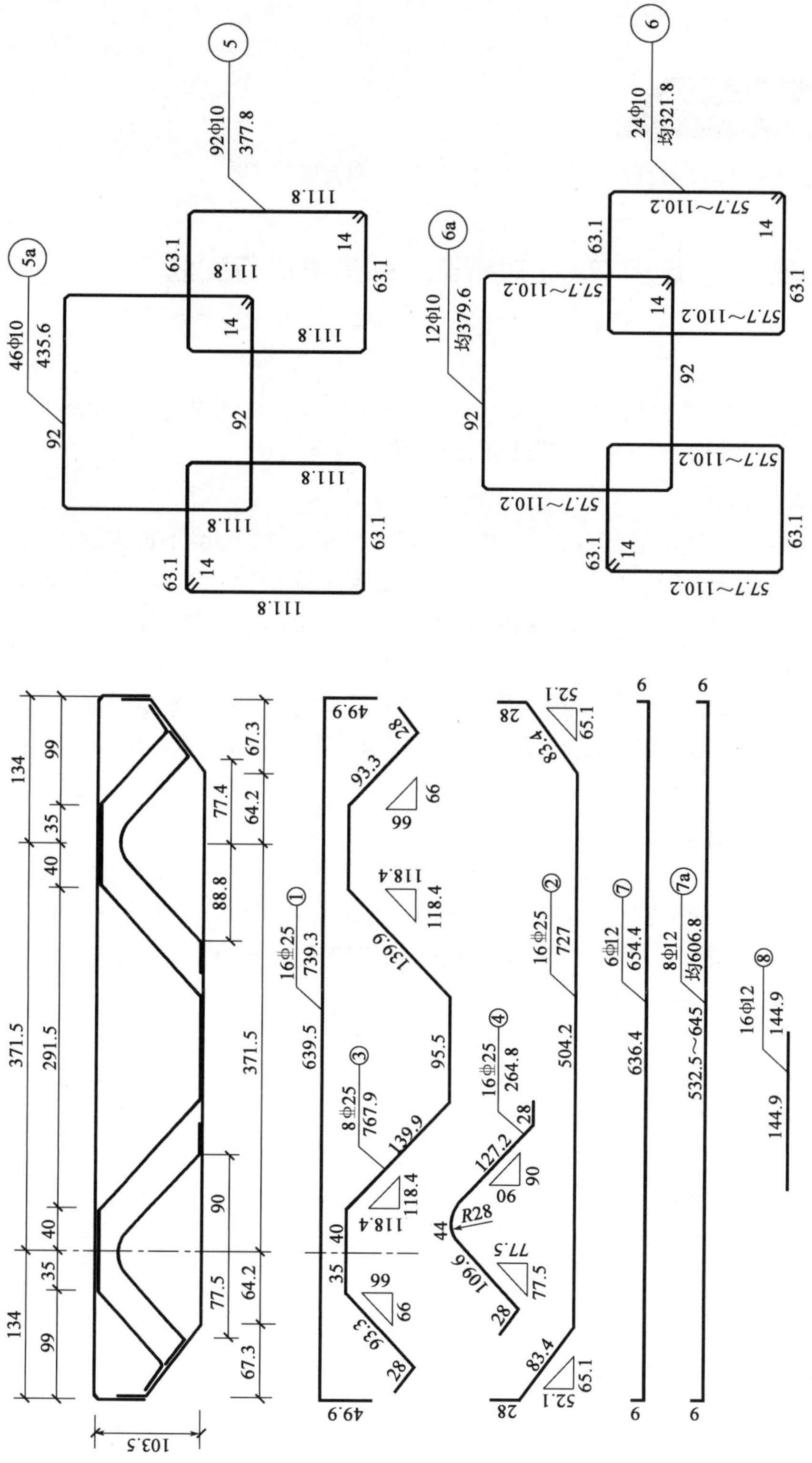

图3-0-11 盖梁钢筋图(尺寸单位:cm)

学习任务实施

明确任务：根据盖梁钢筋图纸，运用 Revit 放置桥梁构件盖梁的钢筋。

任务实施　运用 Revit 对桥梁构件盖梁进行配筋

1. 新建项目

新建项目，选择项目样板为“结构样板”，载入盖梁族，在“结构平面：标高 1”视图中，单击“结构”选项卡→“结构”面板→“梁”命令，放置梁。

2. 分析盖梁钢筋

根据盖梁钢筋图及钢筋数量表，有 N1 ~ N8、N5a、N6a、N7a 共 11 种钢筋。N1 钢筋位于盖梁顶部；N2 钢筋位于盖梁底部；N3、N4 钢筋位于盖梁中间位置；N5、N5a 钢筋为盖梁中间部分的箍筋；N6、N6a 钢筋为盖梁左右两侧的箍筋，N7、N7a 钢筋位于盖梁前后侧；N8 钢筋位于盖梁左右侧。

确定配筋顺序：N6、N6a 钢筋位于盖梁左右两侧，是变化的，故钢筋的配置是从内向外，先配置 N1、N2、N3、N4 钢筋，然后配置 N7、N7a、N8，最后配置 N5、N5a、N6、N6a。

3. 盖梁保护层建模

(1)设置保护层。

单击“结构”选项卡→“钢筋”面板的小三角，选择“钢筋保护层设置”选项，在选项列表中单击“添加”按钮，添加保护层，根据盖梁的图纸，盖梁左右、前后、上下方向保护层厚度的值不同，分别设置左右保护层厚度为 90mm，前后保护层厚度为 60mm，上下保护层厚度为 60mm。盖梁保护层设置如图 3-0-12 所示。

(2)添加盖梁不同方向的保护层。

单击“结构”选项卡→“钢筋”→“保护层”命令，在选项栏选择钢筋保护层设置的方式为“拾取面”，分别选择盖梁左右、前后、上下截面，在“保护层设置”文本框中选择保护层类型“左右保护层”“前后保护层”“上下保护层”，为盖梁设置保护层。

添加保护层的方式有两种，即“拾取图元”“拾取面”，一般可以两种方式结合使用，先进行整体设置，然后选择不同的面进行添加。钢筋的位置随着保护层厚度而改变，保护层厚度由 60mm 变成 90mm，钢筋位置也随之发生改变。

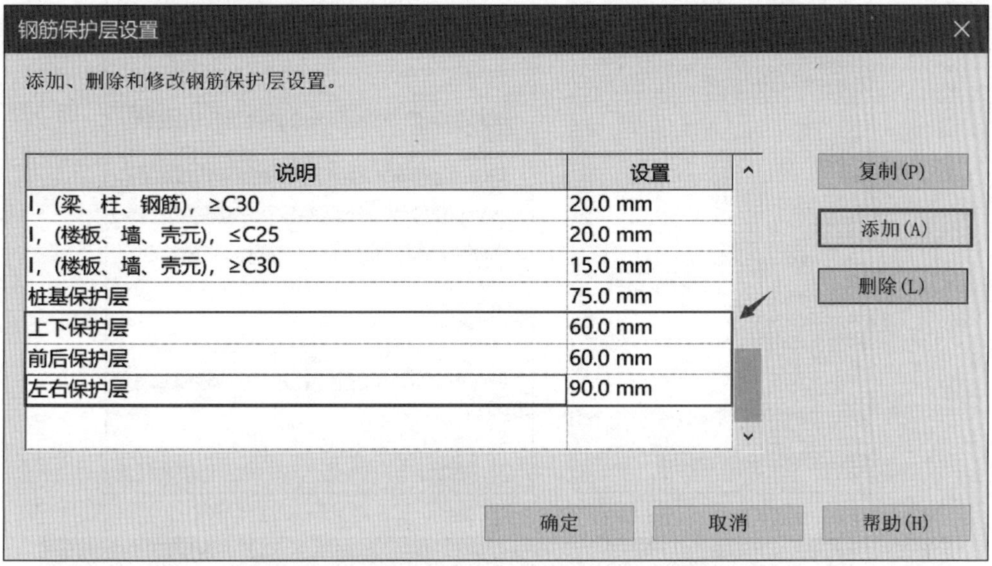

图 3-0-12 盖梁保护层设置

4. 配置钢筋

(1)绘制剖面图。

在"结构平面：标高 1"视图中，在盖梁前后中心位置方向绘制剖面图 1。

(2)钢筋的配置。

①N1 钢筋的布置(图 3-0-13)。

在剖面视图中，绘制参照平面定位 N1 号钢筋，参照平面距盖梁混凝土最外侧的距离为 82.5mm，包括混凝土保护层厚度 60mm、箍筋直径 10mm 及 N1 钢筋直径的一半 12.5mm。选择盖梁主体，单击"钢筋"命令，在"钢筋形状浏览器"中选择"钢筋形状-01"，放置钢筋，移动钢筋位置到参照平面上，选择钢筋，在"属性"面板中修改弯钩类型为"标准-90 度"，修改钢筋的等级，单击"编辑类型"，复制生成"盖梁 N1-25HRB400" 钢筋类型，编辑弯钩长度，修改弯钩值。

②N2 钢筋的布置(图 3-0-14)。

选择 N1 钢筋，单击剪贴板中"复制"命令，单击"粘贴"命令→"与同一位置对齐"，复制 N1 钢筋在同一位置。选择钢筋，编辑钢筋草图，删除原来的钢筋草图，绘制 N2 钢筋草图，修改弯钩类型为"无"，偏移 N1 直径，考虑钢筋的搭接，绘制末端，修改长度。

N1、N2 钢筋均为 16 根，选择 N1、N2 钢筋，在西立面视图中移动 N1、N2 钢筋位置至距离盖梁混凝土外侧向内 82.5mm 的位置，选择 N1、N2 钢筋，单击选择"钢筋集"面板"布局"选项中"固定数量"选项，输入数量为"16"，按"Enter"键，完成 N1、N2 钢筋的布置。钢筋布局操作如图 3-0-15 所示。

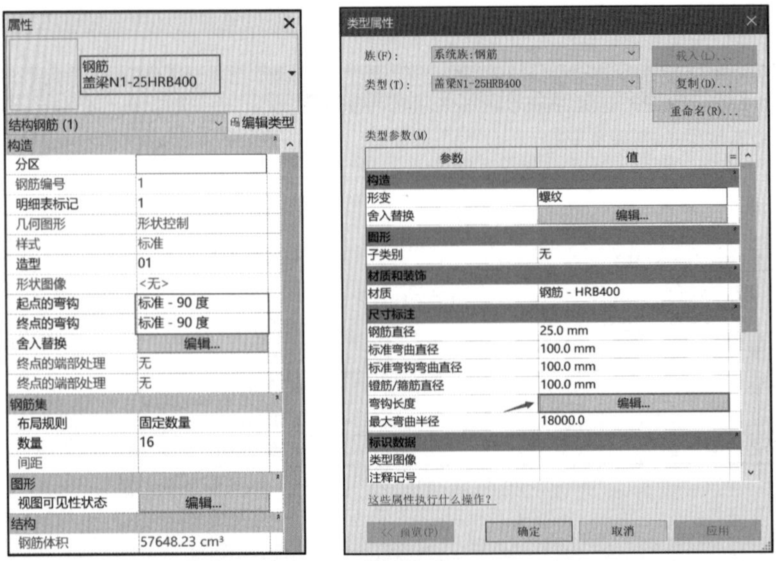

a)

b)

c)

图 3-0-13 N1 钢筋的布置

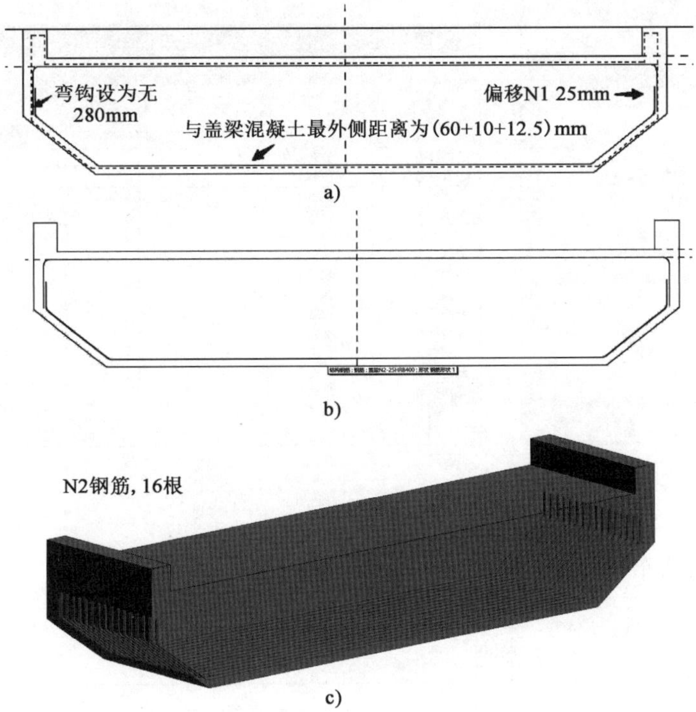

图 3-0-14　N2 钢筋的布置

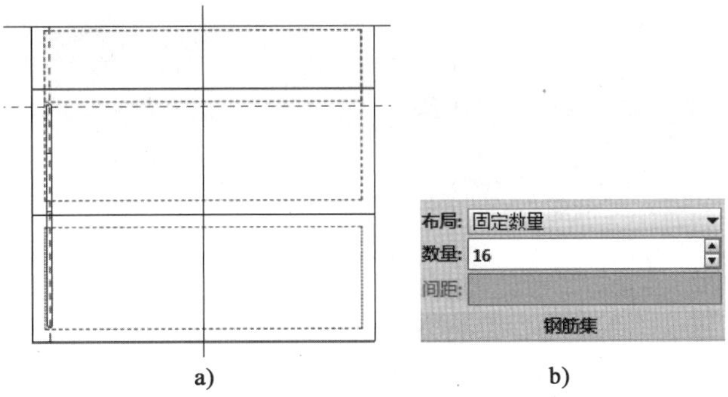

图 3-0-15　钢筋布局操作

在视图状态栏中切换线宽模式，选择钢筋，单击鼠标右键，在右键菜单中选择“选择主体中所有的钢筋”选项，N1、N2 钢筋显示设置操作如图 3-0-16 所示。

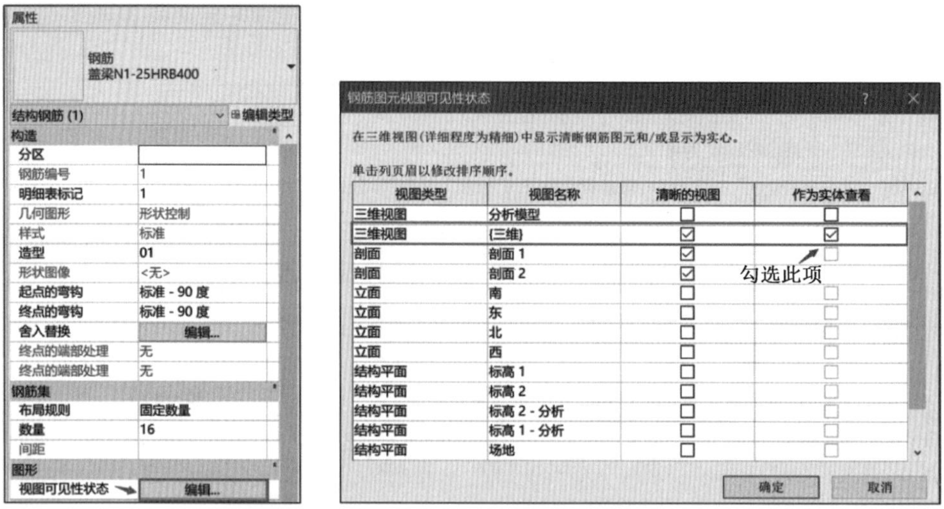

图 3-0-16 N1、N2 钢筋显示的设置

③N3、N4 钢筋的布置(图 3-0-17)。

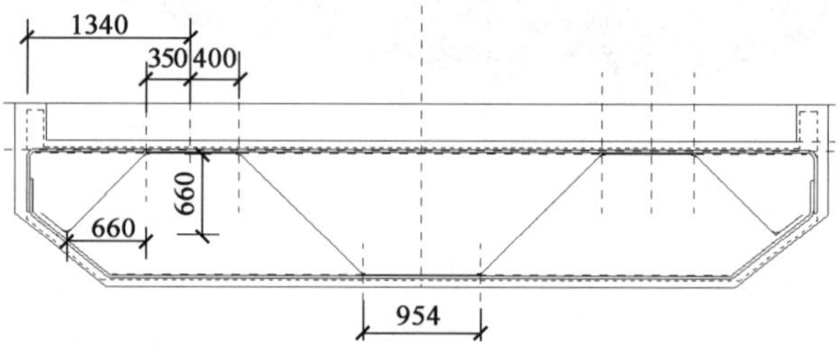

a)

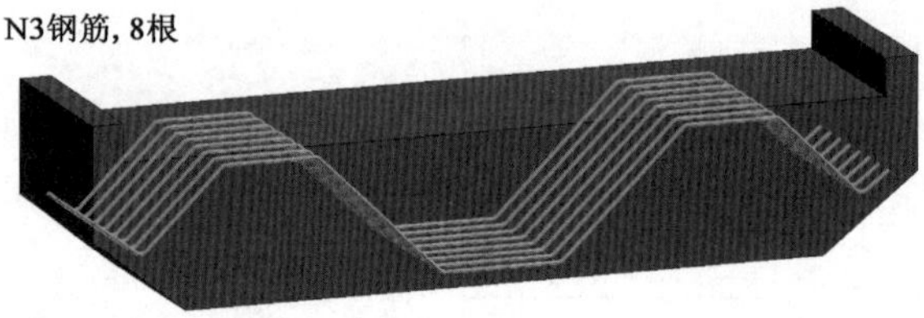

b)

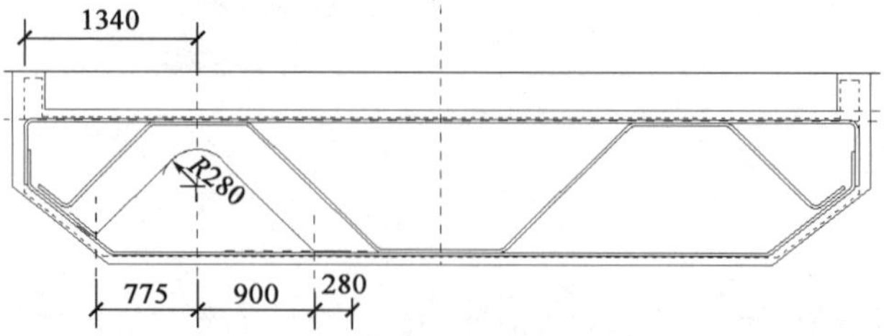

c)

图 3-0-17

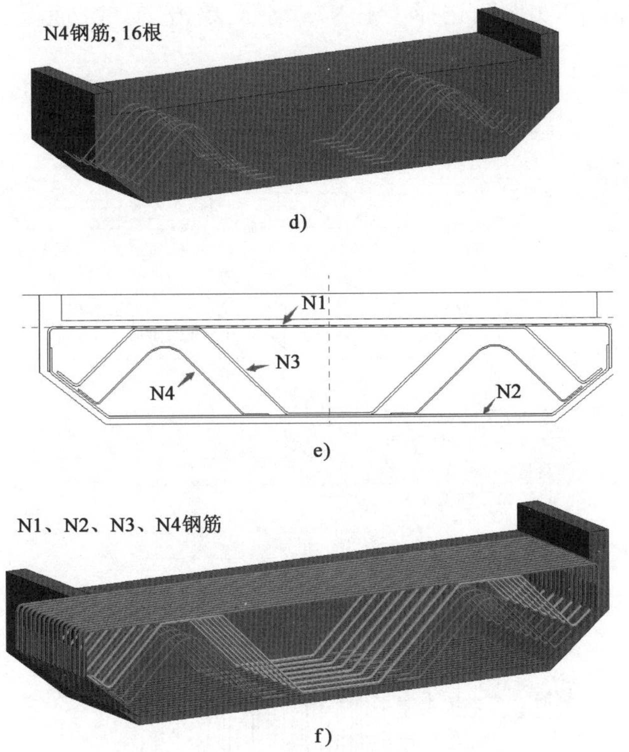

图 3-0-17 N3、N4 钢筋的布置(尺寸单位:mm)

按照 N1 三维配置方式,复制 N1 钢筋在同一位置,选择钢筋,在“属性”面板类型选择器中,选择钢筋类型为盖梁 N3-25HRB400,单击编辑钢筋草图,删除原来的钢筋草图,绘制 N3 钢筋草图,修改弯钩类型为“无”,单击“模式”面板“完成编辑模型”,单击选择“钢筋集”面板布局选项中“固定数量”选项,输入数量为 8,完成 N3 钢筋的配置。注意参照平面定位以及钢筋的定位。

按照前面的操作布置 N4 钢筋。

④N7、N7a 钢筋的布置(图 3-0-18)。

在“前后剖面视图”中,绘制参照平面定位,在混凝土最外侧绘制参照平面(分别在盖梁的顶部与底部绘制两个参照平面),单击“修改”面板→“阵列”命令,在“选项栏”中选择线性阵列,输入项目数 9,勾选“最后一个”,选择盖梁顶部与底部的参照平面分别为起点与终点,生成间距相等的九个参照平面。选择盖梁主体,单击“结构”选项卡→“钢筋”面板→“钢筋”命令,在“钢筋形状浏览器”中选择“钢筋形状-05”钢筋,在“属性”面板的“类型选择器”中选择 12HRB400 三级钢筋,单击“编辑类型”按钮,复制生成“N7-12HRB400”钢筋,选择钢筋放置方向为“平行于工作平面”,在参照平面上放置钢筋 N7,修改弯钩值。在“西:立面”视图中选择钢筋 N7,旋转 90°,并移动位置到“西:立面”视图的端部位置(即盖梁前表面位置),复制生成 3 根其他位置的 N7 钢筋。右键选择全部实例,选择 3 根 N7 钢筋,单击“修改”面板→“镜像”命令,镜像生成另一侧的 N7 钢筋。

切换到“前后剖面视图”中,选择 N7 钢筋,复制粘贴到“同一位置对齐”,选择钢筋,单击移动命令,向下移动到下一个参照平面位置,单击“编辑类型”,复制生成 N7a 钢筋,拖曳钢筋“造型操纵柄”调整钢筋的长度,同样的操作,依次复制生成其他位置的 N7a 钢筋,并调整 N7a 钢筋的长度,右键“选择全部实例”,选择 3 根 N7a 钢筋,单击“修改”面板—“镜像”命令,镜像生成另一侧的 N7a 钢筋。

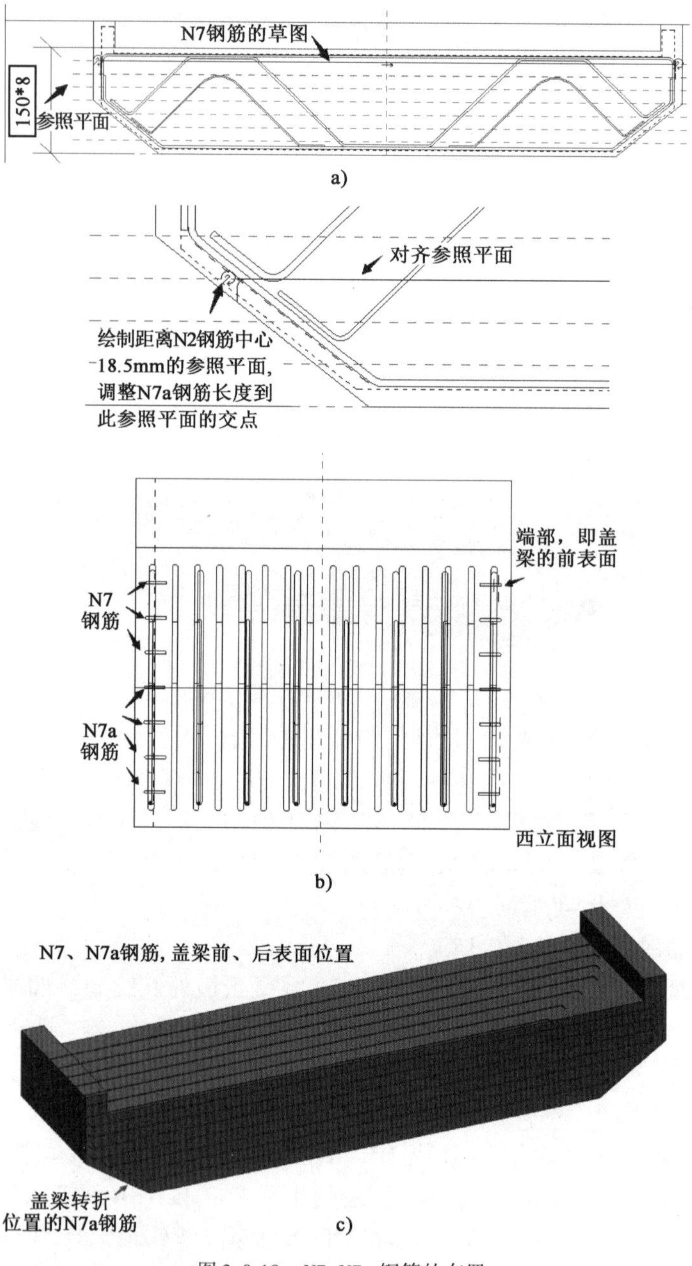

图 3-0-18 N7、N7a 钢筋的布置

⑤N8 钢筋的布置(图 3-0-19)。

切换到“左右剖面视图”中,选择盖梁主体,单击“结构”选项卡→“钢筋”面板→“钢筋”命令,在“钢筋形状浏览器”中选择“钢筋形状-05”钢筋,在参照平面位置(前面放置钢筋 N7 的参照平面)放置钢筋,调整钢筋位置,修改钢筋的等级,并命名为“盖梁 N8-12HRB400”钢筋,修改弯钩值为 90,切换到南立面视图中旋转 90°,并移动位置到盖梁左右端部位置,复制生成其他

N8 钢筋。右键“选择全部实体”,单击“修改”面板→“镜像”命令,镜像生成另一侧钢筋 N8。

图 3-0-19 N8 钢筋的布置

也可以在剖面 1 视图中,选择盖梁主体,单击钢筋命令,选择钢筋放置方向选项为“垂直于保护层”的方式,放置 N8 钢筋。

⑥N6、N6a 钢筋的布置。

在标高 1 视图中,绘制参照平面定位 N6、N6a 钢筋的位置,在左侧保护层 10.5cm 位置绘制剖面 3,调整剖面 3 的剖切范围,并设置为工作平面。切换到在剖面 3 视图中,绘制 N6、N6a 钢筋,注意 N6、N6a 钢筋交错排列。在标高 1 视图中复制 N6、N6a 钢筋,并移动剖面 3 的位置到相应的 N6、N6a 钢筋位置,在剖面 3 视图中调整 N6、N6a 钢筋的高度,镜像生成另一侧的 N6、N6a 钢筋。N6、N6a 钢筋布置示意图如图 3-0-20 所示。

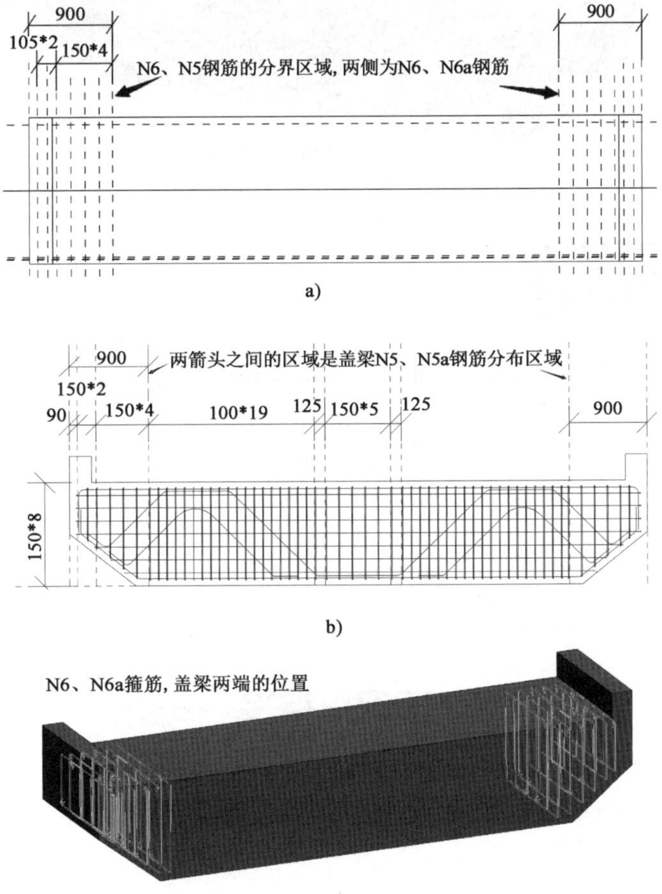

图 3-0-20 N6、N6a 钢筋布置示意图

⑦N5、N5a钢筋的布置(图3-0-21)。

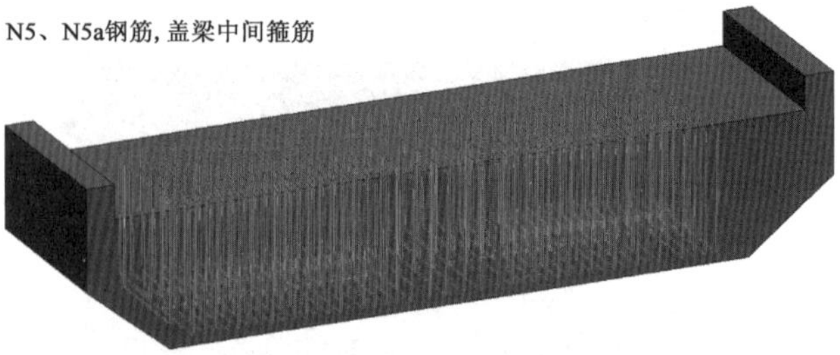

图3-0-21 N5、N5a钢筋的布置

复制N6、N6a钢筋到N5钢筋区域,选择钢筋,修改钢筋命名以及等级,单击编辑钢筋草图,修改完成钢筋草图,单击"模式"面板→"完成编辑模式",完成钢筋的配置。选择N5、N5a钢筋,单击阵列与复制命令得到其他位置的钢筋。

N7、N7a、N8、N5、N5a、N6、N6a构造钢筋的布置效果图,如图3-0-22所示。

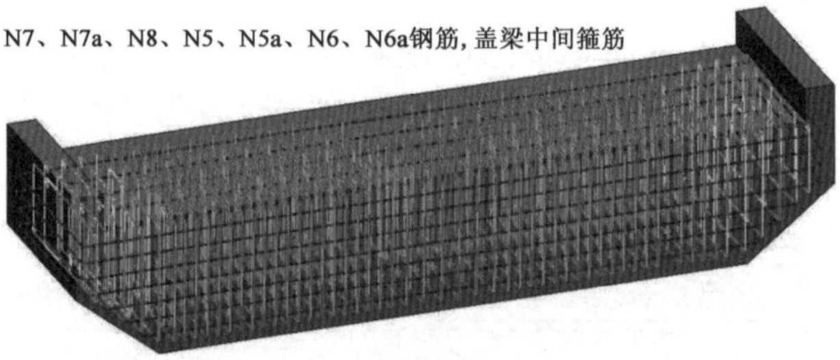

图3-0-22 盖梁构造钢筋效果图

成果展示与评价

以小组为单位提交学习总结报告,加深对所学知识的掌握。

工作任务评价与分析			
评价项目	评价标准	参考分值(分)	得分(分)
识读盖梁配筋图	识读钢筋的正确性	30	
盖梁保护层的设置	保护层设置的正确性	20	
创建盖梁钢筋	操作的熟练程度、准确程度	50	
总评			

知识点链接

钢筋分区、查看

1. 钢筋分区

对钢筋进行分区的目的是统计钢筋工程量,设置钢筋分区过滤器,控制钢筋的颜色显示以及可见性显示;也按分区来筛选钢筋,分别统计不同钢筋的工程量。

过滤器有关显示设置如图 3-0-23 所示。

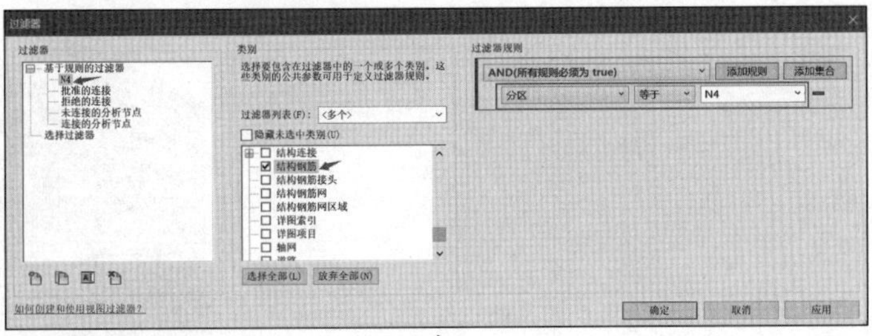

a)

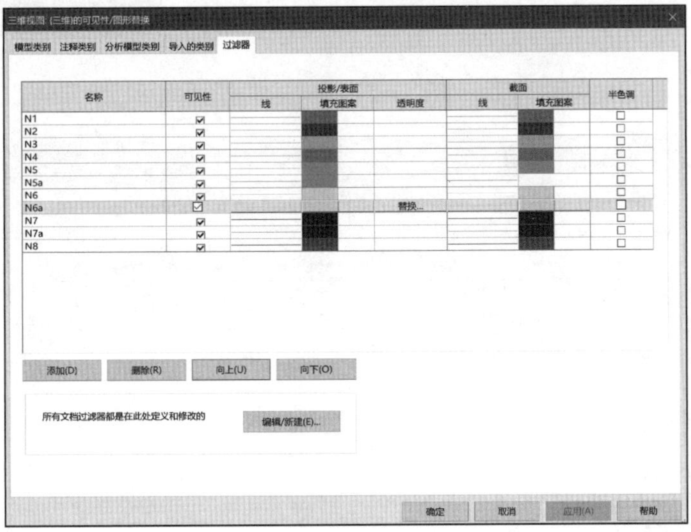

b)

图 3-0-23 过滤器有关显示设置

在三维视图中添加过滤器,盖梁钢筋效果显示如图 3-0-24 所示。

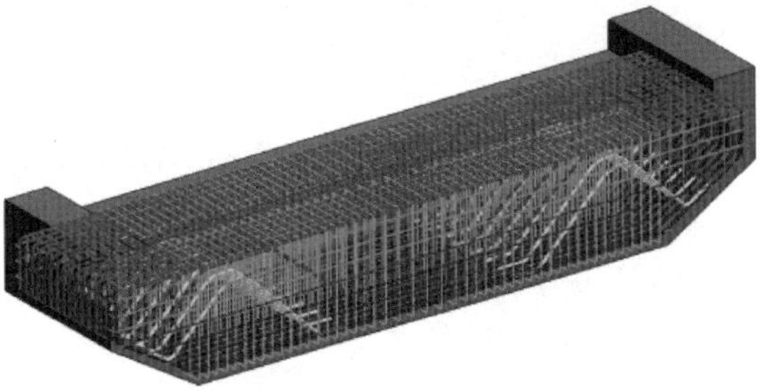

图 3-0-24 盖梁钢筋效果显示

2. 钢筋的查看(图 3-0-25)

钢筋在平面视图和立面视图中的显示与"详细程度"及视觉样式有关,在剖面图中只与"详细程度"有关,而在三维视图中显示要进行有关设置。

三维模型中以实体方式显示钢筋的设置方法如下:在三维模型中选择一根钢筋,单击鼠标右键,选择"选择主体中所有的钢筋"选项,在"属性"面板中,单击"视图可见性状态"的"编辑”命令,在弹出的“钢筋图元视图可见性状态”对话框中,勾选“三维视图”选项中的“作为实体查看”复选框,如图 3-0-26 所示。这表示钢筋在三维视图中以实体显示。

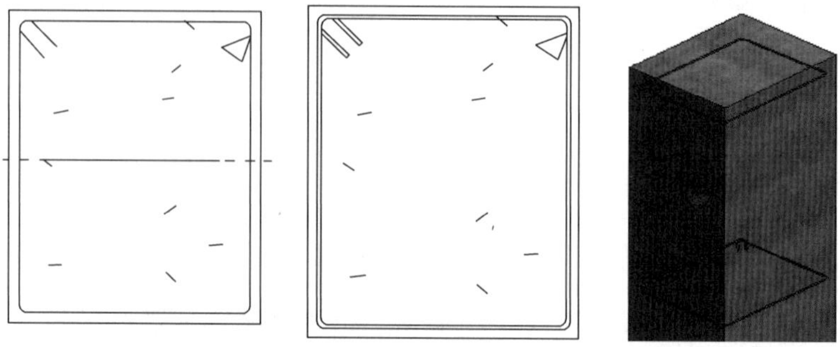

图 3-0-25 查看钢筋

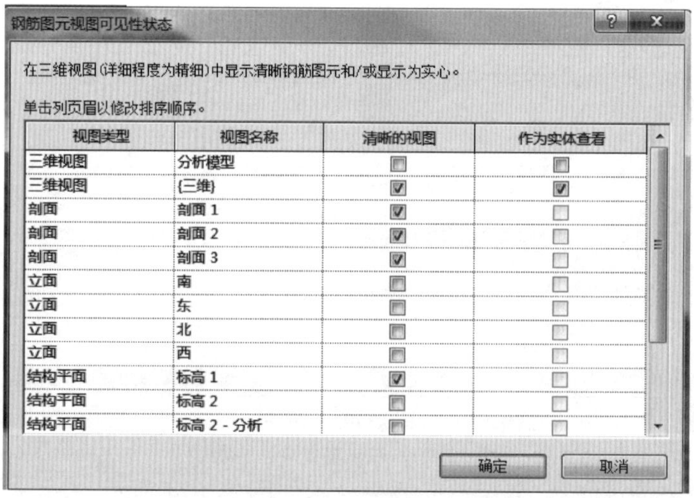

图 3-0-26 钢筋可见性显示设置

3. 区域钢筋

区域钢筋主要用于板状或者面状构件的配筋。选择“结构”选项卡→“钢筋”面板→“面积”命令,拾取区域钢筋的结构楼板或者结构墙,切换到“创建钢筋边界”上下文选项卡,进入区域钢筋草图编辑模式,编辑钢筋边界,注意钢筋边界与结构楼板的约束锁定关系,结构楼板尺寸改变,区域钢筋也随之改变,完成编辑模式。

4. 设置主筋方向

在三维视图中,单击区域钢筋,系统默认钢筋定位类别为“结构区域钢筋 1”,出现结构区域钢筋符号,单击结构区域钢筋符号,系统自动切换到“修改|结构区域钢筋”上下文选项卡,单击“编辑边界”按钮,系统自动切换到“修改|结构区域钢筋|编辑边界”上下文选项卡,切换到楼层平面视图,单击“主筋方向”命令按钮,用绘制或者拾取方式给定主筋方向,完成编辑模式,设置结构楼板主筋方向。

选择区域钢筋系统,单击删除区域系统,则系统被删除,分布筋和主筋独立,可以进行修改。创建区域钢筋的目的是使钢筋成为一个整体,可以进行整体删除。

学习任务三 提取钢筋数量明细表

学习任务描述

使用“明细表/数量”工具可以按对象类别统计并列表显示项目中各类模型图元信息。例如,钢筋创建完成后,可以对桩基、墩柱、盖梁以及T梁钢筋明细进行统计。

知识目标与能力目标

学习创建数量明细表,添加钢筋明细表字段,设置钢筋参数,统计钢筋重量,编辑钢筋明细表和导出钢筋明细表。通过学习,应该达到以下目标:

1. 能创建数量明细表。
2. 掌握利用明细表对桥梁构件进行钢筋明细的统计。

学习任务实施

明确任务:创建桩基钢筋明细表,学习明细表统计的一般方法。

任务实施 统计桩基钢筋明细

1. 新建钢筋明细表

单击“视图”选项卡→“创建”面板→“明细表”工具下拉列表→“明细表/数量”命令明细表/数量,打开“新建明细表”对话框,如图3-0-27所示,在“类别”列表中选择“结构钢筋”类别,即本明细表将统计项目中钢筋类别的图元信息;输入明细表名称为“桩基钢筋明细表”,选择“建筑构件明细表”,其他参数默认,单击“确定”按钮,打开“明细表属性”对话框。

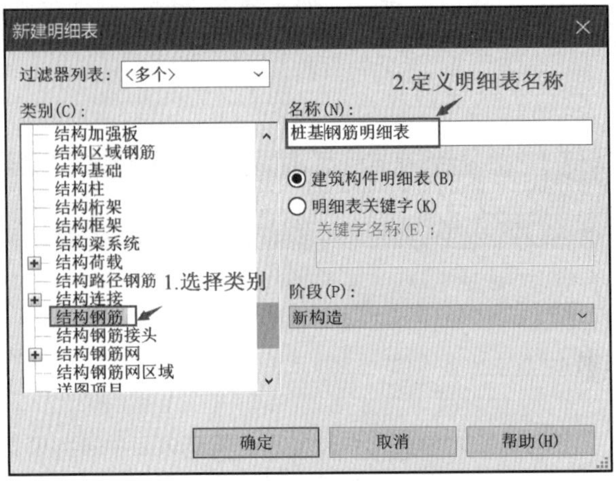

图 3-0-27 “新建明细表”对话框

2. 设置钢筋明细表各选项

“明细表属性”对话框包含“字段”“过滤器”“排序/成组”“格式”“外观”选项。

(1)设置字段。

如图 3-0-28 所示，在“明细表属性”对话框的“字段”选项卡中，“可用的字段”列表中显示结构钢筋对象类别中所有可以在明细表中显示的实例参数和类型参数，在“可用的字段”列表中按住“Ctrl”键选择“主体类别”“类型”“样式”“钢筋直径”“钢筋体积”和“合计”等参数，单击“添加”按钮，添加到右侧的“明细表字段(按顺序排列)”列表中。使用“上移”或“下移”按钮，按图 3-0-28b)所示顺序调节字段顺序。该列表中从上至下的顺序反映了明细表从左至右各列的显示顺序。注意，并非所有图元实例参数和类型参数都能作为明细表字段。族中自设置的参数中，仅使用共享参数才能显示在明细表中。

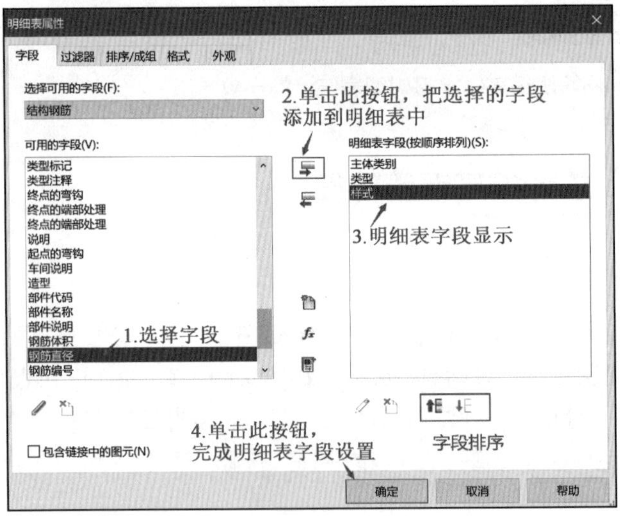

a)

图 3-0-28

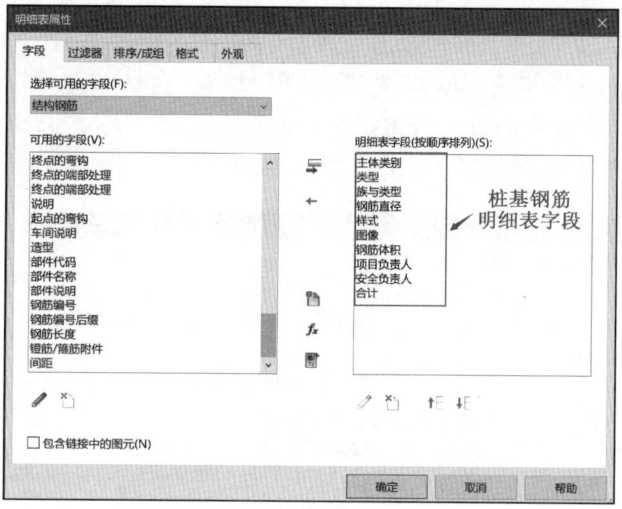

b)

图 3-0-28 桩基钢筋明细表字段设置

(2)设置过滤器。

在“明细表属性”对话框的“过滤器”选项卡中,从“过滤条件”的下拉列表中选择“钢筋直径”“等于”“25mm”作为过滤条件,则将在构件中统计选择直径为 25mm 的钢筋,如图 3-0-29 所示。

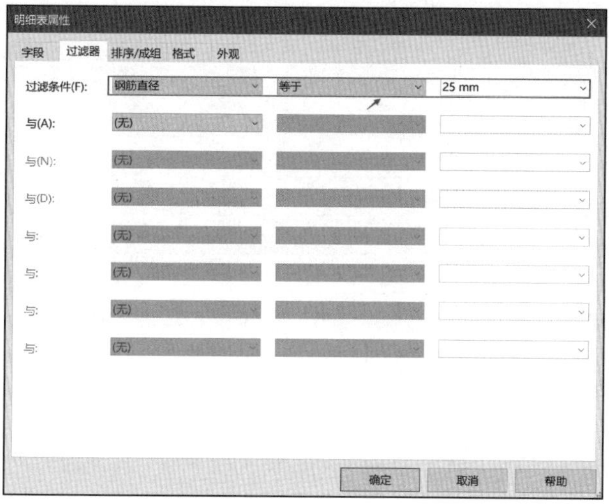

a)

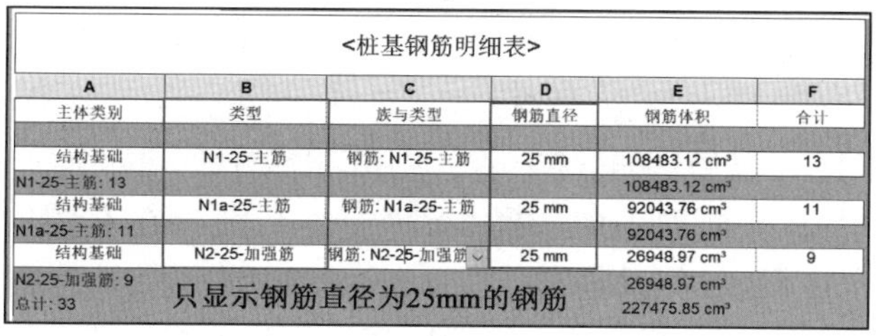

<桩基钢筋明细表>

A	B	C	D	E	F
主体类别	类型	族与类型	钢筋直径	钢筋体积	合计
结构基础	N1-25-主筋	钢筋: N1-25-主筋	25 mm	108483.12 cm³	13
N1-25-主筋: 13				108483.12 cm³	
结构基础	N1a-25-主筋	钢筋: N1a-25-主筋	25 mm	92043.76 cm³	11
N1a-25-主筋: 11				92043.76 cm³	
结构基础	N2-25-加强筋	钢筋: N2-25-加强筋	25 mm	26948.97 cm³	9
N2-25-加强筋: 9				26948.97 cm³	
总计: 33				227475.85 cm³	

只显示钢筋直径为25mm的钢筋

b)

图 3-0-29 过滤器设置以及桩基钢筋显示

(3)设置排序。

在“明细表属性”对话框的“排序/成组”选项卡中,从“排序方式”的下拉列表中选择“类型”,排序顺序选择“升序”;勾选“页脚”选项,选择“标题、合计和总数”,不勾选“逐项列举每个实例”选项,即 Revit 将对钢筋进行分组操作。勾选“总计”选项并选择“标题、合计和总数”,完成设置。总计设置及桩基钢筋显示如图 3-0-30 所示。

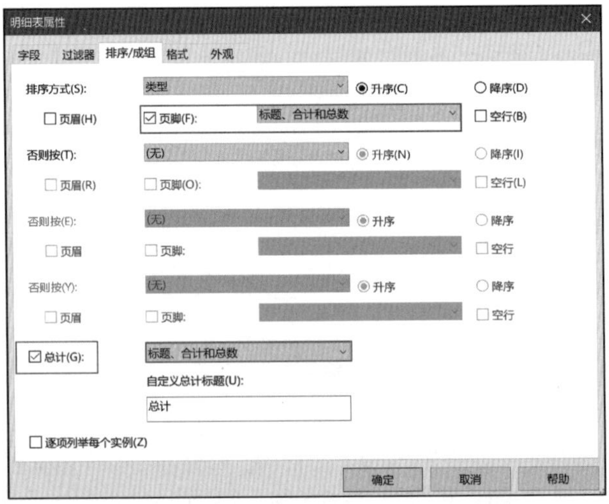

a)

<桩基钢筋明细表>

A	B	C	D	E	F
主体类别	类型	族与类型	钢筋直径	钢筋体积	合计
结构基础	N1-25-主筋	钢筋: N1-25-主筋	25 mm	8344.86 cm³	13
N1-25-主筋: 13					
结构基础	N1a-25-主筋	钢筋: N1a-25-主筋	25 mm		11
N1a-25-主筋: 11					
结构基础	N2-25-加强筋	钢筋: N2-25-加强	25 mm	2994.33 cm³	9
N2-25-加强筋: 9					
结构基础	N3-10- 螺旋筋10cm	钢筋: N3-10- 螺旋筋1	10 mm	34899.95 cm³	1
N3-10- 螺旋筋10cm: 1					
结构基础	N3-10- 螺旋筋20cm	钢筋: N3-10- 螺旋筋2	10 mm	18468.64 cm³	1
N3-10- 螺旋筋20cm: 1					
结构基础	N4-10-加强筋	钢筋: N4-10-加强筋	10 mm	776.76 cm³	9
N4-10-加强筋: 9					
结构基础	N5-16-定位筋	钢筋: N5-16-定位筋	16 mm	122.65 cm³	36
N5-16-定位筋: 36					
总计: 80					

b)

图 3-0-30 总计设置及桩基钢筋显示

(4)设置格式。

对其他某一个字段进行总计的操作,比如对钢筋体积进行统计。

设置格式:在“格式”选项卡中,从左侧列表中选择字段“钢筋体积”,在右侧设置“标题”“标题方向”和“对齐”,字段格式勾选“计算总数”选项,结果如图 3-0-31 所示。

条件格式的设置是过滤一些特殊的参数构件,应用于很多方面,比如统计桥梁大体积混凝土构件。

在“格式”选项卡中,从左侧列表中选择字段“主体类别”,在右侧单击“条件格式”,在弹出的“条件格式”文本框中设置“钢筋体积”小于 30000cm³ 的钢筋以红色背景显示。从左侧列表中选择字段“钢筋体积”,在右侧单击“条件格式”编辑文本框中设置按“钢筋体积”小于 9000cm³ 的钢筋以黄色背景显示。针对类型设定的条件格式,结果如图 3-0-32 所示。

a)

<桩基钢筋明细表>

A	B	C	D	E	F
主体类别	类型	族与类型	钢筋直径	钢筋体积	合计
结构基础	N1-25-主筋	钢筋: N1-25-主筋	25 mm	108483.12 cm³	13
N1-25-主筋: 13				108483.12 cm³	
结构基础	N1a-25-主筋	钢筋: N1a-25-主筋	25 mm	92043.76 cm³	11
N1a-25-主筋: 11				92043.76 cm³	
结构基础	N2-25-加强筋	钢筋: N2-25-加强	25 mm	26948.97 cm³	9
N2-25-加强筋: 9				26948.97 cm³	
结构基础	N3-10-螺旋筋10cm	钢筋: N3-10-螺旋筋1	10 mm	34899.95 cm³	1
N3-10-螺旋筋10cm: 1				34899.95 cm³	
结构基础	N3-10-螺旋筋20cm	钢筋: N3-10-螺旋筋2	10 mm	18468.64 cm³	1
N3-10-螺旋筋20cm: 1				18468.64 cm³	
结构基础	N4-10-加强筋	钢筋: N4-10-加强筋	10 mm	6990.83 cm³	9
N4-10-加强筋: 9				6990.83 cm³	
结构基础	N5-16-定位筋	钢筋: N5-16-定位筋	16 mm	4415.32 cm³	36
N5-16-定位筋: 36				4415.32 cm³	
总计: 80				292250.59 cm³	

b)

图 3-0-31 桩基体积总计的设置及显示

(5)设置外观(图 3-0-33)。

在“明细表属性”对话框的“外观”选项卡中,设置“网格线”(表格内部)、“轮廓”(表格外轮廓)线条样式为细线或宽线等。设置“标题文本”“标题”“正文”的字体和大小、样式等,勾选“数据前的空行”,则在表格标题和正文间加一空白行间隔。

仅当将明细表放置在图纸上后,“明细表属性”对话框的“外观”选项卡中设置的外观样式才能发挥作用。

3. 钢筋明细表其他字段以及参数设置

(1)设置钢筋形状(图 3-0-34)。

将不同的钢筋形状样式,以图片的形式保存到指定的文件夹中。在“明细表属性”对话框中,添加“图像”字段,在明细表中添加图片(找到之前图片的保存路径)。

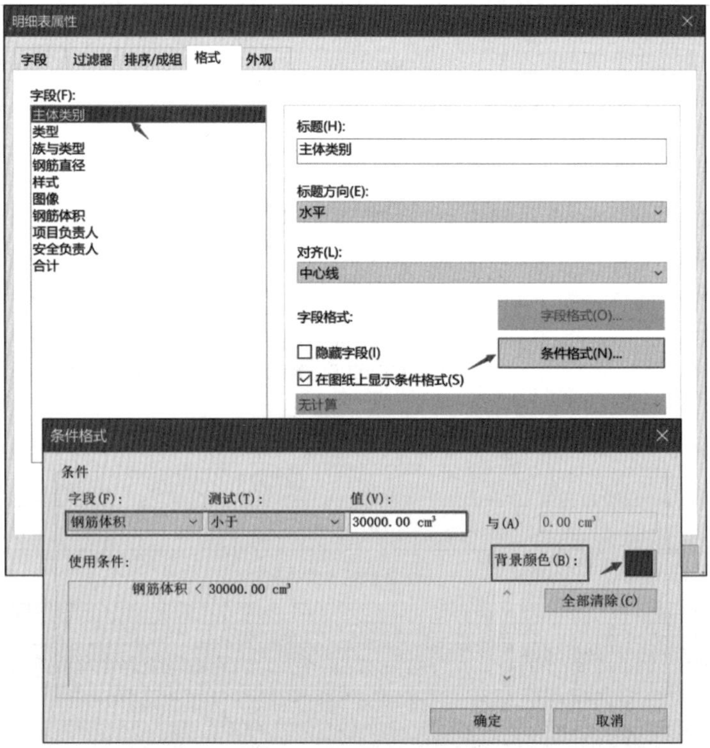

a)

<桩基钢筋明细表>

A	B	C	D	E	F
主体类别	类型	族与类型	钢筋直径	钢筋体积	合计
结构基础	N1-25-主筋	钢筋: N1-25-主筋	25 mm	8344.86 cm³	13
N1-25-主筋: 13					
结构基础	N1a-25-主筋	钢筋: N1a-25-主筋	25 mm		11
N1a-25-主筋: 11					
结构基础	N2-25-加强筋	钢筋: N2-25-加强	25 mm	2994.33 cm³	9
N2-25-加强筋: 9					
结构基础	N3-10-螺旋筋10cm	钢筋: N3-10-螺旋筋1	10 mm	34899.95 cm³	1
N3-10-螺旋筋10cm: 1					
结构基础	N3-10-螺旋筋20cm	钢筋: N3-10-螺旋筋2	10 mm	18468.64 cm³	1
N3-10-螺旋筋20cm: 1					
结构基础	N4-10-加强筋	钢筋: N4-10-加强筋	10 mm	776.76 cm³	9
N4-10-加强筋: 9					
结构基础	N5-16-定位筋	钢筋: N5-16-定位筋	16 mm	122.65 cm³	36
N5-16-定位筋: 36					
总计: 80					

b)

图 3-0-32

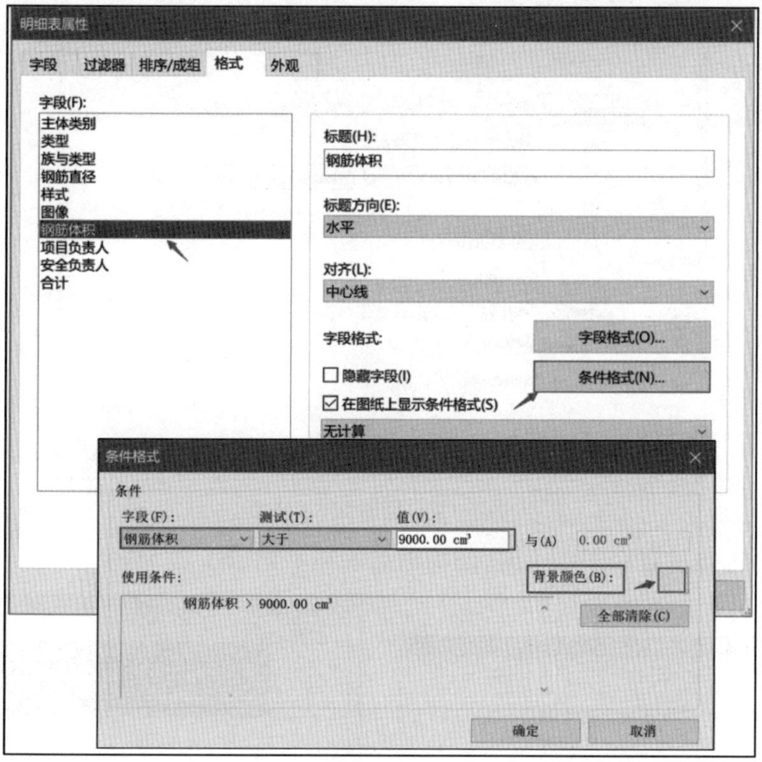

c)

〈桩基钢筋明细表〉

A	B	C	D	E	F
主体类别	类型	族与类型	钢筋直径	钢筋体积	合计
结构基础	N1-25-主筋	钢筋: N1-25-主筋	25 mm	8344.86 cm^3	13
N1-25-主筋: 13					
结构基础	N1a-25-主筋	钢筋: N1a-25-主筋	25 mm		11
N1a-25-主筋: 11					
结构基础	N2-25-加强筋	钢筋: N2-25-加强	25 mm	2994.33 cm^3	9
N2-25-加强筋: 9					
结构基础	N3-10-螺旋筋10cm	钢筋: N3-10-螺旋筋1	10 mm	34899.95 cm^3	1
N3-10-螺旋筋10cm: 1					
结构基础	N3-10-螺旋筋20cm	钢筋: N3-10-螺旋筋2	10 mm	18468.64 cm^3	1
N3-10-螺旋筋20cm: 1					
结构基础	N4-10-加强筋	钢筋: N4-10-加强筋	10 mm	776.76 cm^3	9
N4-10-加强筋: 9					
结构基础	N5-16-定位筋	钢筋: N5-16-定位筋	16 mm	122.65 cm^3	36
N5-16-定位筋: 36					
总计: 80					

d)

图 3-0-32 条件格式设置及显示

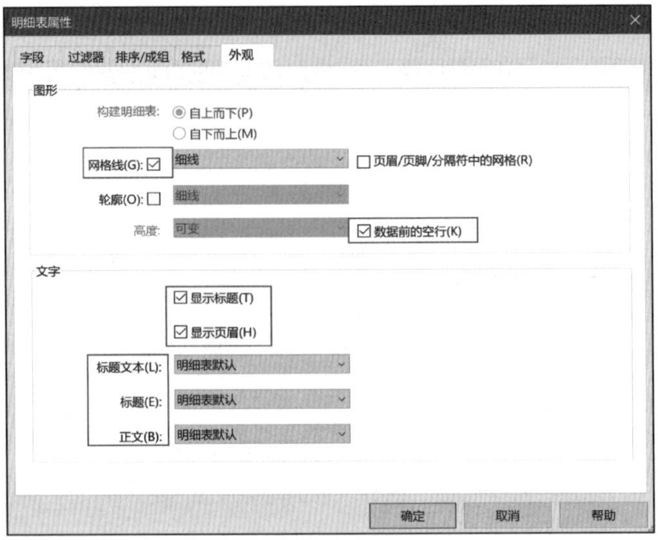

图 3-0-33　明细表外观设置

将完成的明细表放置在图纸上时,图像信息便显示出来了。

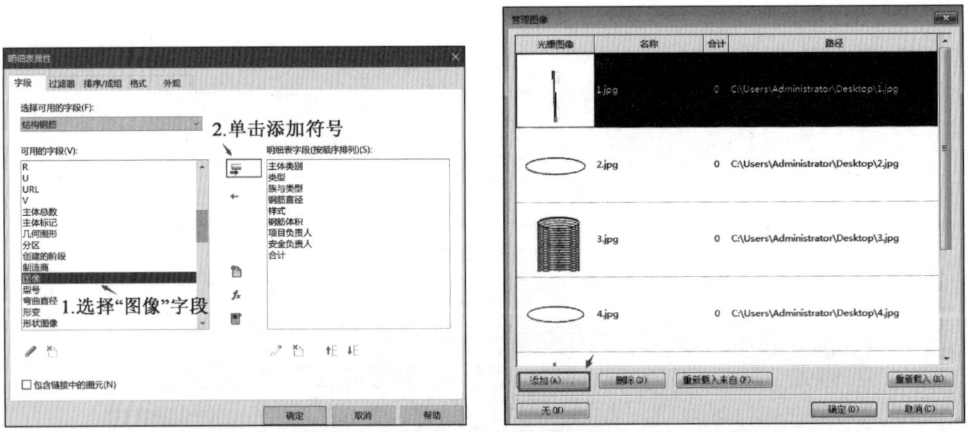

a)　　　　b)

桩基钢筋明细表								
主体类别	类型	族与类型	样式	图像	钢筋体积	项目负责人	安全负责人	合计
结构基础	N1-25-主筋	钢筋:N1-25-主筋	标准		108483.12 cm³	张三		13
N1-25-主筋: 13					108483.12 cm³			
结构基础	N1a-25-主筋	钢筋:N1a-25-主筋	标准		92043.76 cm³	张三		11
N1a-25-主筋: 11					92043.76 cm³			
结构基础	N2-25-加强筋	钢筋:N2-25-加强筋	镫筋/箍筋		26948.97 cm³			9
N2-25-加强筋: 9					26948.97 cm³			
结构基础	N3-10-螺旋筋10cm	钢筋: N3-10-螺旋筋10cm	镫筋/箍筋		34899.95 cm³			1
N3-10- 螺旋筋10cm: 1					34899.95 cm³			
结构基础	N3-10-螺旋筋20cm	钢筋: N3-10-螺旋筋20cm	镫筋/箍筋		18468.64 cm³	李四		1
N3-10- 螺旋筋20cm: 1					18468.64 cm³			
结构基础	N4-10-加强筋	钢筋:N4-10-加强筋	镫筋/箍筋		6990.83 cm³			9
N4-10-加强筋: 9					6990.83 cm³			
结构基础	N5-16-定位筋	钢筋:N5-16-定位筋	标准		4415.32 cm³		王五	36
N5-16-定位筋: 36					4415.32 cm³			
总计: 80					292250.59 cm³			

c)

图 3-0-34　钢筋形状参数设置

(2)新建其他字段参数(图 3-0-35)。

新建字段方法一:在“明细表属性”对话框中,单击“新建参数”按钮,在“参数属性”对话框中,选中“项目参数”选项,在“名称”文本框中输入字段名称,如“项目班组”,则桩基钢筋明细表便添加了“项目班组”字段。

在明细表中选中钢筋,切换到三维视图中,在“属性”面板的常规参数组中给定项目班组。用同样的方法可添加其他参数,比如施工时间、施工班组。

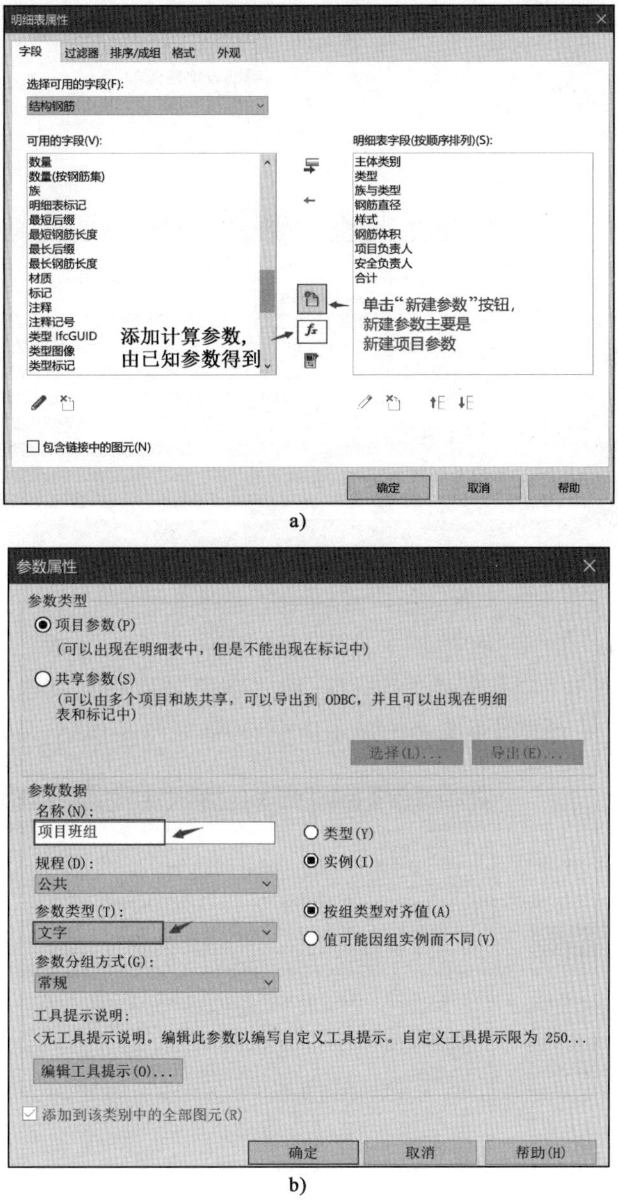

图 3-0-35

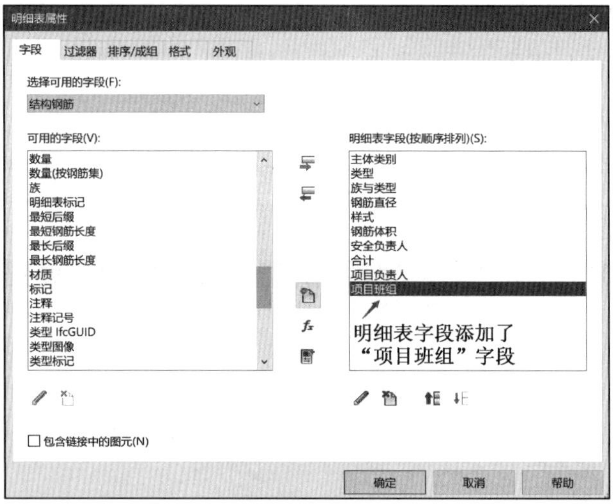

c)

<桩基钢筋明细表>

A	B	C	D	E	F	G	H	I	J
主体类别	类型	族与类型	钢筋直径	样式	钢筋体积	安全负责人	合计	项目负责人	项目班组
结构基础	N1-25-主筋	钢筋: N1-25-主筋	25 mm	标准	8344.86 cm³		13	张三	麻六
N1-25-主筋: 13									
结构基础	N1a-25-主筋	钢筋: N1a-25-主筋	25 mm	标准			11	张三	
N1a-25-主筋: 11									
结构基础	N2-25-加强筋	钢筋: N2-25-加强筋	25 mm	镫筋/箍筋	2994.33 cm³		9		
N2-25-加强筋: 9									
结构基础	N3-10-螺旋筋10cm	钢筋: N3-10-螺旋筋1	10 mm	镫筋/箍筋	34899.95 cm³		1		
N3-10-螺旋筋10cm: 1									
结构基础	N3-10-螺旋筋20cm	钢筋: N3-10-螺旋筋2	10 mm	镫筋/箍筋	18468.64 cm³		1	李四	
N3-10-螺旋筋20cm: 1									
结构基础	N4-10-加强筋	钢筋: N4-10-加强筋	10 mm	镫筋/箍筋	776.76 cm³		9		
N4-10-加强筋: 9									
结构基础	N5-16-定位筋	钢筋: N5-16-定位筋	16 mm	标准	122.65 cm³	王五	36		
N5-16-定位筋: 36									
总计: 80									

d)

图 3-0-35 新建其他字段参数设置

新建字段方法二:单击"管理"选项卡→"设置"面板→"项目参数",打开"项目参数"对话框,单击"添加"按钮,打开"参数属性"对话框,输入字段名称,如"技术员",选择"项目参数"及其类别,也就是说在哪个类别明细表中显示这个参数,如图 3-0-36 所示。

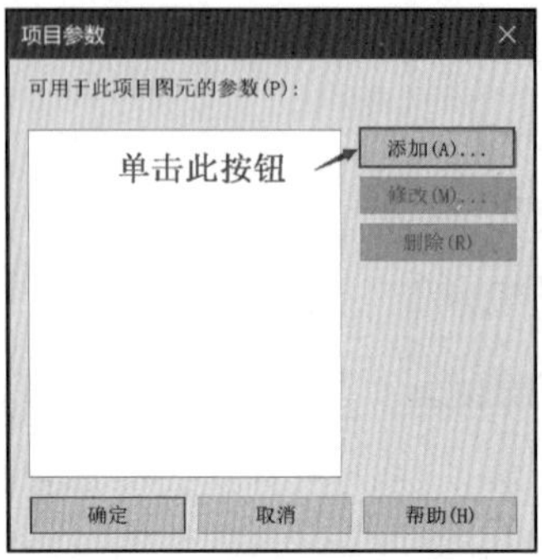

a)

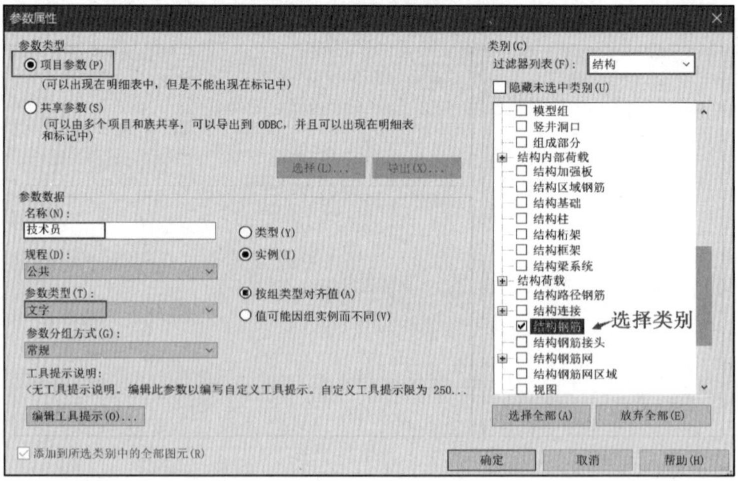

b)

图 3-0-36

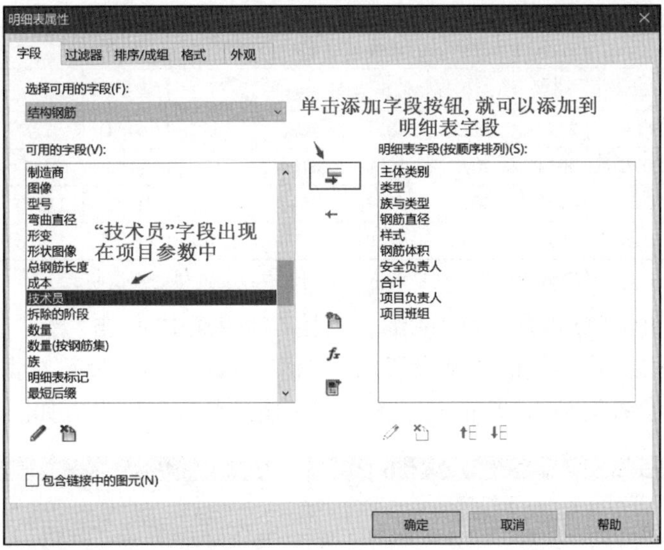

c)

图 3-0-36 其他参数添加操作

在明细表中选择钢筋，切换到三维视图，在“属性”面板中输入对应的值。

(3)计算值的运用——统计钢筋的重量。

单击“明细表属性”对话框中“计算值”命令选项，通过已有的参数值计算其他参数值，比如给定单根钢筋理论重量值即钢筋每延米重量和钢筋体积，计算钢筋的重量。钢筋计算截面面积及理论重量见表 3-0-1。

钢筋计算截面面积及理论重量 表 3-0-1

公称直径(mm)	不同根数钢筋的计算截面面积(mm^2)									单根钢筋理论重量(kg/m)
	1	2	3	4	5	6	7	8	9	
6.0	28.3	59	85	113	142	170	198	226	255	0.222
6.5	33.2	66	100	133	166	199	232	265	299	0.260
8.0	50.3	101	151	201	252	302	352	402	453	0.395
8.2	52.8	106	158	211	264	317	370	423	475	0.432
10.0	78.5	157	236	314	393	471	550	628	707	0.617
12.0	113.1	226	339	452	565	678	791	904	1017	0.888
14.0	153.9	308	461	615	769	923	1077	1231	1385	1.210
16.0	201.1	402	603	804	1005	1206	1407	1608	1809	1.580
18.0	254.5	509	763	1017	1272	1527	1781	2036	2290	2.000
20.0	314.2	628	942	1256	1570	1884	2199	2513	2827	2.470
22.0	380.1	760	1140	1520	1900	2281	2661	3041	3421	2.980
25.0	490.9	982	1473	1964	2454	2945	3436	3927	4418	3.850
28.0	615.8	1232	1847	2463	3079	3695	4310	4926	5542	4.830

续上表

公称直径(mm)	不同根数钢筋的计算截面面积(mm^2)									单根钢筋理论重量(kg/m)
	1	2	3	4	5	6	7	8	9	
320	804.2	1609	2413	3217	4021	4826	5630	6434	7238	6.310
360	1017.9	2036	3054	4072	5089	6107	7125	8143	9161	7.990
400	1256.6	2513	3770	5027	6283	7540	8769	10053	11310	9.870
500	1964	3928	5892	7856	9820	11784	13748	45712	17676	15.420

注:表中直径 $d=8.2$mm 行的计算截面面积及理论重量仅适用于有纵肋的热处理钢筋。

①新建"每延米重量"族参数。在"明细表属性"对话框中,单击"新建参数"命令,在弹出的"参数属性"对话框中,将参数的类型设置为"实例"参数。调整参数数据的相关内容,如名称为"每延米重量",参数类型为"数值"。"每延米重量"参数属性设置如图 3-0-37 所示。

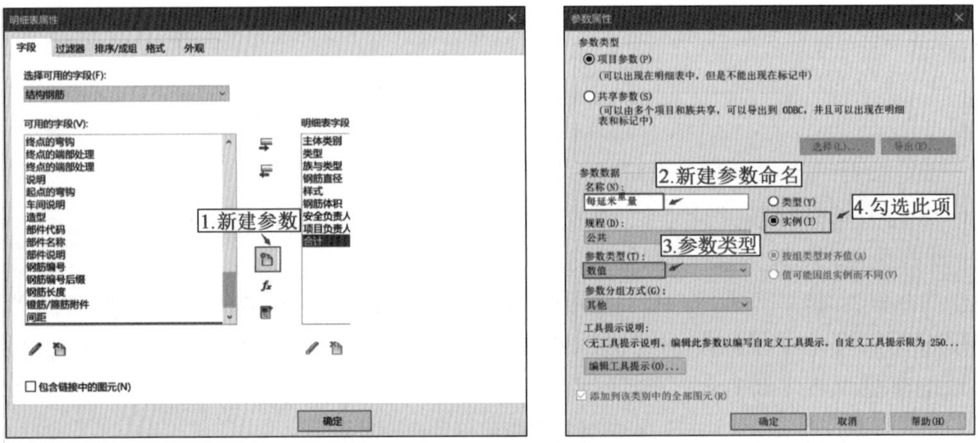

图 3-0-37 "每延米重量"参数属性

②为项目中的钢筋填写每延米重量值,直接手动输入即可,单位假设为 kg/m,如图 3-0-38 所示。

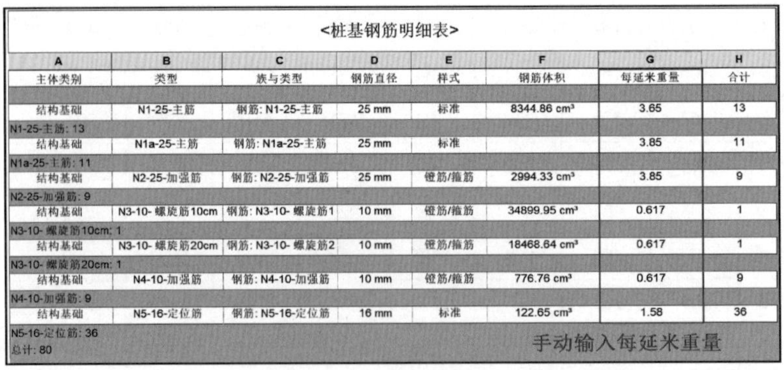
<桩基钢筋明细表>

A	B	C	D	E	F	G	H
主体类别	类型	族与类型	钢筋直径	样式	钢筋体积	每延米重量	合计
结构基础	N1-25-主筋	钢筋: N1-25-主筋	25 mm	标准	8344.86 cm³	3.65	13
N1-25-主筋: 13							
结构基础	N1a-25-主筋	钢筋: N1a-25-主筋	25 mm	标准		3.85	11
N1a-25-主筋: 11							
结构基础	N2-25-加强筋	钢筋: N2-25-加强筋	25 mm	镫筋/箍筋	2994.33 cm³	3.85	9
N2-25-加强筋: 9							
结构基础	N3-10-螺旋筋10cm	钢筋: N3-10-螺旋筋1	10 mm	镫筋/箍筋	34899.95 cm³	0.617	1
N3-10-螺旋筋10cm: 1							
结构基础	N3-10-螺旋筋20cm	钢筋: N3-10-螺旋筋2	10 mm	镫筋/箍筋	18468.64 cm³	0.617	1
N3-10-螺旋筋20cm: 1							
结构基础	N4-10-加强筋	钢筋: N4-10-加强筋	10 mm	镫筋/箍筋	776.76 cm³	0.617	9
N4-10-加强筋: 9							
结构基础	N5-16-定位筋	钢筋: N5-16-定位筋	16 mm	标准	122.65 cm³	1.58	36
N5-16-定位筋: 36							
总计: 80						手动输入每延米重量	

图 3-0-38 手动输入参数值

通过"计算值"的方式为钢筋添加重量参数。

在"明细表属性"对话框中单击"添加计算参数"命令按钮,在弹出的"计算值"对话框中,将参数的名称设置为“钢筋重量”,将参数的类型设置为“数值”。如果参数每延米重量的单位是 kg/m,钢筋长度单位是 mm,在公式的输入框中“总钢筋长度 * 每延米重量/1000”,单击“确定”按钮,如图 3-0-39 所示。

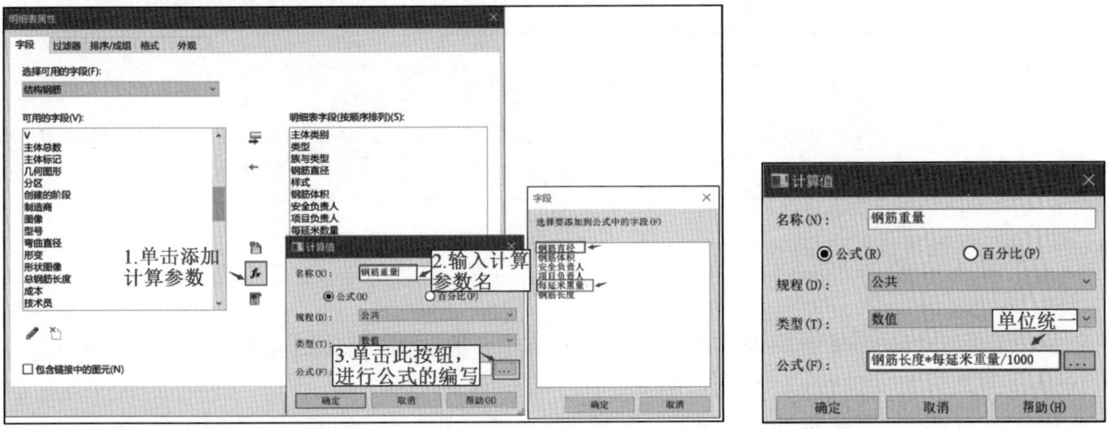

<桩基钢筋明细表>

A	B	C	D	E	F	G	H	I
主体类别	类型	族与类型	钢筋直径	钢筋体积	每延米数量	钢筋长度	钢筋重量	合计
结构基础	N1-25-主筋	钢筋: N1-25-主筋	25 mm	8344.86 cm³	3.65	17000 mm	62.054594	13
N1-25-主筋: 13								
结构基础	N1a-25-主筋	钢筋: N1a-25-主筋	25 mm		3.85			11
N1a-25-主筋: 11								
结构基础	N2-25-加强筋	钢筋: N2-25-加强筋	25 mm	2994.33 cm³	3.85	6100 mm	23.487156	9
N2-25-加强筋: 9								
结构基础	N3-10- 螺旋筋10cm	钢筋: N3-10- 螺旋筋1	10 mm	34899.95 cm³	0.617	444360 mm	274.16977	1
N3-10- 螺旋筋10cm: 1								
结构基础	N3-10- 螺旋筋20cm	钢筋: N3-10- 螺旋筋2	10 mm	18468.64 cm³	0.617	235150 mm	145.087978	1
N3-10- 螺旋筋20cm: 1								
结构基础	N4-10-加强筋	钢筋: N4-10-加强筋	10 mm	776.76 cm³	0.617	9890 mm	6.100349	9
N4-10-加强筋: 9								
结构基础	N5-16-定位筋	钢筋: N5-16-定位筋	16 mm	122.65 cm³	1.58	610 mm	0.958408	36
N5-16-定位筋: 36								
总计: 80								

c)

图 3-0-39　添加钢筋重量参数的操作

最后需要核对单位是否匹配,如果参数每延米重量的单位是 kg/mm,输入公式“总钢筋长度 * 每延米重量/1”,在末尾输入“/1”是为了保证单位一致。

4. 编辑明细表

在明细表视图中可以进一步编辑明细表,“修改明细表/数量”上下文选项卡的对应面板如图 3-0-40 所示,可使用其中有关命令对明细表行、列进行设置。

修改表头:一般可以视图名称进行设置。

隐藏列:在某个单元格中单击鼠标右键,选择“隐藏列”,或者单击“列”面板中“隐藏”命令,则自动隐藏该列所有数据,在右键菜单中选择“取消隐藏全部列” 或者单击“列”面板中“取消隐藏全部”命令,则取消隐藏列。

新建行:单击表头,在行面板中单击“插入”命令,在选定位置上方或者下方插入一行。

删除行:在某个单元格中单击鼠标右键,选择“删除行”,则将删除该行。对所有构件数据的行进行删除操作时,将弹出系统提示,警告删除行将一并删除项目中的构件。

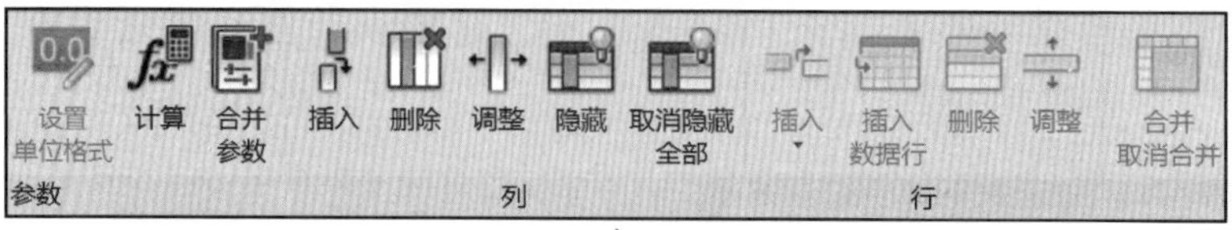

a)

b)

图 3-0-40 “修改明细表/数量”上下文选项卡的对应面板

从表格定位图元:在明细表中框选对象,按“Ctrl + Tab”键切换到三维视图,在三维视图中可快速选中该对象,将所选对象进行隔离。

设置单位格式:选择明细表中某一列,比如“钢筋体积”列,单击“参数”面板中的“设置单位格式”命令,进行单位格式的设置。

选择“钢筋体积”,单击“设置单位格式”命令,打开“格式”对话框,默认不勾选“使用项目设置”,进行单位格式设置,如图 3-0-41 所示。

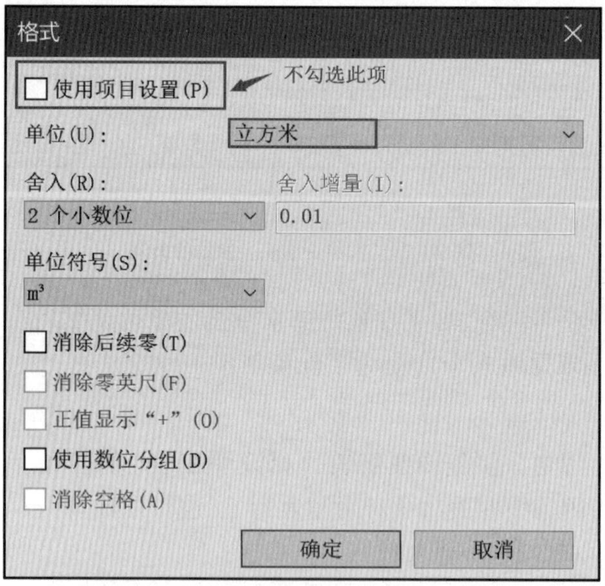

图 3-0-41 “格式”对话框

5. 导出明细表

在“明细表”视图中,单击“文件”菜单→“导出”→“报告”“明细表”命令,打开“导出明细表”对话框,如图 3-0-42a)所示,指定保存路径与文件名,单击“保存”,在打开的“导出明细表”对话框[图3-0-42b)]中,设置明细表外观,单击“确定”按钮。导出明细表,导出的文件格式为“.txt”,新建Excel,把txt文件拖拽到Excel文件中。

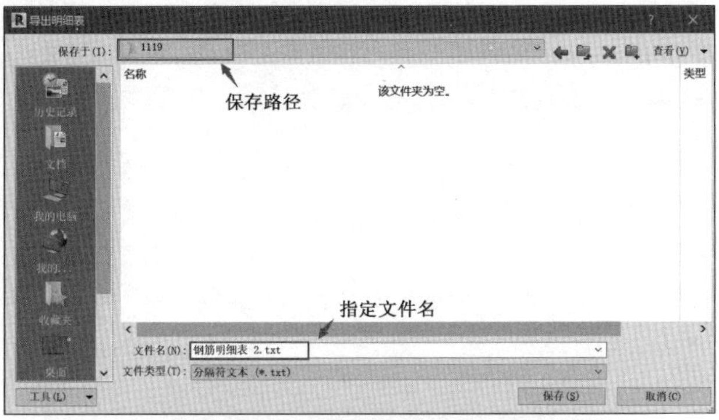

a)

b)

图3-0-42 导出明细表

成果展示与评价

以小组为单位提交学习总结报告,加深对所学知识的掌握。

工作任务评价与分析			
评价项目	评价标准	参考分值(分)	得分(分)
创建钢筋明细表	钢筋明细表字段的完整性	20	
设置钢筋明细表各选项	各选项设置的正确性	30	
钢筋明细表的分析(重量的统计)	操作的熟练程度、准确程度	30	
导出钢筋明细表	正确导出	20	
总评			

模块四

桥梁建模流程

模块四

桥梁建模流程

项目一 创建梅子溪中桥模型

- **学习任务一**
  创建梅子溪中桥的定位基准——标高与轴网
- **学习任务二**
  拼装梅子溪中桥下部结构与上部结构

项目二 工程量统计

- **学习任务**
  统计桥梁工程量

项目一

创建梅子溪中桥模型

学习任务一 创建梅子溪中桥的定位基准

——标高与轴网

学习任务描述

本工程实例为梅子溪中桥施工图设计，全桥共 1 联 3×30m，上部结构采用后张法施工的预应力混凝土 T 梁，先简支后桥面连续，下部结构桥台采用柱式台，桥墩采用柱式墩，墩台均采用桩基础。根据所给的图纸（图 4-1-1、图 4-1-2），用标高和轴网来确定桥墩中心线、桥墩位置及各构件的位置，各构件的模型组拼成一个整体。

知识目标与能力目标

学习识读桥梁总体布置图，创建轴网与标高，掌握 Revit 有关建模标准。通过学习，应该达到以下目标：

1. 正确识读桥梁整体布置图，明确桥墩、桥台的定位。
2. 掌握建模标准之项目初始设置。
3. 掌握用轴网与标高来定位桥梁的基准。

学习任务实施

明确任务：根据梅子溪中桥的总体布置图，创建标高与轴网，定位梅子溪中桥的桥墩、桥台。

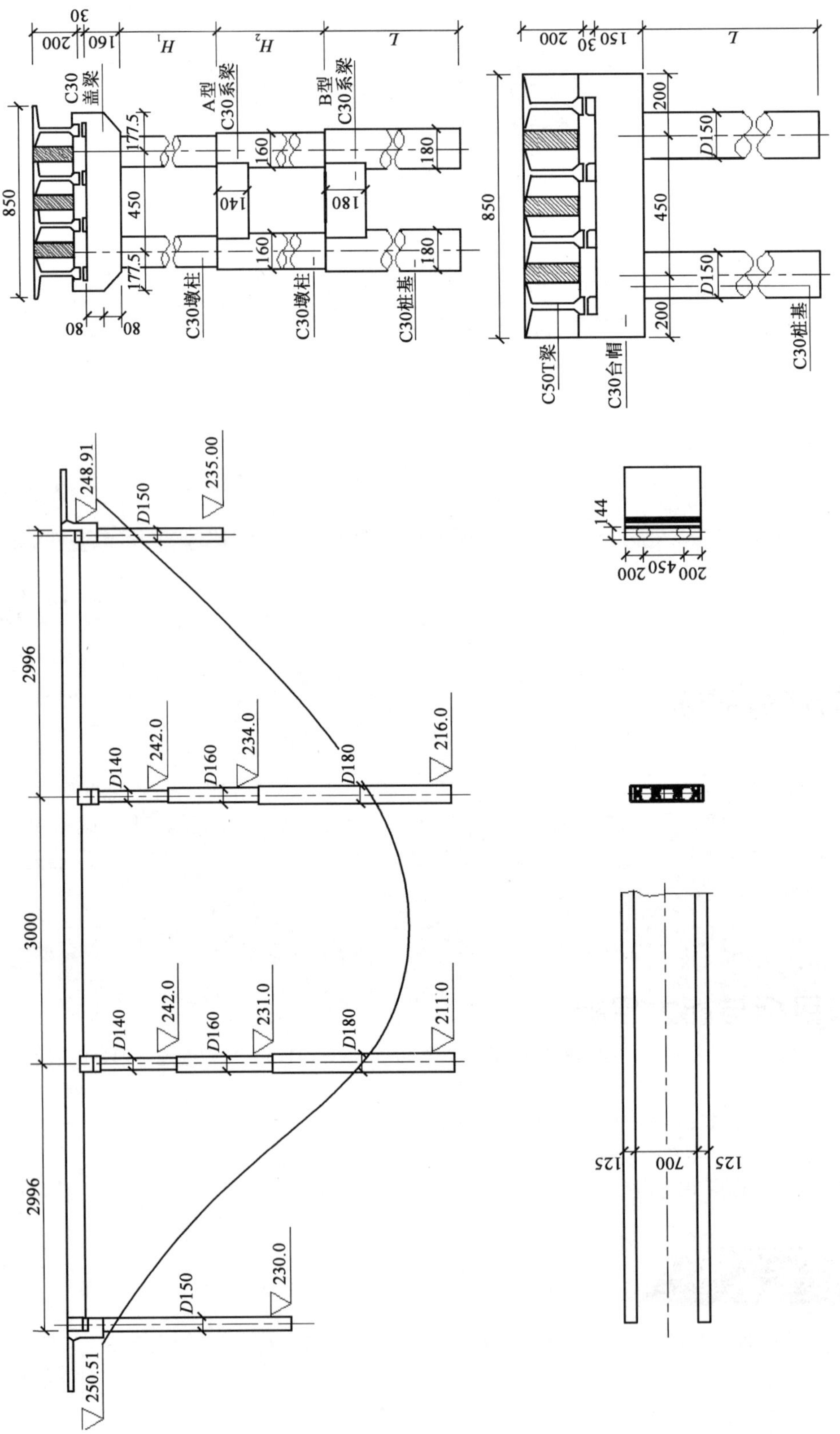

图 4-1-1 总体布置图(标高单位:m,尺寸单位:m)

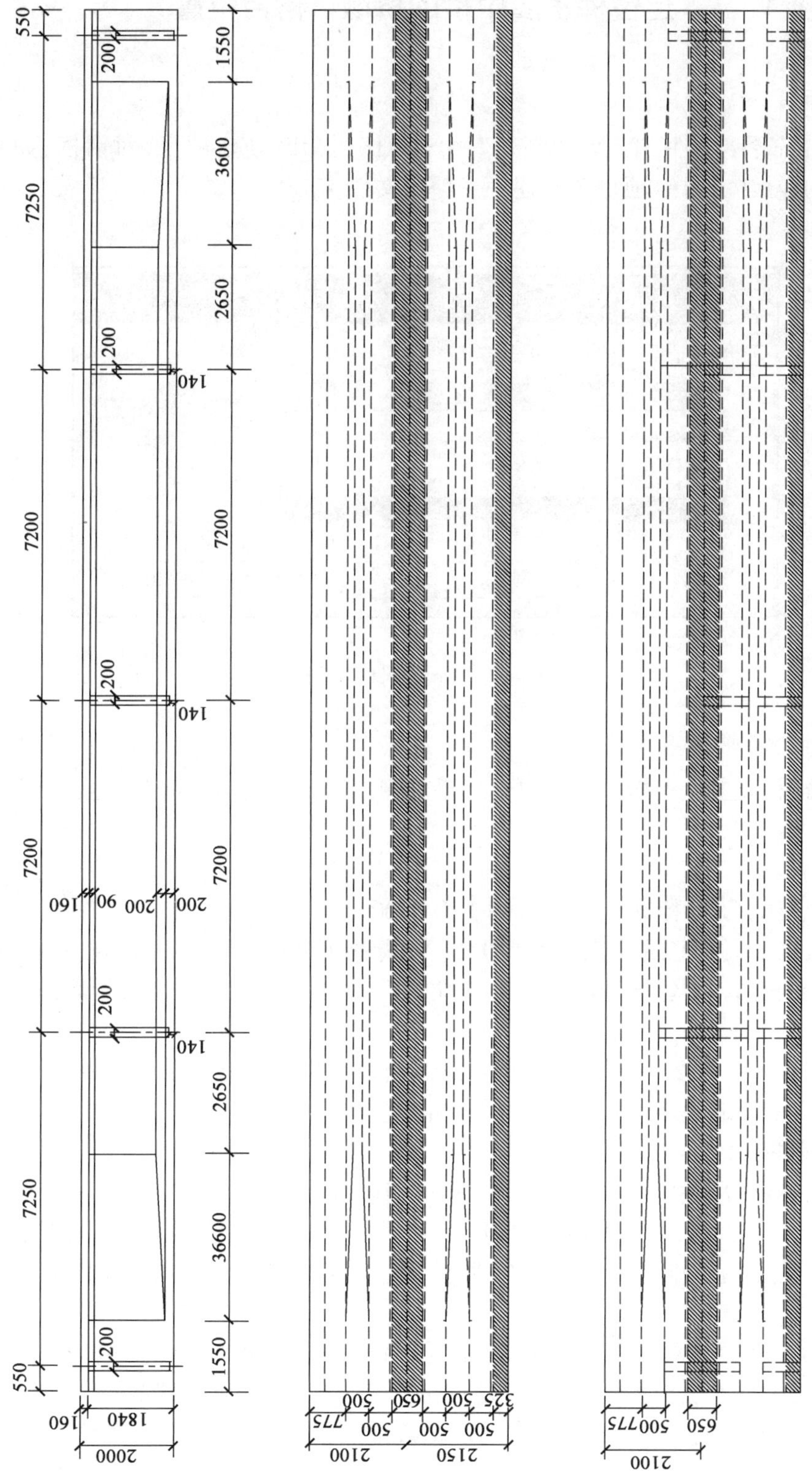

图4-1-2 T梁平面、立面图(尺寸单位：m)

任务实施1 定位梅子溪中桥的桥墩、桥台位置

1. 新建项目

单击 Revit 软件“文件”菜单→“新建”→“项目”,打开“新建项目”对话框,如图4-1-3所示,选择“结构样板”,选择“项目”,新建一个项目文件。

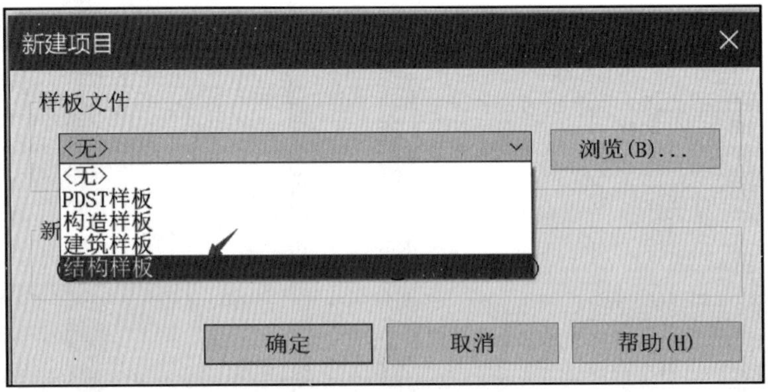

图4-1-3 “新建项目”对话框

2. 创建标高与轴网

桥梁基准图元定位(先标高后轴网),如果轴网达不到标高,则轴网不显示,所以先标高后轴网。

(1)创建标高。

在立面视图中,删除标高2,修改标高1为0.000。

也可以根据个人的习惯,依据CAD图纸所示标高创建标高:进入立面视图,插入含有标高信息的CAD图纸,单击“建筑”选项卡→“基准”面板→“标高”命令,通过拾取方式,拾取标高线,创建标高。

也可以用直线命令逐一添加标高:单击绘制面板中“直线”命令添加标高。

注意:标高单位通常按行业习惯设置为“m”。

(2)创建轴网。

轴网用来确定桥梁中心线及各桩的位置,并对轴网进行锁定。

在“0.000m”视图中,单击“视图”选项卡→“图形”面板→“可见性图形”命令,打开“结构平面:0.000标高的可见性/图形替换”对话框,勾选“场地”的测量基点及项目基点,如图4-1-4所示。

单击“建筑”选项卡→“基准”面板→“轴网”命令,绘制图4-1-5所示的轴网。在“绘制”面板中,选择“直线”命令,移动光标至项目基点位置,鼠标左键确定轴线起点,然后从下往上移动光标一段距离后,再次单击鼠标左键确定轴线终点,作为第一条垂直轴线。选中该轴线,

单击“修改”面板→“复制”命令,勾选选项栏中“多个”选项,输入距离30m,生成高架桥的竖直轴网。移动光标至水平位置,单击鼠标左键确定中轴线的起点,绘制水平方向的中心线轴线。

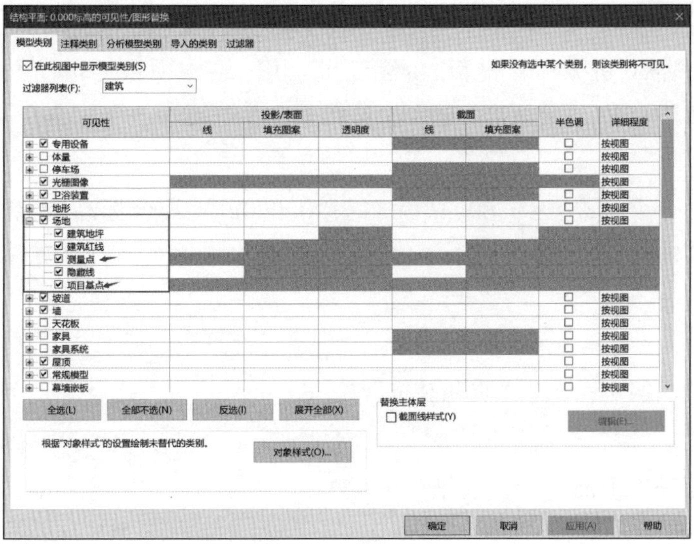

图 4-1-4 项目基点的可见性设置

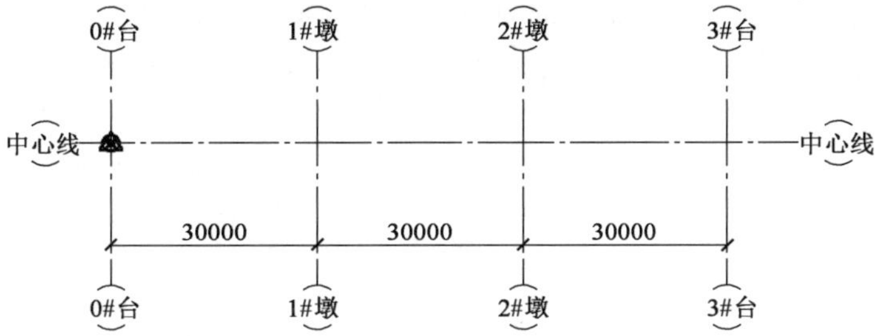

图 4-1-5 梅子溪中桥轴网

绘制完标高轴网基准图元后,对其进行锁定,保存为“梅子溪中桥-轴网”文件。

任务实施2 掌握 Revit 有关建模标准

建模标准中很重要的一个部分是项目初始设置,简要介绍如下。

1. 软件版本的选择

Revit 高版本不能另存为低版本,高版本打开低版本需要对文件进行升级,同一个项目采用同一版本的 Revit 建模。

2. 工程名称

统一采用“××桩号××桥梁模型”,如设计段分段出图,则按“主线 Dk1 +200 桥梁模型”类似名称命名。

3. 项目样板

Revit 有建筑、结构、机械项目样板,桥涵建模采用“结构项目样板”,并适当地修改处理,“结构项目样板”可保存为共享文件,可以直接使用并开始建模。

4. 标高设置

统一使用唯一一个标高:±0.000m,命名为“0.000m”,其余标高删除。市政项目按绝对标高决定构件高度;图纸高程精确到毫米位,标高名称“0.000m”必须为小数点后三位,并添加“m”或者“米”。

5. 材质

将材质信息录入实例参数“材质和装饰”中。

6. 视图样板

视图样板主要分为平面、立面、三维。

7. 项目单位

项目单位统一精确到小数点后三位。

8. 项目基点及测量基点

一般不采用 CAD 底图定位。定位通过坐标确定,项目基点默认即可;如果采用 CAD 底图定位,一般为路程或里程起点,可以在轴网确定后进行设置,也可以在项目建模完成后设置,项目基点和测量点最好重合。

在 Revit 中,测量点和基点最好分别位于两个相邻已知点上,便于在建模过程中核对 Revit 坐标,且坐标表示更为直观。

成果展示与评价

以小组为单位提交学习总结报告,加深对所学知识的掌握。

工作任务评价与分析			
评价项目	评价标准	参考分值(分)	得分(分)
桥梁总体布置图识读	识读准确性	50	
定位梅子溪中桥的桥墩、桥台	操作的熟练程度、准确程度	50	
总评			

知识点链接

标高与轴网

1. 标高

(1)标高的概念。

标高用于反映建筑构件在高度方向上的定位情况,是在空间高度上相互平行的一组平面,由标头和标高线组成,反映了标高的标头符号样式、标高值、标高名称等信息,如图 4-1-6 所示。标高线反映标高对象投影的位置和线型表现。

图 4-1-6 标高参数

(2)创建标高。

在立面视图中,单击"建筑"选项卡→"基准"面板→"标高"命令,进入放置标高模式,Revit自动切换至"修改|放置标高"上下文选项卡。单击"绘制"面板→"直线"命令,用直线方式创建标高,确认选项栏中已勾选"创建平面视图"选项,设置偏移量为 0。

移动鼠标指针至标高 2 上方任意位置,鼠标指针将显示为绘制状态,并在指针与标高 2 间显示临时尺寸标注,指示指针位置与标高 2 的距离(注意临时尺寸的长度单位为 mm)。移动所绘标高线的端点,当指针位置与标高 1 端点对齐时,Revit 将捕捉已有标高端点并显示端点对齐蓝色虚线,释放鼠标可见锁状图样,这表示所绘的标高与已有的标高锁定,单击鼠标左键,确定为标高起点。

沿水平方向向右移动鼠标,在指针和起点间绘制标高。适当缩放视图,当指针移动至已有标高右侧端点位置时,Revit 将显示端点对齐位置,单击鼠标左键完成标高绘制。Revit 自动命名该标高为标高 3,并根据与标高 2 的距离自动计算标高值。按键盘上的"Esc"键两次,退出标高绘制模式。

复制与阵列标高:选择一层标高,在"标高修改"选项卡中选择"复制",可快速生成所需标高。单击工具条上"复制"按钮,并在选项栏中勾选"约束"及"多个"复选框,复制生成多个标高。"阵列标高"是指一次复制多个标高。

(3)确定标高位置。

①修改标高值:移动鼠标指针至标高 2 标高值位置,单击标高值,进入标高值文本编辑状态,如图 4-1-7 所示,按键盘上的"Delete"键,删除文本编辑框内的数字,输入 3.9,按"Enter"键确认输入,Revit 将向上移动标高 2 至 3.9m 位置,同时该标高与标高 1 的距离为 3900mm。标高 2 右侧标头的标高值同时被修改。

②修改临时尺寸,确定标高的位置:刚创建的标高线都会参照已有的一个标高线显示间距,为临时尺寸标注,双击标注的数值可以对其进行修改,单击标高 3,Revit 在标高 3 与标高 2

之间显示临时尺寸标注。修改临时尺寸标注值为3900,按“Enter”键确认,Revit将自动调整标高3的位置,同时自动修改标高值为7.8m,结果如图4-1-8所示。选择标高3后,可能需要适当缩放视图,才能在视图中看到临时尺寸线。

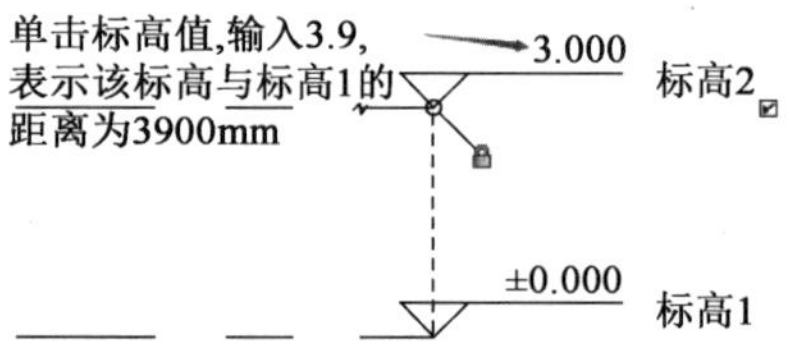

图4-1-7 修改标高值

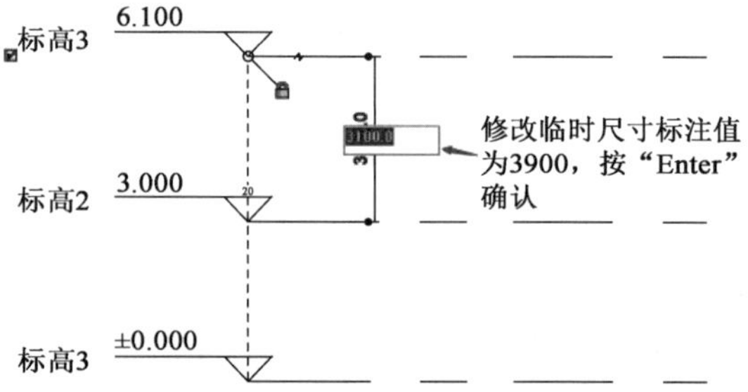

图4-1-8 修改临时尺寸调整标高

(4)修改标高名称。

选择所绘制的标高,自动切换至“修改|标高”上下文选项卡,修改“名称”为“桥面标高”。单击“应用”按钮,应用该名称。

(5)编辑标高(图4-1-9)。

选择标高线,会出现临时尺寸、控制符号等,单击临时尺寸数字或标头数字,标头“隐藏—显示”,控制标头符号的关闭与显示。单击“添加弯头”的折线符号,可偏移标头,用于标高间距过小时的图面内容调整。单击蓝圈“拖动点”,可调整标头位置。

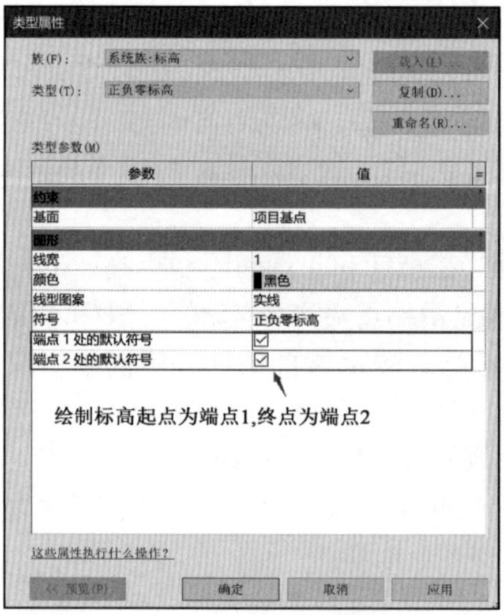

图4-1-9 编辑标高

对名称和样式的修改则可通过编辑标高标头族来实现,也可在属性栏完成相关操作。单击已绘制的标高线,在属性对话框中可修改标高名称、高度。此外,选择标高线,在“属性”面板中单击“编辑类型”按钮,在“类型属性”对话框中可完成对标高线线宽、颜色、线型图案、符号等参数的修改。

标高锁定:标高绘制完成后,选中全部标高线,“修改|标高”→“修改”→“锁定”,确保标

高线固定于原位,不会因误操作发生偏移。

2. 轴网

轴网是构建水平定位的重要依据,也是现场施工的最基本定位数据,是垂直于标高平面的一组“轴网面”。因此,它可以在与标高平面相交的平面视图(包括楼层平面视图与天花板视图)中自动产生投影,并在相应的立面视图中生成正确的投影。注意,只有与视图截面垂直的轴网对象才能在视图中生成投影。

(1)认识轴网参数(图4-1-10)。

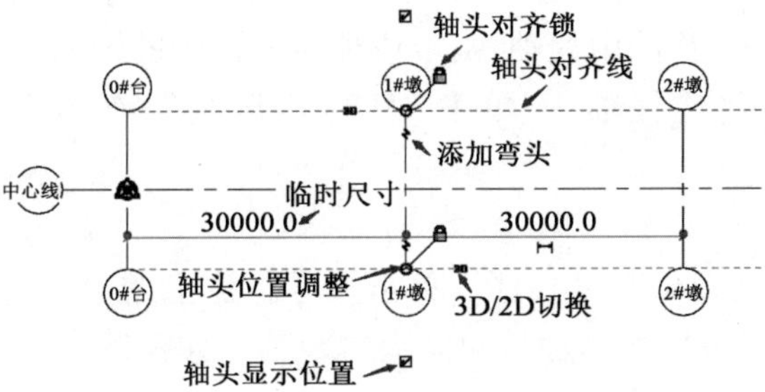

图4-1-10 轴网参数

(2)创建轴网。

①在“楼层平面:参照标高”视图中,单击“建筑”选项卡→“基准”面板→“轴网”命令,系统自动切换至“修改|放置轴网”上下文选项卡,进入轴网放置状态。单击“绘制”面板→“直线”命令,确认选项栏中的偏移量为0.0。

②移动鼠标指针至空白视图左下角空白处单击,作为轴线起点,向上移动鼠标指针,Revit将在指针位置与起点之间显示轴线预览,并给出当前轴线方向与水平方向的临时尺寸角度标注。当绘制的轴线沿垂直方向时,Revit会自动捕捉垂直方向,并给出垂直捕捉参考线。沿垂直方向向上移动鼠标指针至左上角位置时,单击鼠标左键完成第一条轴线的绘制,并自动为该轴线编号为“1”。操作如图4-1-11所示。

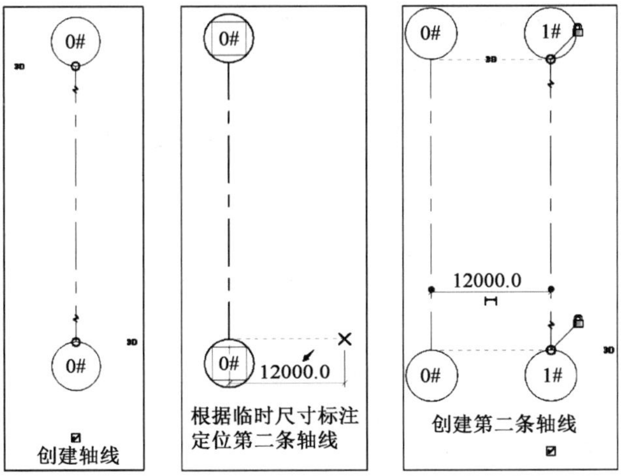

图4-1-11 垂直方向轴线

提示:确定起点后按住键盘上的“Shift”键不放,Revit 将进入正交绘制模式,可以约束在水平或垂直方向绘制。

③确认 Revit 仍处于放置轴线状态。移动鼠标指针至 1 轴线起点右侧任意位置,Revit 将自动捕捉该轴线的起点,给出端点对齐捕捉参考线,并在指针与 1 轴线间显示临时尺寸标注,指示指针与 1 轴线的间距。键入 3300 并按“Enter”键确认,将距 1 轴右侧 3300mm 处确定为第二条轴线起点,沿垂直方向向上移动鼠标指针至左上角位置时,单击鼠标左键完成第二条垂直方向的轴网。

轴线拾取:在“修改|放置轴网”上下文选项卡,单击“绘制”面板→“拾取线”命令,设定好轴网样式,并依次单击 CAD 图中的轴线,生成项目文件中的轴网。

复制,阵列,镜像轴网:选择轴线,单击“复制”“阵列”“镜像”,快速生成轴线,轴号自动排序。

(3)编辑轴网。

选择一根轴网,将出现临时尺寸标注。单击尺寸标注上的数字可修改轴间距。勾选或取消勾选“隐藏—显示标头”可以控制轴号的显示与隐藏。如需调整所有轴号的表现形式,可选择全部轴线,在“属性”面板中单击“类型属性”,在弹出的“类型属性”对话框中修改“平面视图轴号端点”的表现形式。在类型属性中还可设置“轴线中段”的显示样式等,如图 4-1-12 所示。

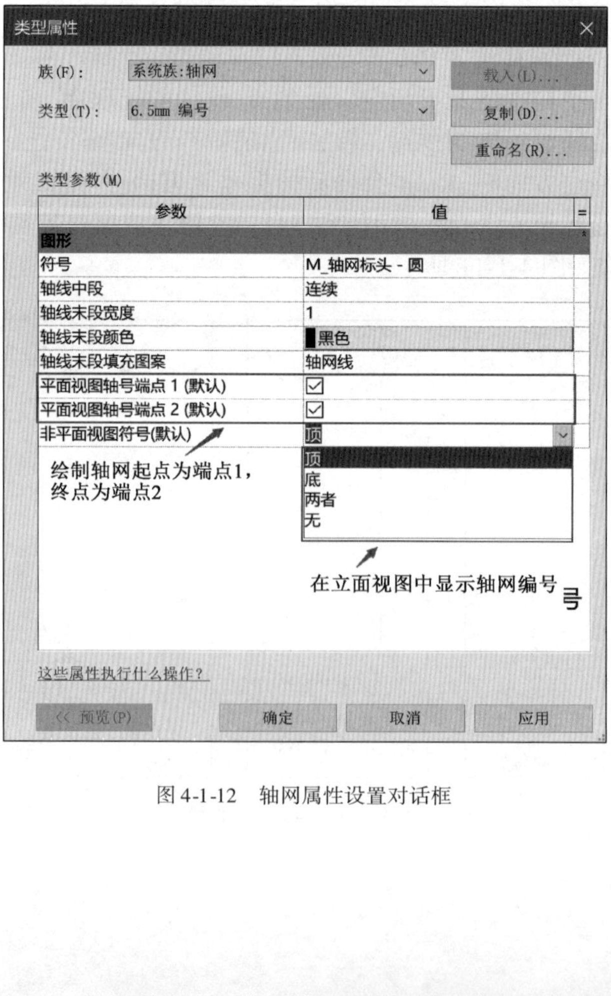

图 4-1-12 轴网属性设置对话框

单击添加弯头折线，可拖动轴号位置，该功能可用于轴间距过小、轴号标记重叠时的图面调整，以确保出图效果。

当轴线显示标头对齐锁时，表示该轴线已与其他轴线对齐，此时拖动标头位置调整，多轴线同步移动。若需单独调整，则打开标头对齐锁，再拖动。

轴线状态呈“3D”标志时，所做修改在所有平面视图中均生效，单击切换“2D”后，拖动轴线标头只改变当前视图的端点位置，其余视图仍维持原状。

影响范围设定：在楼层平面 F1 中选择轴线，激活“修改|轴网”选项卡，选取“影响范围”，在随后弹出的对话框中选择相应视图，单击“确定”。这一命令将使对轴线所做的调整仅影响所选视图，其余层无变化。

当轴线显示标头对齐锁时，表示该轴线已与其他轴线对齐，此时拖动标头位置调整，多轴线同步移动。若需单独调整，则打开标头对齐锁，再拖动。轴线距离较窄时，轴号交叉重叠，单击添加弯头折线，可调整轴号位置。

3. 修改轴网参数

在项目浏览器中“族”类别中，搜索符号值为“M_轴网标头-圆”，找到 M_轴网标头-圆，右键选择“编辑”选项，在“M_轴网标头-圆”族编辑器中，选择标签，单击“编辑类型”命令，复制生成新的标签文字，修改文字的大小，保存并载入项目中。

选择轴网，单击“编辑类型”选项，在类型属性对话框中选择载入的符号值。轴网参数修改操作如图 4-1-13 所示。

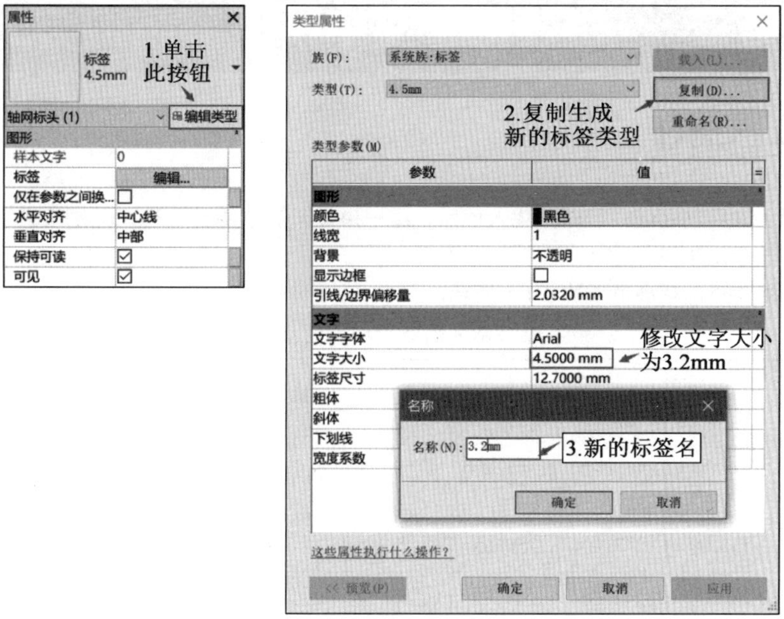

a)

图 4-1-13

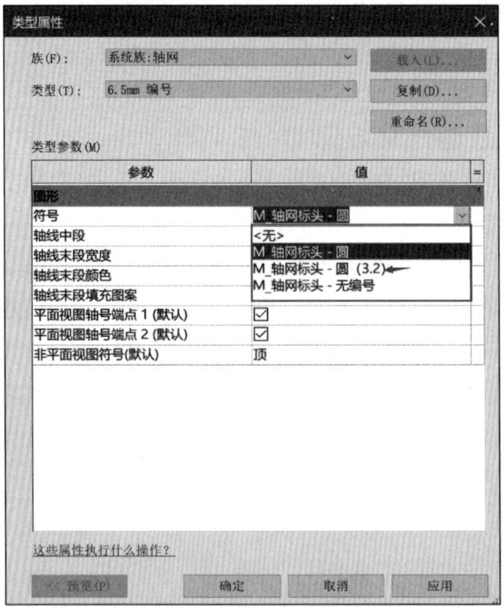

b)

图 4-1-13 轴网参数修改操作

学习任务二 拼装梅子溪中桥下部结构与上部结构

学习任务描述

梅子溪中桥各构件创建后，各构件载入项目，逐一拼装，放置调整（视图范围设置），使各构件都能在场地视图中显示出来。

梅子溪中桥各构件的标高值如表 4-1-1 所示。

梅子溪中桥各构件的标高值(单位:m) 表 4-1-1

<table>
<tr><th>序号</th><th>桩底标高</th><th>桩顶标高</th><th>下墩柱顶标高</th><th>上墩柱顶标高</th><th>盖梁标高</th><th>箱梁起点标高</th><th>箱梁终点标高</th><th>备　注</th></tr>
<tr><td>0</td><td>230.00</td><td>251.430</td><td colspan="3">桥台底 251.43</td><td rowspan="2">253.18</td><td rowspan="2">252.50</td><td>桩径 150cm</td></tr>
<tr><td>1</td><td>211.00</td><td>231.00</td><td>242.00</td><td>250.65</td><td>顶 252.85</td><td rowspan="2">桩径 180cm,下墩柱直径 160cm,上墩柱直径 140cm</td></tr>
<tr><td>2</td><td>216.00</td><td>234.00</td><td>242.00</td><td>249.97</td><td>底 249.97</td><td>252.50</td><td>252.80</td></tr>
<tr><td>3</td><td>235.00</td><td>249.39</td><td colspan="3">桥台底 249.39</td><td>252.80</td><td>251.12</td><td>桩径 150cm</td></tr>
</table>

知识目标与能力目标

学习识读桩基、承台、立柱、桥台，调整各构件的尺寸以及立面位置，创建梅子溪中桥各个构件。通过学习，应该达到以下目标：

1. 能正确识读梅子溪中桥的桩基、墩柱、桥梁构件尺寸。
2. 能创建梅子溪中桥的桩基、墩柱、桥梁构件。
3. 能把梅子溪中桥的各个构件拼装成一个整体。
4. 能根据标高值对各构件的偏移量进行调整。

学习任务实施

明确任务：根据图纸，将梅子溪中桥的各个构件逐一拼装成一个整体。

任务实施　将梅子溪中桥的各个构件拼装成一个整体

1. 创建桩基

打开“梅子溪中桥-轴网”文件，在“0.000：结构平面”视图中，用“载入族”命令，载入桩基族、墩柱族、系梁族、盖梁族、桥台族及T梁族，根据桩位平面布置示意图，绘制参照平面，确定桩基的位置。单击“建筑”选项卡→“构建”面板→“构件”命令→“放置构件”选项，选择桩基，复制生成新的桩基类型，修改桩基参数。捕捉桩基的定位点，放置桩基，在属性面板中，修改偏移量（桩顶与标高对齐，1号桥墩桩基桩底标高是211.00m，桩顶标高为231.00m），用“镜像”命令生成另一侧桩基，修改桩基的名称。依次放置其他桩基，修改标高偏移量和桩基名称。桩基类型的编辑及桩基参数如图4-1-14所示。

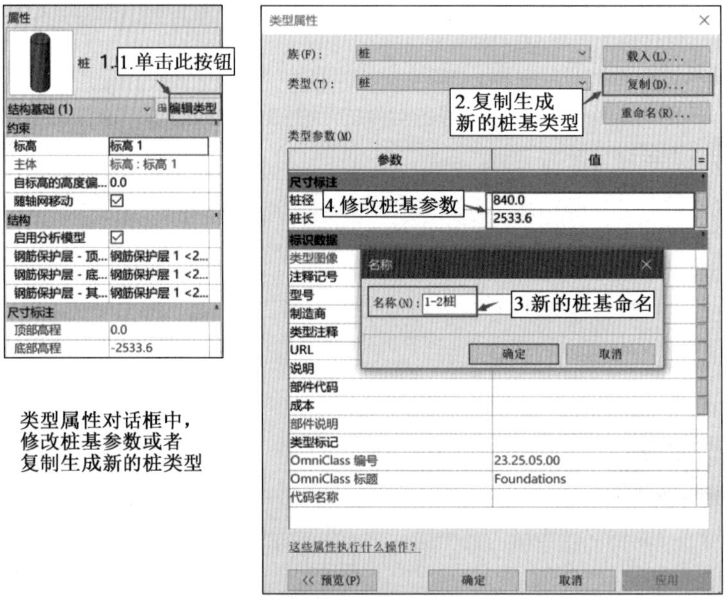
1.单击此按钮
编辑类型
2.复制生成
新的桩基类型
4.修改桩基参数
3.新的桩基命名
类型属性对话框中，
修改桩基参数或者
复制生成新的桩类型

a)

类型属性
族(F)：桩基族
类型(T)：0#桥台-1#桩基
桩径 1500.0
桩长 21430.0
属性
桩基族
0#桥台-2#桩基
自标高的高度偏移 251430.0
顶部高程 251430.0
底部高程 230000.0

b)

图 4-1-14

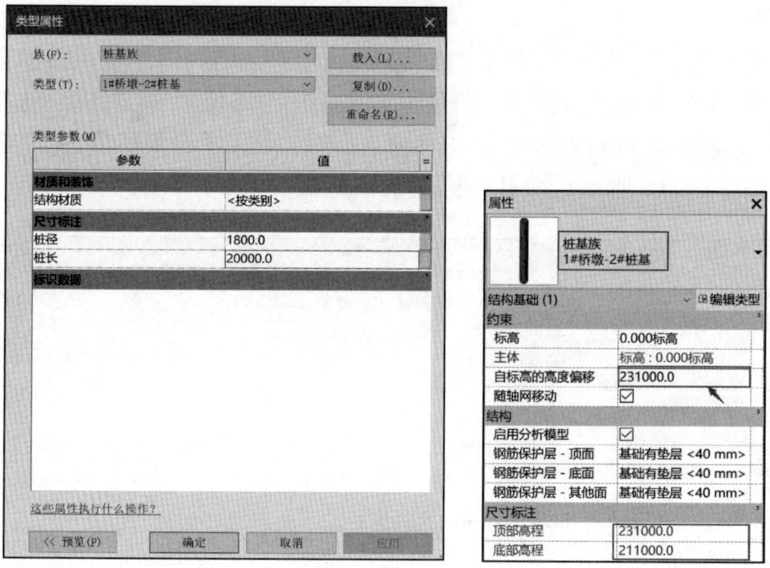

c)

图 4-1-14 桩基类型的编辑及桩基参数

在“结构平面”属性面板中，单击“视图范围”的编辑按钮，打开“视图范围”对话框，修改主要范围和视图深度，使桩基在 0.000m 视图中可见。视图范围的设置及桩基显示效果如图 4-1-15 所示。

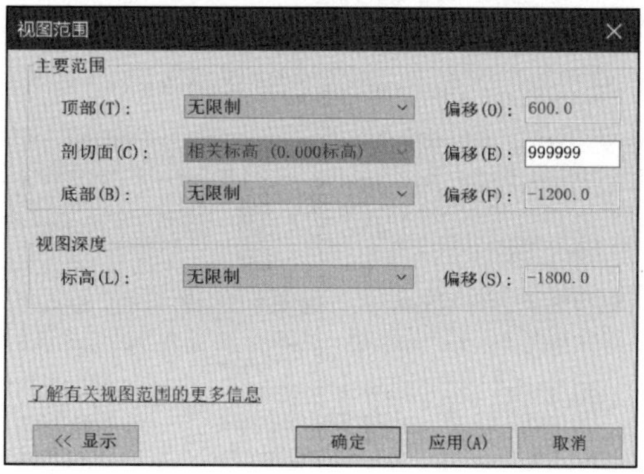

a)

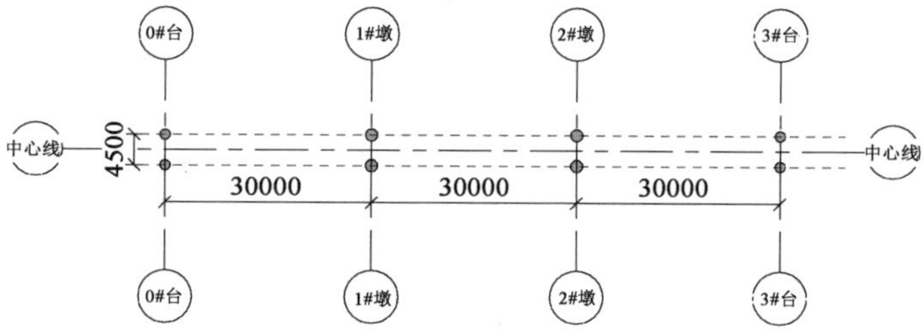

b)

图 4-1-15 视图范围设置及桩基显示效果

2. 创建墩柱

在“0.000:结构平面”视图中,单击“结构”选项卡→“结构”面板→“柱”命令,确定放置“垂直柱”,复制生成新的墩柱类型,单击鼠标左键捕捉柱的位置,放置柱。选择柱,在“属性”面板中,根据图纸,设定底部标高及底部偏移值、顶部标高及顶部偏移值,完成墩柱的创建。放置墩柱的操作如图 4-1-16 所示。墩柱各标高偏移量如图 4-1-17 所示。

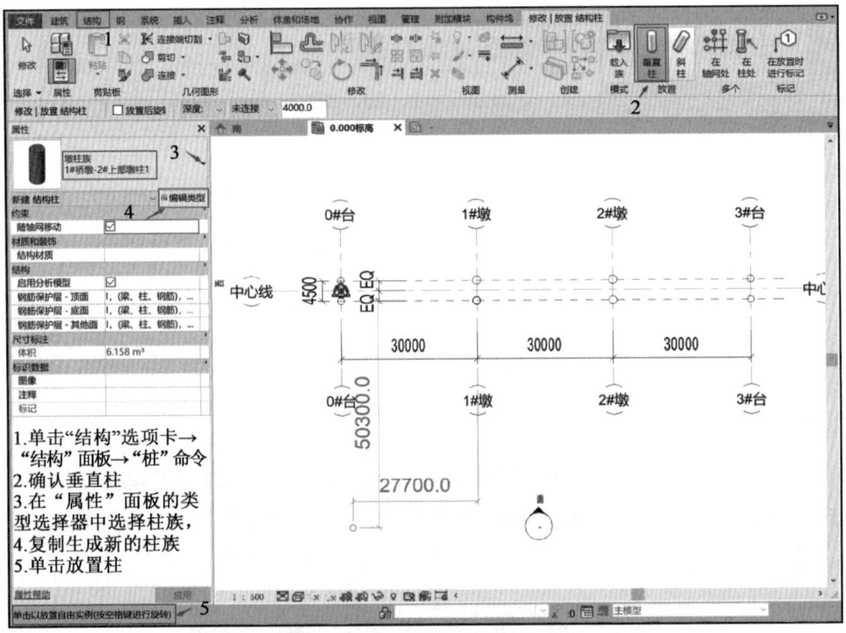

图 4-1-16 放置墩柱

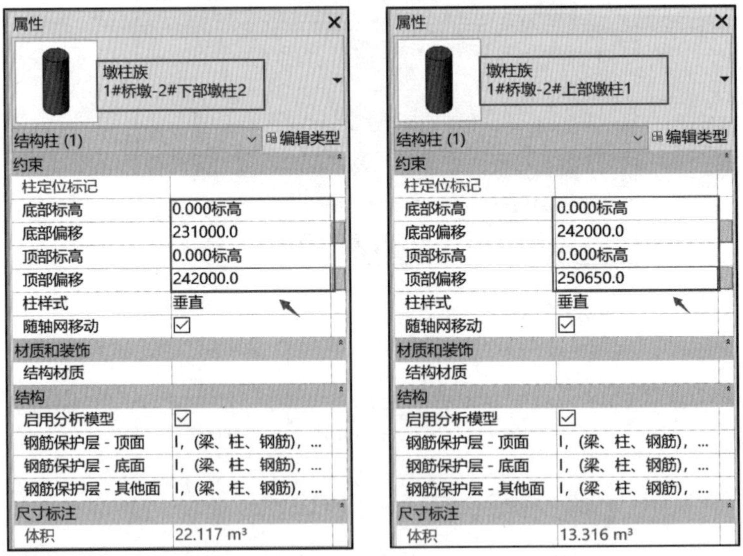

a) b)

图 4-1-17

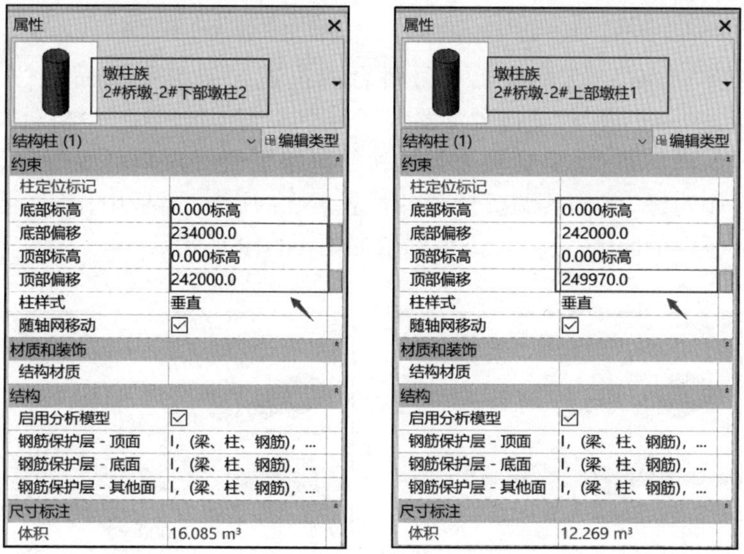

c) d)

图 4-1-17 墩柱各标高偏移量

3. 放置盖梁

在“0.000:结构平面”视图中,绘制参照平面,定位盖梁的位置,盖梁的长度为805cm,单击“项目浏览器”→“族”→“结构框架”→“盖梁”右键→“创建实例”选项,创建盖梁,选择盖梁,复制生成新的盖梁。在“属性”面板中,修改起点、终点标高偏移值,设置Z轴对齐方式为底部对齐。起点、终点标高偏移量就是墩顶顶部标高值。设置Z轴对齐方式为顶部对齐,故起点、终点标高偏移量分别在墩顶顶部标高值基础上加上2200mm(盖梁高度)。各盖梁标高偏移量如图4-1-18所示。

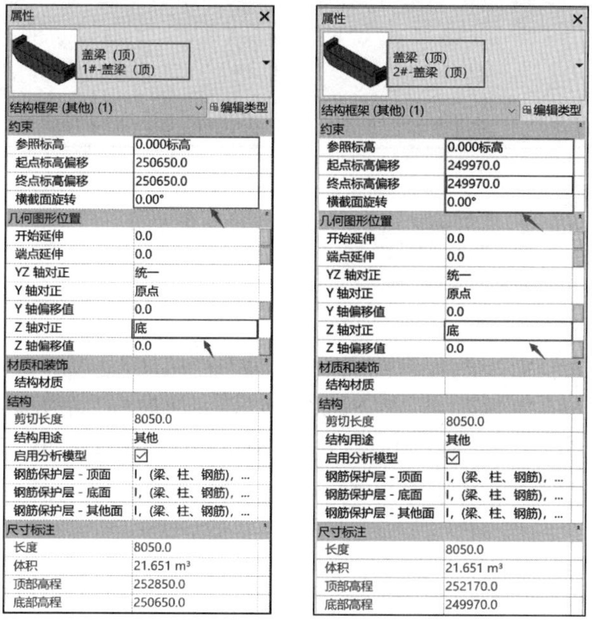

图 4-1-18 各盖梁标高偏移量

4. 放置桥台

在“0.000:结构平面”视图中,在 0 号桥台的位置绘制参照平面定位,桥台的长度为 8500mm,两侧各 4250mm,单击“项目浏览器”→“族”→“结构框架”→“桥台”右键→“创建实例”选项,创建桥台,选择桥台,复制生成新的桥台。根据侧面投影可知桥台与桩基的定位尺寸,桩外侧距离台帽边缘 100mm,调整桥台的位置。在“属性”面板中,修改起点、终点标高偏移值。0#桥台、3#桥台的起点、终点标高偏移值如图 4-1-19 所示。

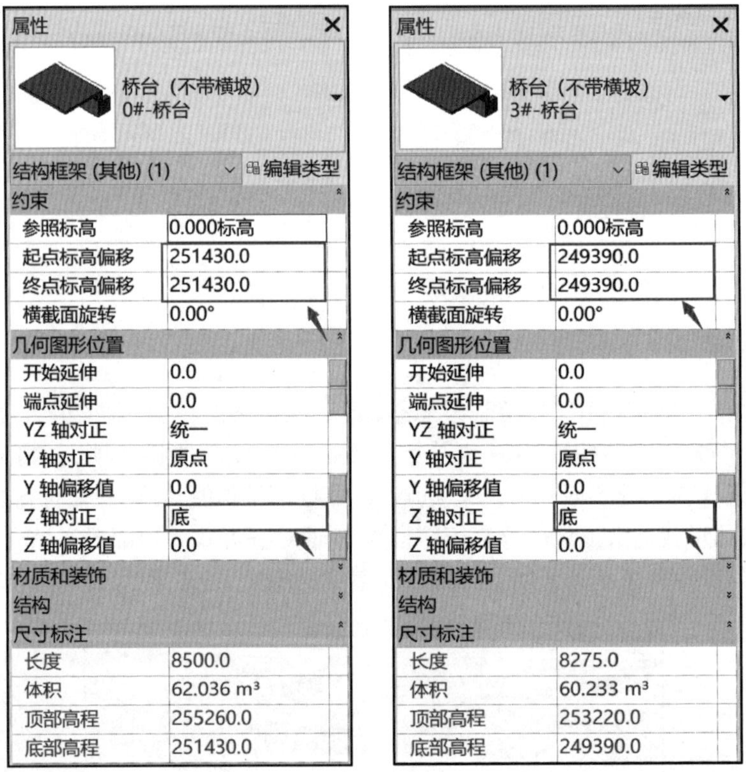

图 4-1-19　各桥台标高偏移值

5. 放置 T 梁

在“0.000:结构平面”视图中,绘制参照平面,单击“结构”选项卡→“结构”面板→“梁”命令,鼠标捕捉轴网的交点为 T 梁起点、终点,放置 T 梁,在“属性”面板中输入起点、终点标高偏移值。0-1#T 梁、1-2#T 梁、2-3#T 梁起点、终点标高偏移值如图 4-1-20 所示。

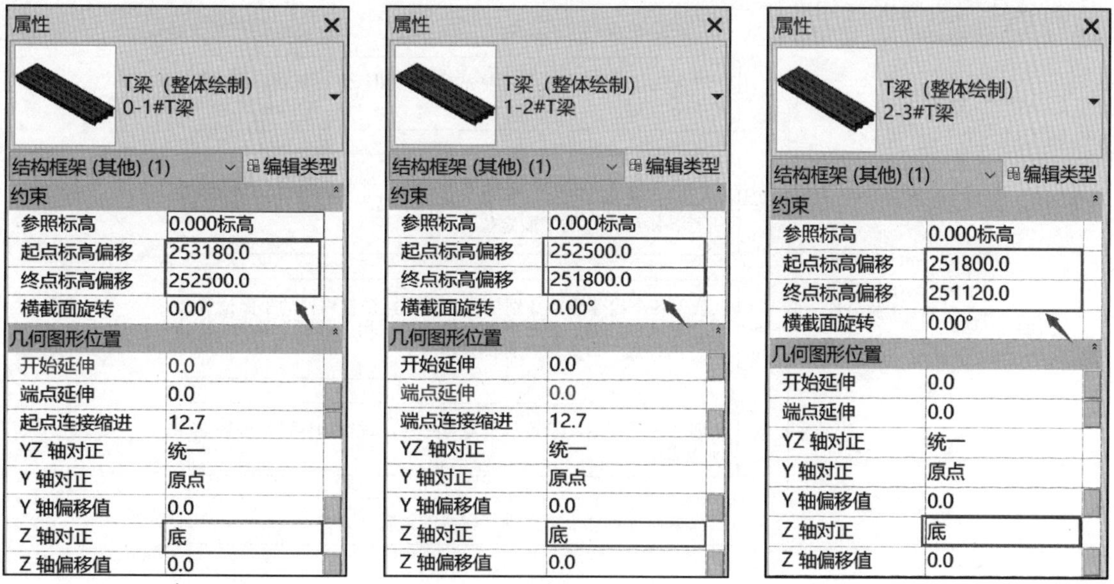

a)　　b)　　c)

图 4-1-20　起点、终点标高偏移值

梅子溪中桥的三维效果图如图 4-1-21 所示。

图 4-1-21　梅子溪中桥的三维效果图

成果展示与评价

以小组为单位提交学习总结报告，加深对所学知识的掌握。

工作任务评价与分析			
评价项目	评价标准	参考分值(分)	得分(分)
组拼桩基、墩身	桩基的位置、尺寸，墩身尺寸以及定位准确	30	
组拼盖梁与桥台	盖梁的位置、尺寸，桥台尺寸以及定位准确	40	
创建 T 梁以及调整 T 梁的位置	T 梁各偏移值设置正确	30	
总评			

桥梁建模实施流程如下：

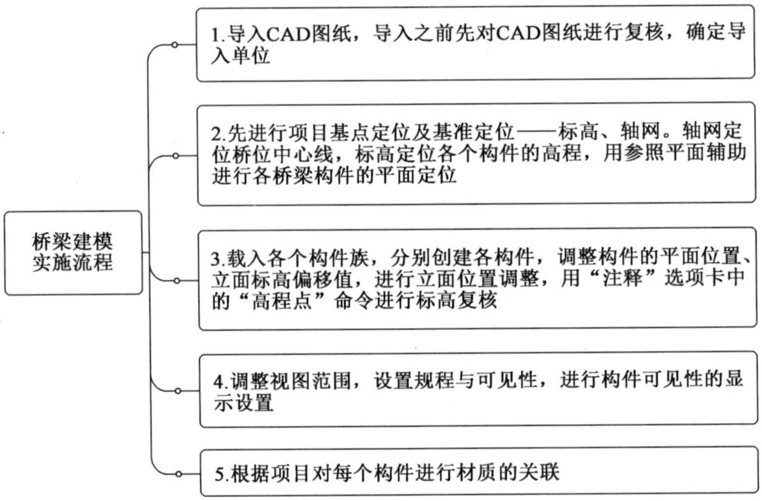
桥梁建模实施流程
1.导入CAD图纸，导入之前先对CAD图纸进行复核，确定导入单位
2.先进行项目基点定位及基准定位——标高、轴网。轴网定位桥位中心线，标高定位各个构件的高程，用参照平面辅助进行各桥梁构件的平面定位
3.载入各个构件族，分别创建各构件，调整构件的平面位置、立面标高偏移值，进行立面位置调整，用“注释”选项卡中的“高程点”命令进行标高复核
4.调整视图范围，设置规程与可见性，进行构件可见性的显示设置
5.根据项目对每个构件进行材质的关联

项目二

工程量统计

学习任务　统计桥梁工程量

学习任务描述

在桥梁项目的设计阶段以及施工阶段，对桥梁结构材料的工程量进行统计，先为每一个构件在项目中添加一个材质，使各构件族的材质关联结构材质，然后进行工程量的统计。

在 Revit 软件中，可以将项目中多个视图或明细表布置在同一个图纸视图中，形成用于打印和发布的施工图纸。 Revit 可以将项目中的视图、图纸打印或导出为 CAD 的文件格式，与其他非 Revit 用户进行数据交换。

使用 Revit 的“新建图纸”工具可以为项目创建图纸视图，指定图纸使用的标题栏族（图框），并将指定的视图布置在图纸视图中形成最终施工图档。

知识目标与能力目标

学习明细表的创建，利用明细表对构件的材料工程量进行统计，导出桥梁图。 通过学习，应该达到以下目标:

1. 熟悉明细表的制作及进行明细表设置。
2. 能进行桥梁构件工程量统计。
3. 能导出桥梁图纸。

学习任务实施

明确任务：对桥梁构件混凝土材料进行统计，导出桥梁图纸。

任务实施1 创建工程量统计明细表

1. 关联材质,并添加材质

工程量统计之前,先核对各构件族的材质是否关联结构材质。

2. 创建明细表

单击“视图”选项卡→“创建”面板→“明细表”工具下拉列表→“材质提取”选项,打开“新建材质提取”对话框,如图4-2-1a)所示,在“类别”列表中选择“结构基础”类别,输入明细表名称为“桩基工作量统计”,其他参数默认,单击“确定”按钮,打开“材质提取属性”对话框。

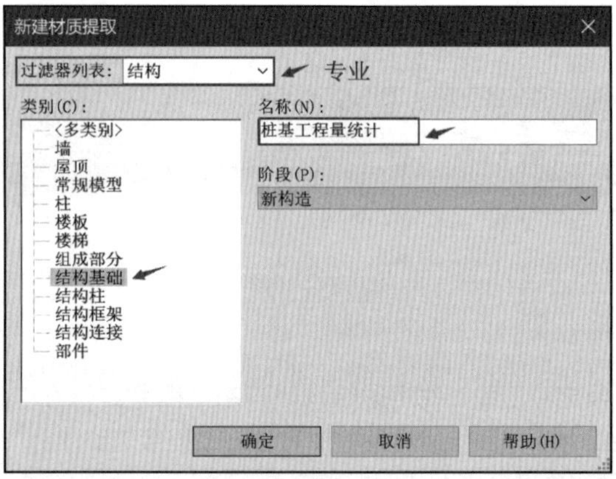

a)

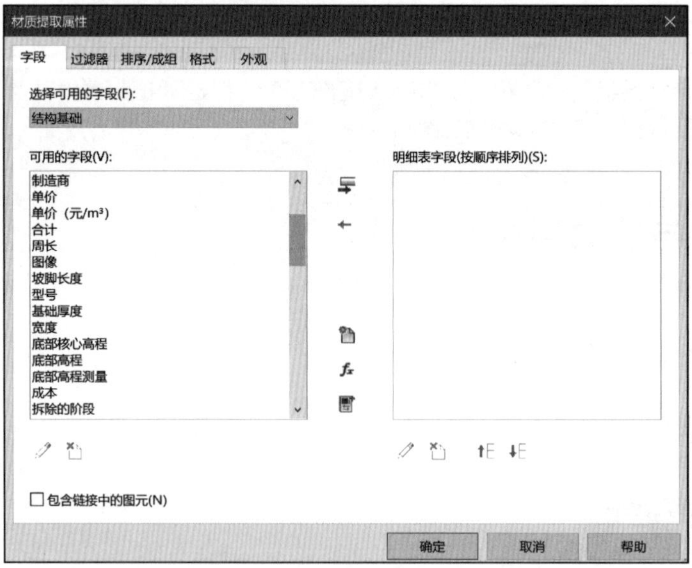

b)

图4-2-1 创建桩基工作量统计明细表

3. 设置明细表各选项

材质提取属性对话框包含了字段、过滤器、排序/成组、格式及外观选项。

(1)设置字段。在“材质提取属性”对话框的“字段”选项卡中,“可用的字段”列表中显示结构基础对象类别中所有可以在明细表中显示的实例参数和类型参数,在“可用的字段”列表中按住“Ctrl”键选择“族”“族与类型”“材质:名称”“材质:体积”和“合计”参数,单击“添加”按钮,添加到右侧的“明细表字段”列表中。使用“上移”或“下移”按钮,按图 4-2-2a)中所示顺序调节字段顺序,该列表中从上至下依次反映了明细表从左至右各列的显示顺序。材质提取属性字段及明细表结果显示如图 4-2-2 所示。

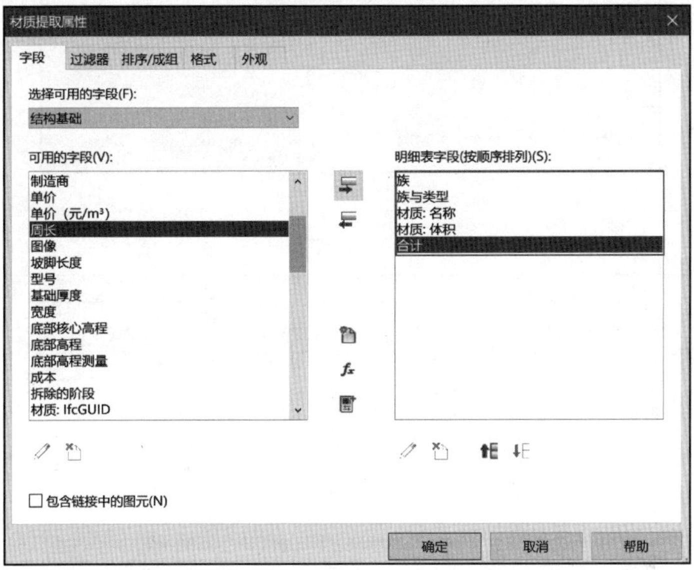

a)

〈桩基工程量统计1〉				
A	B	C	D	E
族	族与类型	材质: 名称	材质: 体积	合计
桩基	桩基: 0-1	混凝土, 现场浇注 - C35	37.87 m³	1
桩基	桩基: 0-1	混凝土, 现场浇注 - C35	37.87 m³	1
桩基	桩基: 1-1	混凝土, 现场浇注 - C35	50.89 m³	1
桩基	桩基: 1- 2	混凝土, 现场浇注 - C35	50.89 m³	1
桩基	桩基: 2- 1	混凝土, 现场浇注 - C35	45.80 m³	1
桩基	桩基: 2- 1	混凝土, 现场浇注 - C35	45.80 m³	1
桩基	桩基: 3-1	混凝土, 现场浇注 - C35	25.43 m³	1
桩基	桩基: 3-1	混凝土, 现场浇注 - C35	25.43 m³	1

b)

图 4-2-2 材质提取属性字段及明细表结果显示

(2)设置格式。对桩基体积进行总计操作,如图 4-2-3 所示。

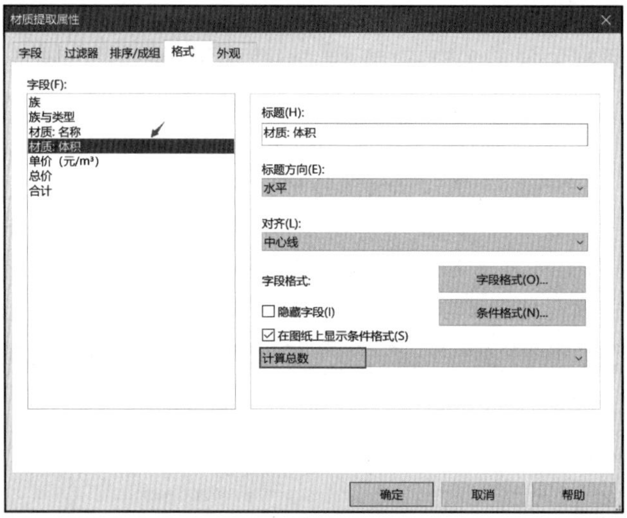

a)

<桩基工程量统计1>				
A	B	C	D	E
族	族与类型	材质: 名称	材质: 体积	合计
桩基	桩基: 3-1	混凝土，现场浇注 - C35	25.43 m³	1
桩基	桩基: 3-1	混凝土，现场浇注 - C35	25.43 m³	1
桩基	桩基: 0-1	混凝土，现场浇注 - C35	37.87 m³	1
桩基	桩基: 0-1	混凝土，现场浇注 - C35	37.87 m³	1
桩基	桩基: 2- 1	混凝土，现场浇注 - C35	45.80 m³	1
桩基	桩基: 2- 1	混凝土，现场浇注 - C35	45.80 m³	1
桩基	桩基: 1-1	混凝土，现场浇注 - C35	50.89 m³	1
桩基	桩基: 1- 2	混凝土，现场浇注 - C35	50.89 m³	1
总计: 8			319.99 m³	

b)

图 4-2-3 桩基体积进行总计操作

任务实施 2 统计分析明细表

已知桩基工程量,如何进行混凝土成本的统计操作? 进行混凝土成本的统计必须在明细表中添加混凝土成本单价字段。

1. 添加“单价”字段

切换到三维视图,选择桩基,编辑族,单击“创建”选项卡→“属性”面板→“族类型”命令。在“族类型”对话框中,单击“新建参数”按钮,在“参数属性”对话框中,勾选“共享参数”类型,添加“单价”共享参数。“单价”共享参数设置操作如图 4-2-4 所示。

将设置了“单价”共享参数的桩基载入项目中,切换到桩基工程数量表视图,在“明细表字段”属性面板中编辑字段,将桩基族内设置的“单价”共享参数添加到明细表字段中。明细表单价参数字段的添加及显示如图 4-2-5 所示。

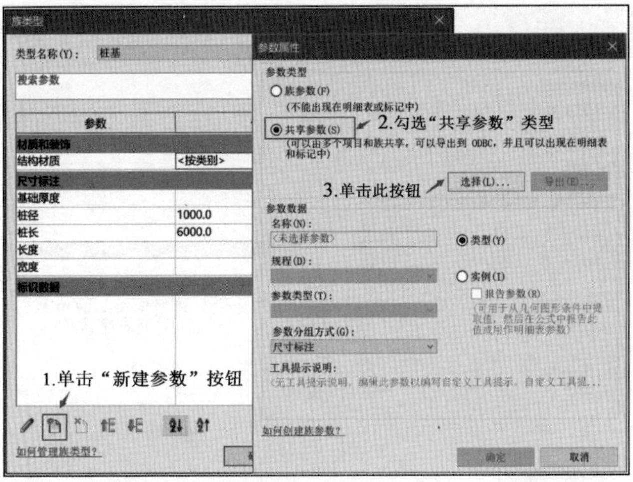

a)

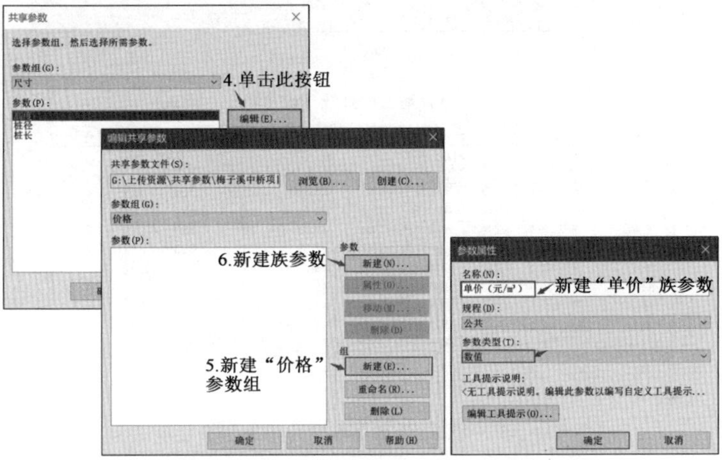

b)

c)

图 4-2-4 “单价”共享参数设置操作

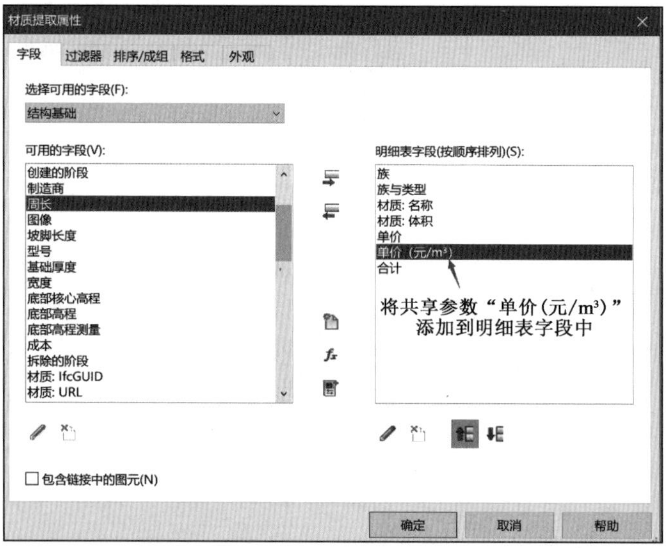

a)

<桩基工程量统计1>

A	B	C	D	E	F
族	族与类型	材质: 名称	材质: 体积	单价（元/m³）	合计
桩基	桩基: 3-1	混凝土，现场浇注 - C35	25.43 m³	350	1
桩基	桩基: 3-1	混凝土，现场浇注 - C35	25.43 m³	350	1
桩基	桩基: 0-1	混凝土，现场浇注 - C35	37.87 m³	350	1
桩基	桩基: 0-1	混凝土，现场浇注 - C35	37.87 m³	350	1
桩基	桩基: 2- 1	混凝土，现场浇注 - C35	45.80 m³	350	1
桩基	桩基: 2- 1	混凝土，现场浇注 - C35	45.80 m³	350	1
桩基	桩基: 1-1	混凝土，现场浇注 - C35	50.89 m³	350	1
桩基	桩基: 1- 2	混凝土，现场浇注 - C35	50.89 m³	350	1
总计: 8			319.99 m³		

手动输入

b)

图 4-2-5 明细表单价参数字段的添加及显示

2. 设置格式

工程实际中，大体积混凝土的施工技术要求比较高，特别是在施工中要防止混凝土因水泥水化热引起的温度差产生温度应力裂缝，设置条件格式来突出大体积混凝土的信息。在“格式”选项卡中，从左侧列表中选择字段“族”，在右侧单击“条件格式”编辑文本框，在“条件”下拉列表中选择“材质:体积”“大于”“50.00m³”，背景颜色设置为杏色。条件格式的设置及显示如图 4-2-6 所示。

3. 设置过滤器

按照一定的条件筛选过滤提取的信息来显示明细表，设置过滤器以筛选出满足条件的信息。在“过滤器”选项卡中，从“过滤条件”的下拉列表中选择“材质:体积”“大于”“50m³”为过滤条件，将在构件中统计材质体积大于 50m³ 的桩基，显示结果如图 4-2-7 所示。

4. 输入明细表的行列设置

选择明细表的表头，系统自动切换到“修改明细表/数量”上下文选项卡，分别进行行列的有关操作。插入行，在插入的行中选择某一个单元格，在“参数”面板中，选择“类别”，输入相关信息。明细表行列的操作如图 4-2-8 所示。

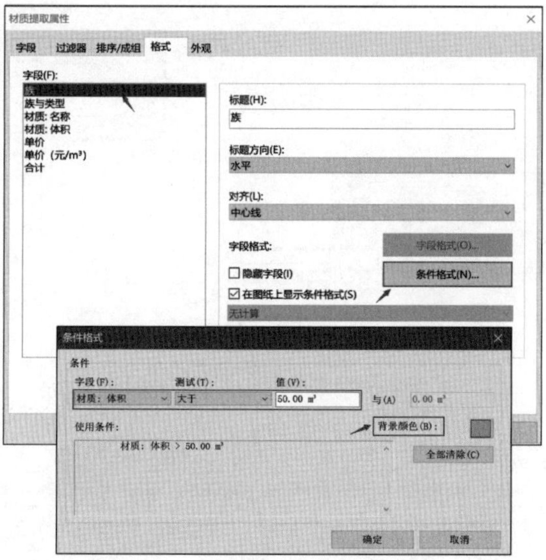

a)

<桩基工程量统计1>

A	B	C	D	E	F
族	族与类型	材质: 名称	材质: 体积	单价（元/m³）	合计
桩基	桩基: 3-1	混凝土，现场浇注 - C35	25.43 m³	350	1
桩基	桩基: 3-1	混凝土，现场浇注 - C35	25.43 m³	350	1
桩基	桩基: 0-1	混凝土，现场浇注 - C35	37.87 m³	350	1
桩基	桩基: 0-1	混凝土，现场浇注 - C35	37.87 m³	350	1
桩基	桩基: 2- 1	混凝土，现场浇注 - C35	45.80 m³	350	1
桩基	桩基: 2- 1	混凝土，现场浇注 - C35	45.80 m³	350	1
桩基	桩基: 1-1	混凝土，现场浇注 - C35	50.89 m³	350	1
桩基	桩基: 1- 2	混凝土，现场浇注 - C35	50.89 m³	350	1
总计: 8			319.99 m³		

b)

图 4-2-6 条件格式的设置及显示

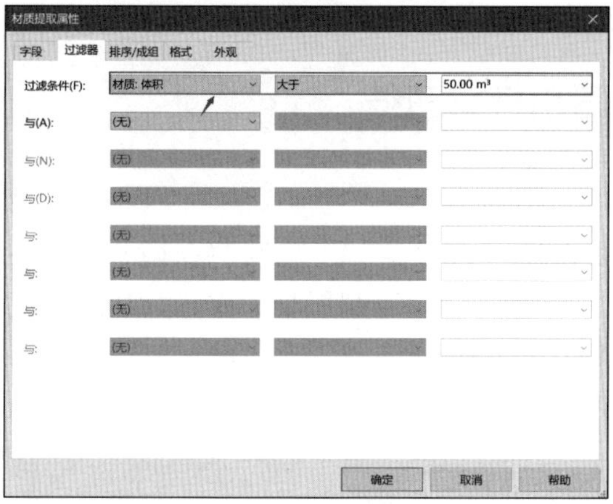

a)

<桩基工程量统计1>

A	B	C	D	E	F
族	族与类型	材质: 名称	材质: 体积	单价（元/m³）	合计
桩基	桩基: 1-1	混凝土，现场浇注 - C35	50.89 m³	350	1
桩基	桩基: 1- 2	混凝土，现场浇注 - C35	50.89 m³	350	1
总计: 2			101.79 m³		

b)

图 4-2-7 过滤器的设置及显示

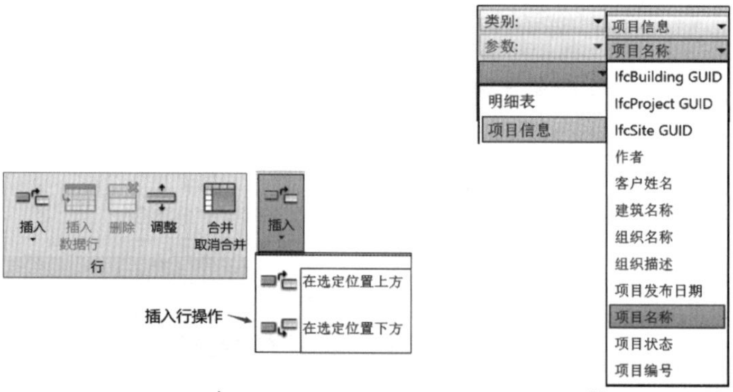

a) b)

<桩基工程量统计>						
<项目名称>	<项目编号>	<张三>	项目负责人	项目安全负责人	班组	材料采购员
A	B	C	D	E	F	G
族	族与类型	材质: 名称	材质: 体积	单价（元/m³）	总价	合计
桩基	桩基: 3-1	混凝土，现场浇注 - C35	25.43 m³	350		1
桩基	桩基: 3-1	混凝土，现场浇注 - C35	25.43 m³	350		1
桩基	桩基: 0-1	混凝土，现场浇注 - C35	37.87 m³	350		1
桩基	桩基: 0-1	混凝土，现场浇注 - C35	37.87 m³	350		1
桩基	桩基: 2- 1	混凝土，现场浇注 - C35	45.80 m³	350		1
桩基	桩基: 2- 1	混凝土，现场浇注 - C35	45.80 m³	350		1
桩基	桩基: 1-1	混凝土，现场浇注 - C35	50.89 m³	350		1
桩基	桩基: 1- 2	混凝土，现场浇注 - C35	50.89 m³	350		1
总计: 8			319.99 m³			

c)

图 4-2-8 明细表行列的操作

导出明细表:单击“文件”菜单→“导出”→“报告”→“明细表”,以 txt 格式导出;创建Excel表格,复制 txt 中的内容,粘贴在 Excel 表格文件中,形成表格文件,再进行有关表格的编辑。

任务实施 3 导出桥梁图纸

1. 新建 A3 图幅族

单击“新建”→“族”→标题栏文件夹“A3 公制”族样板,进入图幅族编辑界面,单击“创建”选项卡→“详图”面板→“线”命令,绘制图框。单击“创建”选项卡→“文字”面板→“标签”命令创建标签,单击“创建”选项卡→“文字”面板→“文字”命令创建文字,保存 A3 图幅族。新建 A3 图幅族操作如图 4-2-9 所示。

2. 创建图纸视图

单击“视图”选项卡→“图纸组合”面板→“图纸”工具,弹出“新建图纸”对话框,单击“载入”按钮,载入新建的 “A3 图幅”,单击“确定”按钮,以 A3 公制标题栏创建新图纸视图,并自动切换至该视图。操作如图 4-2-10 所示。

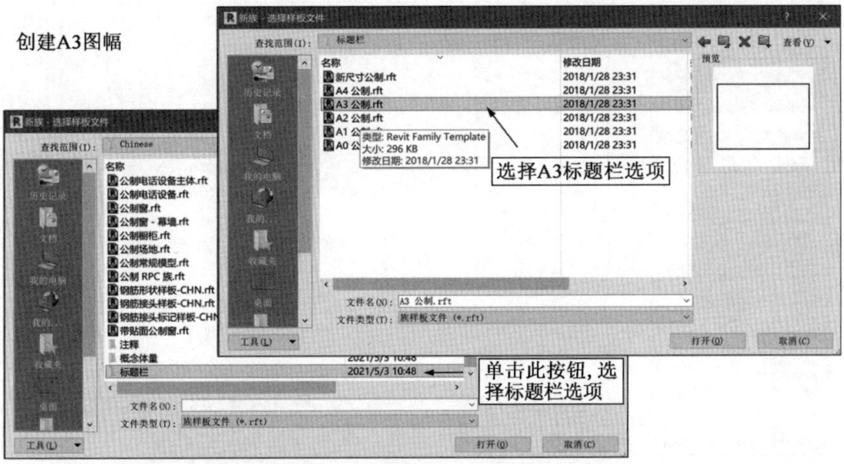

a)

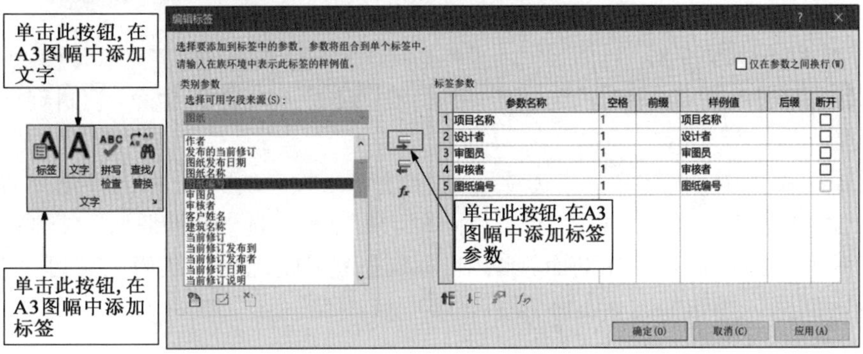

b)

图 4-2-9　新建 A3 图幅族

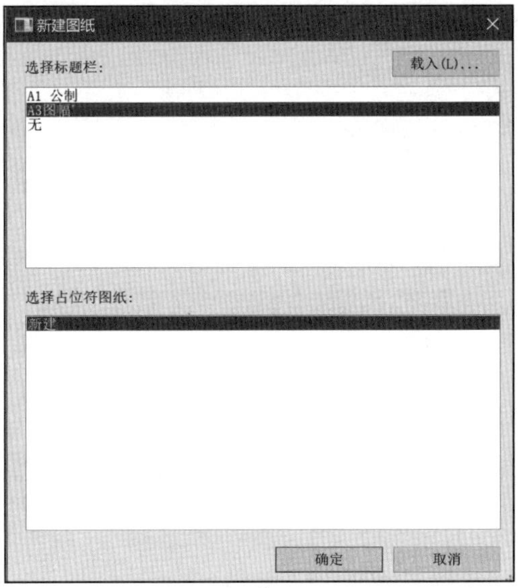

a)

图　4-2-10

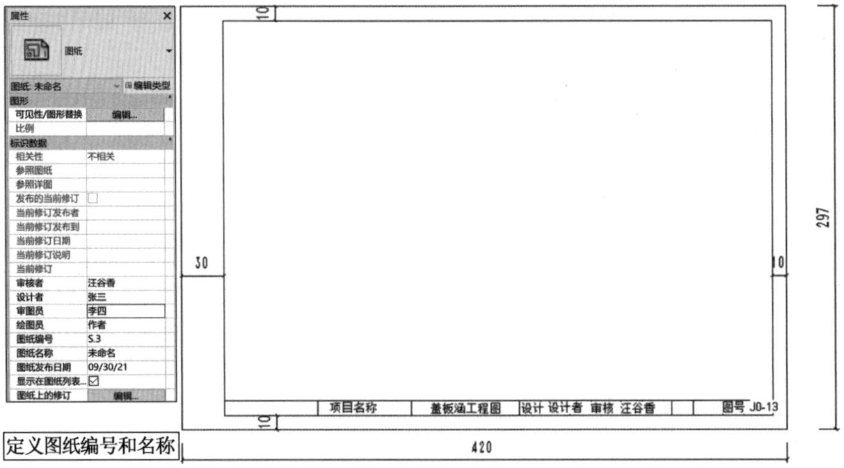

b)

图 4-2-10 新建图纸

3. 绘制剖面并整理视图

在“场地”视图中,单击“视图”选项卡→“创建”面板→“剖面”命令,绘制剖面,拖动剖面框至桥墩位置。

在“剖面 2”视图中,单击“视图”选项卡→“图形”面板→“可见性图形”命令,在“剖面:剖面 2 的可见性/图形替换”对话框中,单击“注释类别”,不勾选“参照平面”“标高”,在剖面视图中不显示参照平面和标高。在剖面视图中,不勾选范围选项中“裁剪区域可见”,在剖面视图中不显示剖面框。操作如图 4-2-11 所示。

图 4-2-11 剖面视图剖面框操作

4. 标注尺寸

(1)标注构件尺寸:单击“注释”选项卡→“尺寸标注”面板→“对齐”标注命令,标注尺寸,标注桩的间距;标注桩径时必须先在剖面图中沿桩的轮廓绘制模型线,在场地视图中,在剖面线位置绘制参照平面，设定该参照平面为工作平面，在该工作平面上绘制模型线，标注模型线之间的尺寸。

（2）标注横坡：单击“注释”选项卡→“尺寸标注”面板→“高程点坡度”命令，标注桥面横坡。尺寸标注面板如图4-2-12所示。

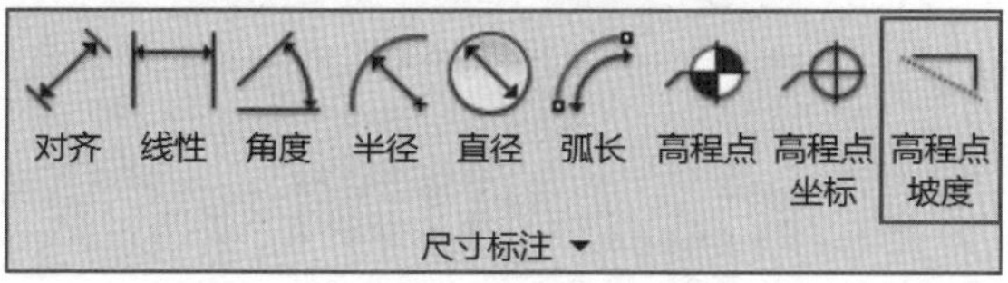

图4-2-12　尺寸标注面板

修改坡度为百分比。Revit软件中默认的坡度为“°”，修改横坡为百分比的格式，选择“高程点坡度”，在“属性”面板中单击“编辑类型”，复制生成百分比坡度，修改其参数，如引线长度、文字大小、单位格式等。修改坡度为百分比形式的操作如图4-2-13所示。

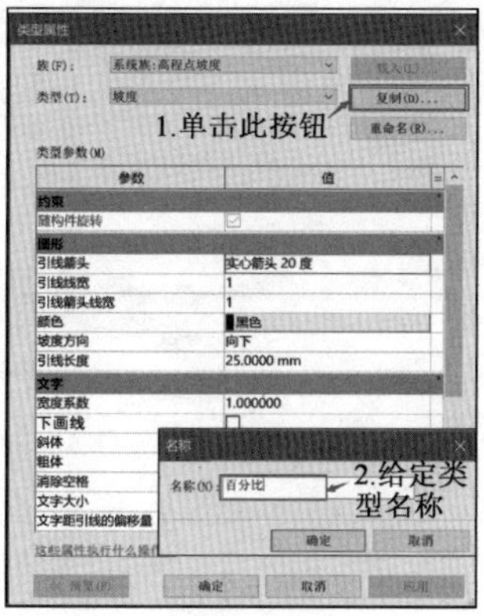

a)

b)

图4-2-13　修改坡度为百分比形式的操作

(3)文字标注:单击“注释”选项卡→“文字”面板→“文字”命令,输入“桥梁设计线”等文字。对文字进行编辑:双击文字,在“属性”面板中单击“编辑类型”,复制生成新的文字类型,修改文字大小。文字大小设置操作如图 4-2-14 所示。

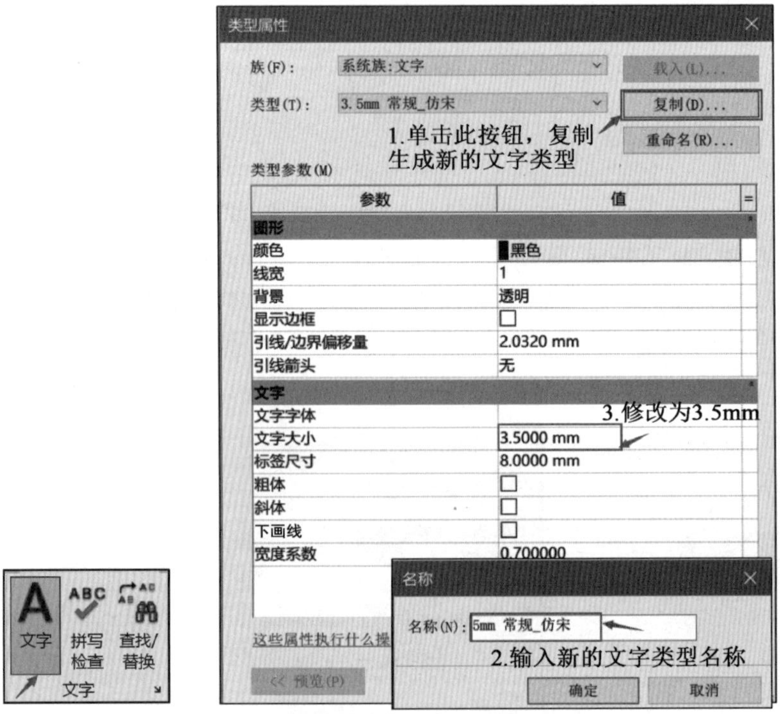

图 4-2-14 文字大小设置操作

(4)标注桩的高程:单击“高程点”命令,标注桩的高程。

5. 导出 CAD 图纸

在图纸视图中添加桥梁的纵断面剖面视图、断面视图。

单击“视图”选项卡→“图纸组合”面板→ “视图”命令,弹出“视图”对话框,在视图列表中列出当前项目中所有可用视图,选择“剖面 1”,单击“在图纸中添加视图”按钮,Revit 给出剖面 1 视图范围预览,当显示视图范围完全位于标题栏范围内时,单击放置该视图。

注意:在图纸中添加视图时,也可以通过直接拖曳选择视图的方式进行添加。

在图纸中放置的视图称为“视口”,Revit 自动在视图底部添加视口标题,默认以该视图的视图名称命名该视口。

在新建的图纸中选择刚放入的视口,打开视口“属性”对话框,修改“图纸上的标题”为“纵断面图”,注意“图纸编号”和“图纸名称”参数已自动修改为当前视图所在图纸信息,单击“应用”按钮完成设置。注意图纸视图中视口标题名称同时修改为“桥型布置图”。

Revit 可以将项目图纸或视图导出为 DWG、DXF、DGN、SAT 等格式的 CAD 数据文件,方便为使用 AutoCAD、Microstation 等 CAD 工具的设计人员提供数据。

成果展示与评价

以小组为单位提交学习总结报告，加深对所学知识的掌握。

工作任务评价与分析			
评价项目	评价标准	参考分值(分)	得分(分)
创建工程量统计明细表	明细表字段设置正确	30	
统计分析明细表	条件格式设置正确	40	
导出桥梁图纸	图纸的输出设置正确	30	
总评			

知识点链接

尺寸标注、创建文字、编辑文字

1. 尺寸标注

在概念体量的操作界面，单击“创建”选项卡→“尺寸标注”面板中的尺寸标注工具。

在新建项目的操作界面，单击“注释”选项卡→“尺寸标注”面板中的尺寸标注工具，如图 4-2-15 所示。

图 4-2-15　尺寸标注面板

(1) 对齐尺寸标注。

与 Revit 其他对象类似，要使用尺寸标注，必须设置尺寸标注类型属性，以满足不同规范下施工图的设计要求。例如“对齐尺寸标注”工具，该工具用于在相互平行的图元参照之间标注尺寸。

单击“注释”选项卡→“尺寸标注”面板→“对齐尺寸标注”按钮，切换至“修改 | 放置尺寸标注”选项卡，在“属性”面板中确定类型为“线性尺寸标注样式：线性”选项。单击“编辑类型”选项，打开“类型属性”对话框，并设置其中的参数，如图 4-2-16 所示。

在对角线的“类型属性”对话框中，可以设置图形、文字、其他等各种参数，如表 4-2-1 所示，从而精确控制对角线。

尺寸标注“类型属性”对话框中的各个参数及作用见表 4-2-1。

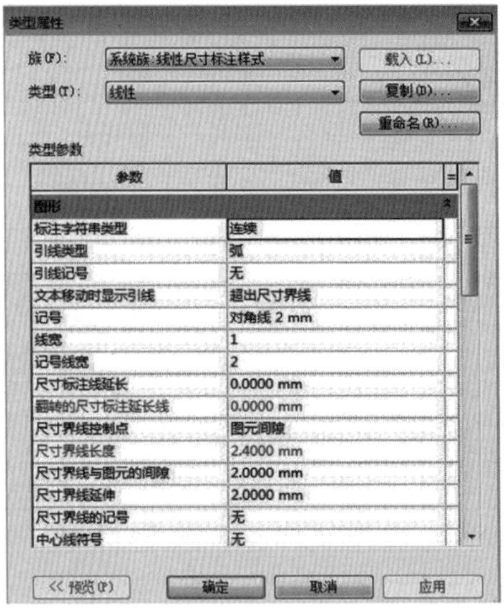

图 4-2-16 尺寸标注"类型属性"对话框

尺寸标注"类型属性"对话框中的各个参数及作用 表 4-2-1

参 数	作 用
图形	
标注字符串类型	指定尺寸标注字符串的格式化方法,该参数可用于线性尺寸标注样式。选项包括: 连续:放置多个彼此端点相连的尺寸标注。 基线:放置从相同的基线开始测量的层叠尺寸标注。 纵坐标:放置尺寸标注字符串,其值从尺寸标注原点开始测量
引线类型	指定要绘制的引线的线类型。选项包括: 直线:绘制从尺寸标注文字到尺寸标注线的两个部分组成的直线引线。 弧:绘制从尺寸标注文字到尺寸标注线的圆弧线引线
引线记号	指定应用到尺寸标注线处的引线顶端的标记
文本移动时显示引线	指定当文字离开其原始位置时引线的显示方式。选项包括: 远离原点:当尺寸标注文字离开其原始位置时,引线显示;当文字移回原始位置时,它将捕捉到位并且引线将会隐藏。 超出尺寸界线:当尺寸标注文字移动超出尺寸界线时,引线显示
记号	用于标注尺寸界线的记号样式的名称
线宽	设置指定尺寸标注线和尺寸引线宽度的线宽值。可以从 Revit 设置的值列表中选择,或自设置参数值
记号线宽	设置指定记号厚度的线宽。可以从 Revit 设置的值列表中选择,或自设置参数值
尺寸标注线延长	将尺寸标注线延伸超出尺寸界线交点指定值。设置此值时,如果 100% 打印,该值即为尺寸标注线的打印尺寸
翻转的尺寸标注延长线	如果箭头在尺寸标注链的端点上翻转,控制翻转箭头外的尺寸标注线的延长线。仅当将记号类型参数设置为箭头类型时,才启用此参数

续上表

参　数	作　用
尺寸界线控制点	在图元固定间隙功能和固定尺寸标注线功能之间进行切换
尺寸界线与图元的间隙	如果“尺寸界线控制点”设置为“图元间隙”，则此参数设置尺寸界线与已标注尺寸的图元之间的距离
尺寸界线延伸	设置超过记号的尺寸界线的延长线。设置此值时，如果100%打印，则该值即为尺寸界线出图的尺寸
尺寸界线的记号	指定尺寸界线末尾的记号显示方式
中心线符号	可以选择任何载入项目中的注释符号。在参照族实例和墙中心线的尺寸界线上方显示中心线符号。如果尺寸界线不参照中心平面，则不能在其上放置中心线符号
中心线样式	如果尺寸标注参照是族实例和墙中心线，则将改变尺寸标注的尺寸界线的线型图案。如果参照不是中心线，则此参数不影响尺寸界线线型
中心线记号	修改尺寸标注中心线末端记号
内部记号显示	用于内部记号的显示，选项包括“动态”和“始终显示”。当选择“始终显示”后，“内部记号”参数被启用
内部记号	当尺寸标注线的邻近线段太短而无法容纳箭头时，制定内部尺寸界线记号的显示方式。发生这种情况时，短线段链的端点会翻转，内部尺寸界线会显示指定的内部记号。仅当将记号类型设置为箭头类型时，才启用此参数
同基准尺寸设置	指定同基准尺寸的设置。将“标注字符串类型”参数设置为“纵坐标”时，该参数可用
颜色	设置尺寸标注线和引线的颜色。可以从 Revit 设置的颜色列表中进行选择，也可以自设置颜色。默认值为黑色
尺寸标注线捕捉距离	要使用此参数，须将“尺寸界线控制点”参数设置为“固定尺寸标注线”。设置这些参数之后，即可使用其他捕捉来对以等间距堆叠的线性尺寸进行标注。该值应大于文字到尺寸标注线的间距与文字高度
文字	
宽度系数	指定用于设置文字字符串的延长的比率。如果值为1.0，则没有延长
下划线	使永久性尺寸标注值和文字带下划线
斜体	对永久性尺寸标注值和文字，应用斜体格式
粗体	对永久性尺寸标注值和文字，应用粗体格式
文字大小	指定尺寸标注的字样尺寸
文字偏移	指定文字相对于尺寸标注线的偏移
读取规则	指定尺寸标注文字的起始位置和方向
文字字体	为尺寸标注设置 Microsof® Ture Type 字体
文字背景	如果设置此值为不透明，则尺寸标注文字为方框围绕，且在视图中，该方框与其后的任何几何图形或文字重叠。如果设置此值为透明，则该框不可见，且不与尺寸标注文字重叠的所有对象都显示

续上表

参　数	作　用
单位格式	单击按钮以打开"格式"对话框,然后可设置有尺寸标注的单位格式
备用单位	指定是否显示除尺寸标注主单位之外的换算单位,以及换算单位的位置。选项包括: 无:换算单位将不会显示。 右:换算单位显示在主单位同一行的右侧。 下:换算单位显示在主单位的下方
备用单位格式	单击按钮以打开"格式"对话框,然后可设置有尺寸标注类型的换算单位格式
备用单位前缀	指定换算单位显示的前缀。例如,可以用方括号显示换算单位,输入"["作为前缀,输入"]"作为后缀
备用单位后缀	指定换算单位显示的后缀
显示洞口高度	在平面视图中放置一个尺寸标注,该尺寸标注的尺寸界线参照相同附属件(窗、门或洞口)。如果启用此参数,则尺寸标注将包括显示实例洞口高度的标签。在初始位置的尺寸标注下方显示该值
消除空格	启用此参数,则在注释文字中消除空格
其他	
等分文字	指定当向尺寸标注字符串添加相等限制条件时,所有 EQ 文字都要使用的文字字符串。默认值为 EQ。更改此值将更改此类型的所有尺寸标注的等分文字
等分公式	指定用于显示相等尺寸标注标签的尺寸标注等分公式。单击"总长度"按钮将显示"尺寸标注等分公式"对话框(可用于对齐、线性和圆弧尺寸标注类型)

注意:在创建对齐尺寸线时,当捕捉位置后,必须将光标指向尺寸线其他位置,这样才能够确定尺寸线的终点位置。

(2)径向尺寸标注。

方法是选择"径向尺寸标注"工具后,切换至"修改|放置尺寸标注"选项卡,确定"属性"面板类型列表中的径向尺寸。

标注样式为"直径",并单击"编辑类型"选项,打开"类型属性"对话框,设置其中的个别参数,如图 4-2-17 所示。

在径向尺寸标注样式的"类型属性"对话框中,"图形"和"文字"选项组中的参数与对齐尺寸标注样式的相同,"其他"选项组中的参数有所不同。

单击"确定"按钮关闭该对话框后,指向坡道的边缘并单击生成径向尺寸标注,在空白位置再次单击放置该尺寸标注。

选择"径向尺寸标注",单击并拖动其圆心至适当位置,释放鼠标后缩小其范围,完成径向尺寸标注的建立。

对于坡道宽度的尺寸标注,虽然也是通过"对齐尺寸标注"工具来创建的,但是坡道是有弧度的,所以在创建尺寸线之前需要以参照平面作为参照。

(3)创建高程点标注。

选择"注释"选项卡→"尺寸标注"面板→"高程点"命令,在需要标注高程的位置单击鼠标左键,标注该点的高程。

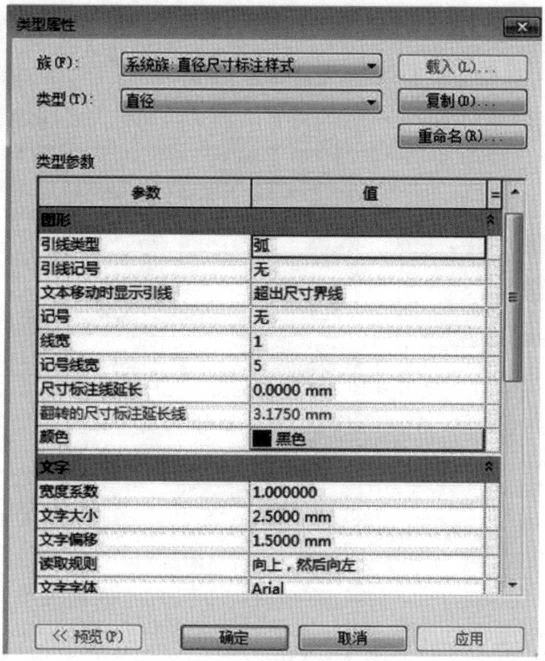

图 4-2-17 设置径向尺寸标注样式参数

2. 创建文字

在施工图中，除了对各种构件定位尺寸、高程点与高程坡度进行标注外，还需要将有关说明、技术或者其他文字注释添加到工程图中。

单击“注释”选项卡→“文字”面板→“文字”按钮，切换至“修改|放置文字”选项卡。在“格式”面板中可以选择文字注释的创建工具，如图 4-2-18 所示。

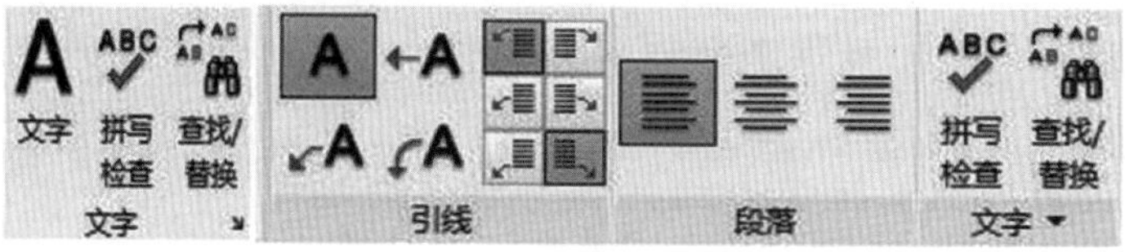

图 4-2-18 创建文字注释工具

在添加文字注释时，选择“创建文字”工具后，单击“属性”面板中的“编辑类型”选项，打开“类型属性”对话框。在该对话框中，设置部分参数，如图 4-2-19 所示。

在文字注释的“类型属性”对话框中，可以设置文字的字体、颜色、字号等参数，还可以设置引线的各种参数。

设置完文字属性后即可运用“创建文字”工具创建文字。根据文字是否带引线和引线类型，Revit 有 4 个创建文字工具，其操作方式略有不同。

(1)无引线 A 。

按住鼠标左键并在图中拖曳出矩形文本框后释放鼠标，在框中输入文字，完成后在文本框外单击。

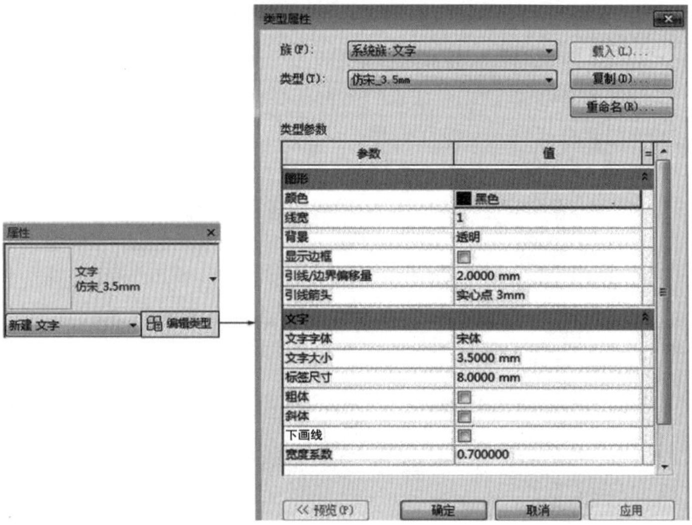

图 4-2-19 文字注释属性对话框

(2)一段引线。

用于将一条直引线从文字注释添加到指定位置,第一次单击可指定要指向的图元或者位置,第二次单击可指定文字注释的位置。在图中单击放置引线起点,移动光标到引线终点位置,按住鼠标左键并拖曳出矩形文本框后释放鼠标,在框中输入文字,完成后在文本框外单击。

(3)二段引线。

用于添加由两条直线段构成的一条引线。第一次单击可指定要指向的图元或位置,第二次单击可指定引线中的弯头的位置,第三次单击可指定文字注释的位置。

在图中单击放置引线起点,移动光标再次单击放置引线折点,移动光标到引线终点位置,按住鼠标左键并拖曳出矩形文本框后释放鼠标,在框中输入文字,完成后在文本框外单击。

(4)曲线形引线。

用于将一条弯曲引线从文字注释添加到指定位置。第一次单击可指定要指向的图元或者位置,第二次单击可指定文字注释的位置。在图中单击放置弧引线起点,移动光标到引线终点位置,按住鼠标左键并拖曳出矩形文本框后释放鼠标,在框中输入文字,完成后在文本框外单击。

3. 编辑文字

创建文字注释后,还可以再次编辑该文字注释以更改位置或者样式,添加或调整引线等,从而得到更为合适的文字注释效果。选择刚刚创建的"文字与文字样式"文字注释,切换到"修改|文字注释"选项卡,如图 4-2-20 所示。

在"格式"面板中,创建文字工具变成了添加或删除引线工具,根据不同的引线类型激活不同的引线工具。

(1)添加左直线引线(添加右直线引线)。

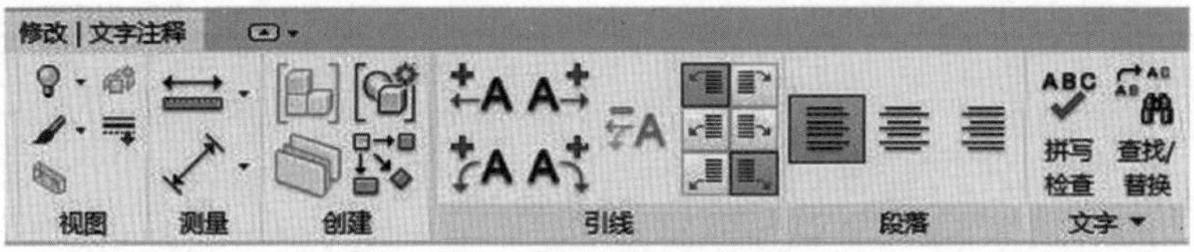

图 4-2-20 “修改|文字注释”选项卡

当选中的文字注释为直线引线文字注释时,单击该工具后即可在文本框左侧(右侧)添加直线引线。这时通过移动引线中的节点来改变引线路径。

技巧:无论是添加左直线引线,还是添加右直线引线,当移动引线中的节点时,引线的起点可以移动至文本框的左侧、右侧或者中间位置。

(2)添加左弧引线(添加右弧引线)。

当选中的文字注释为弧线引线文字注释时,单击该工具后即可在文本框左侧(右侧)添加弧线引线。这时通过移动引线中的节点来改变引线路径,该引线路径可以移动至文本框左侧、右侧或中间。

(3)删除最后一条引线。

当选中某个文字注释后,单击该工具即可从最后添加的引线开始删除,连续单击可以删除全部引线。

注意:在编辑文字注释中的文字时,必须单击选中注释后,再次单击文字来进行编辑,则可为文字添加加粗、斜体或下划线效果。

单击“属性”面板中的“编辑类型”选项,打开“类型属性”对话框。在该对话框中,设置部分参数,各参数的作用如表 4-2-2 所示。

文字注释“类型属性”对话框中的各个参数及其作用 表 4-2-2

参　数	作　用
图形	
颜色	设置文字和引线的颜色
线宽	设置边框和引线的宽度。可以使用“线宽”工具来修改线宽编号的设置
背景	设置文字注释的背景。不透明背景的注释会遮挡其后的材质,透明背景的注释可看到其后的材质
显示边框	在文字周围显示边框
引线/边界偏移量	设置引线/边界和文字之间的距离
引线箭头	将引线的箭头样式设置为由“箭头”工具设置
文字	
文字字体	将文字注释设置为仿宋字体。默认字体为 Arial
文字大小	设置字体的尺寸
标签尺寸	设置文字注释的选项卡间距。创建文字注释时,可以在文字注释内的任何位置按“Tab”键,将出现一个指定大小的制表符。该选项也用于确定文字列表的缩进

续上表

参　数	作　用
粗体	将文字字体设置为粗体
斜体	将文字字体设置为斜体
下划线	在文字下加下划线
宽度系数	常规文字宽度的默认值是1.0,仿宋字体宽度值为0.7,字体宽度随“宽度系数”成比例缩放。高度则不受影响

文字注释的类型属性既可以在创建前设置,也可以在创建后设置,而文字注释的实例属性则必须在创建后设置。选中文字注释才能够在“属性”面板中进行设置,如图4-2-21所示。

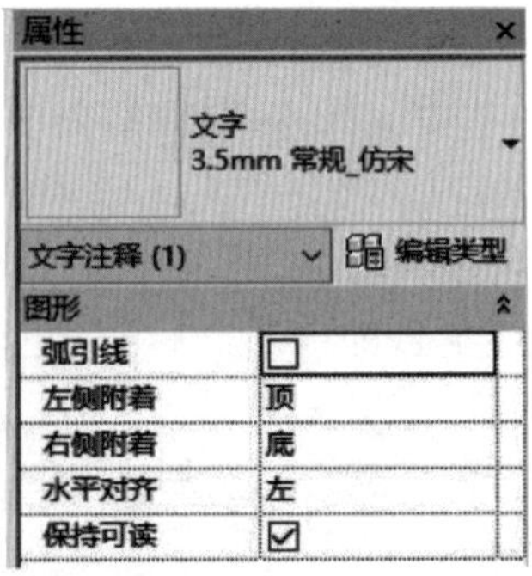

图4-2-21　文字注释的实例属性

模块五

桥梁施工进度模拟

模块五

桥梁施工进度模拟

学习任务一 认识Navisworks软件

- 认识场景文件
- 认识Navisworks功能模块
- 选择图元
- 管理选择集

学习任务二 使用Navisworks完成桥梁施工进度模拟

- 手动逐一添加施工任务
- 自动添加及利用数据源添加施工任务
- 施工进度模拟

随着现代信息化技术的蓬勃发展,BIM 技术作为一种全新的工程技术和思维理念,为当代高要求的工程建造和管理提供了更加完善、科学的解决方案,目前在国内受到政府及业界学者的高度重视。

《建筑信息模型应用统一标准》(GB/T 51212—2016)将 BIM 设置为:全寿命期工程项目或其组成部分物理特征、功能特性及管理要素的共享数字化表达。作为 BIM 的技术实现手段,BIM 技术的核心在于赋予三维模型以完整的信息流,涵盖设计、施工、运营维护等各个阶段,支持设计、施工和运营维护的信息一体化。

由于桥梁工程具有规模大、设计复杂、可供选择的施工工艺方案多,以及工程项目精细化管理诉求高、工期时间紧等特点,BIM 技术在桥梁工程中能够发挥其优势。BIM 技术在桥梁工程的运用如图 5-0-1 所示。

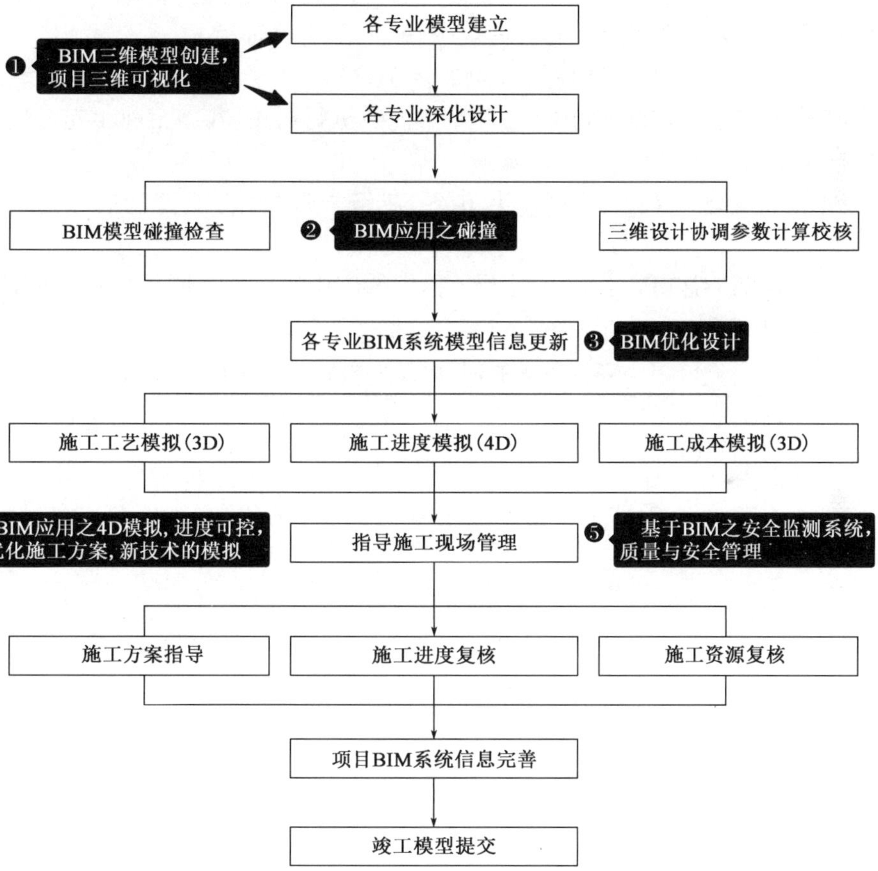

图 5-0-1　BIM 技术在桥梁工程中的运用

利用 BIM 技术将桥梁三维模型与施工方法有效集成在一起,进行桥梁施工工序的模拟。在这个过程中,通过生动、直观的过程模拟,施工人员可以有效分析复杂结构的施工工序是否合理、预制构件的吊装程序是否合理。一旦发现施工问题,及时进行施工方案修改与再模拟,直至在施工之前获得可行的、高效的施工方案,从而确保施工顺利进行,保证工程质量。

利用BIM技术将桥梁三维模型和进度计划集成起来,实现基于时间维度的施工进度模拟。一方面,按照天、周、月等时间单位进行项目施工进度模拟,并根据现场情况进行实时调整,分析不同施工方案的优劣,从而得出最佳施工方案;另一方面,对项目的重点或难点部分进行细致的可视化模拟,进行诸如施工操作空间共享、施工机械配置规划、材料供应技术、构件安装工序、材料的运输堆放安排等施工方案的优化。同样,施工进度优化也是一个不断重复模拟与改进的过程,以获得有效的施工进度安排,达到资源优化配置的目的。

通过施工方案的模拟与优化,将桥梁施工过程中可能出现的问题提前发现、提前解决,改变传统的管理思想,即由等待问题发生的"被动管理"转变为主动发现问题的"主动管理",减少施工问题的发生、简化施工现场管理活动。同时,将获得的可视化施工过程用于实时指导真实的施工过程,能够更好地理解施工工艺、流程、协作方式、安全隐患等,这不仅降低施工问题的发生概率,还可以提高管理人员的管理效率,减少管理活动。

碰撞检查也是桥梁施工BIM应用的重要环节之一,基于施工方案优化模型,通过碰撞检查功能,找出设计与施工中的空间碰撞,针对碰撞点进行讨论,在施工前预先解决问题,节省工时和材料,减少不必要的变更与浪费。

BIM技术能直观地展现和优化施工方案,在施工过程中,能控制施工过程进度及施工成本。

目前,国内学者围绕BIM技术在桥梁工程中的应用进行了不同桥型在不同阶段的研究和工程应用,具体见表5-0-1。

不同桥型在不同阶段的BIM技术应用 表5-0-1

阶段	不同桥型	主要应用点	借助软件
设计阶段	斜拉桥	项目演示、三维建模、工程量统计、碰撞检查、二维出图	Autodesk Revit、Autodesk Navisworks、Dassault Catia、Bently Openbridge、Tekla
	拱桥	三维建模、工程量统计、碰撞检测、二维出图	Autodesk Revit、Autodesk Navisworks、Dassault Catia、Bently Openbridge、Tekla
	钢桥、景观桥	钢箱梁快速建模、数控对接、预拼装、施工图深化、复杂线性设计	Autodesk Revit、Dassault Catia、Bently Openbridge、Tekla、Dassault Solidworks
	铁路桥、公路桥	设计流程、三维建模、工程量统计、碰撞检测、二维出图	Autodesk Revit、Autodesk Navisworks、Dassault Catia、Bently Openbridge

续上表

阶段	不同桥型	主要应用点	借助软件
施工阶段	斜拉桥	可视化交底、材料统计、场地布置、预拼装、施工模拟和管理	Autodesk Revit、3DS MAX、鲁班
	拱桥	施工模型构建、进度模拟、现场管理、钢结构加工安装	Autodesk Navisworks、Tekla
	悬索桥	重建 BIM 模型模拟设计和施工	Bently Openbridge、Dassault
运营维护阶段	梁加固、装配式建筑	全寿命管理框架、耐久性监测、成本分析、桥梁结构加固、内力监控、BIM 技术与智能感应技术、云技术、RFID 技术等的结合	Dassault Abaqus、达索、midas civil、ANSYS、BIM 技术与智能感应技术、云技术、RFID 技术

在 Revit 中完成建模后，可以导入 Navisworks 软件中使用。在 Revit 中导入“NWC”格式文件有两种方式：第一种方式，在 Revit 中，单击“文件”菜单，选择“导出”→“NWC”，导出“NWC”格式文件，单击“保存”，导出文件，如图 5-0-2 所示。

图 5-0-2 导出格式

第二种方式，在 Revit 中，单击“附加模块”选项卡→“外部”面板→“外部工具”选项中的“Navisworks 2019”，在“导出场景为…”对话框中，输入 Navisworks 文件的名称，然后浏览到所需的存储位置。操作如图 5-0-3 所示。

a)

b)

图 5-0-3 文件导出

学习任务一 认识 Navisworks 软件

学习任务描述

安装完成 Navisworks 后,双击桌面“Navisworks Manage 2019”快捷图标,启动 Navisworks 后,默认进入空白场景。单击“应用程序”菜单的“打开”按钮,打开文件。注意文件类型为“Navisworks(*.nwc)”格式文件。Navisworks 应用界面如图 5-0-4所示。

单击“应用程序”菜单的“保存”按钮,保存文件。注意文件类型为“Navisworks(*.nwf)”格式文件或者“*.nwd”格式文件。数据文件格式选择如图 5-0-5所示。

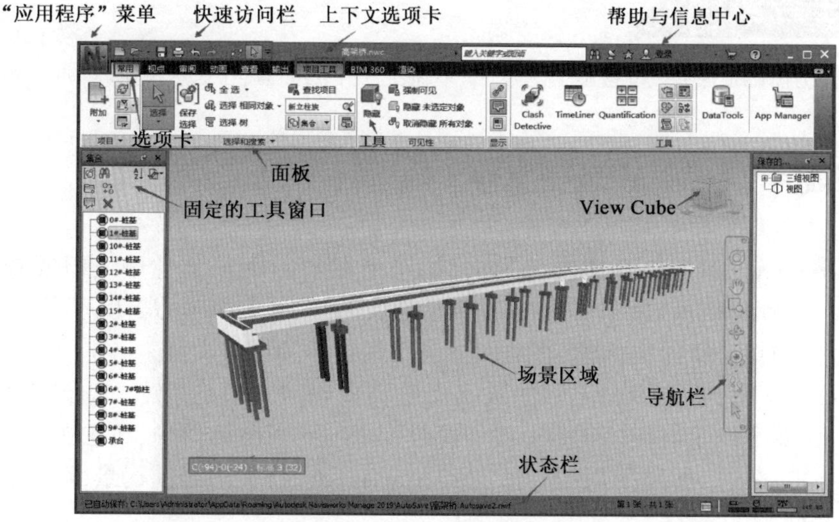

图 5-0-4 Navisworks 应用界面

图 5-0-5 数据文件格式选择

◎ 知识目标与能力目标

学习 Navisworks 软件工作界面，认识场景文件、Navisworks 功能模块，会进行图元选择、设置选择集，会管理搜索集。通过学习，应该达到以下目标：

1. 掌握 Navisworks 的 TimeLiner 功能模块的应用方法。
2. 能构建选择集。
3. 能构建搜索集。

学习任务实施

明确任务：分解施工任务，设置施工任务，关联施工任务，进行施工进度模拟。

任务实施1 认识场景文件

启动 Navisworks，默认打开空白场景文件，用于在新的场景文件中组织要查看和浏览的 BIM 数据模型。Navisworks 是单一文档程序，也就是说一个 Navisworks 程序窗口，仅允许打开一个场景文件，当打开新的文件时，将关闭当前已经打开的场景文件。

在 Navisworks 中，要将多个不同的数据文件整合到同一个场景中，单击“常用”选项卡→“项目”面板→“附加”或“合并” 工具，将外部数据添加到当前场景中，注意文件类型为“Navisworks(*. nwc)”格式。如果使用“打开”工具，Navisworks 将关闭当前场景，在新场景中打开所选择的模型文件。

以“附加”的形式添加至当前场景中的模型数据，Navisworks 将保持与所附加外部数据的链接关系，即当外部的模型数据发生变化时，单击“常用”选项卡→“项目”面板→“刷新”工具进行数据更新；而使用“合并”的形式添加至当前场景中的模型数据，Navisworks 将所添加的数据变为当前场景的一部分，当外部数据发生变化时，不会影响已经“合并”至当前场景中的场景数据。

Navisworks 支持文件格式见表 5-0-2。

Navisworks 支持文件格式 表 5-0-2

格式名称	格式介绍
NWC	Navisworks 缓存文件，用于读取其他模型数据时的中间格式，只能在读取其他软件(Autodesk Revit)生成的数据时自动生成，Navisworks 并不能直接保存或修改 NWC 格式的数据文件
NWF	Navisworks 工作文件，保持与 NWC 文件的链接关系，且将工作过程中的测量、审阅、视点等数据一同保存。在打开 NWF 文件时，Navisworks 将重新访问和读取所有链接至当前场景文件中的原始链接数据，必须确保这些原始数据的目录位置及名称不变，否则 Navisworks 会出现无法找到原始数据的情况，绝大多数情况下，在工作过程中使用该文件格式用于及时查看最新的场景模型状态
NWD	Navisworks 数据文件，所有模型数据、过程审阅数据、视点数据等均整合在单一 NWD 文件中，打开时将不再读取原数据文件。绝大多数情况下，在项目发布或过程存档阶段使用该格式

使用其他格式文件如 DWG、REVIT、FBX，无论何种格式的文件，在第一次打开时，Navisworks 均在导入该文件时自动生成与原始数据文件名称一致的 NWC 格式的缓存数据，用于加快场景的载入速度。当再次载入该场景时，Navisworks 将直接读取 NWC 中的数据。如果原数据中模型发生了变化，用户可以直接将该 NWC 数据删除，再次载入时，Navisworks 会自动生成新的 NWC 数据，使 NWC 数据与源文件保持一致。

任务实施2 认识 Navisworks 功能模块

Navisworks 是功能强大的 BIM 数据和信息的整合与管理工具，提供了多种不同的功能模块，通过使用不同的模块，用户可以完成渲染表现、冲突检测、施工进度模拟(4D 应用)、工程量统计等不同的工作。

读取多格式 BIM 数据文件的基础功能模块。Navisworks 之所以能够直接读取不同格式的文件，是因为 Navisworks 内置了多种文件读取器，Navisworks 在读取或导入其他格式的数据时，将根据文件读取器的设置把模型转换为 NWC 格式的临时文件。Navisworks 提供了文件读取器的设置选项，用于控制导入指定格式文件的转换情况。

单击“应用程序”按钮，在弹出的文件菜单中单击右下角“选项”按钮，打开“选项编辑器”，如图 5-0-6 所示，单击左侧“文件读取器”前的“ + ”按钮，展开文件读取器选项列表，该列表中列举了 Navisworks 所支持的所有文件类型，选择“DWG/DXF”文件类型，右侧选项组中将显示关于读取“DWG/DXF”文件格式的可调节选项，比如“默认十进制单位”选项为毫米，即在读取和打开 DWG 文件时将按毫米读取原文件中的模型。修改“默认十进制单位”选项为毫米，单击确定按钮。

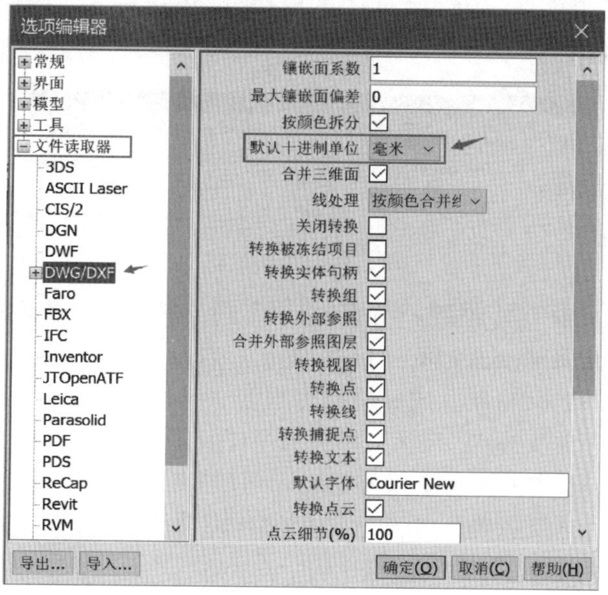

图 5-0-6 选项编辑器

浏览与查看模块是 Navisworks 的基本应用模块。Navisworks 提供了漫游、飞行、环视、平移、缩放、动态观察等多种模型的浏览与查看工具。BIM 模型数据中包含大量的工程信息，可以通过“特性”面板查看 BIM 模型中的属性信息，如图 5-0-7 所示，在“特性”面板中显示桩基的名称、类型、材质、源文件等信息。

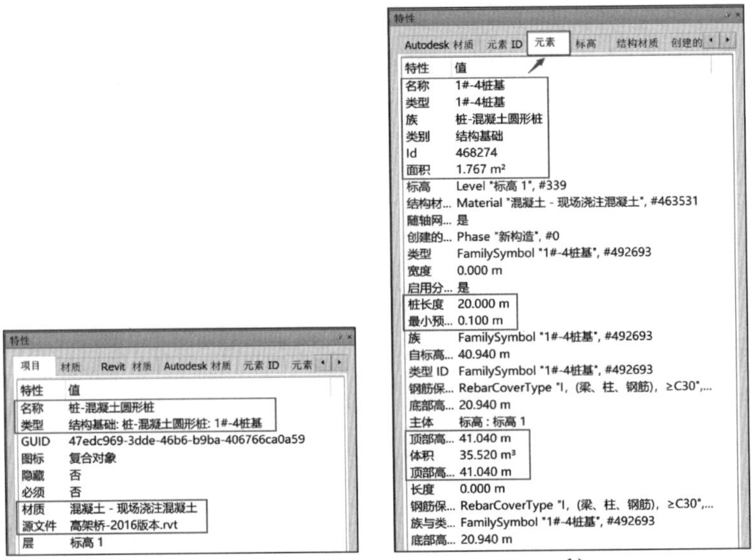

a) b)

图 5-0-7 "特性"面板

Navisworks 提供了展示模块,用于对已载入的三维场景进行渲染和表现。

Navisworks 除了模型读取、场景浏览展示模块外,还提供了 Clash Detective、TimeLiner、Quantification 等模块,此外还有动画、脚本控制等功能模块,如图 5-0-8 所示。

图 5-0-8 功能模块

Clash Detective 模块用于快速查找当前场景中不同的三维模型之间的干涉与冲突。Navisworks 允许指定场景中任意两个选定的项目,根据用户自设置的规则由 Navisworks 自动检测所选项目间是否存在干涉冲突,自动生成碰撞检测报告。通过碰撞检测,全面、快速地对原设计图纸进行复核,比如挂篮施工虚拟安装后,模板与吊杆及钢筋碰撞检测。

TimeLiner 模块对模型中的每一个构件添加计划开工时间、计划完工时间、实际开工时间、实际完工时间、人工费、材料费等信息,得到包含 3D 模型、时间过程 4D 模型和费用的 5D 模型,实现对施工计划预演、施工方案的模拟比较。

Quantification 模块可以实现对采用 Revit 和 AutoCAD 创建的 BIM 模型进行材料工程量的统计。

任务实施 3 选择图元

对 Navisworks 中任意图元进行操作时,都应先选择图元,下面介绍图元的选择。

1. 设置选择树层级

Navisworks 通过选择树层级对场景中的图元进行管理，在选择树中，层级最低的为几何图形，该图形是构成三维场景模型的基础。导入的 Revit 族模型是通过将一系列几何图形拉伸、放样等建模手段而创建的，为最高层级的对象。

单击“常用”选项卡→“选择和搜索”面板名称右侧小三角按钮，单击“选取精度”文本框小三角展开下拉列表，在“选取精度”列表中选择“最高层级的对象”。图元精度层级示意图如图 5-0-9 所示。

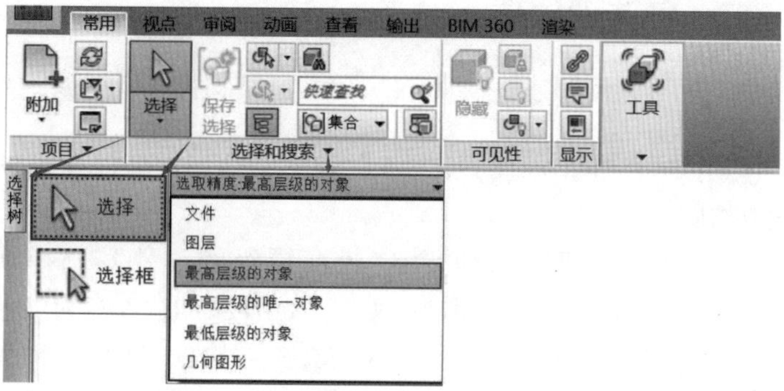

图 5-0-9　图元精度层级示意图

单击“常用”选项卡→“选择和搜索”面板→“选择树”工具按钮，激活“选择树”工具窗口，移动鼠标指针到高架桥 15#桥台的桩基位置，单击该图元，在选择树中显示该图元的不同精度层级，如图 5-0-10 所示。

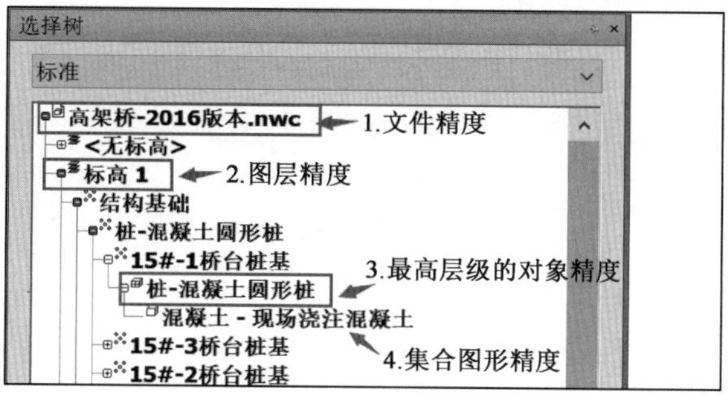

图 5-0-10　高架桥图元层级

2. 选择方式

Navisworks 提供了单选、框选图元的方式，框选模式只会选择完全被选择框包含的图元。另外，Navisworks 还提供了几个用于快速选择的工具，使用“全选”工具选择当前场景中的全部图元，使用“反向选择”工具用于选择当前场景中所有未选择的图元，使用“取消选择”工具取消当前选择集，其作用与按“Esc”键的作用相同。“全选”选择方式如图 5-0-11 所示。

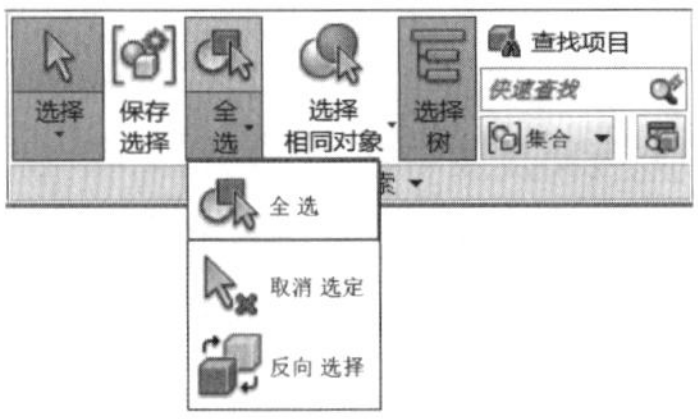

图 5-0-11 “全选”选择方式

任务实施 4 管理选择集

1. 创建选择集

在 Navisworks 中,用户可以随时对场景中所做的图元选择进行保存,之后可以随时再次选择已保存于选择集中的图元。

使用选择工具,确认“选取精度”设置为“最高层级的对象”,选择 0#-桥台桩基,配合“Ctrl”键进行图元选择,单击“保存选择”命令,修改“选择集”的名称为“0#-桩基”。单击“常用”选项卡→“选择和搜索”面板→“集合”下拉列表,在下拉列表中单击“管理集”选项,打开“集合”工具面板。“集合”工具面板中显示了该场景文件中已保存的所有选择集合,如“0#-桩基”。创建选择集操作如图 5-0-12 所示。

图 5-0-12 创建选择集操作

2. 编辑选择集

在 Navisworks 中,用户可以随时在场景中对图元进行选择,如选择高架桥的 1-1 桩基图元,保存为“1#-桩基”,配合“Ctrl”键再次单击其他图元 1-2、1-3、1-4,在“集合”面板中“‘1 号-桩基’集”名称处单击鼠标右键,在弹出的快捷菜单中选择“更新”,将该选择集更新为当前选择状态,向“选择集”中添加新图元。即“1 号-桩基”选择集包含了 1-1、1-2、1-3、1-4 四根桩基。

3. 注释选择集

单击“集合”面板→“添加注释”按钮,弹出“添加注释”对话框。可以在“添加注释”对话框中为当前的选择集输入注释信息,以方便其他人理解该选择集的意义,单击“确定”按钮,完成添加注释操作。添加注释操作如图 5-0-13 所示。

单击“审阅”选项卡→“注释”面板→“查看注释”工具按钮,该工具将打开“注释”工具窗口,如图 5-0-14 所示,即可查看注释。“编辑注释”对话框的底部提供了注释状态列表。Navisworks提供了“新建”“活动”“已核准”“已解决”四种状态,用于对注释讨论意见的记录。如“已核准”表示注释的内容已经通过审批,单击“确定”按钮,完成该注释的编辑。

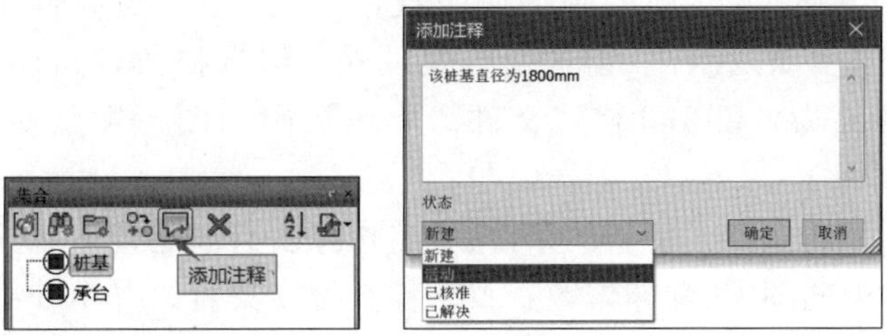

图 5-0-13　添加注释操作

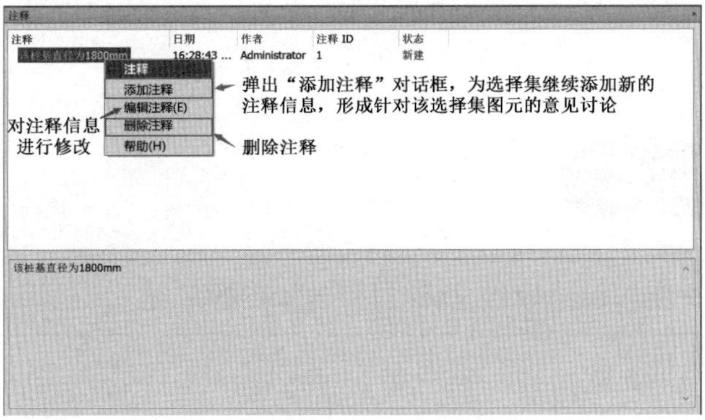

图 5-0-14　“注释”工具窗口

4. 使用搜索集

Navisworks 提供了搜索工具，可以根据指定的信息条件对当前场景中的各图元进行匹配检索，并根据这些条件选择满足条件的图元。还可以保存或导出这些搜索条件，用于对搜索进行管理。

单击“集合”工具窗口中的“保存搜索”按钮，将上一步创建的搜索结果保存为搜索集，重命名。在导出搜索集文件后，用户可以随时在“集合”面板的“导入—导出”工具下拉列表中单击“导入搜索集”选项，导入保存的搜索集。Navisworks 在搜索集文件中存储了搜索的条件，在导入搜索文件、选择搜索集名称后，并不会自动选择该搜索集中对应的图元，必须再次单击“查找项目”面板中的“查找全部”按钮以选择当前项目满足搜索条件的图元，Navisworks 通过搜索集文件以方便在不同项目间共享相同条件的搜索集设置。搜索集操作如图 5-0-15 所示。

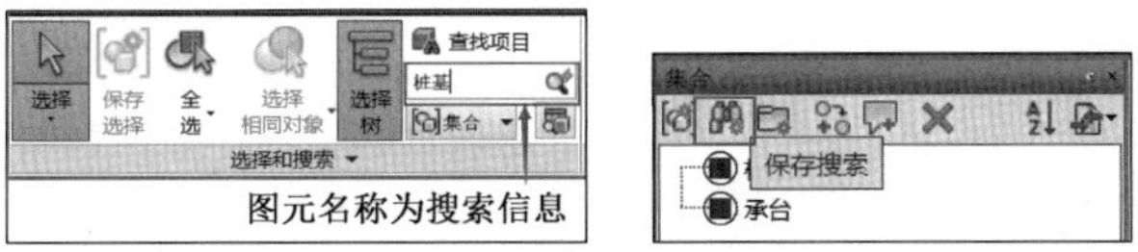

a)

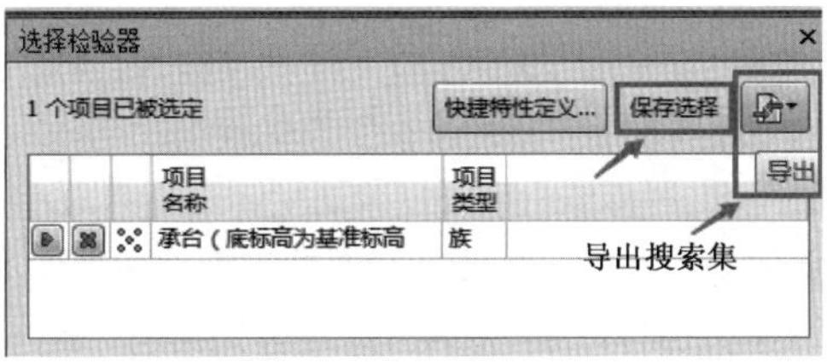

b)

图 5-0-15　搜索集操作

使用选择集可以方便、灵活地控制图元的数量,可根据需要随时添加或减少选择集中的图元,选择集通常用于动画制作、场景查看等过程。但选择集仅可用于当前场景中,不可将已设置的选择集导出为外部 xml 格式文件。当场景中的图元发生变化时,选择集可能会失效。

而使用搜索集的方式保存了搜索的条件,它将选择所有满足搜索条件的图元,无法手动任意添加或减少搜索集中的图元,除非修改查找条件。搜索集可以导出外部 xml 格式的文件,可以在不同的项目间传递搜索条件,提高搜索效率。场景中保存了搜索集之后,当场景发生变化时,如更新了场景中链接的 NWC 文件,Navisworks 会自动重新在当前场景中进行搜索,以更新搜索结果。

成果展示与评价

以小组为单位提交学习总结报告,加深对所学知识的掌握。

工作任务评价与分析			
评价项目	评价标准	参考分值(分)	得分(分)
熟悉软件工作界面、认识场景文件	准确、完整	20	
认识 Navisworks 功能模块	准确、完整	20	
选择图元	操作熟练、有技巧	30	
管理选择集	操作熟练、有技巧	30	
总评			

学习任务二 使用 Navisworks 完成桥梁施工进度模拟

学习任务描述

本任务主要讲述 BIM 技术在施工进度方面的应用,重点介绍 Navisworks Management 的 TimeLiner 模块。TimeLiner 是 Autodesk 公司 Navisworks 产品的一个工具插件,利用 TimeLiner 工具可以进行工程项目四维进度模拟。它可以支持用户从各种传统进度计划编制软件工具中导入进度计划,将模型中的对象与进度中的任务链接,创建四维进度模拟,用户即可看到模型中进度实施的表现,并可将施工计划日期与实际日期进行比较。同时,TimeLiner 还能将基于模拟的结果导出为图像和动画,如果模型或进度更改,TimeLiner 将自动更新模拟。

TimeLiner 是 Navisworks 的一个工具插件，可以方便地与 Navisworks 其他工具插件集成使用，通过 TimeLiner 与对象动画链接到一起，可以根据项目任务开始时间和持续时间触发对象移动并安排其进度，且可以帮助用户进行工作空间和过程的规划。

基于 BIM 施工项目的 4D 模型构建可以采用多种软件工具来实现。Navisworks 的 TimeLiner 模块将进度计划与三维模型通过规则进行关联，即在三维模型中附加时间信息，从而实现项目的 4D 模型构建。

通过“常用”选项卡→“工具”面板→“TimeLiner”模块，实现进度计划与三维模型的关联。

根据编制的具体进度计划安排，在 Navisworks 中根据工作包的划分构建相应的选择集，即将分散的各构件通过相互关系结合起来，与工作包一一对应，进行高架桥各构件的施工进度模拟。

知识目标与能力目标

学习逐一添加施工任务，自动添加施工任务，利用数据源添加施工任务；图元与施工任务关联的方法，施工动画的制作方法，施工进度模拟。通过学习，应该达到以下目标：

1. 掌握 Navisworks 的 TimeLiner 工具的应用方法。
2. 能进行桥梁构件施工任务设置与关联。
3. 能进行桥梁构件施工进度计划模拟。
4. 能利用桥梁施工进度计划模拟进行施工进度管理。

学习任务实施

明确任务：分解施工任务，设置施工任务，关联施工任务，进行施工进度模拟。

任务实施 1　手动逐一添加施工任务

1. 对高架桥进行工作分解，创建 WBS（工作分解结构），并确定工作单元进度信息

桥梁主体结构分为下部结构和上部结构，下部结构主要由基础、桥墩、桥台构成，上部结构由主梁、桥面板构成。桥梁工程施工一般由下至上进行，首先施工基础部分，其次施工桥墩、桥台部分，最后施工主梁部分。

施工总时间：2018 年 10 月 8 日—2019 年 12 月 10 日。

（1）钻孔桩施工：2018 年 10 月 8 日—2019 年 1 月 31 日，详见表 5-0-3。

钻孔桩施工　　表 5-0-3

施工任务（桩基）	开始时间	结束时间
0 号、1 号、14 号、15 号墩桩基	2018 年 10 月 8 日	2018 年 11 月 10 日
6 号、7 号、8 号、9 号墩桩基	2018 年 11 月 12 日	2018 年 12 月 1 日
2 号、3 号、12 号、13 号墩桩基	2018 年 12 月 3 日	2018 年 12 月 31 日
4 号、5 号、10 号、11 号墩桩基	2019 年 1 月 3 日	2019 年 1 月 31 日

(2)承台施工:2019 年 2 月 5 日—2019 年 4 月 5 日。

(3)墩柱、桥台施工:2019 年 4 月 8 日—2019 年 6 月 10 日,详见表 5-0-4。

墩柱、桥台施工 表 5-0-4

施工任务(桥台、墩柱)	开始时间	结束时间
0 号、15 号桥台	2019 年 4 月 8 日	2019 年 5 月 4 日
6 号、7 号墩柱	2019 年 4 月 8 日	2019 年 5 月 10 日
其他墩柱	2019 年 5 月 12 日	2019 年 6 月 10 日

(4)上部结构施工:2019 年 6 月 15 日—2019 年 11 月 27 日,详见表 5-0-5。

上部结构施工 表 5-0-5

施工任务	开始时间	结束时间
0—1 跨箱梁	2019 年 6 月 15 日	2019 年 6 月 25 日
1—2 跨箱梁	2019 年 6 月 26 日	2019 年 7 月 6 日
2—3 跨箱梁	2019 年 7 月 7 日	2019 年 7 月 17 日
3—4 跨箱梁	2019 年 7 月 18 日	2019 年 7 月 28 日
4—5 跨箱梁	2019 年 7 月 29 日	2019 年 8 月 8 日
5—6 跨箱梁	2019 年 8 月 9 日	2019 年 8 月 19 日
横隔梁,6—7 跨箱梁	2019 年 8 月 20 日	2019 年 8 月 30 日
7—8 跨箱梁	2019 年 8 月 31 日	2019 年 9 月 10 日
8—9 跨箱梁	2019 年 9 月 11 日	2019 年 9 月 21 日
9—10 跨箱梁	2019 年 9 月 22 日	2019 年 10 月 3 日
10—11 跨箱梁	2019 年 10 月 4 日	2019 年 10 月 14 日
11—12 跨箱梁	2019 年 10 月 15 日	2019 年 10 月 25 日
12—13 跨箱梁	2019 年 10 月 26 日	2019 年 11 月 5 日
13—14 跨箱梁	2019 年 11 月 6 日	2019 年 11 月 16 日
14—15 跨箱梁	2019 年 11 月 17 日	2019 年 11 月 27 日

2. 设置施工任务

(1)创建选择集。

要模拟施工过程,必须将设置的施工任务与场景中的模型图元一一对应。可以使用Navisworks的选择集功能来注释信息、传递信息,以方便协同管理,同时,在编辑施工模拟中也便于进行施工任务的关联。

根据施工任务情况设置多个选择集,比如,桩基选择集、墩柱选择集、箱梁选择集以及桥台选择集。每个选择集中的图元代表每个施工任务要完成的建造内容。

(2)设置施工任务。

Navisworks 可以设置施工任务的计划开始及结束时间、实际开始及结束时间、施工费用等信息,并将指定的选择集中图元与施工任务关联,设置施工任务类型,以明确各施工任务在施工模拟动画中的表现。因此,施工过程模拟的核心基础是场景中图元选择集的设置,必须确保每个选择集中的图元均与施工任务要求一一对应。设置施工任务是 Navisworks 中施工模拟的基础。

单击“常用”选项卡→“工具”面板→“TimeLiner”模块，打开“TimeLiner”工具窗口，如图5-0-16所示。

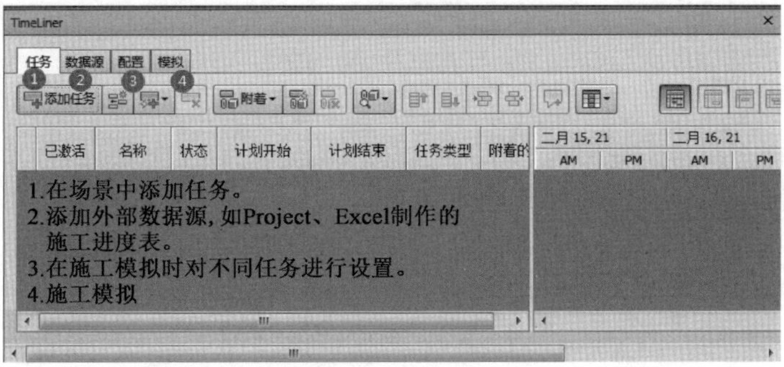

图5-0-16 “TimeLiner”工具窗口

Navisworks允许用户自设置直接添加施工节点或修改任务，也可以导入Microsoft Project、Excel等施工进度管理工具，生成施工进度数据，并依据这些数据为当前场景自动生成施工节点数据。

3.逐一添加任务方式

根据工程进展和变更情况，可随时调整进度任务项，逐一添加任务，操作如图5-0-17所示。

图5-0-17 逐一添加任务方式的操作过程

单击“添加任务”工具按钮，在左侧任务窗格中添加一个新任务，该施工任务默认名称为“新任务”。双击将前任务重命名为“0#-桩基”；单击“计划开始”列单元格，在弹出的日历中选择2018年10月8日作为该任务计划开始日期，使用同样的方式修改“计划结束”日期为2018年11月11日；单击“0#-桩基”施工任务中“任务类型”列单元格，在“任务类型”下拉列表中选择“构造”。

右键单击“0#-桩基”施工任务名称，在弹出的右键菜单中选择“附着集合”，将0#-桩基选择集附着给该任务。

Navisworks允许用户附着选择集中的图元，也可以使用“附加当前选择”的方式将当前场景中选择的图元附着给施工任务。

任务窗口的右侧显示了甘特图的形式,如图5-0-18所示:显示或隐藏甘特图、显示计划日期、显示实际日期、显示计划日期与实际日期。

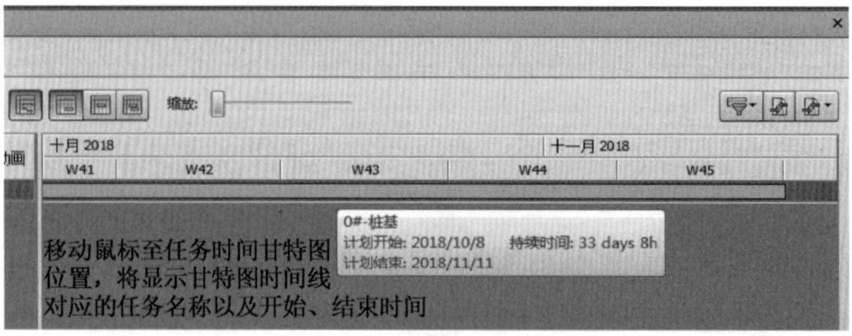

图5-0-18 甘特图的形式

任务列显示的设置:单击"TimeLiner"工具窗口中的"列"下拉列表,在下拉列表中选择"基本""标准""扩展""自定义"选项进行数据显示切换,当使用"自定义"时,Navisworks允许用户在"选择TimeLiner列"对话框中指定要显示在任务列表中的信息。列的设置如图5-0-19所示。

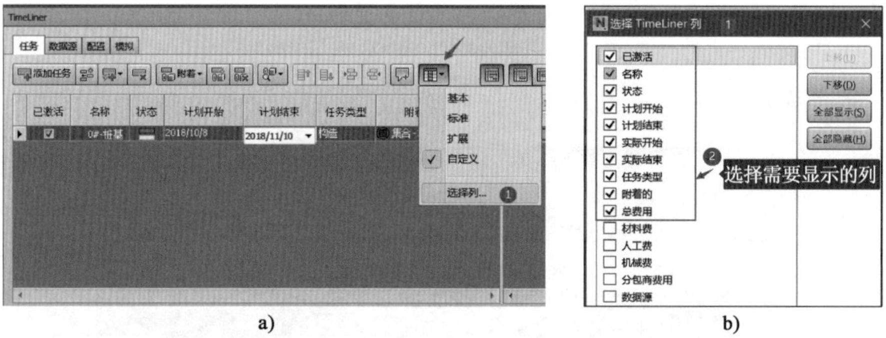

图5-0-19 列的设置

设置施工任务类型:在施工任务中除必须设置时间信息外,还必须指定各施工任务的类型。在TimeLiner中,任务类型决定该任务在施工模拟中以图元的方式及状态来展示。Navisworks默认提供了"构造""拆除""临时"三种任务类型,任务类型用于显示不同的施工任务中各模型的显示状态。如可设置"构造"任务类型,当该任务开始时,使用90%绿色透明显示,当该任务结束时,以模型外观的形式显示。

Navisworks允许用户设置任务类型在施工模拟时的外观表现。单击"TimeLiner"工具窗口"配置"选项进行任务类型外观表现设置。施工任务类型的设置如图5-0-20所示。

选择单一进度任务项,单击鼠标右键,选择附着集合,在已构建的构件集合库中选择该进度任务项下应完成构件集合的名称,或可直接在集合窗口中选择相应集合,用鼠标将其拖至对应任务项下,即可实现该任务项与构件集合的链接。

插入任务是将要插入的任务置于已添加任务的上方,添加任务是在所选任务的下方。

在TimeLiner中手工进行进度链接时,过程复杂,但可根据实际施工过程随时进行任务项的调整,灵活性更高,任务项名称和构件集名称也无须一致,使用者可根据项目的规模、复杂程度、模型特点和使用习惯选择适合的4D模型构建方法。

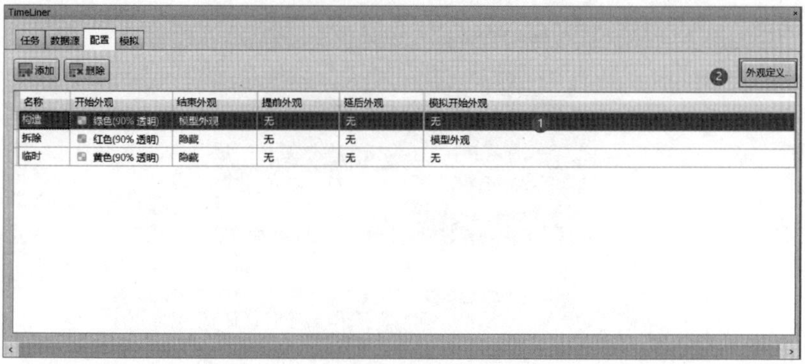

a)

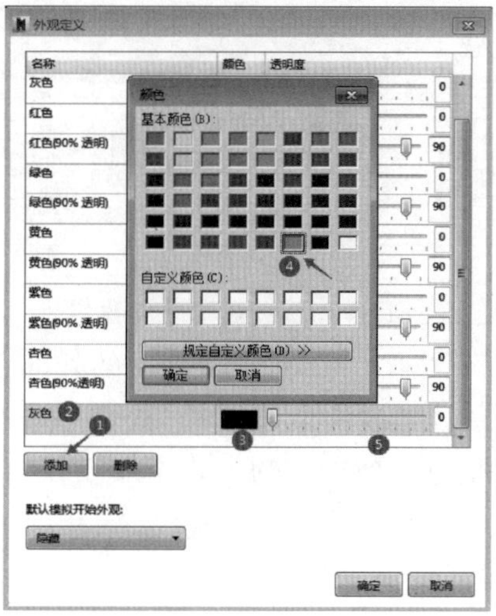

b)

图 5-0-20　施工任务类型的设置

任务实施 2　自动添加及利用数据源添加施工任务

1. 自动添加任务

在场景中创建集合,在左侧任务设置框中点击鼠标右键,弹出右键菜单,选择“自动添加任务”的 “针对每个集合”选项,完成自动添加任务,并将各选择集附着给添加的各任务,逐一设置每个任务的计划时间以及将动画赋予对应的任务等。自动添加任务操作如图 5-0-21 所示。

2. 用数据源的方式添加任务

构件集合完成后,再利用 Navisworks 数据源功能,编辑任务的 Excel 表格,将 Excel 表格另存为“. csv”格式文件,选择“数据源”选项,单击“添加”,弹出下拉列表,选择“CSV 导入”,浏览,选择“高架桥-桩基进度. csv”文件打开,将 CSV 数据导入 Navisworks 项目场景中,如图 5-0-22a)所示。

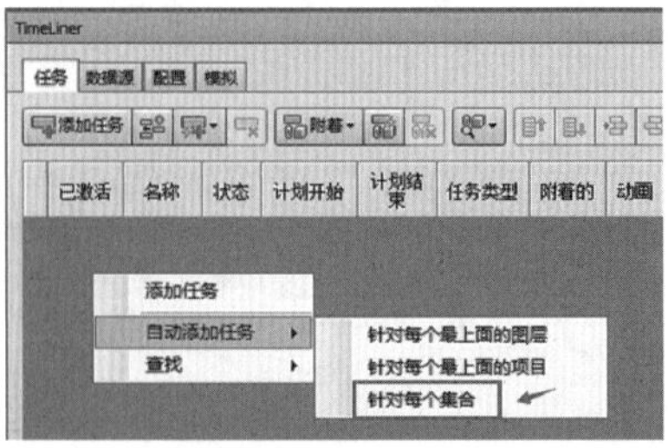

a)

b)

图 5-0-21 自动添加任务操作

在打开的“字段选择器”对话框中,将 Excel 文件中的外部字段名与 TimeLiner 任务中的字段进行匹配。Navisworks 会自动读取表中所设置的“外部字段名”中列所对应的数据,添加到 TimeLiner 中,作为任务的基本信息。数据源的方式添加任务操作如图 5-0-22 所示。

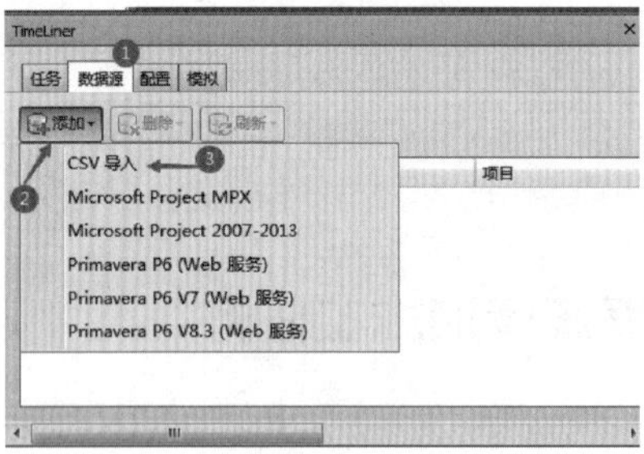

a)

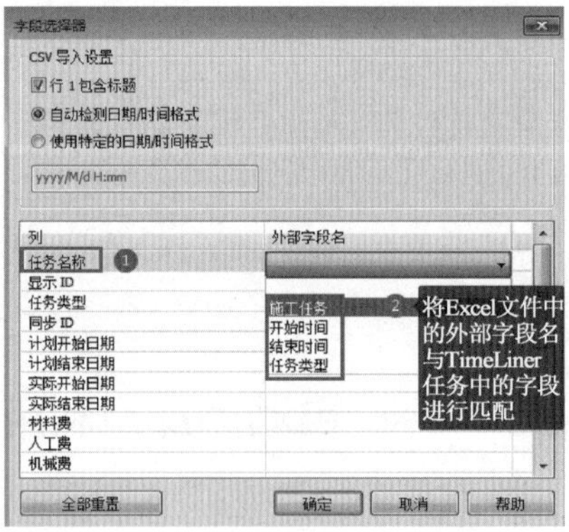

b)

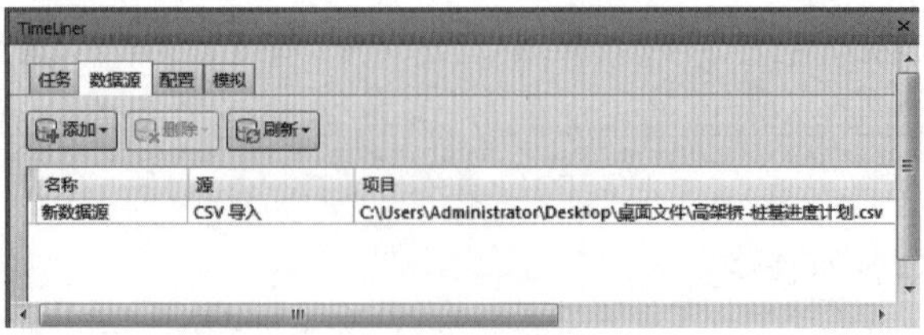

c)

图 5-0-22 用数据源的方式添加任务操作

在导入数据源后，切换到“任务”选项卡，仍然为空白，即没有导入任务数据。

再次切换回“数据源”选项卡，在“新数据源”栏任意位置单击鼠标右键，在弹出的快捷菜单中选择“重建任务层次”，Navisworks 将自动根据 CSV 格式中的任务名称，创建 TimeLiner 任务名称；切换回“任务”选项卡，即可看到任务列表中导入了相应任务。数据源与任务的关联操作如图 5-0-23 所示。

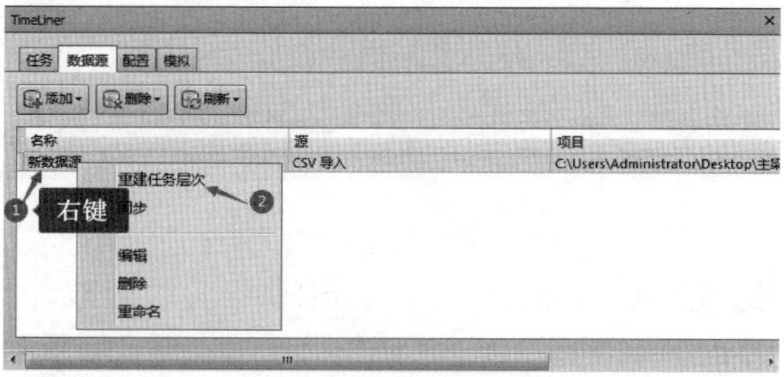

a)

b)

图 5-0-23 数据源与任务的关联操作

当施工任务进度计划外部数据改变时，再次在“新数据源”处单击鼠标右键，在弹出的快捷菜单中，使用“同步”选项可更新已添加的数据源信息。操作如图 5-0-24 所示。

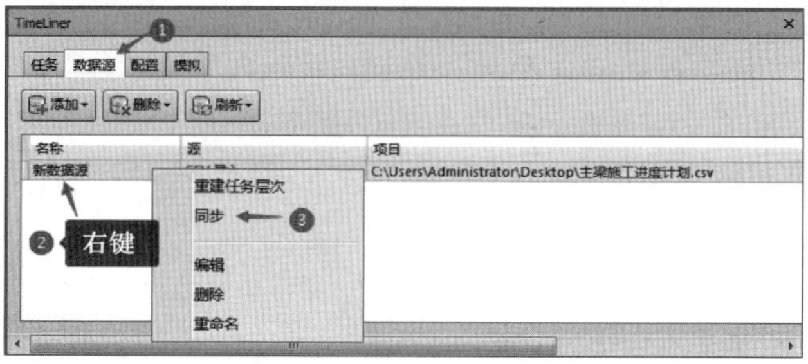

图 5-0-24 数据源的同步

3. 三维模型与施工任务进度计划的关联

Navisworks 根据 CSV 文件中设置的任务名称、计划开始时间、计划结束时间、任务类型生成了施工任务，但是这些任务还未附着任何对象图元。

通过 TimeLiner 模块将进度计划导入 Navisworks 中，并通过附着规则进行任务与图元附着，即在三维模型中附加时间信息，从而实现项目的 4D 模型构建。

4. 使用规则自动附着

在导入三维模型、构建构件集合库的基础上,利用 Navisworks 的 TimeLiner 模块可实现构件集与进度任务项的自动附着,操作如图 5-0-25 所示。

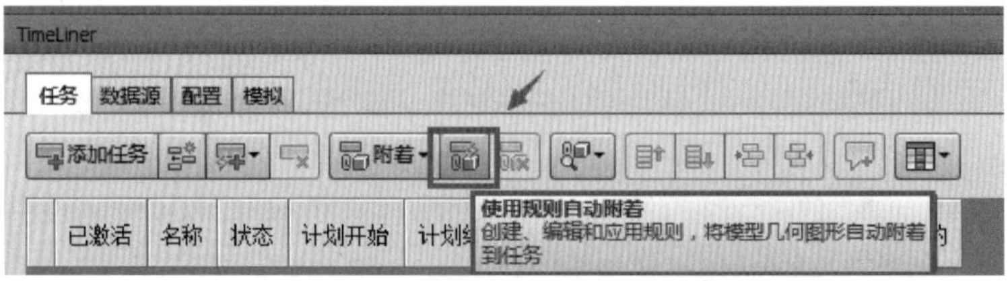

图 5-0-25 使用规则自动附着

如果任务名称与选择集名称相同,则采用选择任务名称与选择集名称自动对应的匹配方式进行选择集匹配。单击 TimeLiner 工具窗口中的“使用规则自动附着”工具按钮,在弹出的“TimeLiner 规则”对话框中列举了 Navisworks 默认提供的映射规则,如图 5-0-26 所示。选择“使用相同名称、匹配大小写将 TimeLiner 任务从列名称对应到选择集”,即可将三维模型中的构件集合与进度计划中的任务项信息进行自动关联,随后可根据工程进度输入任务项的 4 项基本时间以及费用等相关附属信息,实现进度计划与三维模型的关联。

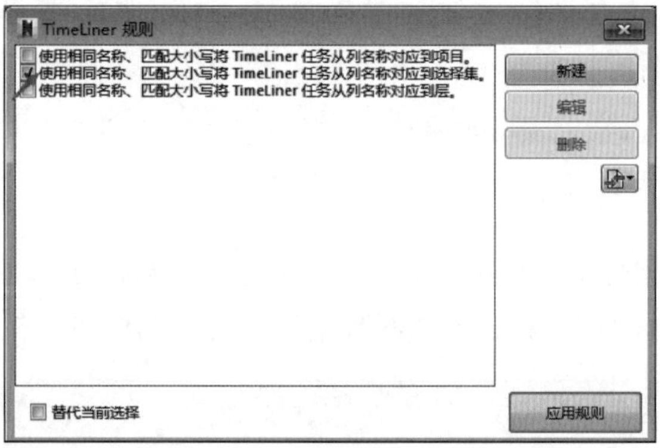

图 5-0-26 “TimeLiner 规则”对话框

Navisworks 自带多种实现进度计划与三维建模关联的方式,根据建模习惯和项目特点可选择不同的方式实现。

在“TimeLiner 规则”对话框中,单击“新建”,弹出“规则编辑器”对话框,如图 5-0-27 所示,新建一个“任务名称映射选择集图元”规则,在“规则名称”文本框中输入“任务名称映射选择集图元”,在“规则模板”中选择“将项目附着到任务”,在“规则描述”中,单击带有下划线的字段,依次修改名称、项目并匹配字段,单击“确定”,完成规则的设置。

在“TimeLiner 规则”对话框中将显示上一步设置的“任务名称映射选择集图元”规则。勾选该规则名称前的复选框,并勾选“替代当前选择”选项,单击“应用规则”按钮,Navisworks 将根据规则的设置自动检索任务名称与选择集名称,并自动将选择集名称与任务名称相同的选择集附着给 TimeLiner 任务。规则操作如图 5-0-28 所示。

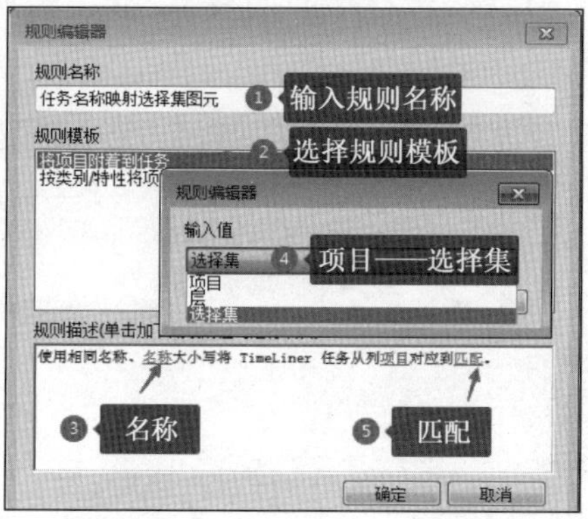

图 5-0-27 “规则编辑器”对话框

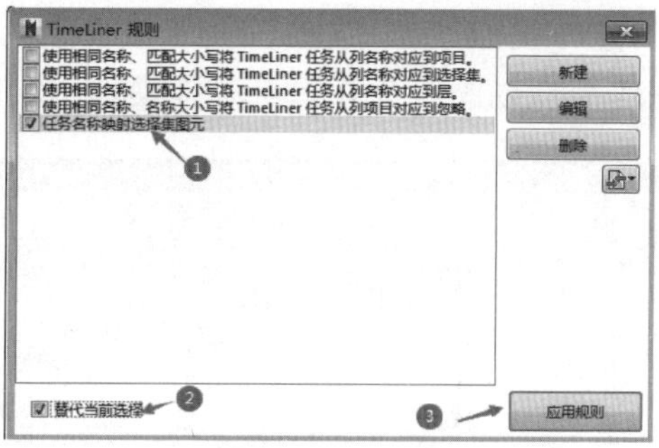

图 5-0-28 规则操作

数据源添加任务也可以采用 Microsoft Project 软件中的进度信息导入，将 Microsoft Project 项目通过 TimeLiner 模块中的数据源导入 Navisworks 中，在导入过程中需要选择同步 ID，然后根据关联规则自动将三维模型中的构件集合与进度计划中的信息进行关联。其操作和 Excel 数据源操作类似，此处不再赘述。

任务实施 3 施工进度模拟

基于 BIM 的施工进度计划模拟也常被称为 4D 施工进度计划动态模拟，它可将整个工程施工进程以 4D 可视化方式直观展示出来。工程项目管理人员在 4D 可视化环境中查看各项施工作业，可以更容易地识别出潜在的作业次序错误与冲突问题。

1. 关联动画

完成施工任务设置及任务类型配置之后，在 TimeLiner 中，可以为各施工任务关联脚本和动画，以便于在施工模拟显示过程中显示各任务的同时触发脚本或播放脚本，得到更加生动、逼真的施工动画展示，如图 5-0-29 所示，可以对桩基础施工任务关联该选择集图元对应的 Z 轴缩放动画，在模拟显示该任务时将以生长动画的方式显示该任务。

把高架桥桩基场景不同角度位置保存为一个视点，在“保存的视点”工具窗口任意空白位置单击鼠标右键，在弹出的快捷菜单中选择“添加动画”命令，Navisworks 将创建空白动画剪辑,重命名该剪辑名称,配合“Ctrl”键,选择不同的视点,拖动至所创建的动画集中,就形成了一个视点动画。

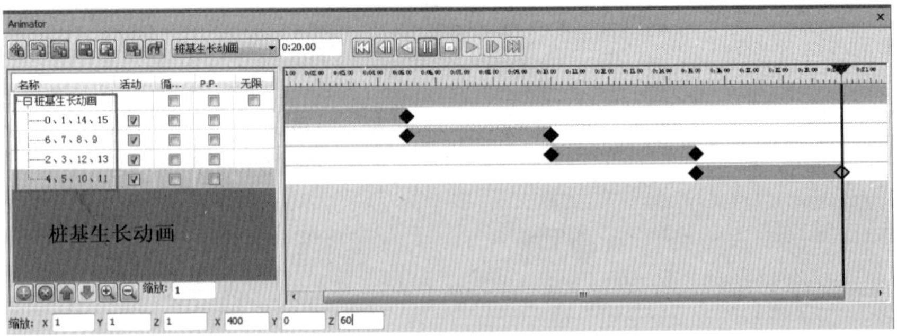

图 5-0-29　关联动画

打开 Animator 工具窗口,选择视点动画,添加场景,单击鼠标右键,选择“添加相机”→“从当前视点动画”选项,即可创建视点动画。关联视点动画操作如图 5-0-30 所示。

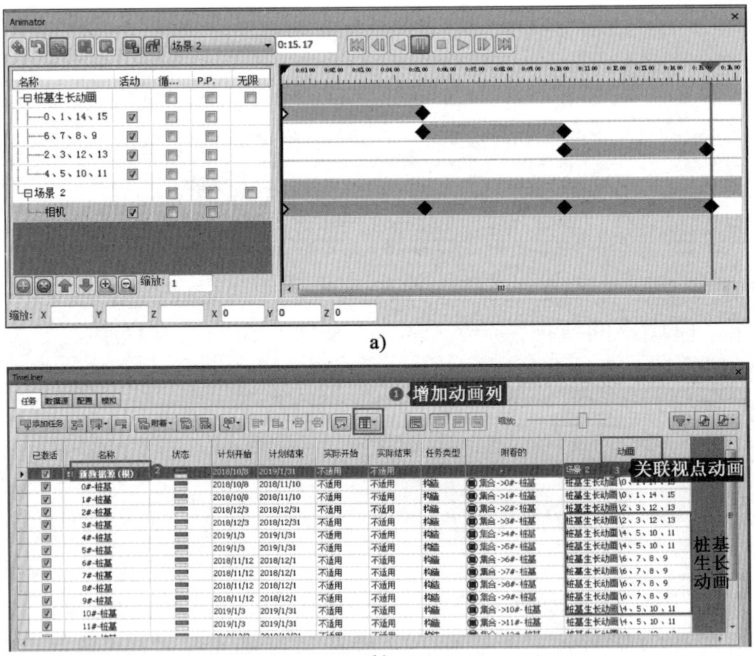

a)

b)

图 5-0-30　关联视点动画操作

2. 进度模拟设置

单击 TimeLiner 工具窗口的“模拟”选项卡,Navisworks 将自动根据施工任务设置当前场景。单击“播放”按钮,在当前场景中预览施工任务进展情况,Navisworks 将以 4D 动画的方式显示各施工任务对应的图元先后施工关系。允许用户设置施工动画的显示内容、模拟时长、信息显示等信息。

单击工具栏中的“日历”图标,在日历中选择“2018/10/8”,Navisworks 将在 TimeLiner 中显示当天的施工任务名称为0#-桩基、1#-桩基、14#-桩基、15#-桩基，状态及计划开始与结束时间等信息还会显示对应的甘特图情况，同时施工动画滑块将移动至该日期对应的时间位置，并在场景中显示该日期的施工状态，如图5-0-31所示

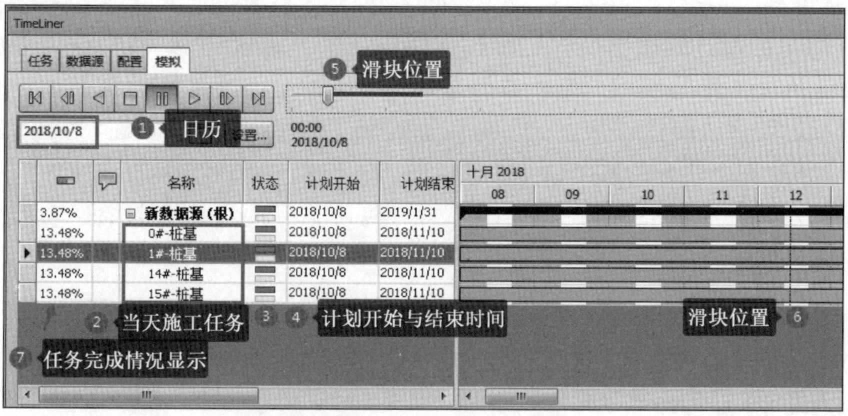

图5-0-31　施工任务的状态设置

单击“设置”按钮，打开“模拟设置”对话框，进行有关模拟设置。“替代开始/结束日期”选项用于设置仅在模拟时模拟指定时间范围内的施工任务；“时间间隔大小”值用于设置施工动画每一帧之间的步长间隔，可按整个动画的百分比以及时间间隔进行设置，修改“时间间隔大小”为1天，即每天生成一个动画关键帧；“回放持续时间(秒)”选项用于设置播放完成当前场景中所有已设置的施工任务所需要的动画时间总长度。模拟设置操作如图5-0-32所示。

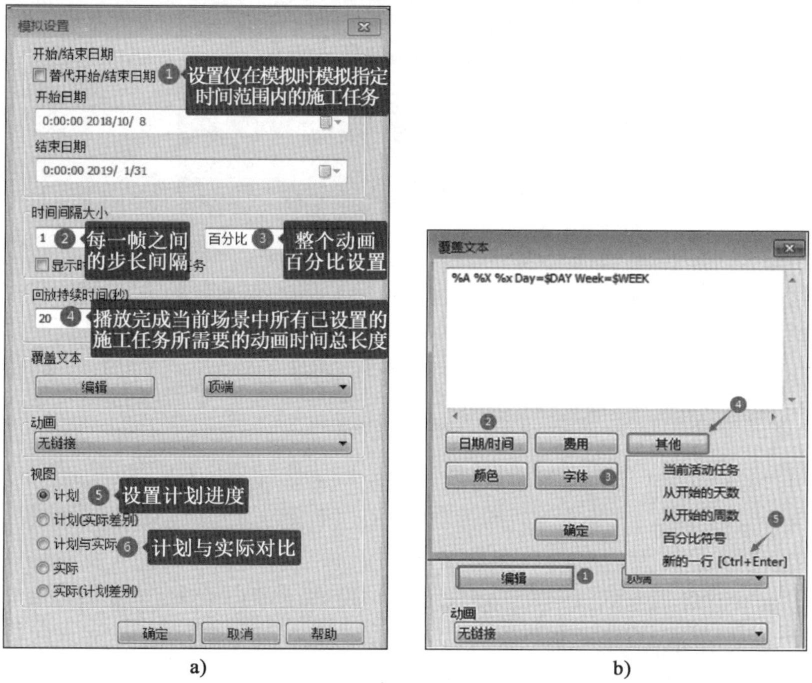

图5-0-32　模拟设置操作

模拟设置:勾选“显示时间间隔内的全部任务”选项,则将在任务列表中显示该时间间隔范围内所有开始、结束及正在进行的任务名称,并将所有的显示任务应用“任务开始”外观,否则将只显示在该时间间隔内正在进行的任务名称。

基于 BIM 的施工进度计划模拟可以分为两类,即基于任务层面和基于操作层面。基于任务层面的 4D 施工进度计划模拟是将三维实体模型与施工进度计划关联,这是对施工过程的模拟,还有基于施工工序的模拟。基于操作层面的 4D 施工进度计划模拟是通过对施工工序的详细模拟,项目管理人员能够观察到各种资源的交互使用情况,从而提高工程项目施工进度管理的精确度以及各个任务的协调性。

单击“导出动画”按钮,打开“导出动画”对话框。在“导出动画”对话框中进行有关设置,操作如图 5-0-33 所示。

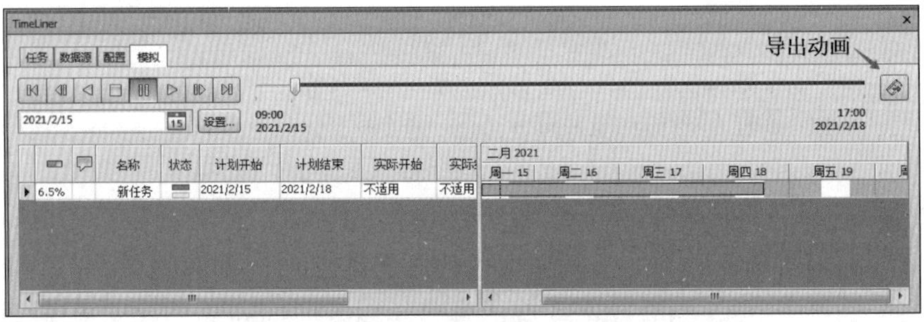

a)

b)

图 5-0-33 导出动画操作

3. 基于任务层面的 4D 施工进度计划模拟方法

在支持基于 BIM 的施工进度管理的软件环境下,可通过其中的模拟功能,对整个工程项目施工进度计划进行动态模拟。以高架桥桩基为例,在 4D 施工进度计划模拟过程中,随着时间的推进,桩基的动态显示是从无到有的。当任务未开始时,建筑构件不显示;当任务已经开始但尚未完成时,显示为 90% 透明度的绿色(可在软件中自设置透明度和颜色);当任务完成后,呈现建筑构件本身的颜色。在模拟的过程中发现任何问题,都可以在模型中直接进行修改。

软件界面上半部分为施工进度计划 4D 模拟,左上方为当前工作任务时间,下半部分为施工进度计划 3D 模拟操作界面,可以对施工进度计划 4D 模拟进行顺序执行、暂停执行和逆时执行等操作。顺序执行是将进度计划进展过程按时间轴顺序动态演示；逆时执行是将进度计划进展过程反向演示，由整个项目的完成逐渐演示到最初的基础施工，配合暂停执行功能，可以让项目管理人员更加熟悉施工进度计划各个工序间的关系，并在工程项目施工出现偏差时，采用倒推的方式对施工进度计划进行分析，及时发现影响施工进度计划的关键因素，并及时进行修改。

施工进度计划出现偏差需要进行修改时，可以先调整 Microsoft Project 施工进度计划数据源，然后在 Navisworks 中对数据源进行刷新操作，即能够实现快速的联动修改，而不需要进行重复的导入和关联等工作。

当整个工程项目施工进度计划调整完成后，项目管理人员可以利用 TimeLiner 模块中的动态输出功能，将整个项目进展过程输出为动态视频，以便用直观和通用的方式展示建设项目的施工全过程。

成果展示与评价

以小组为单位提交学习总结报告，加深对所学知识的掌握。

工作任务评价与分析			
评价项目	评价标准	参考分值(分)	得分(分)
手动逐一添加施工任务	施工任务设置准确、完整	20	
自动添加施工任务	施工任务设置准确、完整	20	
利用数据源添加施工任务	施工任务设置准确、完整	20	
施工进度模拟	操作熟练、有技巧	40	
总评			

知识点链接

动画功能

Navisworks 提供了 Animator 动画功能，用户可以在 Animator 工具面板中完成动画场景的添加与制作。Navisworks 能以关键帧的形式记录在时间点中的图元位置变换、剖面、相机三种不同类型的动画形式，用于实现对象移动、对象旋转、视点位置变化等动画表现。在 Navisworks 中，每个图元均可添加多个不同的动画，多个动画最终形成完整的动画集。

Navisworks 提供了移动动画，可为场景中的图元添加移动动画，用来表现图元生长、位置变化等动画形式。

单击“常用”选项卡→“工具”面板→“Animator 工具”，打开 Animator 工具窗口，如图 5-0-34所示。

a)

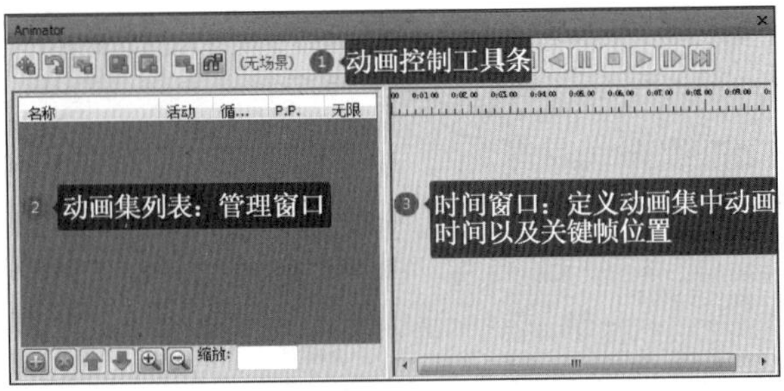

b)

图 5-0-34 Animator 工具窗口

1. 添加场景

自动生成名称为“场景 1”,修改名称。Animator 面板中默认禁止使用中文输入法。用户可以在空白文本中输入需要的中文名称后,将其复制、粘贴到动画场景的名称位置。

添加场景文件夹为“添加场景”的文件夹组织,用于对场景中多个动画进行管理。

动画集相当于一个容器,用来管理动画中的内容,创建动画集后,还需添加具体动画。

2. 添加动画

单击“常用”选项卡→“选择和搜索”面板→“选择”工具,注意首先确认选择精度为“最高层级的对象”,选取图元。

在“场景 1”动画集上,单击鼠标右键,选择“添加动画集”选项的“从当前选择”选项,添加动画集,输入“名称”,作为当前动画的名称。添加动画操作如图 5-0-35 所示。

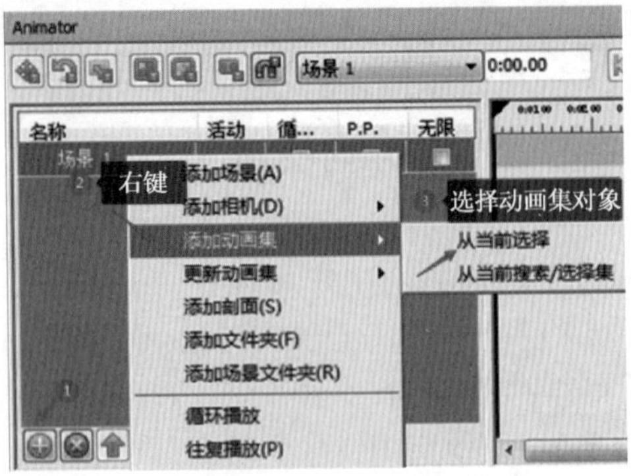

图 5-0-35 添加动画操作

3. 移动动画

动画集是按照场景中的变换,通过在指定时间位置使用捕捉关键帧的方式生成关键帧动画。动画是由多个关键帧按照一定的时间顺序连接而成的。

(1)确认当前时间为“0:00:00”,单击工具栏中“捕捉关键帧”按钮,通过捕捉关键帧的方式,将当前位置的状态作为动画开始的关键帧状态,关键帧设置操作如图5-0-36a)所示。

(2)设置第二个关键帧。

在时间线窗口中,直接输入时间为6秒(也可以拖动指针到第6秒位置,可通过放大或缩小标尺的方式改变标尺显示),关键帧指针移动到第6秒位置,单击“平移动画集”工具,图元上显示了平移小控件,在Animator下方显示了平移X、Y、Z坐标。移动动画集图元的方式有以下两种:

①直接拖动小控件来平移动画集图元;

②通过输入精确的坐标值来确定平移动画集图元的距离。

将动画集图元移动到新位置后,再捕捉关键帧,作为第6秒时刻的关键帧,这样就形成了一段动画。

移动动画操作如图5-0-36b)所示。

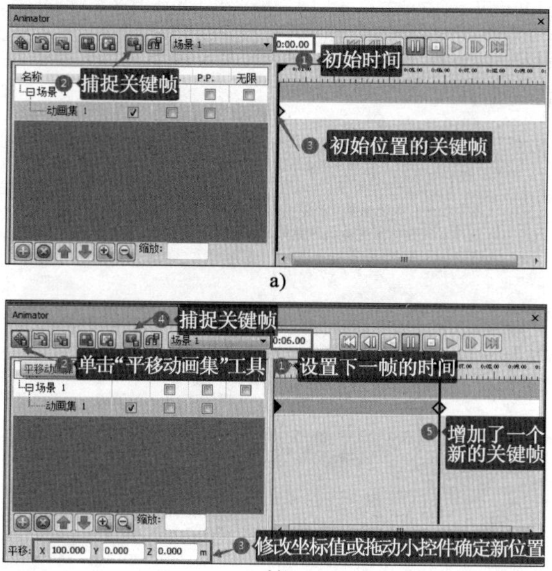

图5-0-36 关键帧设置与移动动画操作

单击“停止”按钮,返回第1个关键帧,单击“播放”按钮,播放动画。也可反向播放,在动画集中,勾选“往复”,可以原路返回表达重复移动的动画图元场景。播放动画操作如图5-0-37所示。

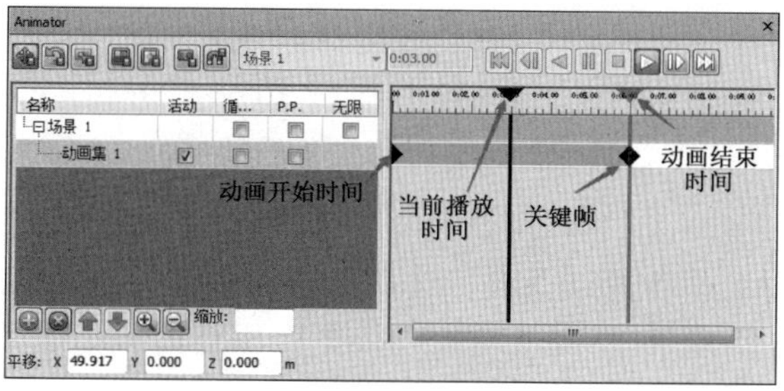

图5-0-37 播放动画操作

4. 缩放动画

Navisworks 提供了缩放动画,可为场景中的图元添加缩放动画,放大或缩小图元,通常用来表现图元生长等动画形式,如用桩基或者结构柱从矮到高的变化来模拟施工进展过程。

选择对象,单击生成场景动画按钮,设置不同状态下的关键帧,具体操作如下:

(1)将当前的状态作为第 0 秒的关键帧。由于结构柱生长表现的是“从无到有”,因此,第一个关键帧应当缩放为一个较小的值,单击“缩放动画集”工具,显示操作小控件,同时,Animator 左下角可以对缩放 X、Y、Z 值进行修改。

(2)首先将 Z 值修改为 0.01,Navisworks 将结构柱压缩为一个很薄的薄片(无法缩小为 0,保持一个较小的值即可),将这个状态作为第一帧。单击“捕捉关键帧”按钮,生成第一个关键帧。缩放动画关键帧的设置操作如图 5-0-38a)所示。

(3)设置第二个关键帧。

设置第 6 秒关键帧:在时间线窗口中,直接输入时间为 6 秒(也可以拖动指针到第 6 秒位置,可通过放大或缩小标尺的方式改变标尺显示),关键帧指针移动到第 6 秒位置,在 Animator 下方的缩放中,将 Z 值修改为 1,将结构柱修改为原来的大小,单击“捕捉关键帧”按钮,生成第二个关键帧,如图 5-0-38b)所示。

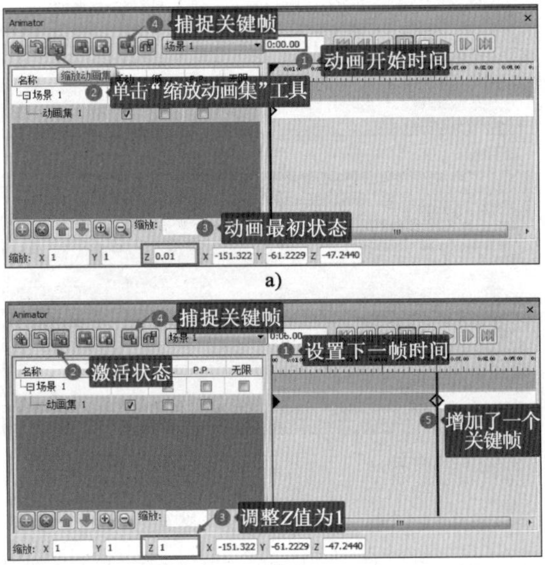

图 5-0-38 缩放动画操作

这样就形成了一段具有前后两个关键帧的缩放动画,单击“停止”按钮,返回第 1 个关键帧,单击“播放”按钮,播放动画,结构柱由小到大生长。

5. 视点动画

Navisworks 支持录制动画和视点动画方式。录制动画即使用 Navisworks 提供的动画录制工具,将场景浏览过程自动记录;而视点动画则根据已保存的视点自动添加场景动画,在各视点间实现动画过渡。

把场景不同角度位置保存为一个视点,在“保存的视点”工具窗口任意空白位置单击鼠标右键,在弹出的快捷菜单中选择“添加动画”命令,Navisworks 将创建空白动画剪辑,重命名该剪辑名称,配合“Ctrl”键,选择不同的视点,拖动至所创建的动画集中,这样就形成了一个视点动画,如图 5-0-39a)所示。

单击该动画集,切换到动画集,单击“保存、载入和回放”面板中的“顺序播放”按钮,播放该动画集,如图 5-0-39b)所示。Navisworks 将根据所指定的视点生成动画。

打开 Animator 工具窗口,选择视点动画,添加场景,单击鼠标右键,选择“添加相机”→“从当前视点动画”选项,创建视点动画,如图 5-0-39c)所示。

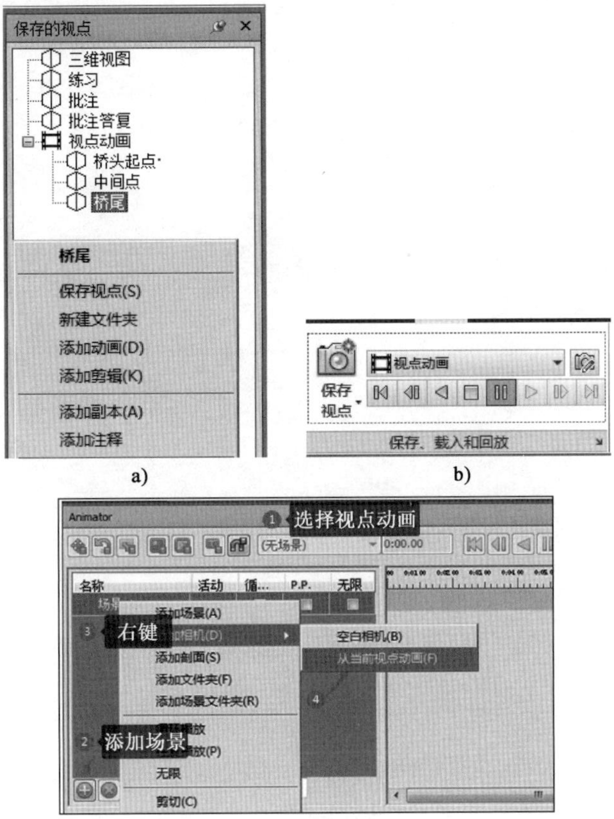

图 5-0-39 视点动画操作

模块六

实训（拓展模块）

模块六

实训（拓展模块）

项目一 演练“1+X”证书真实考题

- **学习任务一** 创建U形墩柱、斜拉桥
- **学习任务二** 创建桥梁并统计工程量

项目二 真实桥梁建模

- **学习任务一** 创建高架桥
- **学习任务二** 创建景观桥

项目一

演练“1+X”证书真实考题

按照2019年国务院印发的《国家职业教育改革实施方案》(简称“职教20条”)工作部署，落实人社部同教育部印发的《职业技能等级证书监督管理办法(试行)》要求，教育部会同国家发展改革委、财政部、国家市场监督管理总局制定了《关于在院校实施“学历证书+若干职业技能等级证书”制度试点方案》，在全国范围内推行了“1+X”证书制度试点工作。首批启动了6个职业技能等级证书试点工作，其中包含建筑信息模型(BIM)职业技能证书。试点院校需通过校企合作，做好专业教学标准和职业技能等级标准的对接工作，进行“三教改革”，推进实训基地建设，校企共同制订专业人才培养方案。

“1+X”证书制度是一种全新的职业教育制度:“1”表示学历证书，体现的是学校教育人才培养质量，是基础;“X”表示若干职业技能等级证书，体现的是职业活动和个人职业生涯发展所需具备的综合能力，是强化与拓展。将学历证书与职业技能等级证书有机结合的“1+X”制度反映了当今社会的用人需求和职业教育活动的内在规律。

BIM技术作为建筑行业新兴的信息化技术，逐渐得到土建行业的认可与重视。同时，BIM技术的不断发展使得社会对于BIM人才提出了更高要求，“1+X”BIM职业技能等级证书的实施在一定程度上解决了社会对BIM人才的需求问题。

学习任务一 创建U形墩柱、斜拉桥

学习任务描述

“1+X”BIM职业技能等级分为初级、中级、高级，分别为BIM建模、BIM专业应用和BIM综合应用与管理。初级BIM建模考核分为20%理论知识和80%专业技能两部分，主要包括五方面内容：工程图纸识图与绘制、BIM建模软件及建模环境、BIM建模方法、BIM属性定义与编辑、BIM成果输出。高等职业院校在校生可通过相应的等级考试获得BIM职业技能等级证书。本学习任务根据“1+X证书”考证真实案例——U形墩柱（图6-1-1）、斜拉桥（图6-1-2），创建U形墩柱及斜拉桥。通过真实考题对初级BIM建模专业技能的五个方面的内容进行实训，使学生能了解初级BIM建模的难易程度以及考核方式。

第八期 BIM技能一级考试试题　　　　中国图学学会

四、根据下图给定数据，用构件集形式创建U形墩柱，整体材质为混凝土，请将模型以“U形墩柱”为文件名保存到考生文件夹中。(20分)

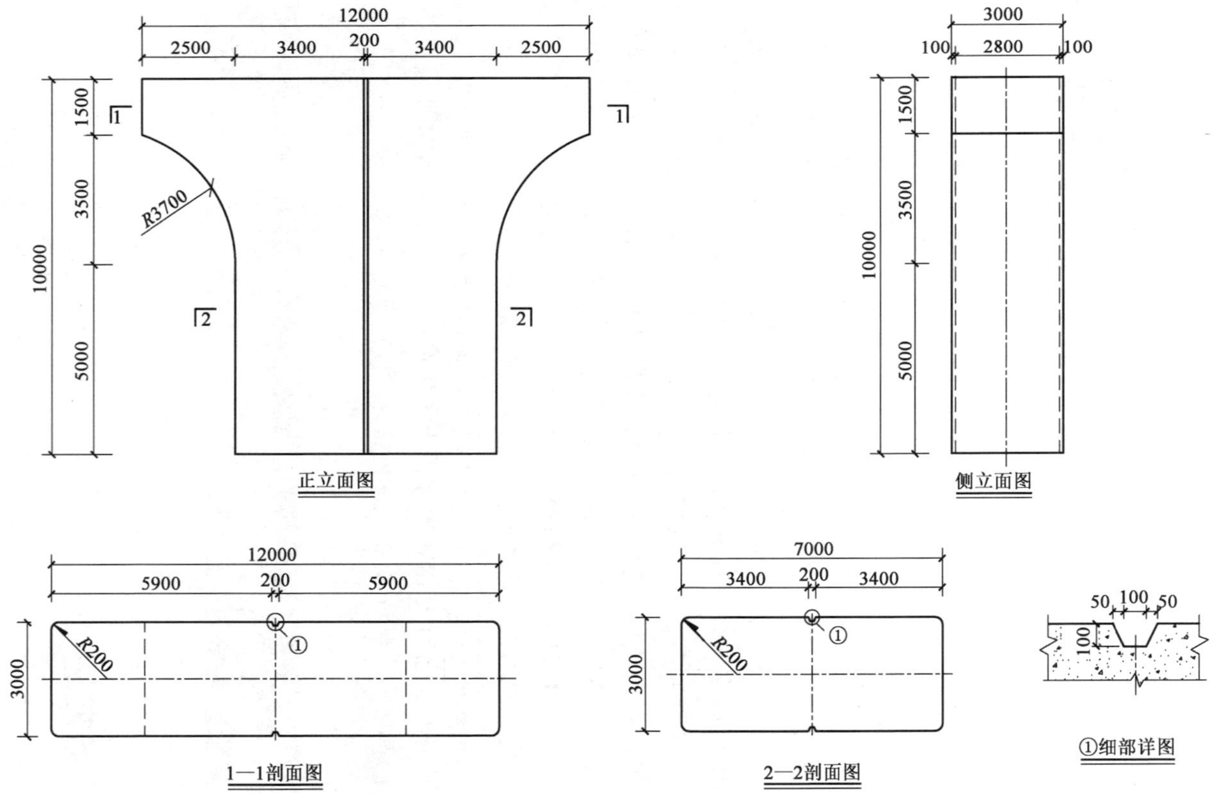

图6-1-1 U形墩柱(尺寸单位:mm)

第十二期“全国BIM技能等级考试”一级试题　　中国图学学会

二、根据给出的对称斜拉桥的左半部分的三视图，用构件集方式创建该斜拉桥的三维模型，请将模型文件以“斜拉桥+考生姓名”为文件名保存到考生文件夹下。题中倾斜拉索直径为500mm，拉索上方交于一点，该点位于柱中心距顶端5m处。（15分）

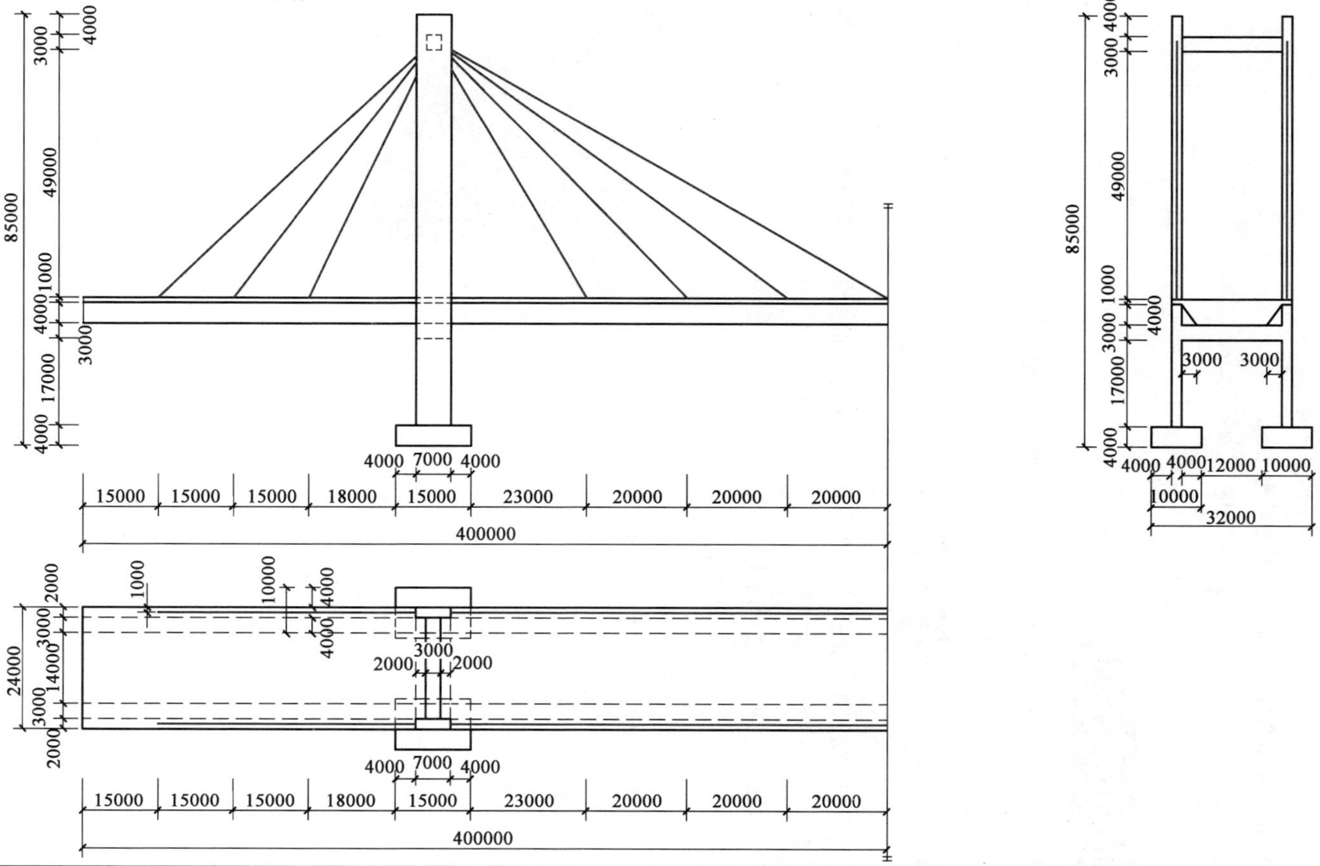

图6-1-2 斜拉桥（尺寸单位：mm）

知识目标与能力目标

熟悉"1 + X"证书等级考证，了解初级证书考题建模要求。通过学习，应该达到以下目标：

1. 进一步巩固对 BIM 建模软件及建模环境的了解。
2. 掌握 BIM 建模方法、BIM 属性定义与编辑等。
3. 逐步具备通过相应的等级考试获得 BIM 职业等级证书的能力。

学习任务实施

明确任务：根据所给的真实考题，完成建模题。详细建模见学习平台。

任务实施 1 创建 U 形墩柱

新建族，选择"公制常规模型"族样板。在前立面视图中拉伸创建 U 形墩的外部轮廓，然后空心放样、空心拉伸剪切 U 形墩。

(1)U 形墩拉伸截面轮廓如图 6-1-3 所示，拉伸长度为 3000mm。

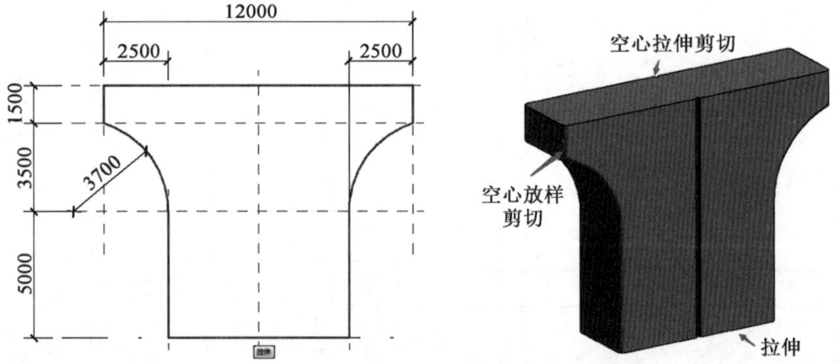

图 6-1-3 U 形墩柱的截面轮廓

(2)分别在"立面：前视图"中绘制空心放样的路径，在"天花板视图"中绘制空心放样的轮廓，空心放样剪切 U 形墩，如图 6-1-4 所示。

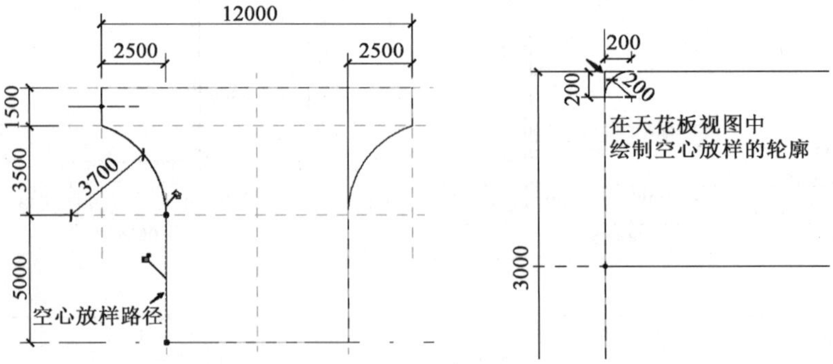

图 6-1-4 空心放样操作

任务实施2 创建斜拉桥

新建族，选择“公制常规模型”族样板。索塔、主梁均采用拉伸命令创建，斜拉索采用放样命令创建。

（1）索塔、主梁、斜拉索的创建（图6-1-5）。

在左立面视图中，使用拉伸命令分别创建索塔基础（15000mm × 10000mm × 4000mm，拉伸长度为15000mm）；索塔（拉伸长度为7000mm）；索塔横向支撑（拉伸长度为3000mm）；主梁（拉伸长度为400000mm，两端长为70500mm，中间长为329500mm）。

在前立面视图中，绘制参照平面定位斜拉索的位置，拉索顶部交会点距离索塔顶部5000mm。使用放样命令创建斜拉索，在前立面视图中绘制放样路径，在三维视图中绘制放样轮廓，斜拉索放样轮廓为圆。依次分别创建索塔左侧3根斜拉索，右侧5根斜拉索。在左立面视图中，分别选择左侧索塔、斜拉索，镜像创建右侧的索塔、斜拉索。

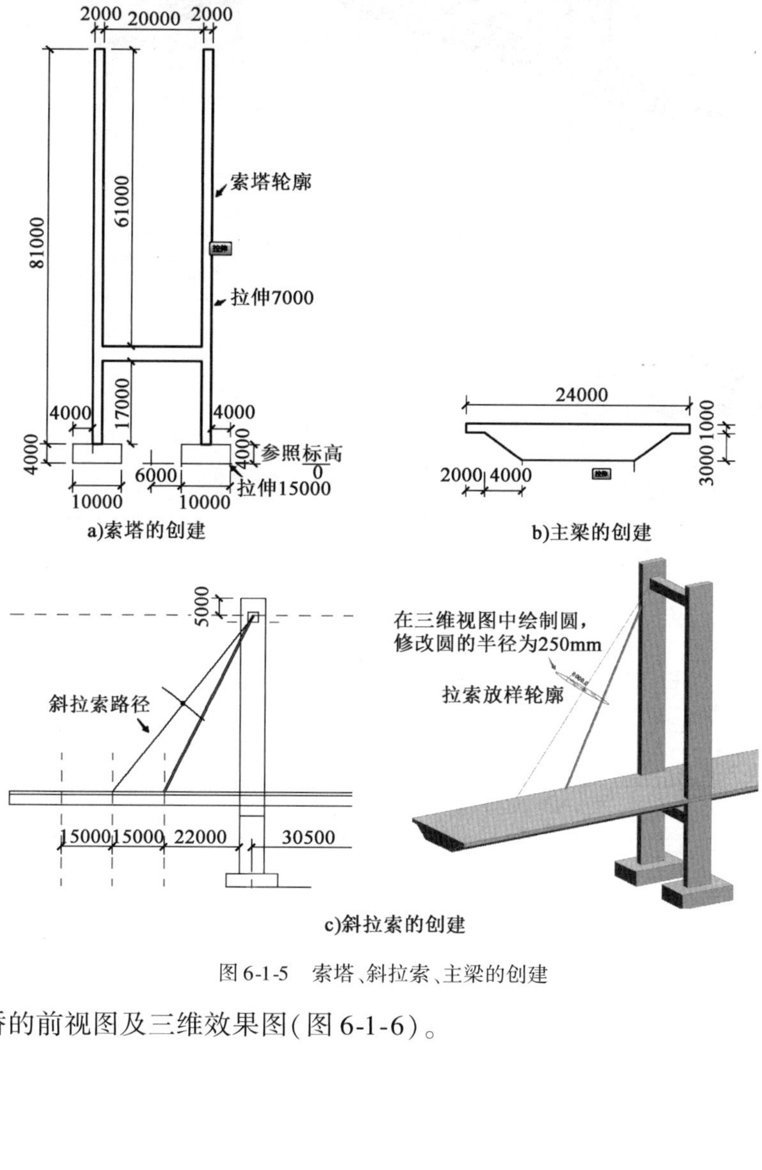

图6-1-5　索塔、斜拉索、主梁的创建

（2）斜拉桥的前视图及三维效果图（图6-1-6）。

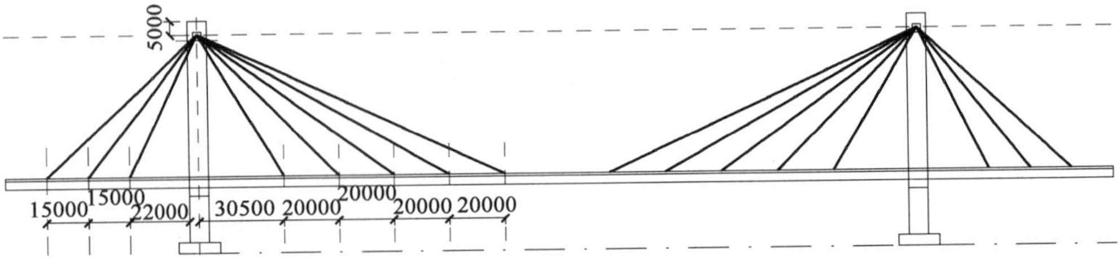

a)

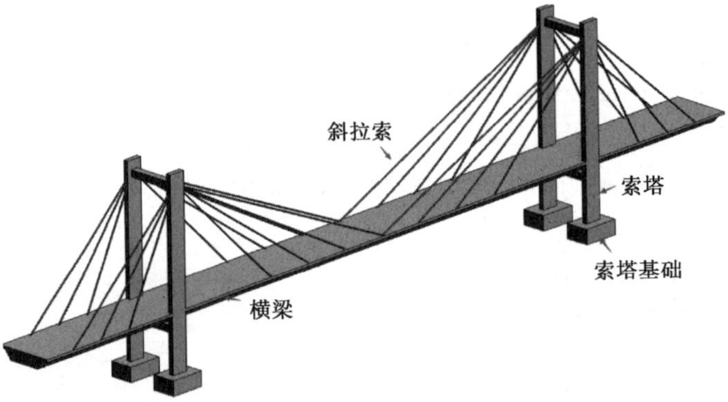

b)

图 6-1-6　斜拉桥的前视图及三维效果图

成果展示与评价

以小组为单位提交学习总结报告,加深对所学知识的掌握。

工作任务评价与分析			
评价项目	评价标准	参考分值(分)	得分(分)
完成 U 形墩柱	准确、完整	40	
完成斜拉桥	准确、完整	50	
保存文件	按要求保存	10	
总评			

学习任务二 创建桥梁并统计工程量

学习任务描述

考题三：根据以下要求和给出的图纸（图 6-1-7），创建模型并将结果输出。在本题文件夹下新建名为“第三题输出结果 + 考生姓名”的文件夹，将本题结果文件保存至该文件夹中。（40 分）

1. BIM 参数化建模(32 分)

(1)根据地面标高创建地形，长度和宽度不限，材质：土壤。（2 分）

(2)根据给出的图纸创建桩基、承台、桥墩、箱梁、防撞墙、路面等，图中尺寸单位除标高以米（m）计外，其余均以毫米（mm）计，标高、轴网及未标明尺寸不做要求。（24 分）

(3)根据图纸注释对各构件赋予材质。（3 分）

(4)对项目进行整合，桥的位置依据给定的桩基坐标确定。（3 分）

2. 创建图纸及明细表(5 分)

(1)创建桩基、承台、桥墩、箱梁、防撞墙混凝土用量明细表，包含构件名称、材质名称、体积等信息。（3 分）

(2)创建“桥位与桥型布置图”的立面图纸，图框类型为 A3 公制图框，按照图中尺寸进行标注，并将视图比例调整为 1：400。（2 分）

3. 模型渲染(2 分)

对桥梁的三维模型进行渲染，要求渲染结果清晰，角度整体可见，以“桥梁. JPG”为文件名保存至本题文件夹中。

4. 模型文件管理(1 分)

将模型文件命名为“桥梁 + 考生姓名”，并保存项目文件。

知识目标与能力目标

学习“1 + X”真实考题建模要求。通过学习，应该达到以下目标：

熟悉“1 + X”证书的考证难易程度、考点内容等。

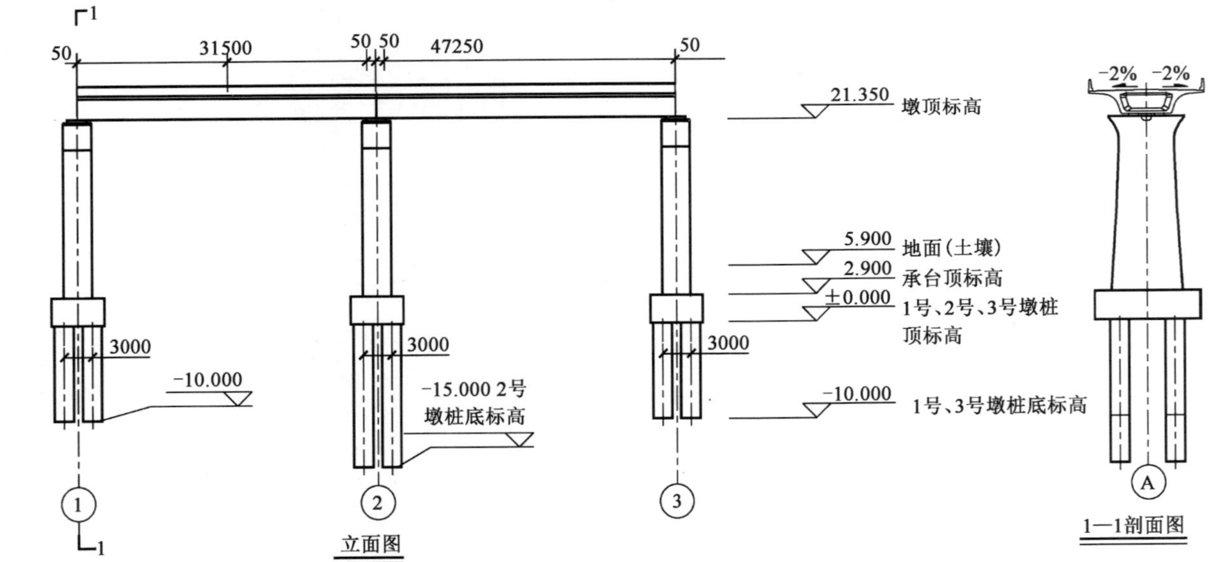

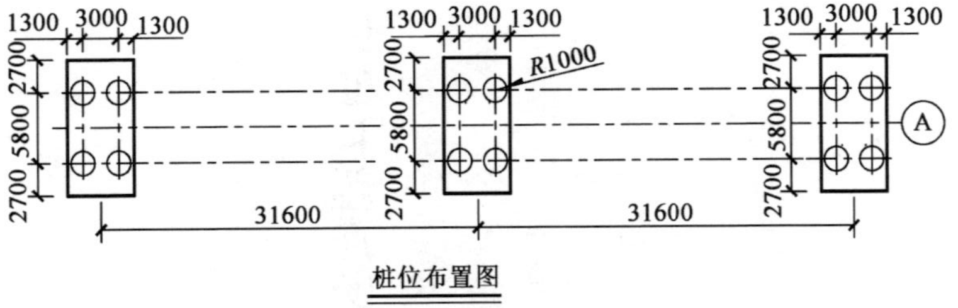

桥墩号		桩号			
		Z1	Z2	Z3	Z4
1号	x	51718	51718	54718	54718
	y	58371	52571	52571	58371
2号	x	83318	83318	86318	86318
	y	58371	52571	52571	58371
3号	x	114918	114918	117918	117918
	y	58371	52571	52571	58371

全桩位坐标表

a)桥位与桥型布置图

图 6-1-7

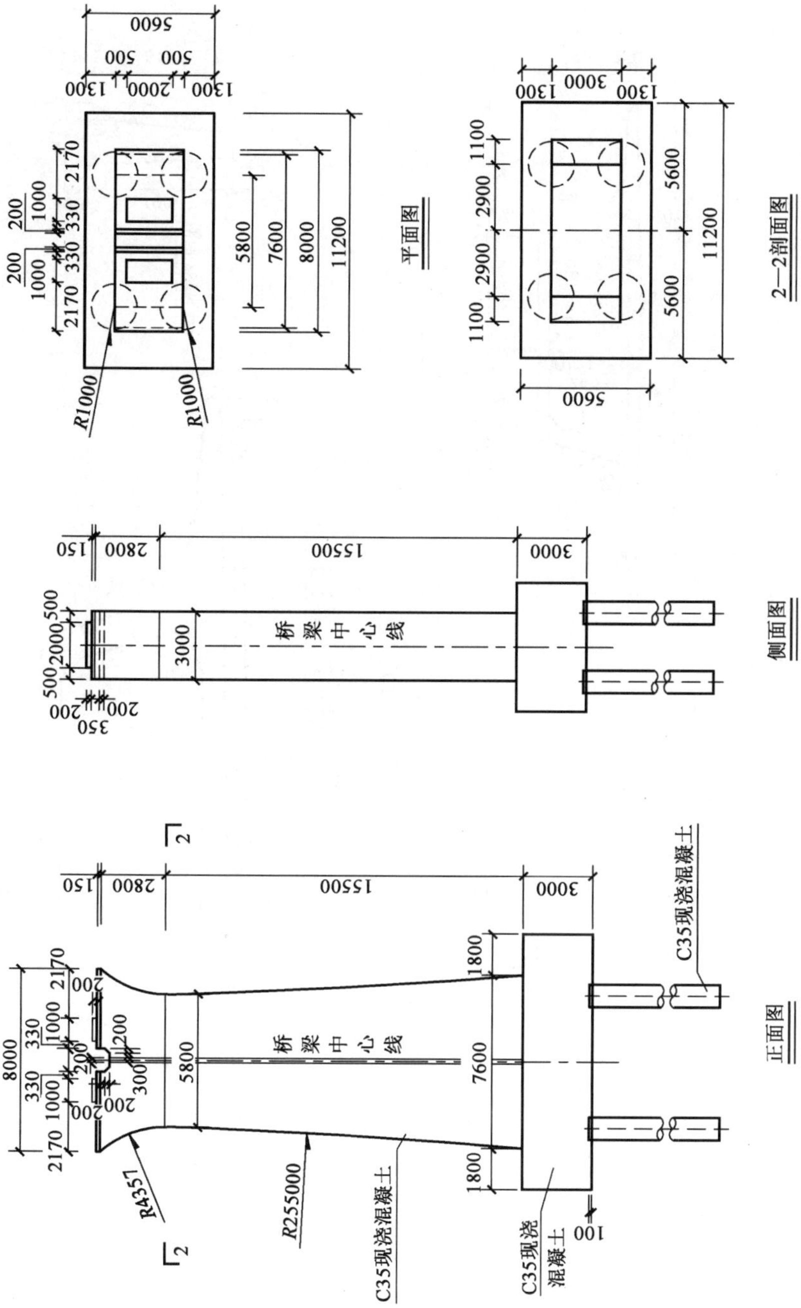
平面图
2—2剖面图
侧面图
正面图
桥梁中心线
C35现浇混凝土
C35现浇混凝土
C35现浇混凝土
R1000
R1000
R4357
R255000
5600
11200
15500
3000
2800
150
8000
7600
5800

b)桥墩结构图

图 6-1-7

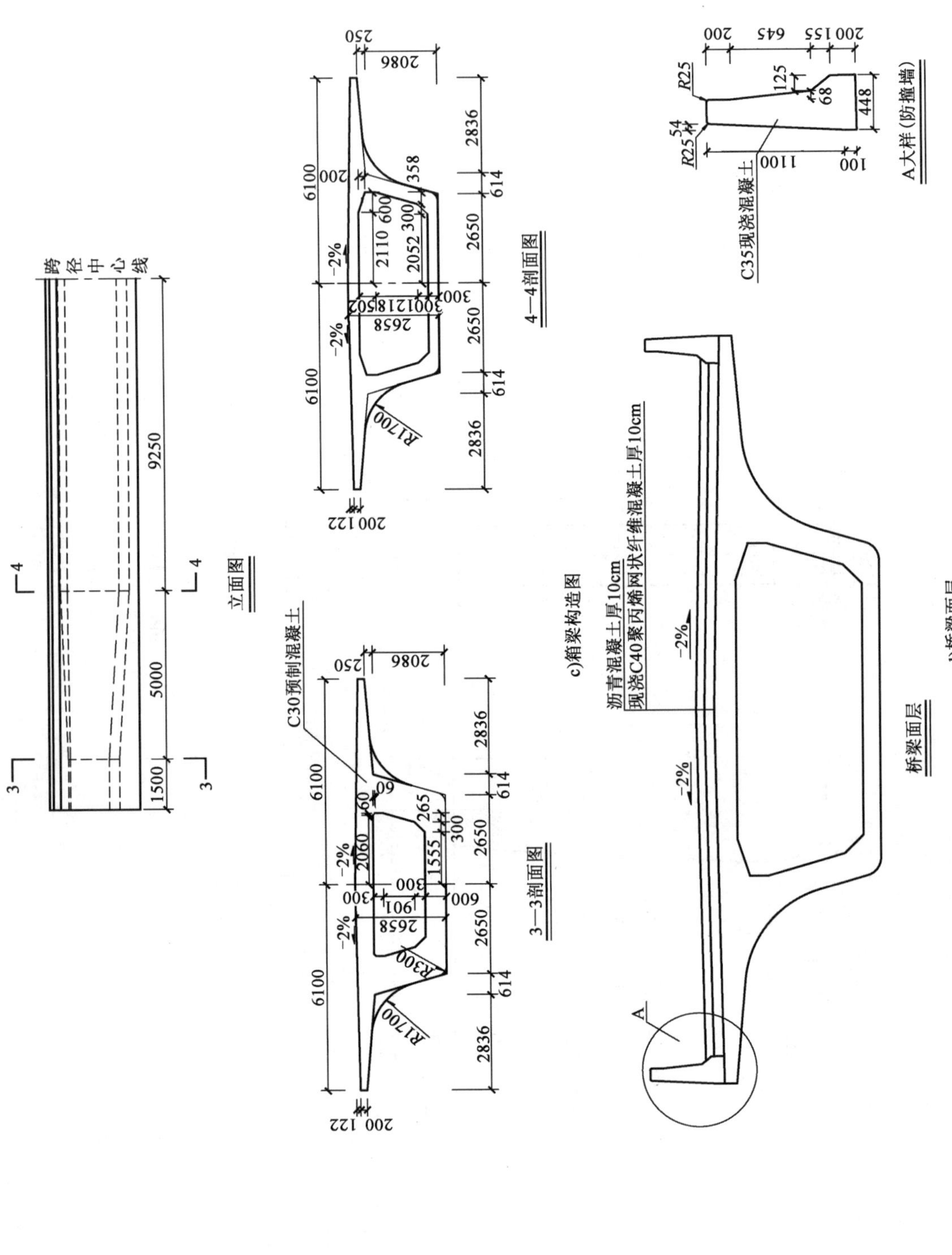

立面图
跨径中心线
1500
5000
9250
3—3剖面图
4—4剖面图
C30预制混凝土
R1700
R300
6100
2836
614
2650
2086
250
200 122
-2%
c)箱梁构造图
A大样(防撞墙)
C35现浇混凝土
R25
1100
100
448
桥梁面层
沥青混凝土厚10cm
现浇C40聚丙烯网状纤维混凝土厚10cm
d)桥梁面层

图6-1-7 某桥梁图纸

学习任务实施

明确任务：根据所给的真实考题，完成考证案例建模。 详细建模操作见学习平台。

任务实施 1 创建箱梁

（1）创建标高轴网（图 6-1-8）。设置 1 号桥墩的 Z1 为项目基点。

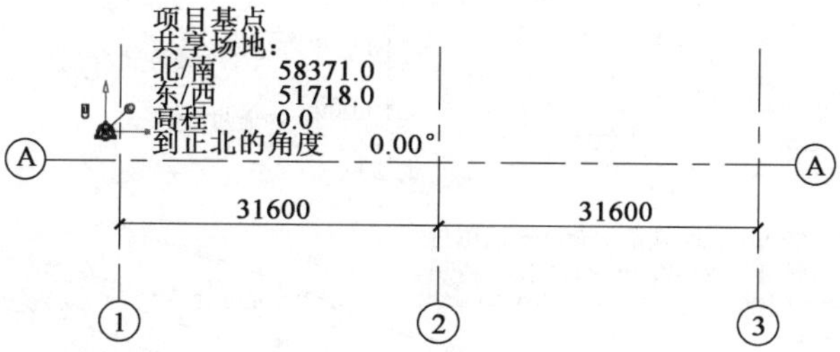

图 6-1-8 标高轴网

（2）创建桩基、承台、墩柱（图 6-1-9）。

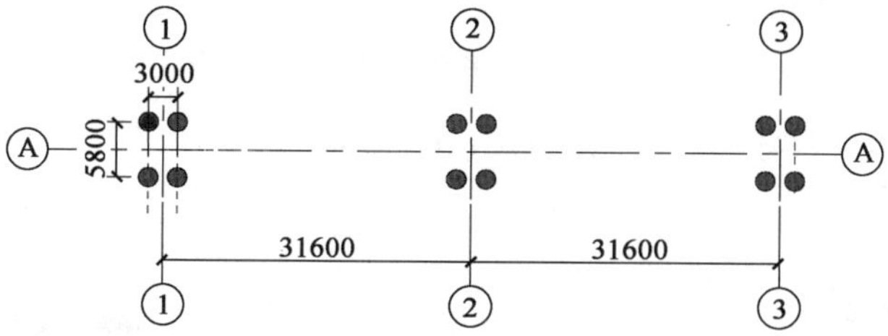

a)桩基

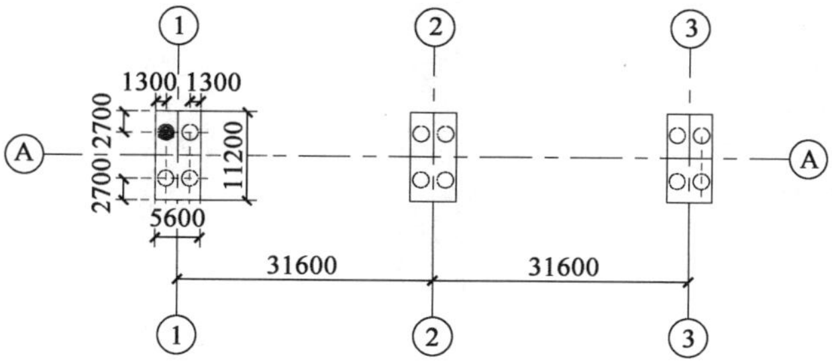

b)承台

图 6-1-9

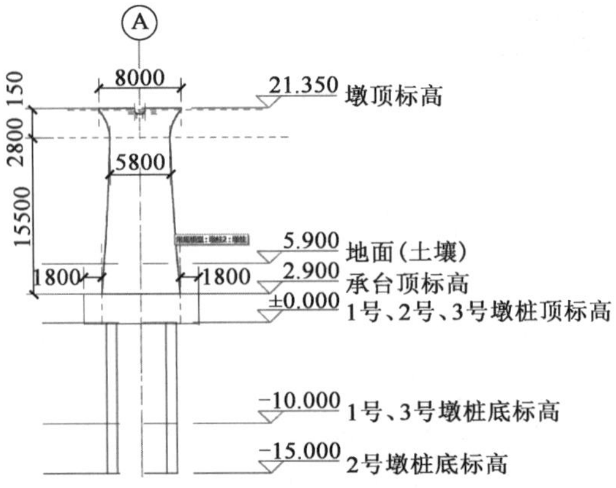

c)墩柱

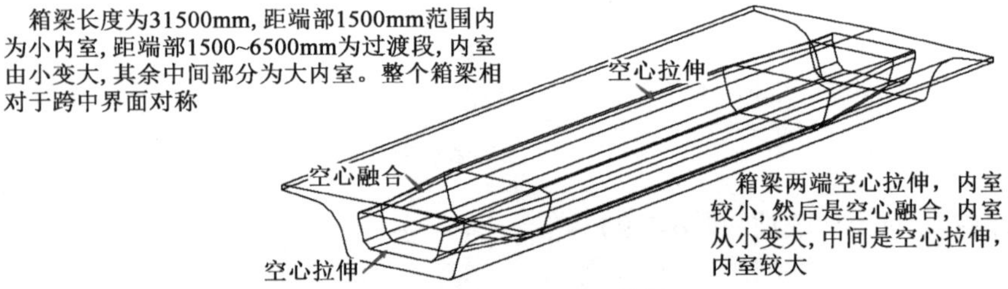

d)箱梁

图 6-1-9 桩基、承台、墩柱、箱梁的创建

箱梁桥墩及箱梁桥的三维效果图如图 6-1-10 所示。

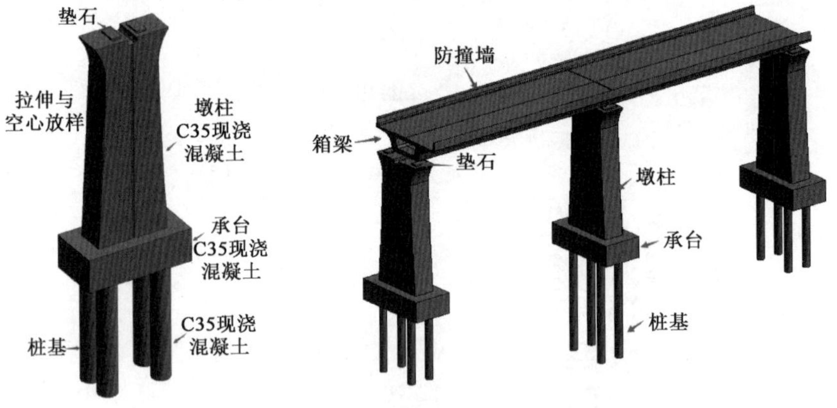

图 6-1-10 箱梁桥墩及箱梁桥的三维效果图

任务实施2 统计箱梁工作量

参照“模块四项目二学习任务工程量统计”描述，创建桥梁工程量明细表，单击“视图”选项卡→“创建”面板→“明细表”工具下拉列表→材质提取选项，打开“新建材质提取”对话框，在“类别”列表中选择“结构基础”类别，输入明细表名称为“箱梁工作量统计”，工程量统计如图6-1-11所示。

<常规模型明细表>

A	B	C	D	E	F
族	族与类型	材质名称	构件名称	体积	合计
垫石	垫石：垫石	C35-混凝土 - 现场浇注	垫石	0.40 m³	1
垫石1	垫石1：垫石	C35-混凝土 - 现场浇注	垫石	0.40 m³	1
垫石2	垫石2：垫石	C35-混凝土 - 现场浇注	垫石	0.40 m³	1
垫石3	垫石3：垫石	C35-混凝土 - 现场浇注	垫石	0.40 m³	1
垫石4	垫石4：垫石	C35-混凝土 - 现场浇注	垫石	0.40 m³	1
垫石5	垫石5：垫石	C35-混凝土 - 现场浇注	垫石	0.40 m³	1
垫石6	垫石6：垫石	C35-混凝土 - 现场浇注	垫石	0.40 m³	1
垫石7	垫石7：垫石	C35-混凝土 - 现场浇注	垫石	0.40 m³	1
墩柱	墩柱：墩柱	C35-混凝土 - 现场浇注	墩柱	361.00 m³	1
墩柱1	墩柱1：墩柱	C35-混凝土 - 现场浇注	墩柱	361.00 m³	1
墩柱2	墩柱2：墩柱	C35-混凝土 - 现场浇注	墩柱	361.00 m³	1
承台	承台：承台	C35-混凝土 - 现场浇注	承台	188.16 m³	1
承台1	承台1：承台	C35-混凝土 - 现场浇注	承台	188.16 m³	1
承台2	承台2：承台	C35-混凝土 - 现场浇注	承台	188.16 m³	1
桩基	桩基：桩基	C35-混凝土 - 现场浇注	桩基1	31.42 m³	1
桩基1	桩基1：桩基	C35-混凝土 - 现场浇注	桩基2	47.12 m³	1
桩基2	桩基2：桩基	C35-混凝土 - 现场浇注	桩基3	31.42 m³	1
箱梁	箱梁：箱梁	C30-混凝土 - 现场浇注	箱梁	294.03 m³	1
箱梁1	箱梁1：箱梁	C30-混凝土 - 现场浇注	箱梁	294.03 m³	1
防撞墙	防撞墙：防撞墙	C35-混凝土 - 现场浇注	防撞墙	22.25 m³	1
防撞墙1	防撞墙1：防撞墙	C35-混凝土 - 现场浇注	防撞墙	22.25 m³	1
总计：21				2393.17 m³	

图6-1-11 工程量统计

成果展示与评价

根据考题的要求逐一打分。

项目二

真实桥梁建模

前面学习任务主要是讲述 BIM 的基本建模能力,通过对高架桥及景观桥的实际工程案例的学习,强化学习理论联系实际能力,进一步提高 BIM 建模能力。

学习任务一 创建高架桥

学习任务描述

某高架桥下部结构为桩柱式桥墩、桩柱式桥台，其中 6、7 号桥墩立柱为异形柱，上部结构为箱梁，高架桥中跨、边跨箱梁内室是空心的，端部和中间的内室形状不同，根据图 6-2-1 所示高架桥中跨、边跨箱梁截面，创建变截面箱梁。完成高架桥异形桥墩立柱以及箱梁的创建；定位高架桥的标高、轴网；把高架桥各组成部分逐一拼装。

知识目标与能力目标

学习用有关族命令创建桥梁构件。通过学习，应该达到以下目标:

能创建某高架桥的桩基、承台、立柱、墩顶横隔梁、桥台、箱梁等桥梁构件。

学习任务实施

明确任务:根据某高架桥的整体布置图、平面图以及各构件的三视图，分析每一个构件的建模方法，创建该高架桥三维模型。 详细建模过程见学习平台。

任务实施 1 定位高架桥的桥墩、桥台的位置

1. 新建项目

(1)单击 Revit 软件“文件”菜单→“新建”→“项目”,打开“新建项目”对话框,如图 6-2-2 所示,选择“结构样板”,选择“项目”,新建一个项目文件。

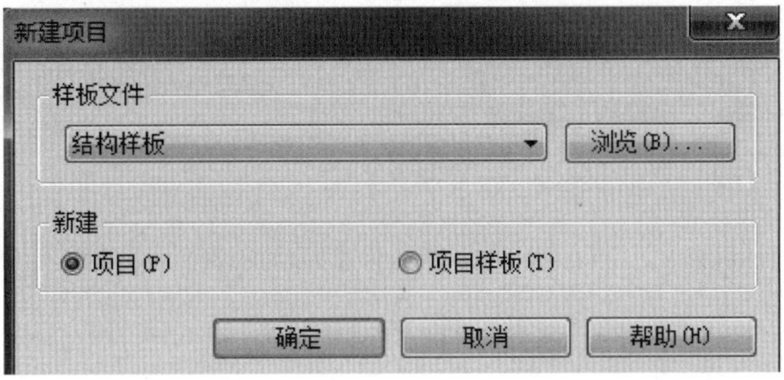

图 6-2-2 “新建项目”对话框

(2)设置项目基点与项目单位。

单击“视图”选项卡→“图形”面板→“可见性图形”命令选项,打开场地的可见性对话框,勾选“模型类型”面板→场地→“测量点”和“项目基点”选项,在场地视图中显示项目基点,基点坐标为(100,100,0),如图 6-2-3 所示。

单击“管理”选项卡→“设置”面板→“项目单位”命令,设置项目单位为 cm。

2. 创建标高与轴网以确定桥的中轴线以及桥墩的位置

(1)创建标高。

双击项目浏览器中“立面视图:南”,打开该视图。删除其他标高,只保留 00 标高。

(2)导入高架桥的平面图。

双击项目浏览器中“结构平面:场地”,打开该视图。单击“插入”选项卡→“导入”面板→“导入 CAD”命令选项,打开“导入 CAD 格式”对话框,设置导入单位以及定位点,勾选“仅当前视图”复选框,如图 6-2-4 所示,导入项目平面图。

(3)绘制几条轴网,用来确定桥墩位置。

单击“建筑”选项卡→“基准”面板→“轴网”命令,在“绘制”面板中选择“直线”命令,移动光标至项目基点位置,单击鼠标左键确定中轴线对应起点为轴线起点,然后从下往上移动光标

一段距离后，再次点击鼠标左键捕捉中轴线终点作为第一条垂直中轴线，选中该轴线，单击“修改”面板→“复制”命令，绘制高架桥水平方向轴线 A、轴线 B、轴线 C。移动光标至项目基点位置，鼠标单击左键确定中轴线对应起点为轴线起点，绘制水平方向的轴线，阵列生成高架桥的竖直轴网。阵列轴网操作如图 6-2-5 所示。

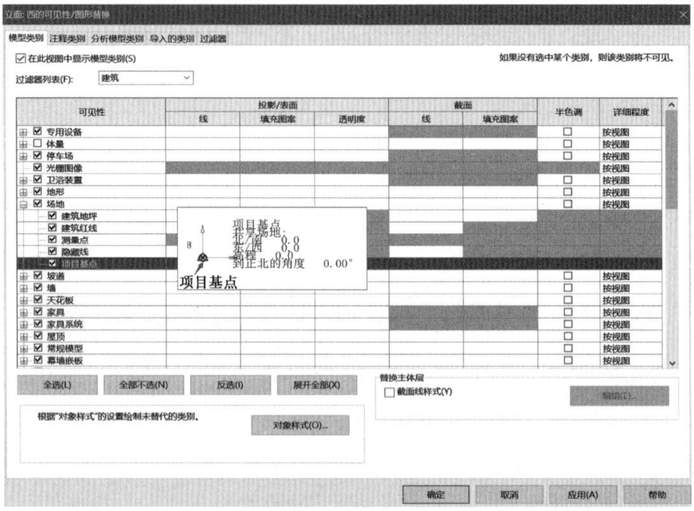

图 6-2-3　设置项目基点

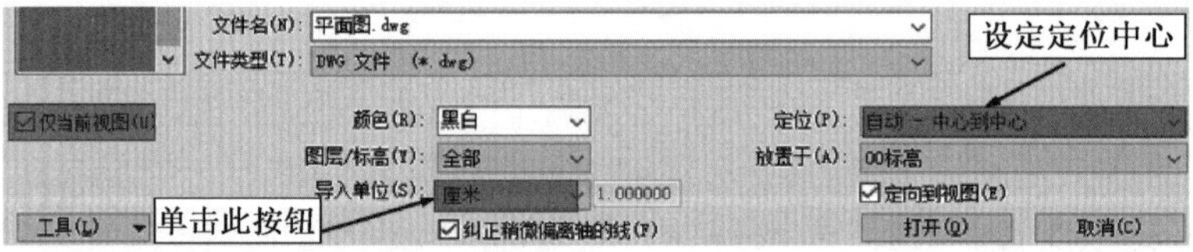

图 6-2-4　导入 CAD 格式设置

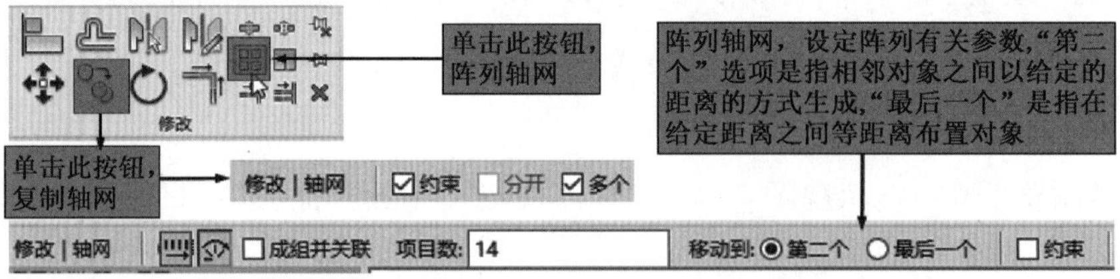

图 6-2-5　阵列轴网操作

除了采用以上“绘制”面板中“直线”命令绘制外，也可以采用“拾取线”的方法：在绘制面板中选择“拾取线”命令，移动光标到视图中对应的轴线附近，当轴线高亮显示时，点击鼠标左键拾取，确定轴线的方向，即可生成轴线，或者通过其他“复制”“阵列”方式绘制多条轴网。

高架桥各桥墩定位的轴网如图 6-2-6 所示。

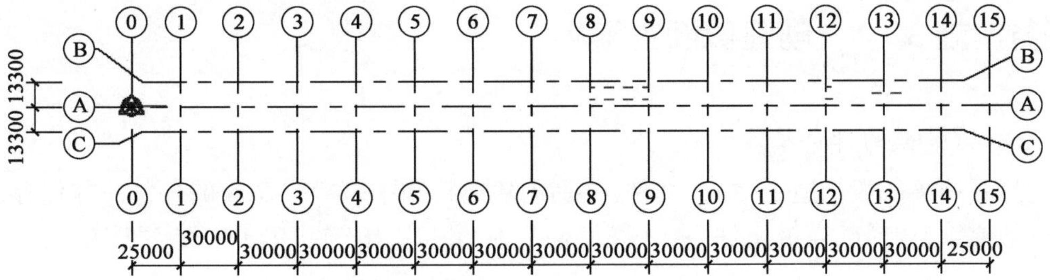

图 6-2-6　高架桥轴网

(4)保存文件。

单击“应用程序”菜单→“另存为”→项目“高架桥”,保存文件。

任务实施 2　创建立柱

根据高架桥 6 号、7 号桥墩立柱断面图(图 6-2-7),创建高架桥 6 号、7 号桥墩。

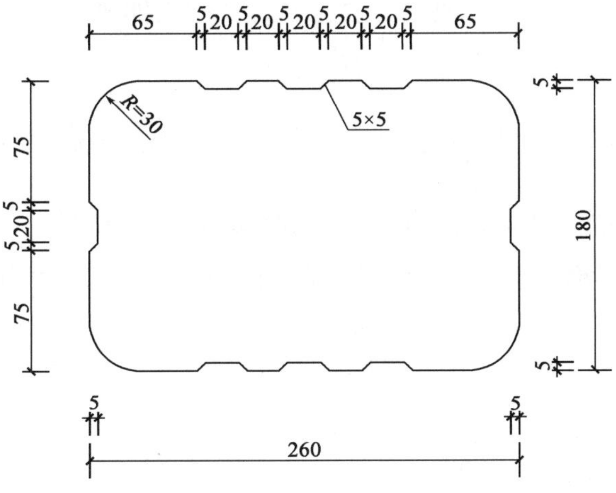

图 6-2-7　立柱断面图(尺寸单位:cm)

高架桥 6 号、7 号桥墩立柱属于异形立柱,采用“公制结构柱”族创建。

(1)打开桥型布置图 CAD 文件,创建 6 号、7 号桥墩立柱断面外部块,保存外部块。

(2)新建族,选择族样板文件→“公制结构柱”,进入族编辑模式。单击“插入”选项卡→“导入”面板→“导入 CAD”命令,导入 6 号、7 号桥墩立柱断面块。

(3)单击“拉伸”命令选项,单击“绘制”面板→“拾取线”方式确定 6 号桥墩立柱轮廓,单击“模式”面板→“完成编辑模式”按钮✔,切换到“立面:前”视图,拖曳立柱的顶部到“高于参照标高”位置,并进行锁定约束,完成立柱族的创建。

任务实施3 创建截面主梁族

1. 导入箱梁截面外部块

(1)打开箱梁一般构造的CAD文件,分别创建边跨和中跨箱梁截面的外部块并保存。

(2)新建族,选择族样板文件→“公制结构框架-梁与支撑”族,单击“确定”按钮,进入族编辑模式。

(3)单击“插入”选项卡→“导入”面板→”导入CAD”命令选项,打开“导入CAD格式”对话框,设置导入单位以及定位点,勾选“仅当前视图”复选框,单击“打开”,分别导入箱梁截面块。

2. 创建边跨箱梁

(1)创建参照平面体系,定位箱梁截面变化情况,如图6-2-8所示。

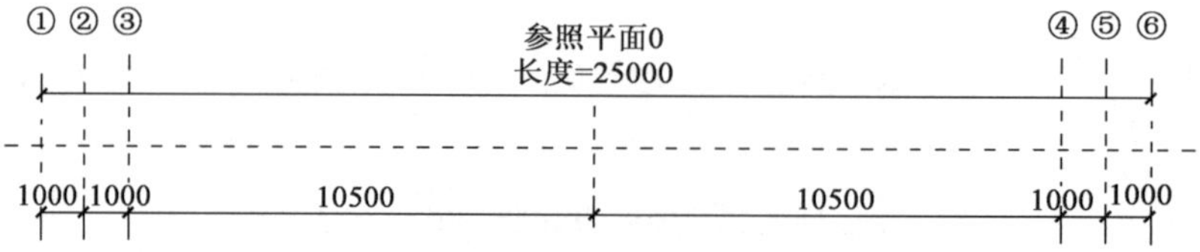

图6-2-8 箱梁参照平面体系

设置①参照平面为工作平面,切换到左视图,导入边跨断面图Ⅴ—Ⅴ,并调整边跨断面的Ⅴ—Ⅴ位置。

(2)单击“拉伸”命令选项,系统自动切换到“修改/创建拉伸”上下文关联选项卡,单击“绘制”面板→“拾取线”命令选项,依次拾取边跨箱梁端部Ⅴ—Ⅴ截面轮廓,单击“模式”面板→“完成编辑模式”按钮,切换到“平面视图:参照平面”,拖曳鼠标至参照平面⑥,并进行约束操作,完成边跨箱梁外部的创建。操作如图6-2-9所示。

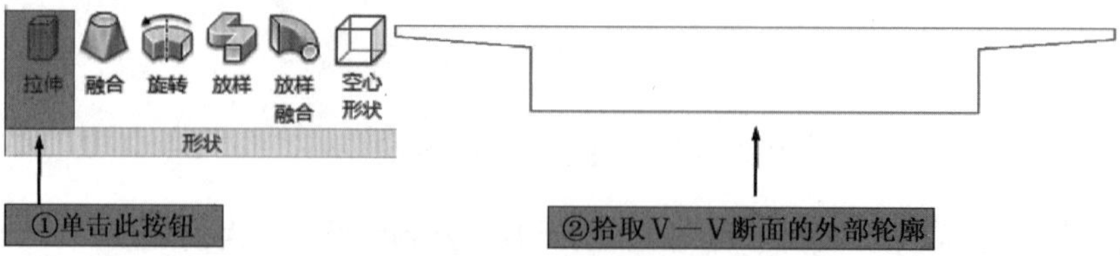

图6-2-9 边跨箱梁外部的创建

(3)设置②参照平面为工作平面,切换到左视图,导入边跨断面图Ⅳ—Ⅳ,并调整边跨断面的Ⅳ—Ⅳ位置。

(4)设置③参照平面为工作平面,切换到左视图,导入边跨断面图Ⅲ—Ⅲ,并调整边跨断面的Ⅲ—Ⅲ位置。

（5）参照平面②、③处箱梁内部轮廓不一样，故采用空心融合命令创建箱梁内部结构。切换到工作平面②的左视图，单击“创建”选项卡→“形状”面板→“空心形状”命令选项“空心融合”按钮，系统自动切换到“修改/创建空心融合底部边界”上下文选项卡，单击“绘制”面板→“拾取线”命令选项，依次拾取边跨箱梁断面图Ⅳ—Ⅳ内部轮廓，单击“模式”面板→“完成编辑模式”按钮，单击“编辑顶部”，依次拾取边跨箱梁断面图Ⅲ—Ⅲ内部轮廓，单击“模式”面板→“完成编辑模式”按钮，完成边跨箱梁端部的空心部分的创建。操作如图6-2-10所示。

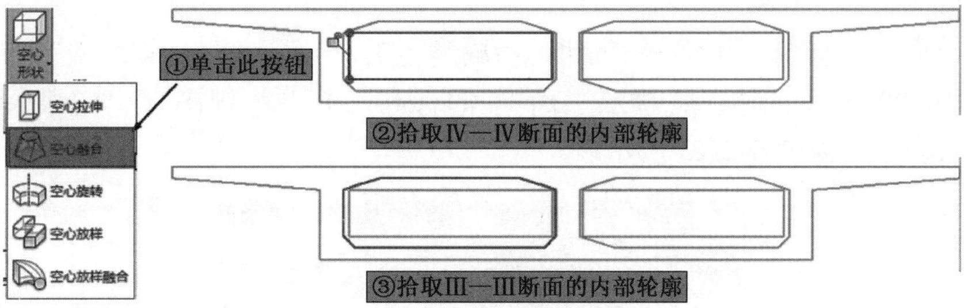

图6-2-10　边跨箱梁端部的空心部分的创建

（6）切换到工作平面③的左视图，单击“创建”选项卡→“形状”面板→“空心形状”命令选项“空心拉伸”，系统自动切换到“修改/创建空心拉伸”上下文关联选项卡，单击“绘制”面板→“拾取线”命令选项，依次拾取边跨箱梁断面图Ⅲ—Ⅲ内部轮廓，单击“模式”面板→“完成编辑模式”按钮，切换到“平面视图：参照平面”，拖曳鼠标至参照平面④，并进行约束操作，完成边跨箱梁中间的空心部分的创建。操作如图6-2-11所示。按照同样的操作，完成边跨箱梁中间的另一空心部分的创建。

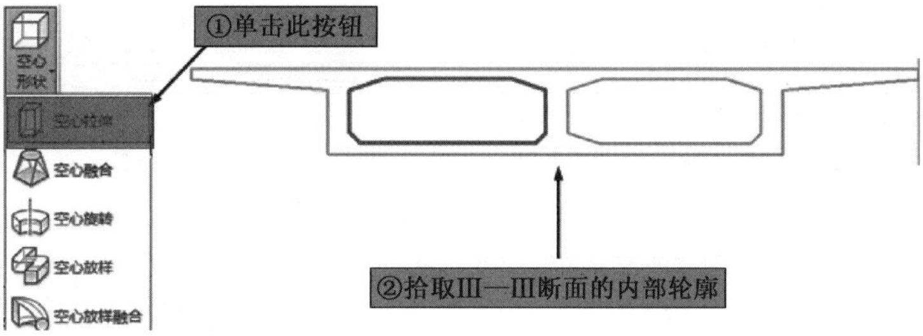

图6-2-11　边跨箱梁中间的空心部分的创建

（7）按照以上操作，创建边跨右侧参照平面④、⑤处箱梁部分。设置④参照平面为工作平面，切换到左视图，单击“创建”选项卡→“形状”面板→“空心形状”命令选项“空心融合”，分别拾取Ⅲ—Ⅲ内部轮廓，以及Ⅳ—Ⅳ内部轮廓；拾取完毕后，单击“模式”面板→“完成编辑模式”按钮，切换到“楼层平面：参照平面”，拖曳鼠标至参照平面⑤，完成边跨箱梁右侧参照平面④—⑤内部梁的剪切，如图6-2-12所示。按照同样的操作，完成边跨箱梁另一端部空心部分的创建。

单击“族编辑器”面板→“载入到项目并关闭”命令选项，保存新族为“边跨箱梁族”。

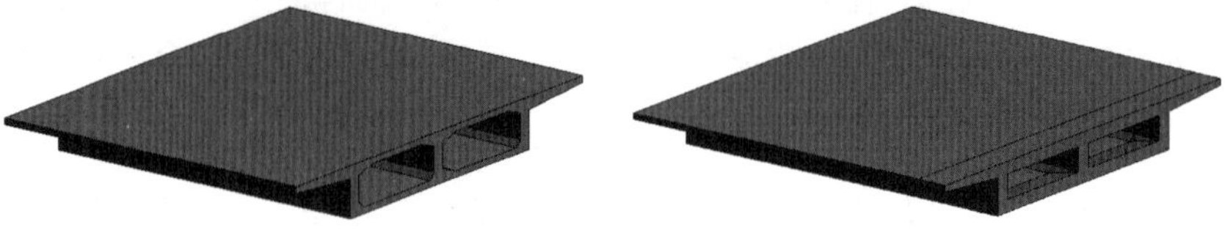

图 6-2-12 箱梁空心剪切

3. 创建中跨箱梁

(1)新建“族”,打开“边跨箱梁族”。

(2)单击“创建”选项卡→“属性”面板→“族类型”命令,打开“族类型”对话框,修改箱梁族的长度为 30000mm,切换到“楼层平面:参照标高”,打开该视图,修改参照平面 2、3、4、5 的尺寸,调整其位置,如图 6-2-13 所示。

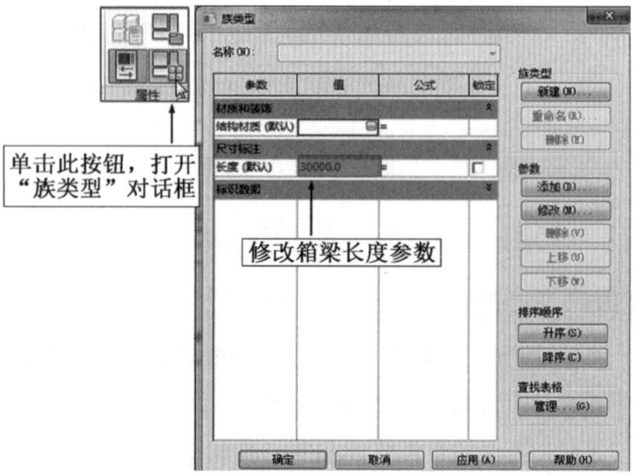

a)

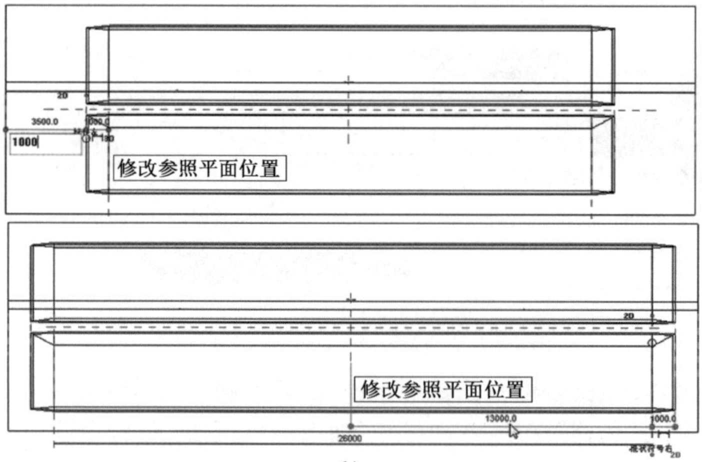

b)

图 6-2-13 中跨箱梁的创建

创建完成中跨箱梁,切换到默认的三维图,中跨箱梁三维效果图如图 6-2-14 所示。

(3)单击“族编辑器”面板→“载入到项目并关闭”命令选项,保存新族为“中跨箱梁族”。

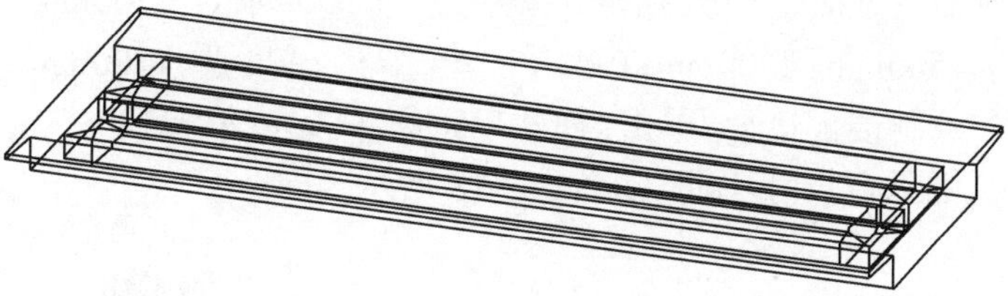

图 6-2-14 中跨箱梁三维效果图

任务实施 4 创建与拼装高架桥下部结构桩基、承台

1. 创建桩

(1)打开高架桥项目文件,在“楼层平面:参照标高”视图中,单击“插入”选项卡→“从库中载入”面板→“载入族”命令选项,打开“载入族”对话框,选择“china/结构/基础/桩-混凝土圆形桩”族,把混凝土-圆形桩载入项目中。

(2)创建参照平面定位桩的位置,高架桥桩基的定位如图 6-2-15 所示。

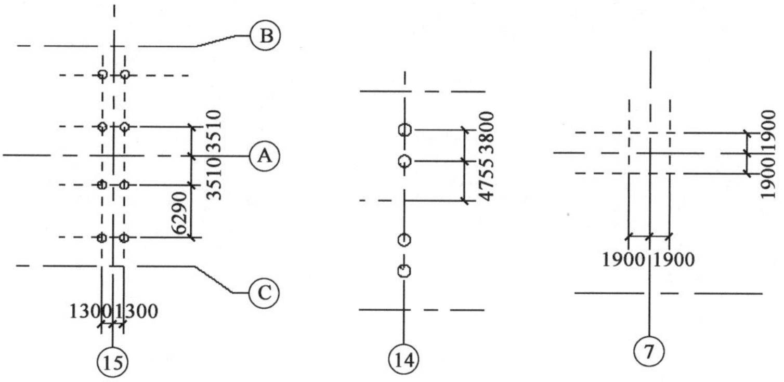

图 6-2-15 桩基定位

单击“结构”选项卡→“基础”面板→“独立基础”命令选项,系统自动进入“修改 1 放置独立基础”上下文选项卡,在“属性”面板→“类型选择器”中选择桩,单击“属性”面板→“编辑类型”,在打开的“类型属性”对话框中复制生成新的桩类型,并设置桩的直径。在“属性面板”中设置桩的限制条件及桩长和最小预埋长度,鼠标捕捉参照平面的交点后单击鼠标左键,完成右侧 15 号桩的创建。桩的参数设置如图 6-2-16 所示。

根据其他桩的定位尺寸,复制其他桩,并根据立面的标高调整其桩的高度。13 号、14 号桩的属性参数如图 6-2-17 所示。

2. 创建承台

方法一:楼板命令创建。

双击项目浏览器中“楼层平面:场地”,打开该视图。单击“建筑”选项卡→“构建”面板→“楼板”命令中的“楼板:建筑”选项,或者单击“结构”选项卡→“结构”面板→“楼板”命令中的“楼板:建筑”选项,根据立面图各承台的标高,在“属性面板”中单击“编辑类型”命

令,在打开的“类型属性”对话框中分别定“承台-1500mm”“承台-2200mm”的楼板类型,并分别设置结构厚度为1500mm、2200mm,0号、15号结构厚度为1500mm,其他承台厚度为2200mm,用矩形命令绘制楼板边界,单击“模式”面板→“完成编辑模式”按钮✔,完成承台的创建。高架桥不同桥墩承台尺寸不同,如图6-2-18所示。

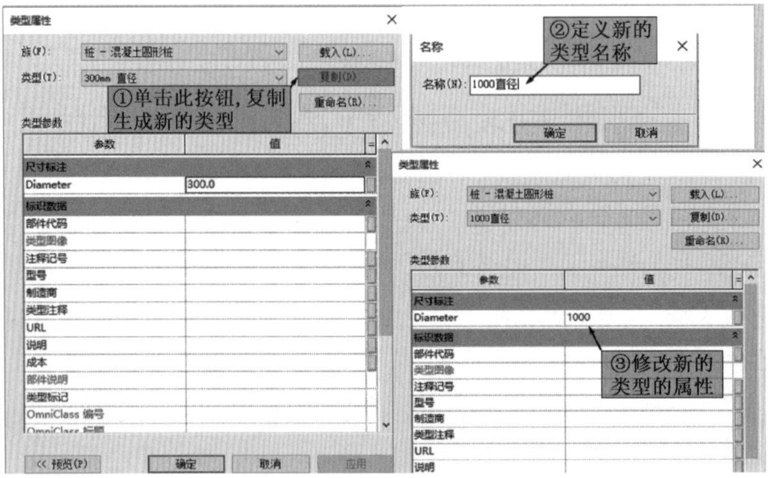

图6-2-16 桩的参数设置

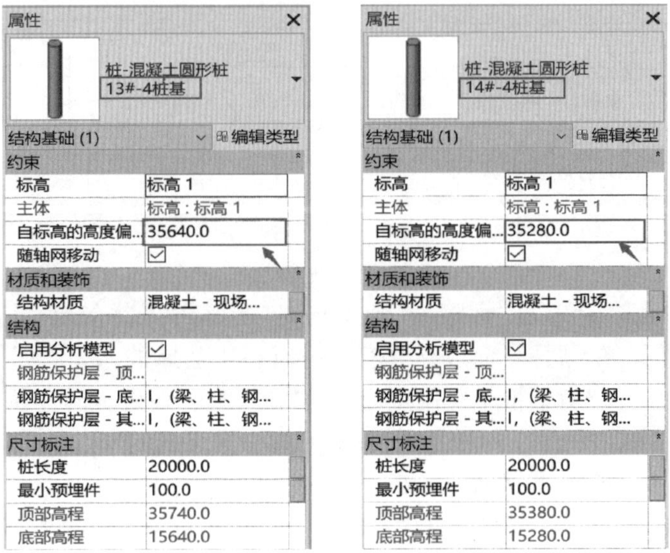

图6-2-17 13号、14号桩的属性参数

承台属性各参数修改如图6-2-19所示。

方法二:创建承台族。

创建承台族(公制结构基础),定义长、宽、高参数。载入项目中,注意是以参照标高为基准,输入承台底标高。14号、15号承台底部标高偏移值如图6-2-20所示。

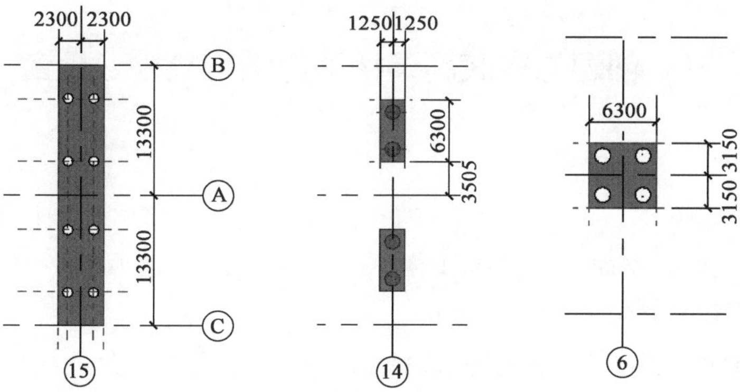

图 6-2-18　承台尺寸

图 6-2-19　承台属性各参数修改

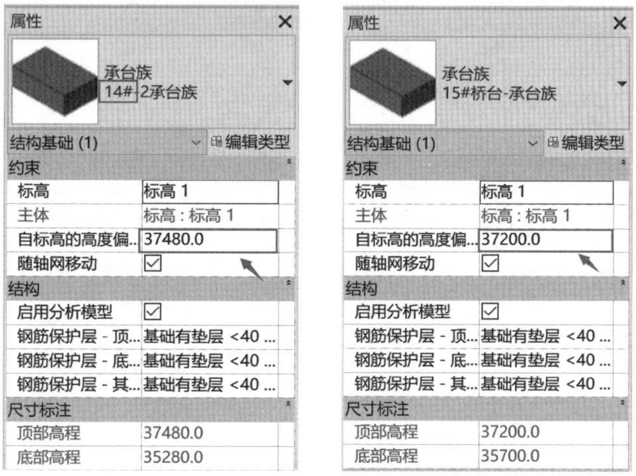

图 6-2-20　14 号、15 号承台的属性参数

任务实施5 创建与拼装高架桥下部结构立柱、桥台

1.创建立柱

(1)导入立面视图。

双击项目浏览器中“立面:南”,打开该视图。单击“插入”选项卡→“导入”面板→“导入CAD”命令,导入项目立面图。

单击“修改”面板→“对齐”命令,选择15号桥墩位置的承台进行对齐操作。单击“注释”选项卡→“尺寸标注”面板→“高程点”命令,注释各桥墩立柱顶部高程,立柱顶部高程与底部高程之差为各桥墩立柱的高度。

(2)1~5号、8~14号桥墩立柱的创建。

双击项目浏览器“楼层平面:场地”,打开该视图。单击“结构”选项卡→“结构”面板→“柱”命令选项,系统自动进入“修改丨放置结构柱”上下文选项卡,在“属性”面板→“类型选择器”中选择柱,单击“属性”面板→“编辑类型”,在打开的“类型属性”对话框中复制生成新的柱类型,并设置柱的直径。在“属性”面板中设置柱的约束条件底部标高及底部偏移值,顶部标高及顶部偏移值,鼠标捕捉参照平面的交点,单击鼠标左键,确定放置柱的位置,完成右侧14号柱的创建。13号、14号立柱参数如图6-2-21所示。

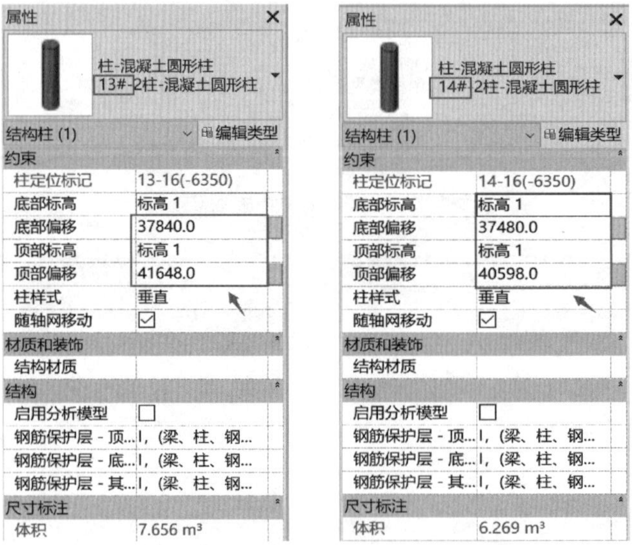

图6-2-21 13号、14号立柱参数

(3)6号、7号桥墩立柱的创建。

单击“插入”选项卡→“从库中载入”面板→“载入族”命令选项,打开“载入族”对话框,找到“任务实施2:创建立柱族”所创建的下部异形立柱“新立柱6#”族,载入项目中。

双击项目浏览器“楼层平面：场地”，打开该视图。单击“结构”选项卡→“结构面板”→“柱”命令，系统自动进入“修改|放置结构柱”上下文选项卡。单击鼠标左键捕捉参照平面的交点放置6号立柱，选中6号立柱，在“属性”面板“约定”选项中，设定底部标高、底部偏移和顶部标高、顶部偏移，完成6号立柱的创建。复制6号立柱到7号立柱的位置，修改立柱名称，调整底部标高、底部偏移和顶部标高、顶部偏移。单击鼠标左键确定放置柱的位置，完成6号、7号柱的创建。6号、7号立柱参数如图6-2-22所示。

图6-2-22　6号、7号立柱参数

2. 创建桥台

（1）新建族，选择族样板文件→“公制结构框架-梁与支撑”族，进入族编辑模式。调整族样板文件中的长度参数，删除已有的梁。桥台参照平面如图6-2-23所示。

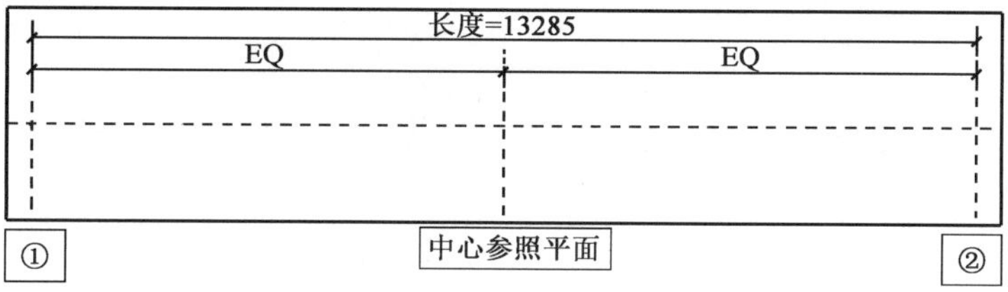

图6-2-23　桥台参照平面

（2）分别设置参照平面①、②为工作平面，转到左视图。在左视图中，单击“创建”选项卡→“模型”面板→“模型线”命令选项，分别绘制桥台的两个截面轮廓。

在工作平面①的左视图中，单击“融合”命令选项，系统自动切换到“修改|创建融合底部边界”上下文关联选项卡，单击“绘制”面板→“拾取线”命令选项，拾取桥台的外侧轮廓。单击“模式”面板→“编辑顶部”选项，系统自动切换到“修改|创建融合顶部边界”上下文选项卡，拾取桥台的内侧轮廓。单击“模式”面板→“完成编辑模式”按钮✔，完成桥台的创建。桥台操作如图6-2-24所示。

（3）单击“族编辑器”面板→“载入到项目并关闭”命令选项，保存新族为“桥台族”。

（4）单击“插入”选项卡→“从库中载入”面板→“载入族”命令选项，找到桥台族，导入项目中。

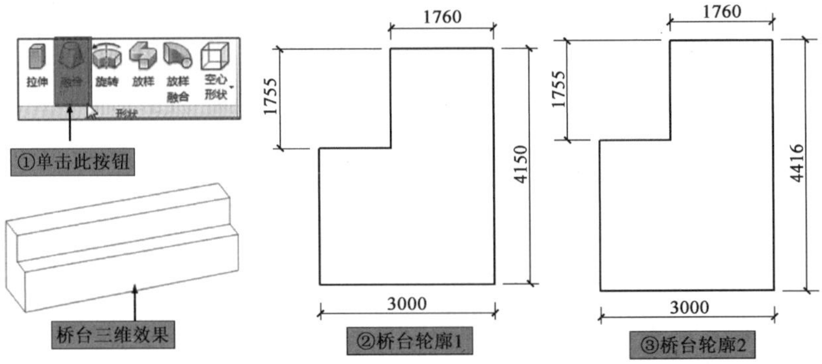

图 6-2-24　桥台操作

切换到“楼层平面:场地”,打开该视图。单击“结构”选项卡→“结构”面板→“梁”命令选项,在“属性”面板中找到桥台族,鼠标分别捕捉桥台的起点和终点,完成桥台的放置。切换到“立面:南”,在“属性”面板中,设置桥台的起点标高偏移、终点标高偏移以及横截面旋转角度,完成桥台的创建。0 号、15 号桥台各参数如图 6-2-25 所示。

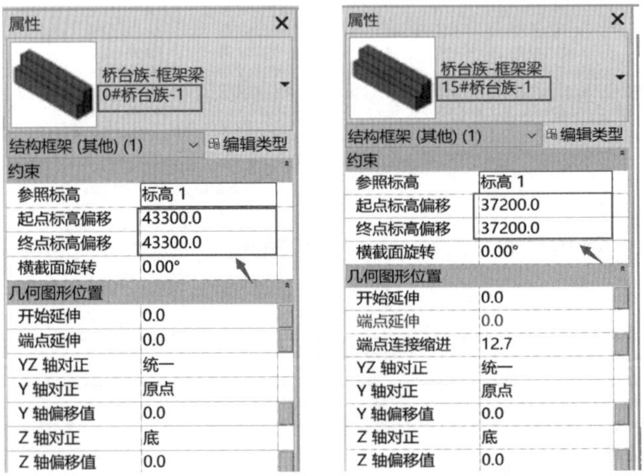

图 6-2-25　0 号、15 号桥台各参数

选择桥台,单击“修改”面板→“镜像”命令选项,镜像生成另一侧的桥台,选择一端桥台,镜像生成另一端部桥台。

任务实施 6　拼装高架桥上部结构箱梁与墩顶横隔梁

1. 创建箱梁

(1)单击“插入”选项卡→“从库中载入”面板→“载入族”命令选项,找到边跨箱梁族、中跨箱梁族,导入项目中。

(2)切换到“结构平面:场地”,打开该视图。单击“结构”选项卡→“结构”面板→“梁”命令选项,在“属性”面板中找到箱梁边跨族,鼠标分别捕捉梁的起点和终点,完成梁的放置。切换到“立面：南”，在“属性”面板中，设置梁的起点标高偏移、终点标高偏移及横截面旋转角度，完成梁的创建。

注意：梁的顶面与标高对齐。

2. 创建墩顶横隔梁

在6号、7号桥墩位置绘制水平方向的参照平面，距离为2m。载入墩顶横隔梁族，单击“梁”命令，放置墩顶横隔梁，调整墩顶横隔梁起点标高偏移、终点标高偏移，完成墩顶横隔梁的创建。

高架桥各组成部分拼装后，切换到三维视图中，其三维效果图如图6-2-26所示。

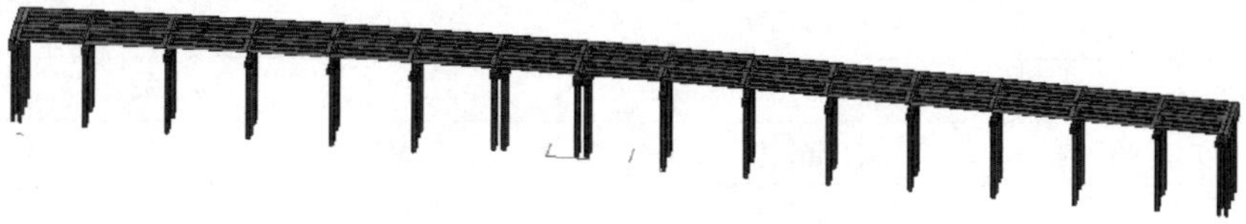

图6-2-26 高架桥三维效果图

3. 附标高参数表

为了准确定位各箱梁，在载入箱梁族前测量各桥墩箱梁的标高，测量桥墩点的标高如图6-2-27所示。

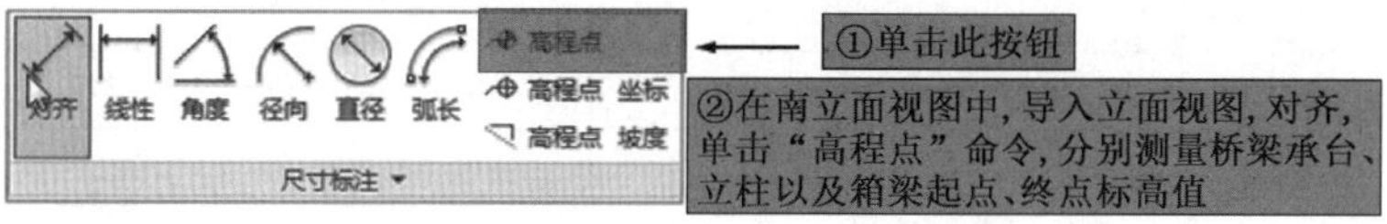

图6-2-27 高程测量

成果展示与评价

以小组为单位提交学习总结报告，加深对所学知识的掌握。

工作任务评价与分析			
评价项目	评价标准	参考分值(分)	得分(分)
定位桥墩、桥台的位置	准确	10	
创建立柱族	准确、完整	10	
创建截面主梁族	准确、完整	20	
创建桩基、承台	准确、完整	20	
创建立柱、桥台	准确、完整	20	
放置箱梁、墩顶横隔梁	准确、完整	20	
总评			

高架桥各桥台、桥墩、箱梁的起点和终点的标高值见表6-2-1。

高架桥各桥台、桥墩、箱梁的起点和终点的高程值 表6-2-1

序号	L (cm)	桩顶标高 (m)	承台顶标高(m)	立柱顶标高(m)	梁的标号	起点标高偏移值 (m)	终点标高偏移值 (m)	备注
0号台		41.8	43.3		0—1号	45.607	46.127	桩径为100cm
1号墩	298.8	40.94	43.14	43.3	1—2号	46.127	46.737	桩径为150cm,立柱直径为160cm
2号墩	388.5	40.66	42.86	46.745	2—3号	46.737	47.197	
3号墩	478.1	40.22	42.42	47.201	3—4号	47.197	47.457	
4号墩	545.8	39.8	42	47.458	4—5号	47.457	47.507	
5号墩	594.5	39.37	41.57	47.515	5—6号	47.507	47.367	
6号墩	514.9	38.95	41.15	46.298	6—7号	47.367	47.027	立柱为异形柱
7号墩	524.5	38.51	40.71	45.955	7—8号	47.027	46.477	
8号墩	622.5	38.06	40.26	46.485	8—9号	46.477	45.737	桩径为150cm,立柱直径为160cm
9号墩	593.1	37.61	39.81	45.741	9—10号	45.737	44.797	
10号墩	547.8	37.12	39.32	44.798	10—11号	44.797	43.747	
11号墩	491.8	36.63	38.83	43.748	11—12号	43.747	42.697	
12号墩	435.8	36.14	38.34	42.698	12—13号	42.697	41.647	
13号墩	380.8	35.64	37.84	41.648	13—14号	41.647	40.597	
14号墩	311.8	32.28	37.48	40.598	14—15号	40.597	39.727	
15号台		35.7	37.2			37.2	37.2	桩径为100cm
					0号桥台(底)	43.3	43.3	
					6号墩顶横隔梁	46.298	46.298	
					7号墩顶横隔梁	45.95	45.95	

学习任务二 创建景观桥

学习任务描述

景观桥为斜拉桥，下部结构为桩柱式桥台，桥墩为桩柱式桥塔，由主塔和斜靠塔组成，两跨，一跨为45m，另一跨为55m，上部结构为空心板梁，有24根拉索与索管，拉索与索管设计参数均已知。完成景观桥桥台、桥塔、主梁、拉索、索管的创建。定位景观桥的标高、轴网，创建景观桥各构件以后，把景观桥各组成部分逐一拼装。景观桥的组成如图6-2-28所示。

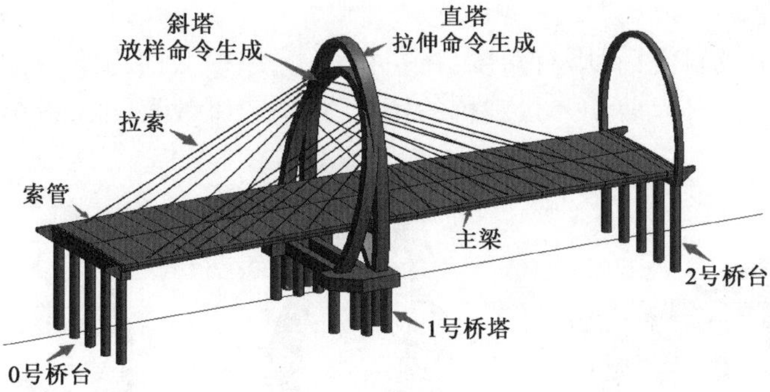

图6-2-28 景观桥的组成

知识目标与能力目标

学习用有关族命令创建桥梁构件。
通过学习，应该达到以下目标：
能创建景观桥的桥台、桥塔、主梁、拉索、索管等桥梁构件。

学习任务实施

明确任务：根据景观桥的整体布置图、平面图以及各构件的三视图，分析每一个构件的建模方法，创建景观桥。

任务实施1 创建景观桥的桥台、桥塔

把桥台、桥塔的CAD文件的特征面投影处理成外部块或者保存成文件，注意绘图比例(先将图纸炸开再进行缩放)，导入Revit软件中。

1. 0号、2号桥台的创建

左视图为特征投影，对其进行拉伸，在前视图中调整拉伸长度，然后进行空心拉伸，去掉多余部分。

2. 2号桥台造型直柱的创建

同样采用拉伸命令，在前立面视图中拾取轮廓。

3. 创建1号桥塔

(1)主塔。

采用拉伸命令生成直塔。在前立面视图中拉伸创建椭圆形造型柱体，厚度为220cm(对左视图进行长度调整)。空心拉伸剪切多余的部分(剪切命令：先选择实心物体，再选择空心物体，注意不要剪切承台部分，取消剪切几何形体命令，先选择空心体，再选择实心物体承台)。

(2)创建斜塔。

采用放样命令生成斜塔,斜塔有角度,在左视图中,以横截面为路径,斜塔封闭的圆弧为轮廓进行放样,最后空心拉伸、剪切。景观桥的桥台、桥塔三维效果图如图 6-2-29 所示。

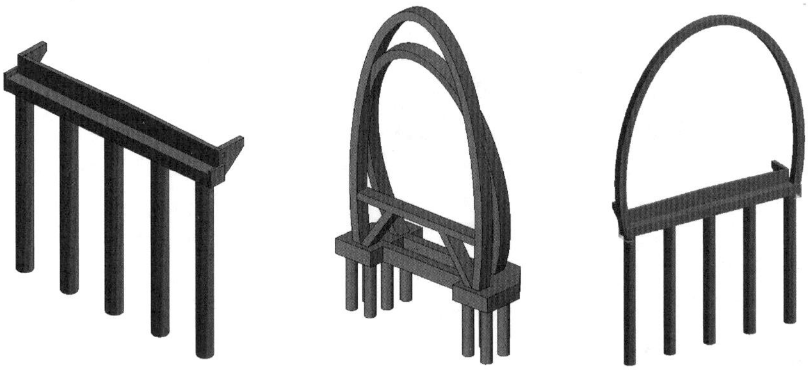

图 6-2-29 景观桥的桥台、桥塔三维效果图

任务实施 2 创建景观桥的主梁

由主梁构造图可知,主要有 3 种主梁轮廓形式(图 6-2-30),那么分别创建 3 种主梁轮廓族。

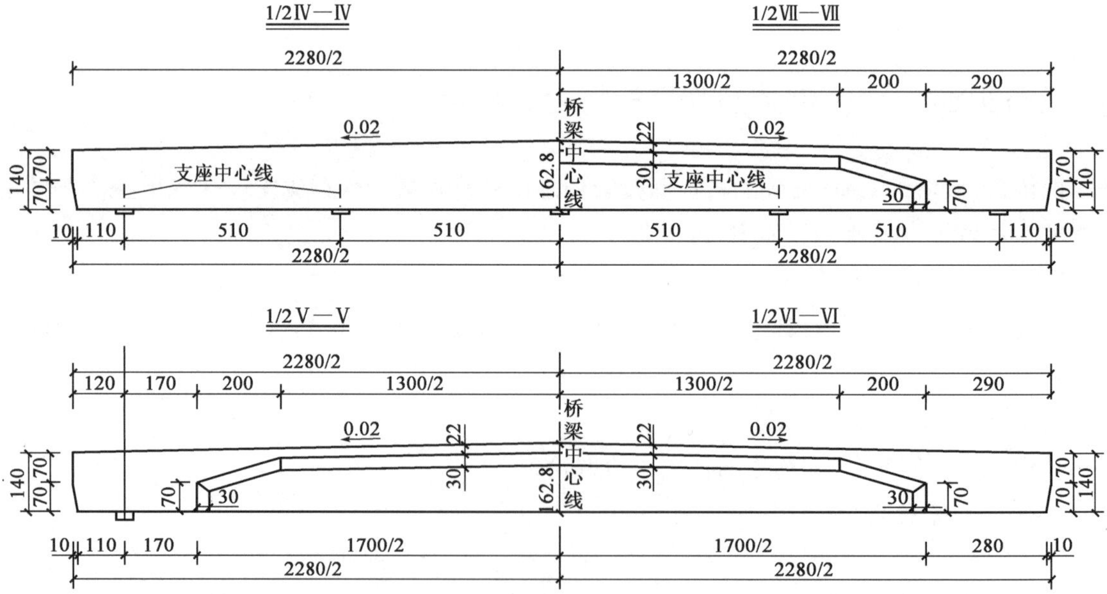

图 6-2-30 主梁轮廓形式

有四种类型的梁，分别是实心梁 1、6—7 主梁 2、标准梁 3、13—14 主梁 4，如图 6-2-31 的所示。

此处简要介绍 13—14 主梁 4 的创建过程。采用“公制结构框架-梁与支撑”族样板，导入主梁截面族。对照图 6-2-31b）可知，参照平面 1 和 2 之间的梁段采用放样命令创建，轮廓为截面 1；参照平面 2 和 3 之间的梁段采用放样融合命令创建，轮廓分别为截面 3、截面 2；参照平面 3 和 4 之间的梁段采用放样命令创建，轮廓为截面 2；参照平面 4 和 5 之间的梁段采用放样融合命令创建，轮廓分别为截面 2、截面 3；参照平面 5 和 6 之间的梁段采用放样命令创建，轮廓为截面 1。

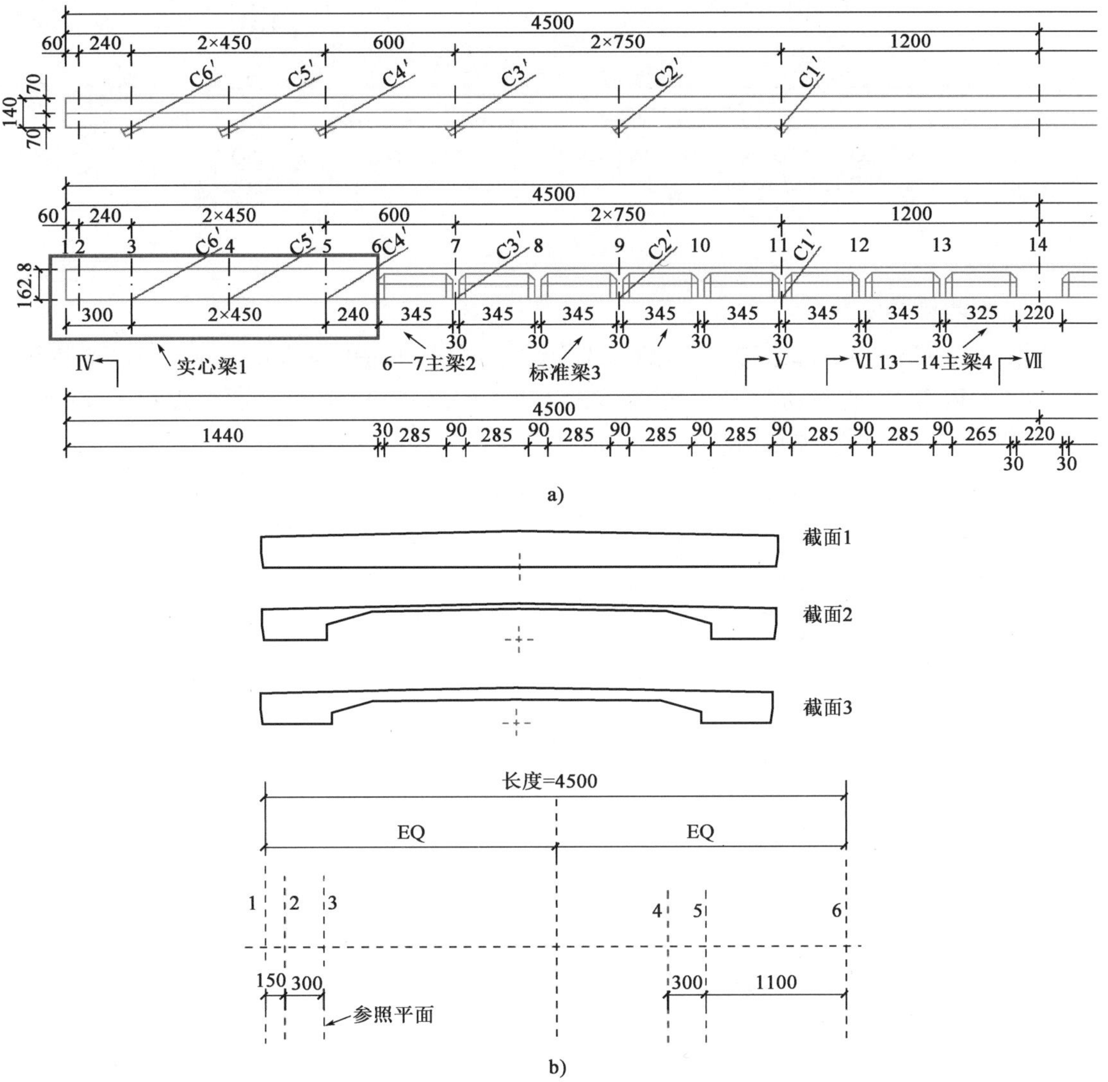

图 6-2-31　景观桥主梁建模

任务实施 3　创建景观桥的拉索族

1. 拉索参数设置

拉索参数设置如图 6-2-32 所示。

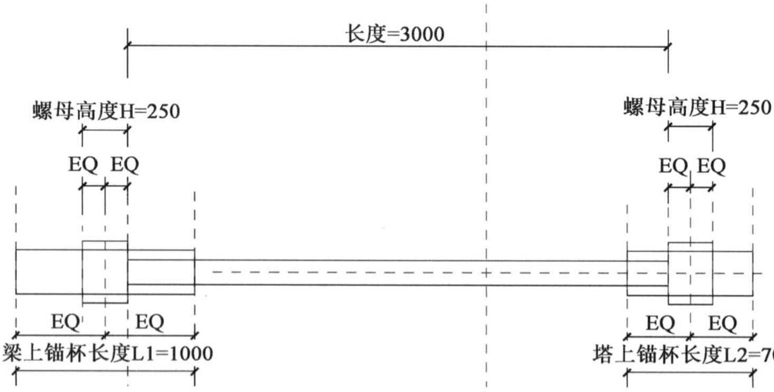

图 6-2-32　拉索参数设置

2. 创建批量拉索族

编辑拉索参数的 Excel 表格,表格的形式为"参数名## length##millimeters",即"参数名##族类型##单位"格式,保存为". csv"格式。以"记事本的格式"打开表格文件,保存为拉索的文件名,文件为". txt"格式,注意命名要一致,而且路径要一致,如图 6-2-33 所示。

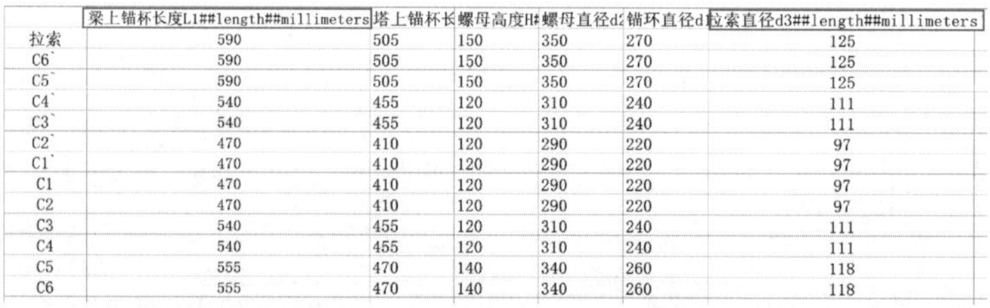

	梁上锚杯长度L1##length##millimeters	塔上锚杯长	螺母高度H#	螺母直径d2	锚环直径d	拉索直径d3##length##millimeters
拉索	590	505	150	350	270	125
C6`	590	505	150	350	270	125
C5`	590	505	150	350	270	125
C4`	540	455	120	310	240	111
C3`	540	455	120	310	240	111
C2`	470	410	120	290	220	97
C1`	470	410	120	290	220	97
C1	470	410	120	290	220	97
C2	470	410	120	290	220	97
C3	540	455	120	310	240	111
C4	540	455	120	310	240	111
C5	555	470	140	340	260	118
C6	555	470	140	340	260	118

指定类型

族:

拉索.rfa

类型:

类型	梁上锚杯长度L1	塔上锚杯长度L2	螺母高度H	螺母直径d2	锚环直径d1	拉索直径d3
	(全部)	(全部)	(全部)	(全部)	(全部)	(全部)
拉索	590.0	505.0	150.0	350.0	270.0	125.0
C6`	590.0	505.0	150.0	350.0	270.0	125.0
C5`	590.0	505.0	150.0	350.0	270.0	125.0
C4`	540.0	455.0	120.0	310.0	240.0	111.0
C3`	540.0	455.0	120.0	310.0	240.0	111.0
C2`	470.0	410.0	120.0	290.0	220.0	97.0
C1`	470.0	410.0	120.0	290.0	220.0	97.0
C1	470.0	410.0	120.0	290.0	220.0	97.0
C2	470.0	410.0	120.0	290.0	220.0	97.0
C3	540.0	455.0	120.0	310.0	240.0	111.0
C4	540.0	455.0	120.0	310.0	240.0	111.0
C5	555.0	470.0	140.0	340.0	260.0	118.0
C6	555.0	470.0	140.0	340.0	260.0	118.0

在右侧框中为左侧列出的每个族选择一个或多个类型

确定　取消　帮助

图 6-2-33　创建批量拉索族

任务实施 4　定位与整合景观桥的桥台、桥塔

景观桥的轴网如图 6-2-34 所示。

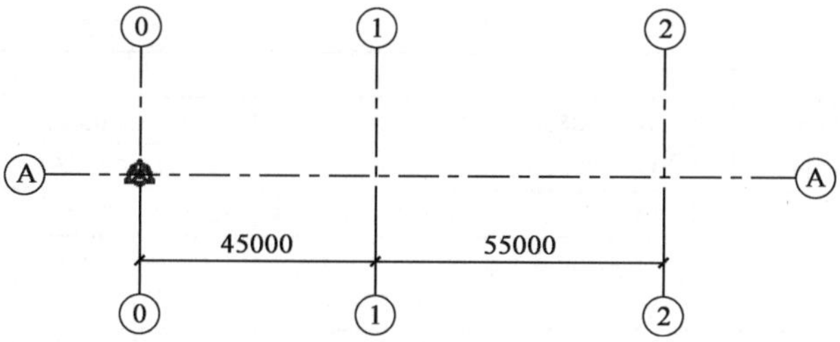

图 6-2-34　景观桥的轴网

将桥台、桥塔族导入项目中，结构→构件→放置构件，将桥台、桥塔放置在项目中，勾选选项栏中“放置时旋转”选项，调整平面位置。调整对应的标高偏移值。景观桥的桥台、桥塔标高偏移值如图 6-2-35 所示。

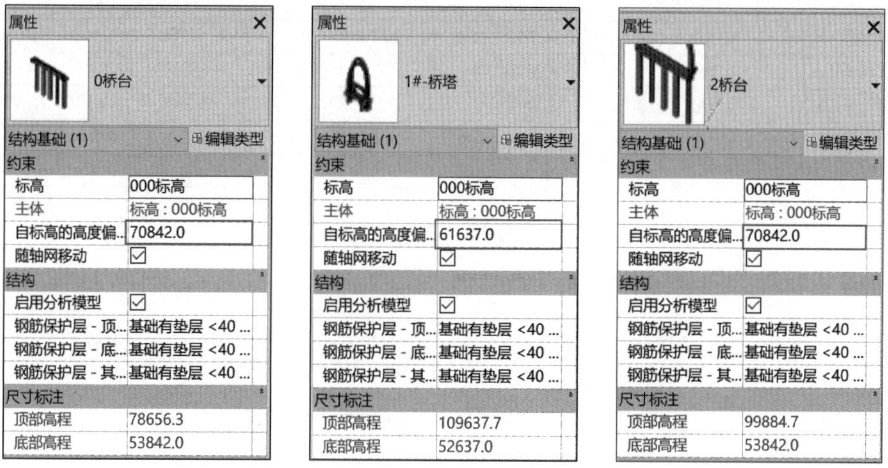

图 6-2-35　景观桥的桥台、桥塔标高偏移值

任务实施 5　组建与整合景观桥的主梁

根据主梁结构图可知，节点 1—2 段、节点 2—3 段、节点 3—4 段、节点 4—5 段、节点 5—6 段、节点 28—29 段、节点 29—30 段都属于实心梁 1；节点 6—7 段、节点 27—28 段属于主梁 2；节点 13—14、节点 14—15 段属于主梁；其他属于标准梁 3。

标准梁 3 的创建：创建类型目录，也就是创建批量载入主梁标准块知识点。先创建标准实心块，然后编辑实心段与标准段 Excel 表格及长度参数，保存为相同族名的“. csv”格式文件，以记事本形式打开，并保存为“. txt”格式文件。

打开 Excel 表格,介绍表格样式,第一列是块名,第二列由族参数名、族类型以及单位组成。

打开景观桥项目文件,载入景观桥主梁族。单击“结构”选项卡→“结构”面板→“梁”命令。在“属性”面板“类型选择器”中找到不同位置的景观桥主梁类型,单击鼠标左键放置主梁,在“属性”面板“约束”选项中调整主梁的“起点标高偏移值”“终点标高偏移值”,各主梁的标高值参照节点标高表(图 6-2-36)。

节点号	1	2	3	4	5	6	7	8	9	10
桩号(m)	185.000	185.600	188.000	192.500	197.000	199.400	203.000	206.750	210.500	214.250
桥面设计标高(m)	74.000	74.012	74.058	74.139	74.211	74.247	74.295	74.340	74.380	74.414
主梁底面设计标高(m)	72.242	72.254	72.300	72.381	72.453	72.489	72.537	72.582	72.622	72.656
二期恒载施工前挠度(cm)	0.0	0.0	0.3	0.9	1.4	1.6	1.7	1.6	1.2	0.8
成桥挠度(cm)	0.0	0.0	0.1	0.4	0.7	0.8	0.8	0.6	0.4	0.1
节点号	11	12	13	14	15	16	17	18	19	20
桩号(m)	218.000	221.750	225.500	230.000	234.500	238.250	242.000	245.750	249.500	253.250
桥面设计标高(m)	74.442	74.465	74.482	74.495	74.500	74.498	74.490	74.477	74.458	74.433
主梁底面设计标高(m)	72.684	72.707	72.724	72.737	72.742	72.740	72.732	72.719	72.700	72.675
二期恒载施工前挠度(cm)	0.3	-0.1	-0.4	-0.2	0.5	1.6	2.9	4.2	5.3	6.3
成桥挠度(cm)	-0.1	-0.3	-0.5	-0.3	0.0	0.6	1.3	1.9	2.5	2.9
节点号	21	22	23	24	25	26	27	28	29	30
桩号(m)	257.000	260.750	264.500	268.250	272.000	275.750	279.500	283.100	284.400	285.000
桥面设计标高(m)	74.403	74.367	74.326	74.279	74.226	74.168	74.104	74.037	74.012	74.000
主梁底面设计标高(m)	72.645	72.609	72.568	72.521	72.468	72.410	72.346	72.279	72.254	72.242
二期恒载施工前挠度(cm)	7.0	7.4	7.4	6.9	5.9	4.5	2.6	0.7	0.0	0.0
成桥挠度(cm)	3.3	3.5	3.6	3.4	2.9	2.2	1.3	0.4	0.0	0.0

图 6-2-36 节点标高表

景观桥的主梁部分标高偏移值如图 6-2-37 所示。

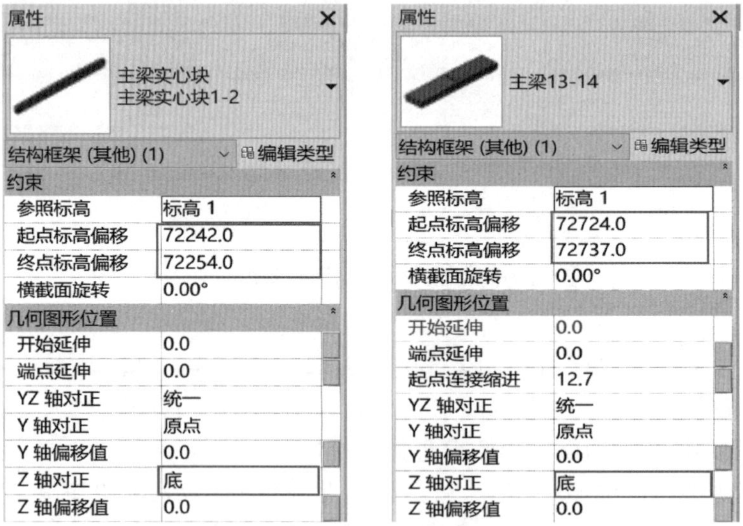

图 6-2-37

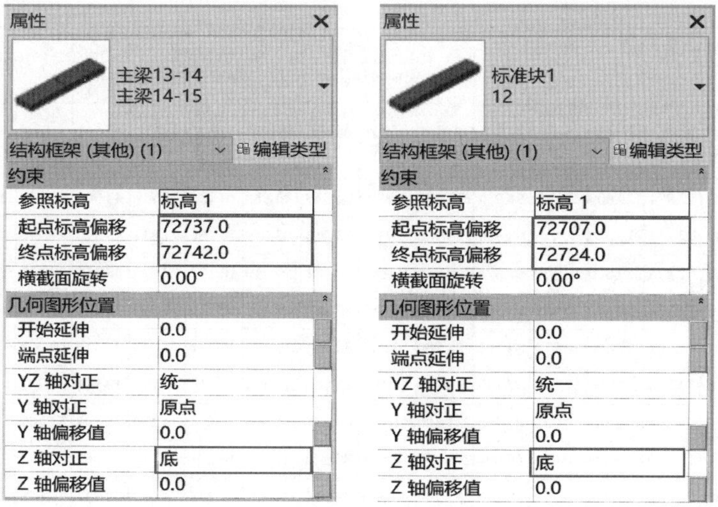

图 6-2-37 景观桥的主梁部分标高偏移值

任务实施 6 组建与整合景观桥的拉索、索塔

1. 创建拉索

导入拉索族，批量导入拉索，隐藏创建主梁的参照平面，导入斜拉索设计图中的拉索锚固立面图（图 6-2-38），绘制参照平面（塔柱的厚度为 800mm，左右绘制参照平面，距离各为 400mm），确定拉索的起点位置。单击“结构”选项卡→梁，逐一放置拉索，输入梁上与塔上标高以及偏移量。偏移量见拉索设计参数表，如图 6-2-39 所示。

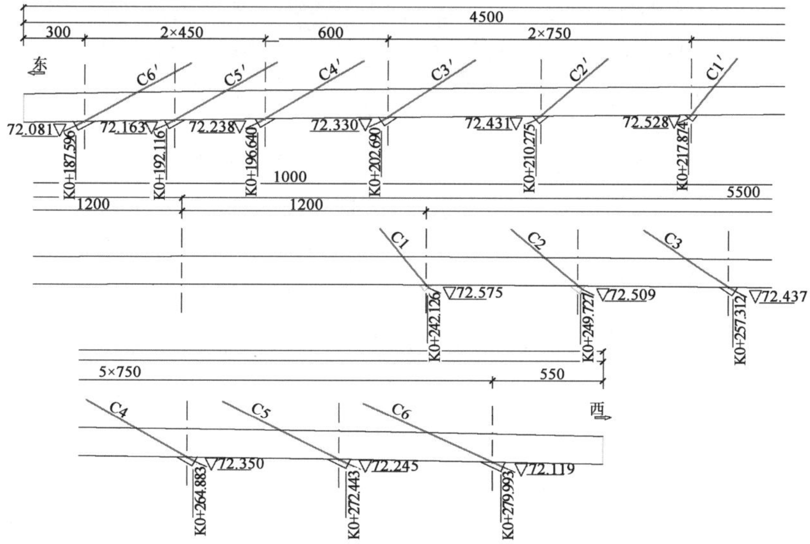

图 6-2-38 斜拉索设计图中的拉索锚固立面图

索号	锚点坐标(锚垫板靠索一侧中心)						塔上索管出塔侧面坐标			梁上索管出梁顶面坐标			拉索锚固点间距离	拉索倾角			拉索规格(1670MPa平行钢丝)
	梁上			塔上													
	桩号X(m)	与桥中线距离Y(m)	标高Z(m)	桩号X(m)	与桥中线距离Y(m)	标高Z(m)	桩号X(m)	与桥中线距离Y(m)	标高Z(m)	桩号X(m)	与桥中线距离Y(m)	标高Z(m)	L_0(m)	α(°)	β(°)	γ(°)	
C6′	187.596	10.200	72.081	229.600	9.192	94.920	228.900	9.209	94.539	190.683	10.126	73.759	47.902	28.534	1.375	2.527	187ϕ7
C5′	192.116	10.200	72.163	229.600	9.706	93.410	228.900	9.715	93.013	195.059	10.161	73.831	43.170	29.546	0.755	1.332	187ϕ7
C4′	196.640	10.200	72.238	229.600	10.159	91.898	228.900	10.160	91.481	199.419	10.197	73.896	38.458	30.815	0.071	0.119	139ϕ7
C3′	202.690	10.200	72.330	229.600	10.561	90.369	228.900	10.552	89.900	205.136	10.233	73.969	32.479	33.836	−0.769	−1.146	139ϕ7
C2′	210.275	10.200	72.431	229.600	10.923	88.798	228.900	10.897	88.205	212.177	10.271	74.042	25.415	40.262	−2.143	−2.529	109ϕ7
C1′	217.874	10.200	72.528	229.600	11.255	87.139	228.900	11.192	86.266	219.131	10.313	74.094	18.844	51.252	−5.141	−4.130	109ϕ7
C1	242.126	10.200	72.575	229.400	11.255	87.140	231.100	11.192	86.271	240.869	10.313	74.137	18.808	51.162	−5.141	−4.143	109ϕ7
C2	249.727	10.200	72.509	229.400	10.923	88.800	231.100	10.897	88.210	247.826	10.271	74.111	25.367	40.128	−2.142	−2.541	109ϕ7
C3	257.312	10.200	72.437	229.400	10.561	90.370	231.100	10.552	89.904	254.866	10.233	74.067	32.422	33.678	−0.769	−1.153	139ϕ7
C4	264.883	10.200	72.350	229.400	10.155	91.910	231.100	10.156	91.513	261.970	10.196	74.003	39.724	29.563	0.075	0.132	139ϕ7
C5	272.443	10.200	72.245	229.400	9.698	93.435	231.100	9.706	93.083	269.125	10.160	73.917	47.164	26.749	0.684	1.357	163ϕ7
C6	279.993	10.200	72.119	229.400	9.180	94.953	231.100	9.194	94.631	276.317	10.124	73.811	54.687	24.723	1.178	2.558	163ϕ7

图 6-2-39 拉索设计参数表

景观桥的拉索部分标高偏移值如图 6-2-40 所示。

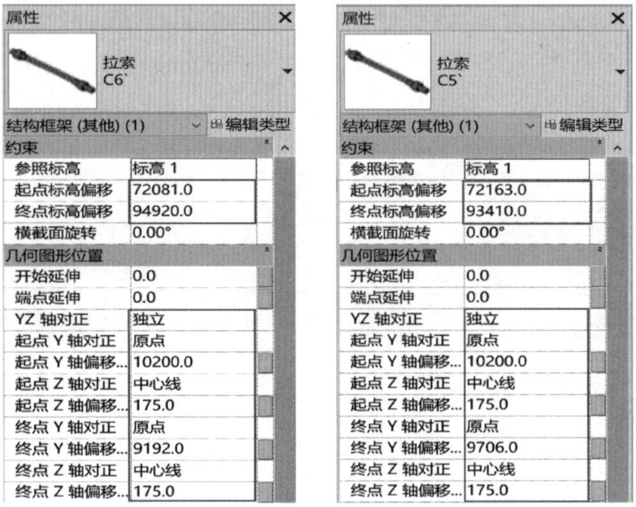

图 6-2-40 景观桥的拉索部分标高偏移值

2. 创建索管

索管参数如图 6-2-41 所示。

(1)在拉索的基础上创建索管,打开景观桥项目文件,复制生成新的索管项目文件,只保留拉索,编辑拉索的族(按照索管的图纸编辑,注意参数要用之前拉索的参数),编辑完成后载入项目中。

图 6-2-41　索管参数

(2)在索管项目文件中单击项目浏览器中“族”→结构框架→拉索族，修改名称为索管族，再双击打开族，将原来的拉索参数名称更改为索管参数名称，保存为索管项目文件。

(3)根据索管相关构件尺寸，创建索管类型目录，载入索管项目文件中，然后保存索管项目文件。

(4)打开景观桥项目文件，单击“插入”选项卡→“链接”面板→“链接 Revit”命令，链接索管项目 Revit 文件。完成景观桥的创建。

成果展示与评价

以小组为单位提交学习总结报告，加深对所学知识的掌握。

工作任务评价与分析			
评价项目	评价标准	参考分值(分)	得分(分)
创建景观桥的桥台、桥塔	准确	20	
创建景观桥的主梁	准确、完整	15	
创建景观桥的拉索族	准确、完整	15	
定位景观桥的桥台、桥塔	准确、完整	10	
整合景观桥的主梁	准确、完整	20	
整合景观桥的拉索、索塔	准确、完整	20	
总评			

参 考 文 献

[1] 廖小烽,王君峰. Revit 2013/2014 建筑设计火星课堂[M]. 北京:人民邮电出版社, 2013.
[2] 黄亚斌,徐钦. Autodesk Revit Architecture 实例详解[M]. 北京:中国水利水电出版社, 2013.
[3] 何波. Revit 与 Navisworks 实用疑难 200 问[M]. 北京:中国建筑工业出版社,2015.
[4] 刘孟良. 建筑信息模型(BIM)AUTODESK REVIT 2019 全专业建模[M]. 北京:中国建筑工业出版社,2019.